Rock Hudson, mon histoire

L'édition originale de cet ouvrage est parue chez William Morrow & Company sous le titre :
Rock Hudson, His Story

Sara DAVIDSON
Rock HUDSON

Rock Hudson, mon histoire

traduit de l'américain par
Gérard Piloquet

biographie
MAZARINE

« J'ai toujours entouré de secret ma vie privée. Jamais je n'ai voulu écrire mon autobiographie, accepté qu'on me photographie chez moi ni livré au public le fond de mes pensées. »
« A présent les choses ont changé... J'ai bien des révélations à faire et le temps m'est compté. Je souhaite que la vérité soit dite, car Dieu sait si jusqu'à présent elle a été bien cachée. C'est pourquoi je demande à ceux qui me connaissent le mieux, à mes véritables amis, de coopérer avec Sara Davidson pour conter mon histoire. »

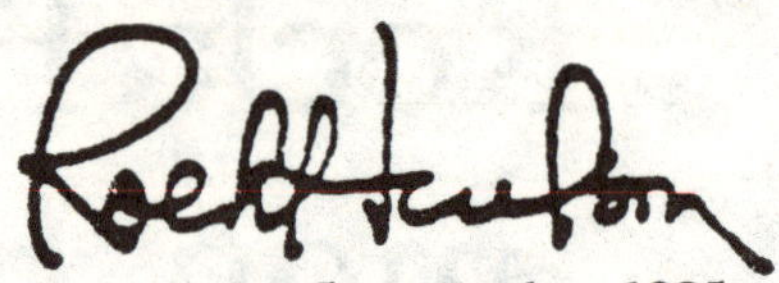

5 septembre 1985

Le 24 août 1983, Rock Hudson accordait une interview à Ronald L. Davis, un professeur de la Southern Methodist University. Le contenu de cette interview fait désormais partie du fonds d'archives sur les arts du spectacle constitué par cette université. Jamais encore Rock n'avait fait de révélations aussi spontanées sur les divers aspects de sa carrière, et il s'agit là du témoignage le plus exhaustif qu'il nous ait laissé sur sa conception du travail d'acteur. Cette interview fait désormais partie des centaines de témoignages de ce genre recueillis par la Southern Methodist University, laquelle devient d'année en année un imposant conservatoire de l'histoire orale des arts du spectacle. Nous remercions cette institution de nous avoir permis de publier ici des extraits de cette interview de Rock Hudson.

Nous remercions
La Southern Methodist University
Films and Filming
The Hollywood Reporter
Coronet
Mc Calls
American Magazine
d'avoir bien voulu nous autoriser à citer des extraits des entretiens que leur avait accordés Rock Hudson.

REMERCIEMENTS

L'élaboration de ce livre m'a été grandement facilitée par Mark Miller, George Nader et Tom Clark, qui tous les trois ne m'ont pas ménagé leur collaboration et ont bien voulu me livrer des informations que, jusque là, ils n'avaient livrées à personne. Je leur suis reconnaissante de m'avoir témoigné ainsi leur confiance.

Je souhaite également exprimer ma gratitude à ma documentaliste, Sandy Ferguson, qui m'a été d'un inappréciable secours par sa promptitude à m'apporter les précisions voulues sur tel ou tel fait plus ou moins obscur, et aussi Michael Levin pour m'avoir magnifiquement facilité la compréhension de certains points juridiques ou médicaux.

Je remercie également mon agent, Lynn Nesbit, ainsi que Sherry Arden, Lisa Drew et Paul Sherman pour le travail d'édition qu'ils ont accompli après la rédaction de ce livre.

Je suis encore redevable à Pat King et Gina Daramparis d'avoir dactylographié mon manuscrit, et à Blanca Rosa Garcia d'avoir pris soin de mes enfants tandis que je me consacrais à cet ouvrage.

Je voudrais enfin remercier Glen Strauss pour l'amour et le réconfort qu'il a su me prodiguer. Sans ses encouragements, ce livre n'eût jamais été entrepris.

Sara DAVIDSON.

Introduction

Ma première visite au Château date du 4 septembre 1985. Ainsi appelait-on la maison de Rock Hudson, située au 9402 Beverly Crest Drive. Haut perchée sur une crête, la demeure surplombait l'agglomération de Beverly Hills. De ces hauteurs et par temps clair, la vue embrasse à l'ouest le Pacifique et porte vers l'est, par-delà Los Angeles, jusqu'aux monts Saint-Gabriel. Mais, ce jour-là, océan et sommets étaient invisibles, escamotés par des vapeurs d'un brun jaunâtre.

Une douzaine de véhicules stationnaient devant la maison, parmi lesquels un antique break de couleur bleue qu'un jeune homme blond était en train d'astiquer : Marc Christian. Cheveux filasses, torse nu cuit par le soleil, on eût dit un surfeur. On l'avait tout récemment prié de quitter le Château, où il était venu vivre avec Rock Hudson en 1983, mais il refusait de vider les lieux. Il s'était donc installé dans le théâtre, derrière le garage, où il dormait sur un canapé-lit.

Je sonnai à la grande porte, une porte de bois ouvragé que vint m'ouvrir Mark Miller, le secrétaire particulier de Rock, homme massif qui jadis avait travaillé sa voix pour devenir chanteur d'opéra. Après les politesses d'usage, il me fit faire le tour de la maison. Pourvu de deux salles de séjour, de deux entrées principales, d'une salle de théâtre comportant une vraie scène avec rampe, d'un sauna, d'un gymnase, d'une piscine, de quatre cheminées et de six appareils à faire les glaçons, le Château ne comprenait en revanche que deux chambres à coucher : celle de Rock et celle de Tom Clark. Tom avait vécu dix années avec l'acteur avant d'être supplanté par Christian. Leur liaison s'était renouée au centre médical de l'université de Californie à Los Angeles, quand Tom avait appris qu'on y traitait Rock pour un Sida. Au mois d'août, l'acteur avait été autorisé à retourner chez lui. Tom l'y avait suivi.

Je fis sa connaissance au bas du grand escalier et fus frappée par sa haute stature – il était presque aussi grand que Rock –, par la blancheur de sa chevelure et le bleu intense de son regard. Il se déclara fermement convaincu de la guérison de Rock. « Je crois aux miracles, me dit-il. Nous le sortirons de là. » Il arborait un badge sur lequel était écrit : « I love Rock. » Avec un cœur à la place de « love ».

Mark Miller me dirigea ensuite vers la cuisine. « Là où tout se passe », précisa-t-il. Il me présenta au majordome, James Wright. Ce dernier s'exprimait avec une préciosité toute britannique. Il portait sur le bras un minuscule Shih Tsu sur les longs poils duquel on avait noué un ruban rouge. Près de James se tenait le jardinier, Clarence Morimoto. Ce vénérable Japonais de quatre-vingts ans était occupé à se confectionner une coupe de glace aux fruits. Derrière les deux hommes, à la table de cuisine, était assis Rock Hudson.

Il portait un pyjama bleu pâle et ouvrait son courrier en fumant une cigarette. Il se saisit d'un télégramme et l'agita pour me le montrer, une lueur de facétie dans le regard. « Parions qu'il nous annonce une naissance », ironisa-t-il avant d'ouvrir le message. Celui-ci provenait d'un admirateur de New York qui pressait l'acteur d'essayer un traitement à base d'herbes et de graminées. Rock jeta le télégramme sur la pile de courrier et allongea vers moi le bras – un bras pâle, sec et rigide comme une canne – pour me tendre la main d'un geste un peu cassé. « Allons dans le salon, proposa-t-il, nous y serons plus à l'aise pour parler. »

En dépit de la fournaise de ce mois de septembre, Rock portait d'épaisses chaussettes et il fit allumer le chauffage. Affaissé dans un immense fauteuil capitonné, il me parut fort diminué. Son visage s'était émacié au point qu'on en percevait sous la peau l'ossature, et des rides sombres soulignaient ses orbites. Il commença par croiser et décroiser les jambes, puis me fixa sans mot dire, attendant que j'engage la conversation.

Je m'étais d'ores et déjà entretenue avec son avocat, son homme d'affaires, son éditeur new-yorkais, et aussi avec Mark Miller. Nous avions estimé les uns et les autres que Rock n'était plus en état de m'accorder le temps requis d'ordinaire pour recueillir la substance d'une biographie. L'acteur avait d'ailleurs déclaré à son secrétaire : « Tu sais tout de moi. C'est donc toi qui devras me relayer. »

Je demandai à Rock pourquoi il souhaitait qu'on raconte l'histoire de sa vie. « On a écrit tellement de conneries sur moi qu'il est temps de rétablir la vérité », répliqua-t-il, ajoutant qu'il avait toujours souhaité pouvoir écrire. Je m'enquis des raisons qui l'avaient retenu de le faire. « Parce que j'en suis incapable », me dit-il. Et après un silence, il reprit : « Puisque c'est vous qui allez vous charger d'écrire ce foutu livre, faites-le consciencieusement. »

Si les circonstances avaient été autres, j'aurais tout d'abord pris le temps de passer quelques jours en sa compagnie avant de commencer à l'interviewer. Mais le temps était compté, et je sortis la liste de questions que j'avais préparées d'avance, commençant par lui poser celles qui me semblaient les plus anodines et les plus passe-partout. Il y répondit par de brèves formules entrecoupées de multiples pauses.

« Quand avez-vous songé pour la première fois à devenir acteur ?

– J'ai toujours voulu être acteur. A Winnetka, dans l'Illinois, là où j'ai grandi, nul n'aurait jamais songé à une chose pareille. S'engager dans le corps des pompiers, ça, oui, c'était du sérieux. Mais personne ne se serait avisé de vouloir devenir acteur. » Il me révéla ensuite qu'en débarquant à Hollywood, il était si mal dégrossi qu'un jour, voyant passer un bus de la Twentieth Century Fox transportant des hommes en smoking, il s'était imaginé qu'il ne pouvait s'agir que de vedettes. En évoquant ce souvenir, il émit un petit rire avant d'ajouter : « C'étaient bien entendu des figurants. Mais je croyais dur comme fer que j'avais sous les yeux des superstars! »

Jusque-là, il avait gardé tout son calme. Quand soudain il se mit à crier : « Allez, allez, que ça se dégage! » Sur l'instant, je me dis qu'il faisait allusion à notre interview et que c'était à moi qu'il s'adressait. Mais il ajouta aussitôt : « Ma sinusite. De quoi devenir dingue!

– Tu veux un comprimé ?, lui proposa Tom Clark.

– Non. Pas encore.

– Tu as raison. Je préfère que tu n'en prennes pas. »

Rock me parla ensuite de son premier imprésario, Henry Willson. C'était lui qui avait choisi son nom d'acteur : Rock Hudson. « Aujourd'hui encore je n'arrive pas à m'y faire, m'assura-t-il. Pour moi, je m'appelle toujours Roy. »

La conversation fut interrompue par la sonnerie du téléphone, et Rock tourna son regard vers l'appareil. De toute évidence, il faisait un effort considérable sur lui-même pour s'imposer de ne pas décrocher. Je devais apprendre par la suite qu'il répondait toujours en personne – tout comme il ouvrait la porte aux visiteurs et prenait connaissance de son courrier –, bien qu'il fût entouré de gens dont le rôle était de filtrer les appels. Il ne cessa de contempler l'appareil jusqu'à ce que la sonnerie s'interrompe.

« Henry Willson... reprit-il. Curieux type. Infatué de sa personne. Convaincu de tout savoir des êtres et des choses. Au début, il s'est montré passablement efficace, mais ensuite il a laissé courir. Plus aucune stratégie pour l'avenir. Il se tournait bien tranquillement les pouces dans son bureau en attendant qu'on l'appelle. Au point qu'un jour j'ai fini par lui dire : " Tu ferais bien de te bouger un peu le cul et de te mettre en chasse. " Et tout ce qu'il a trouvé à me répondre, c'est : " En chasse? Pour quoi faire? Tu as continuellement des contrats, non? " »

Rock tira une dernière bouffée de sa cigarette et en alluma immédiatement une autre. « Je lui ai fait remarquer que c'était sans doute sa façon de voir les choses, mais pas la mienne. J'en avais marre de jouer des rôles totalement merdiques. »

Je lui demandai de me citer les titres de ses meilleurs films.

« *Géant, Opération diabolique, Confidences sur l'oreiller* et *Un pyjama pour deux. J'adore* la comédie. J'ai tout appris de Doris Day... toutes les ficelles du métier. Si je devais jouer la comédie avec... disons... Shelly Winters, ce ne serait pas de la tarte. Elle se croit drôle et n'a pas un brin d'humour. Brrr! Une voix qui vous fige sur place. Oh! là! là! Se lancer dans une comédie avec quelqu'un qui n'a pas la moindre idée de ce qu'est la comédie... c'est le fiasco couru d'avance. Doris, elle, sent ces choses-là. »

La conversation se poursuivit pendant une demi-heure environ. Après quoi, Rock manifesta des signes de lassitude. « C'est très pénible, me dit-il, de rester assis à se torturer les méninges pour ne rien dire. »

Je lui fis savoir que j'habitais à peu de distance et que je pouvais revenir quand bon lui semblerait, de jour comme de nuit. « C'est gentil de vous tenir à ma disposition », me dit-il en prenant congé. Puis il se leva et, suivi de Tom, monta lentement, avec raideur, le grand escalier pour regagner sa chambre.

Quand je quittai les lieux, j'aperçus James, le majordome, qui traversait hâtivement le patio, vêtu d'une simple serviette nouée autour des reins. En franchissant le portail au volant de ma voiture, je ressentais affolement et désarroi. Rarement j'avais été le témoin de scènes aussi bizarres : deux amants – l'ancien et le nouveau – se livrant sur le seuil à une épreuve de force, le premier pour reconquérir son territoire perdu, le second bien résolu à ne pas en céder un pouce; les amis agglutinés au salon, riant et se contant des anecdotes tandis que la vedette se mourait de cette effroyable affection, de ce fléau de notre temps qu'est le Sida; le jardinier octogénaire dégustant une crème glacée à la cuisine; enfin le majordome, drapé dans sa serviette. Sur quel terrain m'étais-je aventurée?

Au cours des quatre semaines suivantes, je revins presque quotidiennement au 9402 Beverly Crest Drive m'entretenir avec Rock quand il avait la force de répondre à mes questions. Et, peu à peu, je me sentis captive du drame qui était en train de se nouer. Je percevais combien l'atmosphère qui régnait dans la maison de l'acteur était celle d'un château, avec ses complots byzantins, ses intrigues, ses chuchotements, ses clans, ses secrets surpris en écoutant aux portes, ses ruses pour obtenir les bonnes grâces du prince. « Les effluves de cette maison sont maléfiques, me confia un jour un de ses familiers. On ne sait jamais très bien ce que cachent les propos des uns et des autres. »

Rock mourut le 2 octobre 1985, et son corps fut immédiatement incinéré. Je me rendis au Château pour le service funèbre. Plusieurs centaines de personnes y buvaient des margaritas en grignotant du chili con carne sur fond sonore de mariachis. Le lendemain, en compagnie des plus proches amis du défunt, j'embarquai sur le *Tasia II* à destination du Catalina Channel. Là, le yacht s'arrêta, et dans le silence le plus total Tom Clark dispersa dans le Pacifique les cendres de Rock Hudson. Ensuite, chacun lança à la mer des fleurs. Elles flottèrent quelque temps, composant ainsi une chatoyante couronne autour de la tache grise des cendres, bientôt englouties par les flots.

Après la mort de Rock Hudson, je poursuivis mon entreprise : reconstituer pas à pas ce qu'avait été son histoire. J'étais encore loin d'imaginer combien cette tâche serait ardue et captivante. Ce qui me frappait le plus était de constater à quel point Rock avait été aimé. Profondément aimé. Et cela non seulement par ses admirateurs, mais aussi par nombre d'amis sincères. Ce dont j'avais été le témoin lors de sa mort n'avait rien du deuil de circonstance, mais traduisait le chagrin authentique, l'affliction brutale et la douleur de le savoir disparu.

Aux yeux de ses amis, Rock possédait quelque chose d'unique : le don de les faire rire comme nul autre n'en était capable. Il pouvait se livrer à des pitreries de gamin espiègle et déclencher irrésistiblement l'hilarité de ses interlocuteurs. Quand il riait, c'était aux larmes, et il prenait un plaisir particulier à faire rire aux éclats avec lui les autres au moment le plus inattendu. De ce grand corps secoué d'un fou rire sonore et rebondissant en cascade se dégageait une gaieté communicative. Plus tard, toutes ses partenaires m'ont confié que jamais sur un plateau de tournage elles n'avaient tant ri qu'avec Rock, au point parfois de s'en rendre malades. Cette faculté de faire partager notre hilarité avec un ou deux comparses, nous la possédons presque tous.

Mais Rock avait celle de faire crouler de rire n'importe qui, sans condition d'âge ni de sexe. C'était chez lui un don, une étincelle toujours prête à s'embraser.

A l'écran, il projetait l'image d'un être tout d'une pièce, animé de sentiments dépourvus d'ambivalence. Tout le contraire d'un torturé. Le modèle même du type chaleureux, généreux et entier. Il semblait s'identifier totalement au personnage qu'il était sur l'instant : éperdu d'amour, courageux à l'extrême ou broyé par le repentir. Mais, dans sa vie privée, Rock était tout le contraire de la simplicité. Passé maître dans l'art de berner, de dissimuler, de s'entourer de secrets, il était capable de la plus exquise gentillesse comme de la plus froide indifférence. Tel un illusionniste, il savait se montrer à différentes personnes sous différents déguisements. L'acteur et scénariste George Nader, qui pendant trente-cinq ans fut son ami, me déclara un jour : « Rock Hudson n'existe pas. Il en existe plusieurs du même nom. Pour séduire à tout prix, il projette exactement ce qu'attend de lui son interlocuteur. Plus l'auditoire est vaste, plus son jeu devient doucereux et monocorde. »

Rock Hudson s'ouvrait rarement, fût-ce à ses amants, de ses craintes, de ses sentiments ou de sa vie intérieure. Il ne s'étendait guère sur les personnes de sa connaissance ou sur leurs états d'âme, pas plus qu'il ne se plaignait ou ne parlait de ses propres ennuis. « S'il a connu des tourments, m'a encore rapporté Nader, nul n'en a jamais rien su. »

Rock adorait plaisanter, s'adonner au jeu, écouter de la musique, jardiner, faire du ski nautique et, bien entendu, rire au moindre prétexte. Quand il témoignait à quelqu'un de l'affection ou de l'amour, il le faisait sans commentaire. Il était le premier à aider l'ami en difficulté, le premier à venir emballer des objets et transporter des meubles lors d'un déménagement, ou encore à se présenter muni d'une pelle et de seaux quand il s'agissait de prêter la main pour dégager la maison d'un voisin envahie par un torrent de boue, comme cela se produit souvent en Californie après une pluie soudaine et diluvienne. Après une journée de tournage, il lui arrivait de quitter le studio en toute hâte pour accompagner un ami chez le dentiste, mais sans pour autant rien dire à ce même ami de ses propres préoccupations, de ses projets, voire tout simplement de ce qu'il comptait faire dans la soirée. A la candeur limpide de son visage, on aurait pu le prendre pour un naïf fraîchement débarqué de sa cambrousse. Mais ce bonheur et cette simplicité n'étaient en fait qu'une façade qu'il entretenait soigneusement.

Tenter de comprendre Rock Hudson, c'était un peu vouloir percer à jour le secret d'un sphinx. Plus j'y regardais de près, plus mystérieux et déroutants m'apparaissaient les détails de sa vie. Chaque jour me livrait une nouvelle surprise, une nouvelle contradiction à résoudre, et très vite il devint évident que je m'aventurais sur un terrain éminemment glissant. J'étais prise dans une véritable toile d'araignée.

Je découvris que les faits en eux-mêmes ne m'étaient d'aucun secours, car même si Rock avait déclaré la même chose à dix personnes, rien ne prouvait cependant que ce fût la vérité. Affectionnant le secret, il semblait prendre plaisir à lancer ses interlocuteurs sur de fausses pistes. Il lui arrivait fréquemment de conter à différents amis des anecdotes parfaitement contradictoires, et j'en étais réduite à procéder par évaluation statistique : tant de personnes interrogées répondaient à mes questions par l'affirmative, et tant répondaient par la négative. Restait ensuite à comparer les chiffres. Cela me semblait la seule façon de jauger mes sources et d'essayer de saisir la démarche de Rock.

En approchant les hommes qui avaient sentimentalement compté dans l'existence de Rock, j'avais l'impression de rencontrer un seul et même individu à différentes étapes de son existence. Plus la liaison de mon interlocuteur avec l'acteur remontait loin dans le passé, et plus bien entendu il avait pris de l'âge en 1985. Au point que c'en était presque comique : je frappais à une porte, et quand celle-ci s'ouvrait je me trouvais une fois de plus en présence d'un personnage blond, grand, bien bâti, d'allure très masculine, bref, doté de tous les attributs du mâle. D'ordinaire, il portait une moustache. Mais aucun n'avait été lié au même Rock Hudson.

Plus l'histoire devenait insaisissable, et plus je m'acharnais à résoudre une question qui dans mon esprit tournait à l'obsession : où est la vérité ? De cette recherche a résulté un ouvrage qui n'est pas une biographie conventionnelle dans laquelle, comme le veut l'usage, la célébrité dépeinte se raconte elle-même à l'auteur qui recueille et met en forme ses confidences. Sentant que sa santé s'étiolait, Rock avait demandé à ses proches de reconstituer sa propre histoire, et c'est leurs divers témoignages que j'ai rassemblés pour construire ce récit.

J'ai commencé par recueillir ceux de Mark Miller et de George Nader, couple dont l'affection et la loyauté réciproques ne se sont jamais démenties depuis 1951. Ils constituaient à eux deux la véritable « famille » de Rock, et l'un comme l'autre avaient tenu un journal. En outre, Mark avait été le secrétaire de Rock, et rien de ce qui était survenu au Château depuis 1972 ne lui avait échappé. Nous avons travaillé ensemble trois mois durant, à raison d'une interview s'étendant sur toute la journée quatre fois par semaine. Au début, Mark et George se montraient extrêmement prudents, pesant chaque mot de ce qu'ils me rapportaient. Mais, avec le temps, ils se firent plus loquaces, et c'est en parfaite collaboration que nous nous sommes efforcés de reconstituer un puzzle avec lequel ils étaient eux-mêmes aux prises depuis trois décennies.

Je fis ensuite appel au témoignage de Tom Clark. Il avait vécu avec Rock dans une intimité plus étroite, et pendant plus longtemps que quiconque. Tom me fut d'une aide inappréciable en évoquant devant moi ses souvenirs et en m'orientant vers certains êtres qui avaient pris une part importante dans la vie de l'acteur. C'est à ces témoins – Mark, George et Tom – que je dois la charpente de cet ouvrage. Pour en enrichir la substance et situer certains faits dans d'autres perspectives, j'ai également interviewé soixante-deux personnes, qui toutes ont longuement évoqué devant moi ou consigné par écrit leurs souvenirs. Quand certains faits rapportés contredisaient d'autres témoignages ou prêtaient à controverse, je l'ai mentionné dans le texte.

Au début de chaque chapitre, et aussi un peu partout au fil du récit, je donne la parole à Rock Hudson. Ces passages à la première personne sont extraits de confidences recueillies – par moi ou par d'autres – de la bouche même de l'acteur à l'occasion d'un entretien. Les sources de ces citations sont citées en annexe à la fin de l'ouvrage.

Avant de mourir, Rock avait adressé à ses amis une lettre dans laquelle il leur demandait de m'apporter leur collaboration, de me dire la vérité et de me raconter, selon ses propres termes, « toute l'histoire ». Pour nombre de destinataires de cette lettre, pareille requête avait de quoi surprendre de la part d'un homme qui toute sa vie les avait pressés d'observer un « total silence », surtout devant les journalistes. Quiconque était admis dans le cénacle de l'acteur recevait pour consigne de ne rien révéler à la presse de ce qui se passait au Château, et tout manquement à cette règle équivalait à une exclusion sans appel.

Qu'était-ce donc alors qui avait poussé Rock à délier ses intimes de cette obligation de réserve ? En leur for intérieur, beaucoup hésitèrent à m'accorder un entretien. Rock avait-il toutes ses facultés en leur adressant cette ultime requête ? L'avait-il décidé en pleine connaissance de cause ? Devaient-ils me révéler des faits que jamais l'acteur n'avait admis publiquement de son vivant ?

Cependant, si quelques-uns optèrent pour le silence, la plupart de ceux que je sollicitai acceptèrent de parler, puisque tel était le vœu de Rock. Durant quarante ans, il s'était maintenu sur la corde raide. Durant quarante ans, il avait été l'astre de première grandeur qui luit en permanence dans une galaxie où de nouvelles étoiles montent et déclinent chaque saison. Un astre qui luirait encore quelque temps après son passage.

Une heure avant le service funèbre de Rock Hudson, je trouvai Mark Miller assis tout seul dans le grand salon. Sur la pelouse, derrière le Château, on avait dressé un chapiteau blanc sous lequel prenaient place ceux qui étaient venus rendre un dernier hommage à l'acteur tandis que jouait un quartette de quatre mariachis. En retrait se tenait Marc Christian, clamant à qui voulait l'entendre qu'il allait intenter une action en justice pour se faire attribuer une part de la succession. Plusieurs millions de dollars, selon lui.

« Magnifique journée », dis-je à Marc Miller en m'asseyant près de lui. Ce jour-là, le ciel était en effet d'un bleu lumineux et il faisait plus de trente degrés à l'ombre.

« Un cadeau de Rock, fit Mark en désignant du geste le paradis céleste. Il est là-haut maintenant. Gageons qu'il déjeune avec Marilyn Monroe et qu'il lui dit en nous observant : “ Nous voilà sortis d'une belle pagaille, non ? ” »

Cela nous fit rire. « Et Marilyn l'approuve, poursuivit Mark. Elle l'approuve et ajoute : “ Tu as vu ? Nous faisons tous les deux la couverture de *People* cette semaine ! ” Alors Rock lui répond : “ Ouais, j'ai vu, mais c'est mon nom qu'ils ont collé avant le tien ! ” »

1.

Paris. Je ne veux pas entendre parler de Paris. Il y fait froid. Je suis malade et j'en ai assez des médecins. Ils ne savent rien et ne peuvent rien. Je ne veux pas aller dans cette saleté de ville.

En juillet 1985, la santé de Rock Hudson déclinait de façon alarmante. James Wright, son majordome, constatait chaque matin que ses draps étaient trempés de sueur. Il ne pesait plus que 77 kilos au lieu de 100, et il avait grand-peine à ne pas vomir quand il s'alimentait. Son corps s'était couvert de taches éruptives qui lui causaient des démangeaisons intolérables. Depuis quelque temps, il oubliait ses rendez-vous et, vêtu d'un short, errait comme une âme en peine à travers la maison et la propriété.

A l'exception de ses médecins, quatre personnes seulement savaient qu'il était atteint du Sida : Mark Miller, son secrétaire; George Nader, le compagnon d'existence de Miller; James Wright et Dean Dittman, un acteur de ses amis qu'il avait mis au courant de sa maladie peu de temps après avoir lui-même appris la vérité. Depuis un an, ces quatre hommes assistaient, impuissants, au déclin physique de Rock, qui pourtant s'obstinait à travailler et à se bercer de l'illusion que son état n'avait rien d'alarmant.

A maintes reprises, ils l'avaient pressé d'aller à Paris, où l'acteur s'était déjà rendu en 1984 pour s'y faire traiter par des perfusions de HPA 23, une médication expérimentale à laquelle on prêtait le pouvoir d'inactiver le virus du Sida mais qui, comme l'insuline, devait être administrée au malade à intervalles réguliers, faute de quoi l'infection continuait de se développer. Ce traitement semblait de toute évidence avoir été un succès puisque aucune trace de virus n'avait plus été décelée à l'analyse dans le sang de l'acteur au terme de son séjour à Paris. Il avait bien promis au praticien français qui le traitait, le Dr Dominique Dormont, de revenir en France quelques mois plus tard, mais depuis lors une année ou presque s'était écoulée, et Rock refusait de renouveler l'expérience. « Qu'on ne me parle plus de ce foutu Paris! » déclarait-il à ses amis quand ils l'exhortaient à s'y rendre.

Sans plus se préoccuper de sa santé, il avait alors tourné neuf épisodes de *Dynastie*, et quand Doris Day lui avait demandé d'être l'invité d'honneur de son spectacle télévisé *(Doris Day's Best Friends)* sur la chaîne Christian Network, il avait accepté. La veille de son départ pour Carmel, en Californie, là où l'émission devait être enregistrée, Mark Miller lui avait conseillé de se décommander.

« Et pourquoi? Je me sens tout à fait en forme.

– Tu sais bien que non.

– Comment ça?

– Tu n'as pas bonne mine. Tu ferais mieux de ne pas apparaître en public. D'autant plus qu'il y aura une conférence de presse et que les photographes viendront de partout pour couvrir ta rencontre avec Doris. »

Mais Rock avait fait de la main un geste de dénégation. Celui qui lui était habituel lorsqu'il ne voulait rien entendre d'un interlocuteur ou bien le réduire au silence. « Doris compte sur moi, avait-il déclaré. Je ne lui ferai pas faux bond. »

Un peu plus tard ce soir-là, Mark avait appelé Dale Olson, l'attaché de presse de Rock. Dale devait accompagner l'acteur à Carmel, et Mark lui avait demandé de dissuader Rock de s'y rendre. Dale avait promis de faire tout son possible pour y parvenir, et le lendemain après-midi, quand il était arrivé au Château en limousine, à l'heure convenue pour le départ, il y avait trouvé Rock habillé pour le voyage, ses valises bouclées, mais dormant à poings fermés sur une banquette à proximité de la porte. Dale l'avait tiré de son sommeil. « C'est ridicule, lui avait-il dit. J'ignore ce que tu as, mais tu es certainement malade. J'annule le rendez-vous... »

Rock s'était redressé. « Pas question. On y va! » Et comme un vieillard il s'était dirigé avec peine vers la limousine, dans laquelle il avait pris place en maugréant. Du Château à l'aéroport, il avait dormi. Et aussi durant toute la durée du vol jusqu'à Carmel.

« Il n'est pas trop tard, avait insisté Dale. Annulons l'enregistrement...

– Impossible. J'ai promis à Doris d'être là. Et j'y serai, point final. »

Rock arriva en retard à la conférence de presse qui se tenait à Pebble Beach. Auparavant, il avait de nouveau fait un somme après son installation au Quail Lodge, et Dale avait espéré qu'il continuerait à dormir au moment où se tiendrait la conférence. Mais Rock s'était éveillé, avait fébrilement fouillé ses bagages à la recherche de sa trousse de toilette, s'était rasé et avait pu assister aux cinq dernières minutes de la réunion.

Quand il entra dans la salle, devait raconter plus tard Doris Day, « c'était effrayant. Je fis tout mon possible pour dissimuler ce que je ressentais, mais j'avais le cœur serré. J'aurais voulu l'entraîner au-dehors pour le prendre à part et lui dire : Rock, c'est de la folie d'être venu dans cet état ».

Par la suite, quand la télévision retransmit des extraits de la conférence de presse, Rock donnait à l'écran l'impression d'avoir les cheveux raides, poisseux, et de flotter dans un costume trop grand pour lui. Mais il entourait de son bras l'épaule de Doris et la contemplait avec une profonde tendresse tandis qu'il lui disait d'une voix douce :

« L'autre jour j'ai regardé un de tes derniers films, et ensuite j'ai revu un film que nous avons fait toi et moi. Et tu sais ce qui n'a pas changé ? Toi.

– Vraiment ? »

Rock fit courir son doigt sur la joue de Doris. Ils partageaient une totale complicité, une paix absolue. On eût dit un homme surpris dans un moment d'extrême intimité avec sa partenaire de prédilection. Et tandis qu'il lui tapotait le visage en la regardant dans les yeux, il semblait lui dire : « Tu te souviens des merveilleux instants que nous avons vécus ensemble ? »

Le lendemain matin, elle s'efforça de dissuader Rock d'enregistrer le spectacle. Elle lui prépara elle-même son petit déjeuner – œufs brouillés, croissants, frites, fromage blanc et café – et tous deux prirent place en tête à tête sur la terrasse ensoleillée de Doris. Elle observa que Rock se contentait de grignoter.

« Tu m'inquiètes, lui dit-elle. Ne participe pas à ce show si tu ne te sens pas en forme. Qu'est-ce qui ne va pas, Rock ?

– Je *veux* faire cet enregistrement.

– Je t'en prie, ne t'obstine pas. Rien ne t'y oblige...

– J'y tiens absolument. »

Doris le regarda droit dans les yeux :

« Rock, tu me caches quelque chose.

– J'ai eu la grippe. J'ai énormément maigri et je n'arrive pas à récupérer.

– De l'anorexie ? interrogea-t-elle. Ou alors tu as grossi et tu veux retrouver ta ligne ? »

« Pas un instant je n'ai pensé au Sida », devait-elle déclarer plus tard.

Rock lui affirma qu'il ne s'agissait que d'une grippe. Elle lui demanda ce qu'il faisait pour se soigner, et ce qu'en pensaient ses proches.

« Tu devrais changer de médecin, lui conseilla-t-elle. Consulter quelqu'un qui te donne un autre son de cloche. En tout cas, *il faut* que tu fasses quelque chose.

– Tu le crois vraiment ? fit Rock.

– Il le faut.

– Alors, je vais le faire. »

Pour gagner Stone Pine Ranch, où eut lieu l'enregistrement de *Doris Day's Best Friends*, ils firent la route ensemble. « Pendant le tournage, nous l'avons laissé prendre tout son temps et suivre son propre rythme, raconte l'actrice. Nous avons follement ri, exactement comme au bon vieux temps. Je crois même qu'il n'avait jamais été si amusant, au point que nous étions tous quasiment écroulés de rire. »

Selon les indications de la mise en scène, Rock arriva sur les lieux dans un vieil autobus branlant, puis fit le tour du ranch en compagnie de Doris et de son chien. Après quoi, tous deux s'installèrent sur un siège, côte à côte, pour évoquer leurs souvenirs devant la caméra. Entre les prises, Rock allait s'étendre chaque fois qu'il le pouvait dans sa caravane. Le lendemain soir, à la fin du tournage, il fut invité à dîner avec Doris et toute l'équipe de production. Mais il repoussa l'invitation, prétextant qu'il devait reprendre l'avion pour assister à une soirée d'anniversaire.

« Je savais très bien que c'était faux, rapporte Doris. J'aurais donné ma main à couper qu'il avait inventé de toutes pièces cet anniversaire pour rentrer chez lui et se mettre au lit. » Et, bien sûr, elle ne se trompait pas. A la faveur de ce show télévisé, Rock Hudson venait de jouer son dernier rôle. Ainsi un destin complice avait-il voulu que ce rôle, et c'est justice, il l'ait joué aux côtés de Doris Day.

Rock regagna le Château encore plus émacié et affaibli qu'il ne l'était au départ. Sa santé semblait ne plus tenir qu'à un fil. Mark Miller fut catégorique : il lui annonça qu'il venait d'acheter deux billets pour Paris – l'un au nom de l'acteur, l'autre à celui de Dean Dittman – et de réserver les places sur le vol d'Air France du surlendemain. Il avait aussi fait les démarches nécessaires auprès du Dr Dormont, ajouta-t-il, pour que Rock se soigne enfin sérieusement. Il communiqua encore à l'acteur une lettre provenant d'un ami, Bob Darcy, lui aussi atteint du Sida, et qui avait séjourné pendant treize mois à Paris, où on l'avait soigné au HPA. Dans sa lettre, Bob Darcy écrivait qu'il reprenait du poids, qu'il parcourait chaque jour trois kilomètres à la nage et qu'il sentait ses forces lui revenir.

« D'accord, j'irai là-bas, se résigna Rock avec un soupir. Mais pas avec Dean. Je veux que ce soit Ron Channell qui m'accompagne. » Or, si Mark avait choisi Dean Dittman, c'était parce que celui-ci connaissait l'état de santé de Rock et savait comment intervenir en cas d'urgence. Mark avait décidé de ne pas faire accompagner Rock par Marc Christian, car les deux hommes se battaient froid et vivaient séparément depuis quelque temps, bien que Christian continuât de dormir au Château. Quand l'acteur annonça qu'il voulait partir pour Paris avec Ron Channell, Mark lui répondit qu'il allait donc décommander Dean et faire modifier l'un des billets. Dans son esprit, l'essentiel était d'expédier de toute urgence Rock à Paris.

Ron Channell (son nom se prononçait à la française, comme celui de Coco Chanel) était professeur d'éducation physique, et Rock l'avait engagé à titre privé en 1983 pour qu'il vienne à domicile lui faire faire de la gymnastique. De haute taille, bien charpenté, ce jeune homme d'allure athlétique et pourvu d'une épaisse tignasse noire avait le don de s'amuser d'un rien, et cette disposition d'esprit enfantine s'accordait tout à fait à celle de Rock, qui s'en était fait un copain. Au début, Ron était simplement venu au Château pendant une heure le matin, une ou deux fois par semaine. Puis, le nombre des séances hebdomadaires s'était élevé à cinq, et enfin il avait pris l'habitude d'y rester à déjeuner et d'y passer la plus grande partie de l'après-midi. Rock et lui faisaient des randonnées à cheval, riaient ensemble ou se distrayaient en assemblant les pièces d'un puzzle. « Allez, un petit effort! » encourageait de la voix Ron pendant les séances d'exercice.

Ron fit clairement comprendre à toute la maisonnée qu'il n'était pas homosexuel et ne souhaitait rien d'autre que partager l'amitié de Rock. Mais l'entourage de ce dernier ne tarda guère à se rendre compte de l'engouement croissant qu'inspirait le jeune homme à l'acteur. « Il passait son temps assis près de la fenêtre à guetter l'arrivée de Ron, raconte Mark Miller. Et sitôt qu'il s'éveillait, c'était pour demander si Ron avait téléphoné et à quelle heure il allait venir. Tout ce que faisait Ron était merveilleux. »

En 1984, Rock avait demandé au jeune homme de séjourner avec lui en Europe pendant sept semaines. Pour assister au Festival de Deauville et prendre un peu de vacances, lui avait-il dit. Durant tout le voyage, Ron avait perçu intégralement son salaire. Mais ce qu'il ignorait, c'était que Rock avait en réalité décidé de se rendre à Paris pour s'y faire administrer du HPA 23 par le Dr Dormont, et cela à raison de trois heures de perfusion tous les quinze jours. Chaque fois qu'il s'absentait le matin pour son traitement, Rock déclarait à son compagnon qu'il allait discuter d'un scénario. Alors il quittait l'hôtel muni d'un porte-documents et gagnait secrètement l'hôpital Percy en taxi.

Quand les obligations du traitement ne retenaient pas Rock à Paris, tous deux voyageaient. Ils avaient ainsi visité Londres, Rome, Barcelone et Saint-Tropez, où ils avaient fait de la voile sur la Méditerranée. C'était la première fois que Ron séjournait en Europe et Rock, qui prenait grand plaisir à lui servir de guide, l'avait trainé dans les meilleurs hôtels. L'un comme l'autre devaient déclarer plus tard que jamais encore ils n'avaient fait un voyage aussi fantastique.

Aussi, quand un an plus tard Rock demanda au jeune homme de l'accompagner à nouveau en Europe toute affaire cessante, celui-ci bondit-il sur l'occasion. Dès le lendemain, il avait bouclé ses valises, prêt à l'envol.

Cette fois, Mark Miller et James Wright firent savoir à la ronde que Rock partait pour Genève, où il séjournerait quelque temps dans une clinique spécialisée dans le traitement de l'anorexie. Le départ était fixé à dix heures le samedi soir. La veille, Mark se rendit à Palm Desert en compagnie de George. Ils y possédaient une maison dans laquelle ils passaient fréquemment les week-ends. Mark ne put fermer l'œil de la nuit. A quatre heures le lendemain matin, il réveilla George. « Quelque chose me dit que nous ferions mieux de rentrer et de nous assurer que Rock part dans de bonnes conditions », lui dit-il, effrayé. George fit de son mieux pour le rassurer. Mais Mark ajouta : « Nous ne le reverrons plus, j'en ai bien peur. »

Ce matin-là, James les appela du Château. « Monsieur Hudson est terriblement affaibli, leur dit-il. C'est à peine s'il est en état de marcher. Il n'a rien mangé et je doute qu'il puisse supporter un voyage en avion. » Alarmés, Mark et George reprirent immédiatement la route pour Los Angeles.

Au Château, James continuait de veiller avec vigilance sur l'acteur, lequel ne quittait pratiquement plus son lit. « Monsieur Hudson, lui fit-il remarquer, nous devons préparer vos valises. » James appelait toujours l'acteur Monsieur Hudson. D'une extrême civilité, le majordome était un savoureux mélange d'extravagance et d'exquise courtoisie. Il s'habillait n'importe comment – ne portant à l'occasion qu'une simple serviette nouée autour des reins – et à la cuisine il ne s'asseyait jamais à la même table que Rock, mais sur un tabouret près des fourneaux. « Monsieur Hudson préfère qu'il en soit ainsi, comprenez-vous ? m'expliqua-t-il un jour. Comme cela nous gardons nos distances l'un par rapport à l'autre, ce qui vaut mieux. L'excès de familiarité engendre le mépris. »

Rock contempla James sans comprendre :

« Mes valises ? Pour quoi faire ?

– Vous partez pour Paris.

– Non. Je ne pars pas. Pas aujourd'hui.

– Si, Monsieur Hudson, vous partez ce soir.

– Alors, j'ai besoin d'une valise. Il faut que j'aille m'acheter une valise. »

Perplexe, James s'abstint de tout commentaire. « Il y avait là-haut des valises en tout genre », me dit-il par la suite.

A cet instant on sonna à l'entrée. James alla ouvrir. C'étaient Ross Hunter et Jacques Mapes. Ross Hunter avait produit nombre de films de Rock comptant parmi les plus importants, et en particulier *Le Secret magnifique* et *Confidences sur l'oreiller*. Depuis des années, Hunter et Mapes étaient des familiers du Château. Ils déclarèrent au majordome que Rock les avait invités à déjeuner. James regagna le premier étage pour annoncer leur visite. Mais Rock ne se souvenait pas de cette invitation. Cependant, il s'habilla et descendit pour les recevoir.

« On m'a dit que ce soir tu partais en voyage, fit Ross.

– Je vais à Paris.

– *Non!* Pas à Paris. A Genève, Monsieur Hudson », rectifia James.

Rock déclara alors aux deux visiteurs qu'il devait sortir pour s'acheter une valise. Ils lui proposèrent de l'emmener, mais il refusa : « Non, j'ai envie de conduire moi-même. J'ai une Mercedes toute neuve. » Ils eurent beau insister, il ne se laissa pas fléchir. Il venait en effet d'acheter une 500 SEL noire et, selon ce qu'il confia plus tard à Miller, il devait passer prendre Ron Channell qui lui aussi avait un rendez-vous.

De sorte que Rock, Ross Hunter et Jacque Mapes montèrent tous les trois dans la Mercedes. Mais, en quittant la propriété, Rock heurta un pilier du portail et endommagea la carrosserie. Il poussa un juron, puis rit de sa maladresse et manœuvra pour engager le véhicule sur la chaussée. Selon James, « il n'était pas en état de conduire » ce jour-là.

Quand Rock revint au Château – sans avoir déjeuné mais muni

d'une valise neuve –, il monta immédiatement s'étendre. A quatre heures, James entra dans sa chambre. « Il est grand temps de faire vos valises, Monsieur Hudson. Et vous êtes encore là, au lit. Je vais préparer vos affaires. » James boucla deux valises.

« Désirez-vous quelque chose ? demanda-t-il ensuite.

– Non, rien. Merci », répondit Rock. Et il se rendormit.

Mark et George arrivèrent au Château aux environs de sept heures le soir. Ce fut Marc Christian qui vint leur ouvrir. « Nous venons voir Rock », lui dirent-ils. Christian leur répondit d'un ample geste du bras comme pour leur désigner l'escalier et les inviter à monter. Ils trouvèrent Rock entièrement nu et errant sans but à travers sa chambre. Les deux hommes furent effrayés par sa maigreur squelettique. « On aurait dit une victime de la malnutrition. Sa peau était flasque et toute plissée. » En apprenant qu'il n'avait rien avalé de toute la journée, ils le pressèrent avec insistance de prendre un milk-shake au chocolat. « Personne n'en prépare de meilleurs que James. Prends un milk-shake. Mais si, prends-en un! »

Ils finirent par le convaincre tandis qu'il était sous la douche, et James leur apporta des milk-shakes. En sortant de la salle de bains, Rock s'effondra dans un fauteuil, et George dut l'aider à passer sa chemise et son pantalon. Ensuite, il lui mit ses chaussettes et ses chaussures tout en lui faisant absorber le breuvage par petites gorgées. « Grâce à je ne sais quelle puissance miraculeuse, rapporte George, il a fini par venir à bout de son milk-shake. »

Ron Channell arriva un peu plus tard, et à huit heures et demie une limousine de louage vint les chercher pour les conduire à l'aéroport. Mark prit place à l'avant, à côté du chauffeur, un débutant qui ne connaissait pas très bien la route. Rock et Ron occupaient le siège arrière, et George leur faisait face, assis sur un strapontin. Rock passa le bras sous celui de Ron, accompagnant son geste d'un sourire plein de douceur. « Cela m'émut beaucoup, rapporte George. Rock semblait heureux. En trente ans, jamais je ne l'avais vu donner ainsi le bras à un homme en présence de quelqu'un, et je ne le croyais pas capable de montrer une affection et une tendresse semblables. J'en pleurais presque d'émotion. C'était comme s'il voulait me faire comprendre que cette fois, il avait enfin trouvé. »

A l'aéroport les attendait un représentant de Mark Allan Travel, une agence appréciée des célébrités pour les services qu'elle leur fournit quand elles voyagent. « Veuillez m'attendre ici, leur dit-il. Air France a certainement appris par une indiscrétion que Rock n'est pas en état de voyager. Il se peut qu'on ne le laisse pas embarquer. » Mark entraîna Rock et ses compagnons vers un fauteuil du hall de l'aérogare et fit semblant d'engager avec eux une conversation animée tandis que l'agent de voyage, muni des billets et des passeports, se rendait au comptoir d'enregistrement. George se tenait devant Rock pour qu'on ne puisse le voir. Derrière le comptoir, les employés observaient le groupe. L'agent de voyage leur affirma que Rock allait tout à fait bien.

Ron Channell prit à part Mark Miller. « Tout cela me rend nerveux, lui dit-il. Que se passe-t-il? Qu'est-ce qui se prépare? » A cet instant, Mark pensa qu'il ferait beaucoup mieux de partir lui-même avec Rock. Mais il n'avait pas de passeport. « Je suis désolé de te mêler à cela, répliqua-t-il. Si j'avais un passeport, c'est moi qui prendrais l'avion à ta place, sans même me soucier d'emporter du linge de rechange ou quoi que ce soit d'autre. Mais je t'en prie, pars avec lui. Les médecins estiment qu'il faut absolument qu'il aille à Paris. Occupe-toi de lui et fais le nécessaire. J'arrangerai tout d'ici. Une limousine vous attendra à l'aéroport. Conduis-le au Ritz. »

L'agent de voyage vint les rejoindre muni des cartes d'embarquement. Air France n'avait pas fait objection au départ de Rock. L'agent et Ron l'encadrèrent en le tenant chacun par un bras pour le soutenir. Ils franchirent ainsi la porte d'embarquement et se dirigèrent vers l'appareil. « Mieux vaut que vous n'alliez pas plus loin, dit alors l'agent à Mark et à George. Pour ne pas donner l'impression qu'il se passe quelque chose d'anormal. » Mark et George les laissèrent là et se dirigèrent vers la sortie.

Tous deux étaient accablés d'inquiétude. Depuis un an, ils s'étaient évertués à pousser Rock dans un avion pour Paris, et à présent ils se demandaient s'il n'était pas trop tard. Lui restait-il assez de forces? Il pouvait à peine s'habiller seul. Survivrait-il seulement au voyage? Pendant un instant, Mark eut envie de revenir sur ses pas pour ramener Rock, l'empêcher de partir. Mais une pensée l'en retint : « Le salut est peut-être à l'autre bout de l'arc-en-ciel. Alors qu'ici c'est sans espoir. »

Mark et George attendirent que l'appareil ait décollé pour quitter l'aéroport avec la certitude que l'accès à bord n'avait pas été refusé à Rock. Le cœur étreint par l'angoisse, ils reprirent la route de Palm Desert.

Ils ne couvrirent pas d'une traite les trois heures de voyage vers le désert, mais s'arrêtèrent au nord de Los Angeles et ne repartirent que le dimanche matin. En arrivant à Palm Desert, ils trouvèrent sur le répondeur un message affolé que leur avait adressé Ron de Paris.

Pendant les onze heures du vol, Rock avait refusé d'absorber quoi que ce soit, ne fût-ce qu'un verre d'eau. A Roissy, aucune limousine ne les attendait, si bien que Ron, encombré de trois valises et d'une vedette incapable de se mouvoir, avait dû s'acquitter tant bien que mal des formalités de douane, acheminer Rock vers le salon d'accueil des VIP, trouver un taxi, y empiler les bagages et revenir chercher le malade pour l'emmener au Ritz. Sitôt qu'il avait gagné sa chambre, Rock s'était effondré sur le lit, respirant par saccades. « Que dois-je faire ? » demandait Ron sur le répondeur.

Mark téléphona à Los Angeles pour prendre conseil auprès de Gary Sugarman, le médecin de Rock. Puis il appela Ron à Paris. « Fais-le immédiatement transporter à l'Hôpital américain. En limousine, en taxi, peu importe. » Il lui demanda encore d'appeler d'urgence le Dr Dominique Dormont, ajoutant que lui-même allait faire renouveler son passeport et sauter dans le premier avion pour Paris.

En examinant Rock, les médecins de l'Hôpital américain découvrirent les cicatrices laissées sur son thorax par une ancienne intervention cardiaque – une anastomose – et en conclurent qu'il était atteint d'une cardiopathie. On le dirigea donc vers le service de cardiologie. Ignorant que Rock avait le Sida, Ron Channell ne pouvait bien évidemment pas le faire savoir à l'équipe médicale. L'acteur accusant une déshydratation extrême, on décida de l'alimenter par voie intraveineuse. Entre-temps, Ron ne cessait d'appeler à son domicile le Dr Dormont. Mais en vain. Il laissa quatre messages sur son répondeur. Le premier pour lui demander de téléphoner à M. Hudson à l'hôtel Ritz, le second de venir le voir dès que possible, le troisième d'accourir d'urgence, le quatrième pour l'aviser de l'admission de M. Hudson à l'Hôpital américain.

Mais, ce dimanche-là, le Dr Dormont s'était absenté de Paris. En regagnant son domicile vers une heure du matin, il appela aussitôt l'Hôpital américain. Mais il ignorait que Rock y avait été admis sous son nom d'acteur. « J'ai demandé des nouvelles de Roy Scherer, déclara-t-il plus tard, car c'était sous ce nom qu'il m'avait demandé à être traité. On me répondit qu'aucun malade du nom de Scherer n'avait été hospitalisé. »

A trente-six ans, Dormont avait le grade de capitaine de corvette. Officier du corps de santé navale, il conduisait depuis trois ans des recherches sur le Sida dans son service de l'hôpital Percy, un établissement militaire situé à Clamart, tout près de Paris. C'est en revenant chez lui le lundi soir que la radio de sa voiture lui apprit la nouvelle : l'acteur américain Rock Hudson se mourait d'un cancer du foie. On avait dû le transporter d'urgence à l'Hôpital américain. Dormont devait en effet apprendre un peu plus tard qu'un examen au scanner avait mis en évidence des anomalies hépatiques, et les médias en avaient conclu qu'il s'agissait d'un cancer.

Ce même soir, le Dr Sugarman appela le Dr Dormont de Los Angeles pour lui demander de faire sortir Rock de l'Hôpital américain et de l'admettre dans son propre service à Percy. « En France, ce n'est pas si simple, lui répondit Dormont. Le mieux serait qu'un proche du malade vienne à Paris pour que nous allions ensemble nous entretenir avec mes confrères de l'Hôpital américain. »

Mark Miller arriva à Paris le mardi 23 juillet. En compagnie de Ron Channell, il se rendit à l'Hôpital américain, où tous deux furent reçus par les médecins qui traitaient Rock. S'ensuivit un malentendu : ils expliquèrent à Mark qu'ils soupçonnaient un cancer du foie, mais que l'extrême faiblesse de l'acteur interdisait une intervention exploratrice. Alors que de son côté Mark comprit que Rock était atteint d'un cancer du foie « inopérable ».

Mark fut ensuite introduit dans la chambre de Rock. Le malade n'était plus qu'à demi-lucide. Mark lui serra le pied à travers la couverture. « Tu vois, me voilà. Tout va s'arranger », lui dit-il, incapable de retenir ses sanglots. « En rentrant dans la chambre, me raconta-t-il plus tard, je compris qu'il allait mourir. Avant ce voyage à Paris, je me disais qu'il pouvait s'en sortir. Mais en le voyant dans cette chambre, j'ai su que c'était fini. »

Dans un murmure, Rock fit comprendre à Mark qu'il était heureux de le savoir près de lui. « Je débarque tout juste, lui dit Mark. Je file à l'hôtel et je reviens te voir un peu plus tard. »

Le soir, journalistes et photographes envahirent le Ritz. Quant à Ron Channell, il était dans tous ses états. Il avait enfin réussi la veille à joindre Dormont par téléphone, et le médecin l'avait pressé de prévenir l'équipe soignante de l'Hôpital américain parce que Rock était atteint du Sida. « Pourquoi Rock ne m'a-t-il rien dit ? Seigneur, mais pourquoi me l'avoir caché ? » se lamentait-il. Finalement, il fondit en larmes.

« Il voulait que personne ne le sache, fit Mark. Continuer à vivre une vie normale. »

Ron Channell était partagé entre le chagrin que lui inspirait l'état de Rock et la frayeur des retombées. Ils avaient fait du cheval ensemble et partagé leurs repas. Ron avait présenté diverses personnes de sa famille à l'acteur, et celui-ci les avait embrassées. Et si la maladie se transmettait par la salive ? Et si les journalistes le présentaient, d'ailleurs bien à tort, comme le giton de Rock? Et si l'opprobre d'avoir côtoyé un homme frappé par le Sida ruinait sa propre carrière? Mark fit le nécessaire pour que Ron regagne les États-Unis dès le lendemain matin en Concorde. « Mais comment me débrouiller pour quitter Paris sans être photographié? Je ne veux pas qu'on me photographie! s'affolait Ron.

– Écoute, fit Mark. Ce ne sera pas la première fois que j'écarterai les photographes. » Et il lui expliqua son plan : on commanderait au nom de « Monsieur Channell » une limousine pour neuf heures le lendemain matin. Devant l'entrée principale du Ritz, place Vendôme. A sept heures, Ron s'éclipserait par une porte de service, où un taxi l'attendrait. Ainsi, il ne verrait pas trace de journaliste. Et tout se passa effectivement comme prévu.

« Pendant que nous y sommes, avait ajouté Mark, allons t'acheter une montre. Une Rolex. Rock avait l'intention de t'en offrir une pour Noël et je suis sûr qu'il m'approuvera. » Ils avaient alors quitté discrètement l'hôtel pour aller faire l'emplette d'une Rolex que Ron, le lendemain, portait au poignet en repartant par le Concorde.

Le mercredi 24 juillet, Mark se rendit à l'Hôpital américain et constata que l'état de Rock s'était passablement amélioré depuis qu'on l'alimentait par voie intraveineuse. Ses joues avaient repris des couleurs et ses rides semblaient beaucoup moins accusées. Mark songea tout d'abord à le féliciter de cette amélioration spectaculaire, mais Rock le coupa d'un geste impatient de la main.

« Où est Ron? interrogea-t-il.

– Je l'ai mis dans le Concorde pour New York. Il est reparti il y a deux heures. »

On eût dit qu'un voile effaçait soudain toute expression sur le visage de l'acteur. D'une voix sans timbre, il murmura :

« Il y a deux heures. Pourquoi?

– Il s'est effondré, expliqua Mark. Il a été complètement pris de panique en apprenant que tu avais...

– La peste », fit Rock pour achever la phrase. Et, regardant Mark sans le voir, il ajouta comme pour lui-même.

« Je le savais. Je savais qu'il m'abandonnerait le jour où il apprendrait la vérité.

– Il crevait de trouille, dit Mark. Il a pleuré presque toute la nuit. J'ai réservé sa place et je l'ai fait sortir de l'hôtel selon la procédure habituelle...

– Rien. Pas même un mot d'adieu... » La voix de Rock exprimait le désespoir et son regard était fixe.

« Il était complètement perdu. Obnubilé. Terrorisé à l'idée que la presse ferait de lui ton dernier amant. Ce qui se produira fatalement si les journalistes ont vent de l'affaire. »

Rock se tourna sur le côté, pour contempler le mur de la chambre. Mark fit quelques pas vers la fenêtre à glissière et observa l'immeuble d'en face, se demandant si des caméras ou des téléobjectifs n'étaient pas braqués sur lui, quelque part derrière les stores. Il appela l'infirmière qui s'occupait exclusivement de Rock, une jeune Irlandaise prénommée Ann, et lui demanda de s'assurer que les rideaux de la chambre seraient toujours suffisamment tirés pour qu'on ne puisse voir Rock de l'extérieur. La jeune fille s'empressa de suivre ses instructions.

En quittant la chambre, Mark eut un entretien avec l'un des membres de l'équipe soignante qui traitait Rock, et à sa grande surprise il découvrit qu'aucun des médecins californiens qui traitaient Rock n'avait pris l'initiative d'annoncer à leurs confrères français que le malade était atteint du Sida. Or l'équipe médicale serait furieuse en apprenant qu'on ne l'avait pas mise au courant de l'état de Rock avant même qu'on ne l'examinât, auquel cas elle eût pris certaines précautions particulières.

Mark loua une limousine pour aller s'entretenir avec le Dr Dormont à l'hôpital Percy. Les journalistes l'avaient pris en chasse et le talonnaient. Désormais, il ne pouvait plus aller où que ce soit sans être suivi et photographié.

L'aspect physique du Dr Dormont étonna Mark : en dépit de ses trente-six ans, il n'en paraissait guère plus de vingt-cinq à trente. Les cheveux blonds coupés court, il était vêtu d'un pantalon kaki, d'une chemise bleue, portait des mocassins et des chaussettes à carreaux. Dormont lui déclara qu'il avait sollicité de ses supérieurs hiérarchiques l'autorisation de faire transporter Rock de l'Hôpital américain à Percy, mais que cette autorisation lui avait été refusée. L'admission des malades étrangers dans les hôpitaux militaires est en effet subordonnée à l'accord de la hiérarchie. Le Dr Dormont et Mark Miller se rendirent ensuite conjointement à l'Hôpital américain où, après un entretien en tête-à-tête du praticien avec son confrère de l'équipe soignante, le diagnostic du Sida fut confirmé et les investigations à mettre en œuvre décidées en commun. Ensuite, le Dr Dormont rendit visite à Rock. En reconnaissant le médecin, le visage du malade s'illumina. Le Dr Dormont l'examina et préleva un échantillon de son sang. Il était consterné par l'affaiblissement et la déshydratation extrêmes de l'acteur. La maladie avait de toute évidence exercé trop de ravages pour qu'on puisse désormais espérer un résultat des perfusions de HPA 23.

De retour au Ritz, Mark appela Dale Olson en Californie le priant de faire le nécessaire auprès de la Maison Blanche pour obtenir de la présidence une intervention auprès du gouvernement français, à la faveur de laquelle Rock pourrait être admis dans le service du Dr Dormont à l'hôpital de Percy.

« Je m'en occupe, fit Dale. Et toi, tu t'en tires, là-bas?

– Harcelé par les journalistes.

– Tu as besoin de quelqu'un qui se charge de faire tampon avec la presse?

– Autant que possible », accepta Mark. Dale lui déclara qu'il allait lui trouver un intermédiaire compétent.

Une heure plus tard, un petit coup sec fut frappé à sa porte. En vêtement de nuit bleu, Mark alla ouvrir. Celle qui lui rendait visite s'appelait Yanou Collart, une attachée de presse que Dale Olson venait d'appeler. Quarante-deux ans, cheveux blonds séparés par une raie, juvénile d'allure, radieuse de féminité et d'équilibre, Yanou représente à la fois des vedettes et divers grands chefs cuisiniers français, qu'elle aime inviter à dîner chez elle, à deux pas des Champs-Élysées. Elle avait fait la connaissance de Rock en 1984, quand il était venu en Europe, et tous deux avaient sympathisé.

« Pour la première fois de ma vie les journalistes me pressent de faire des déclarations, lui dit Mark. Pouvez-vous vous charger d'eux?

– Très certainement. »

Mark lui résuma toute l'affaire : Rock avait le Sida. On le mettait en demeure de quitter l'Hôpital américain, et il ne pouvait être admis à Percy. Yanou en était stupéfaite. « Je le savais homosexuel, mais jamais je n'aurais pu supposer qu'il avait le Sida, déclara-t-elle par la suite. A Paris, à l'époque, nous ne savions encore que bien peu de choses sur cette maladie. Pour nous, c'était essentiellement une nouvelle affection répandue parmi les homosexuels américains, et qui pouvait entraîner la mort. »

Yanou commença par appeler ses contacts au ministère de la Défense, pour tenter de savoir si la décision de l'officier commandant l'hôpital Percy était irrévocable. Mais les diverses personnes qu'elle désirait consulter à ce propos n'étaient pas à Paris, et à minuit elle n'avait toujours pas obtenu de réponse.

Le jeudi matin 25 juillet, Mark et Yanou se rendirent ensemble au chevet de Rock.

« Surtout, ne pleurez pas, lui recommanda Mark en cours de route.

– Je ferai de mon mieux pour le distraire », promit-elle.

Ils trouvèrent Rock dans un fauteuil où on l'avait assis pendant que son infirmière refaisait son lit.

« Comme je suis heureux de vous voir! fit Rock en apercevant la jeune femme. Voyez comme la vie est drôle. Me voilà de retour à Paris, et pour y faire quoi? Me faire soigner dans un hôpital!

– Ce n'est pas dramatique, lui répliqua Yanou. Cela peut arriver à n'importe qui. Dans quelques jours, vous vous sentirez mieux.

– Écoutez, reprit-il. Ne vous éloignez pas trop de Paris. Parce que je ne vais pas faire de vieux os ici, et quand j'en sortirai, j'aimerais que vous me fassiez de nouveau cette merveilleuse mousse au chocolat. »

Rock était en effet « tombé amoureux » de la mousse au chocolat qu'elle lui avait servie l'année précédente quand elle l'avait invité chez elle. « La meilleure du monde, assure-t-elle. Une mousse au chocolat amer. Une recette que je tiens de ma mère. » Elle promit à Rock de lui en préparer une sitôt qu'il serait sorti.

Un peu plus tard dans la matinée, Yanou et Mark apprirent que l'officier commandant l'hôpital Percy était revenu sur sa décision et avait fait savoir à Dormont que Rock pouvait être admis dans son service. Qui avait intercédé en faveur de l'acteur? Difficile à dire. Selon certains, ce serait Nancy Reagan qui aurait appelé à cet effet François Mitterrand en personne. Selon d'autres, la décision aurait été prise par le ministre français de la Défense. Quoi qu'il en soit, Ronald Reagan avait appelé lui-même Rock à l'Hôpital américain.

« Le président m'a téléphoné, rapporta-t-il à Mark Miller.

– Ah oui! Et que t'a-t-il dit?

– Il m'a dit que Nancy me transmettait ses affections. Et j'ai répondu : “ Transmettez-lui les miennes. ” Ensuite, Ronnie m'a dit : “ Si j'ai bien compris, nous ne sommes ni l'un ni l'autre en pleine forme. ” (On venait de diagnostiquer chez le président un cancer du colon.) “ Mais j'espère que nous ne tarderons pas à nous en remettre tous les deux. ” »

Et Rock d'ajouter : « On aurait dit un scénario. Nous nous appliquions l'un et l'autre à lire impeccablement notre texte. Mais... Je me demande bien pourquoi il m'a appelé. »

A onze heures, les médecins de l'Hôpital américain se réunirent, en présence du Dr Dormont, de Mark et de Yanou, pour décider de la conduite à tenir. Fallait-il déclarer maintenant à la presse que Rock était atteint du Sida? Le malade devait-il être transféré dans un autre hôpital au plus vite? Pour sa part, le Dr Dormont souhaitait que Rock reste encore à l'Hôpital américain une journée avant d'être transféré à Percy. Quant à Mark, tout ce qu'il désirait, c'était qu'on prolonge le plus possible la vie de Rock en lui administrant le traitement le plus efficace. « Nous nous sommes efforcés raconta-t-il plus tard, de défendre au mieux ses intérêts. » Yanou fit savoir à la presse qu'une déclaration serait faite à deux heures de l'après-midi. Et aussitôt elle rédigea le communiqué dans ses grandes lignes. Le texte tenait en un seul paragraphe, mais il fallut à peu près deux heures de discussion pour que l'accord se fasse sur une formulation satisfaisant tout le monde.

Mark revint à la chambre de Rock. « Je suis désolé, lui dit-il, mais malheureusement nous sommes obligés d'annoncer publiquement que tu as le Sida. »

Rock le fixa un instant et lui fit de la main un signe d'acceptation résignée. « Quelle importance! Vas-y. Nous l'avons caché pendant plus d'un an. A quoi bon s'obstiner? »

Mark fit alors entrer Yanou dans la chambre. « Il faut que vous preniez connaissance de la déclaration que je vais faire à la presse avec votre approbation », lui dit-elle. Elle s'assit au pied du lit et se mit à lire son texte en anglais, avec un accent français caractéristique. « M. Rock Hudson est atteint d'un syndrome immunodéficitaire acquis. » Tandis qu'elle lisait, ses yeux s'emplissaient de larmes. Seule sa voix résonnait dans la chambre silencieuse. Et ce silence amplifiait encore les mots qu'elle prononçait. On entendit un froissement de drap, suivi du léger déclic de l'aiguille de la pendule murale. « M. Rock Hudson est atteint d'un syndrome immunodéficitaire acquis... reprit-elle... diagnostiqué voilà un peu plus d'un an aux États-Unis. »

Dans son lit, Rock était parfaitement inerte. Il assistait soudain à la mise à mort de l'image qu'il avait créée. Une image de héros romantique et de séducteur irrésistible que pendant trente-six ans il avait élaborée, peaufinée et soigneusement entretenue. Pendant trente-six ans, il avait vécu dans la crainte d'être découvert. Des années durant, il avait échangé furtivement des numéros de téléphone, s'était discrètement éclipsé à trois heures du matin, montré à des premières en compagnie de femmes ravissantes qu'il délaissait sitôt la soirée terminée pour retrouver l'homme qui partageait sa vie. Des années durant, il avait pris grand soin de ne pas se faire voir en public avec « un peu trop de jeunes garçons ». Pendant trois ans, il avait vécu aux côtés d'une femme qu'il avait épousée parce qu'en dépit de toutes les évidences il s'était cru capable d'un impossible amour. Ce n'est qu'après les bouleversements sociaux des années soixante et soixante-dix, alors que sa notoriété était solidement établie, qu'il avait connu quelque apaisement, car si la presse et le monde du spectacle le savaient homosexuel, l'une le protégeait et l'autre ne semblait pas s'en formaliser. A présent, tout le monde serait au courant. Rock Hudson allait être démasqué.

Son fardeau en serait-il allégé ? Qui sait si cette déclaration n'allait pas faire retomber sa tension et son angoisse ? Lui permettre enfin de trouver la paix à présent que sa vie, sa carrière et son univers s'écroulaient ? Quelle importance si son secret était soudain dévoilé ? A cet instant, Rock ne pouvait savoir ni même soupçonner que de la mort d'une illusion allait naître quelque chose de neuf.

Yanou termina la lecture de son texte. Rock la fixa un certain temps avant de lui donner son accord : « O.K., allez donner l'os à ronger aux chiens. »

Derrière la fenêtre d'une salle de conférence, Mark Miller observait l'entrée de l'hôpital. Il vit Yanou sortir et faire face aux représentants de la presse, agglutinés sur les marches du perron. Elle leur lut le texte de son communiqué dans le plus total silence. Dès qu'elle en eut terminé, Mark vit les journalistes se bousculer en se ruant vers les téléphones. Il entendit une correspondante hurler en anglais : « Il a le Sida. Il est fichu. »

Mark savait combien la nouvelle était explosive, mais il était loin de se douter qu'elle ferait dans le monde entier la une des quotidiens du soir et des journaux télévisés. Dans les heures qui suivirent, Rock reçut des centaines de télégrammes et de messages sur son lit d'hôpital, et au cours des deux semaines consécutives, trente mille admirateurs et admiratrices devaient lui écrire d'un peu partout. Le plus étonnant, c'était le contenu même de leurs lettres, car à peu d'exceptions près toutes se ramenaient à ceci : votre vie privée ne nous regarde pas. Nous vous aimons et prions pour vous.

Cette nuit-là, Mark fut tiré de son sommeil par Marc Christian qui l'appelait, fou de rage, de Los Angeles, où il venait de prendre les informations sur une chaîne de télévision. Selon Mark Miller, la conversation prit le tour suivant :

« Comment as-tu bien pu ne rien me dire ? s'indigna Christian.

– C'était à Rock de le faire, répliqua celui-ci. C'était lui le malade, pas moi. Il m'avait donné l'ordre de ne rien dire à personne.

– Mais enfin, pourquoi ne m'as-tu rien dit malgré tout ? Tu aurais dû me le dire. Tu m'as traité comme un moins que rien!

– Je n'avais pas le droit de te dire quoi que ce soit. C'est la volonté de Rock que je respecte, et tu le sais parfaitement. Je ne suis pas ton ami depuis trente-cinq ans. J'ai essayé de t'ouvrir les yeux l'an dernier en te demandant de passer une visite médicale complète, tu ne t'en souviens pas? Le médecin savait que tu risquais d'attraper le Sida. Il a pourtant affirmé que tu n'en avais pas le moindre symptôme. Je ne vois pas pourquoi les choses auraient changé aujourd'hui. »

Pourtant, Mark proposa à Christian de venir immédiatement à Paris, où le Dr Dormont pourrait procéder à des tests sanguins.

Le vendredi 26 juillet, Mark surprit une lueur de facétie dans le regard de Rock quand il vint le voir dans sa chambre.

« Alors, ça fait des vagues? lui demanda ironiquement l'acteur.

– Une trombe, tu veux dire.

– Pas étonnant, fit-il en traçant avec le doigt une spirale dans le vide.

– Impossible de sortir de ma chambre d'hôtel sans qu'on me photographie, dit Mark. J'ai l'impression d'être devenu la coqueluche des médias.

– Souviens-toi de ce que disait Andy Warhol, fit Rock en riant. Tout le monde devrait être célèbre pendant quinze minutes au moins une fois dans sa vie. Tu en es à ta seizième minute de célébrité. Remets les pieds sur terre! »

Ses yeux avaient retrouvé leur éclat. Il avait toujours pris plaisir à déchaîner les controverses. Jamais il n'est plus heureux que lorsqu'il alimente les ragots, songea Mark. Il a beau dire qu'il déteste la publicité, en réalité, il est ravi quand on parle de lui.

Mark lui apprit qu'Elizabeth Taylor avait appelé et qu'elle considérait qu'en prenant lui-même les devants pour révéler qu'il avait le Sida, Rock allait « sauver des millions de vies ».

« Pourquoi ? » interrogea Rock.

Mark lui montra quelques-uns des télégrammes qui venaient d'arriver. Ils provenaient de Frank Sinatra, Gregory Peck, Marlene Dietrich, James Darner, Carol Burnett, Ali MacGraw, Jack Lemmon, Richard Dreyfuss, Ava Gardner, Mickey Rooney, Milton Berle... Un autre était signé Madonna : « A Rock Hudson, pour qui mon cœur palpite depuis l'enfance. Je ne cesse de prier pour vous. Avec tout mon amour. Madonna. »

Rock en était stupéfait. « Je ne la connais pas, fit-il. Et je connais à peine Gregory Peck. »

D'autres télégrammes étaient signés de gendarmes, de standardistes, d'enseignants, et tous exprimaient de l'affection, des vœux de prompt rétablissement ou des encouragements. Rock n'en revenait pas. Il ne s'attendait à rien de semblable.

Le vendredi soir, les médecins jugèrent qu'il avait repris suffisamment de forces pour qu'on pratique une biopsie du foie, dont les résultats ne seraient connus que le lundi suivant. Le Dr Dormont proposa une alternative à Rock : ou bien il rentrait aux États-Unis se faire hospitaliser au centre médical de l'université de Californie avant de revenir à Paris suivre un traitement; ou bien il préférait se faire admettre à l'hôpital Percy pendant deux ou trois semaines en attendant d'être en état de se faire administrer du HPA 23. « Prenez le temps d'y réfléchir et avisez-moi dimanche de ce que vous aurez décidé », lui dit le Dr Dormont.

Yanou dut passer le week-end à Saint-Tropez. Un engagement antérieur l'obligeait à y faire la promotion d'un film. En arrivant à l'Hôpital américain le dimanche matin, Mark apprit que Rock était dans un état alarmant. Sans préjuger de ce que révélerait la biopsie, il avait si peu de globules blancs que ses chances de survie étaient faibles. Mark se rendit dans la chambre du malade. Rock était assis dans son lit, attendant sa visite. Ce dernier lui saisit le pied à travers les couvertures et ne le lâcha pas.

« Je t'annonce une mauvaise nouvelle, fit-il. Tu n'en as plus pour très longtemps.

– Oh, merde! »

Rock se tourna vers la fenêtre. Il fit du doigt le mouvement de spirale qui lui était familier quand il voulait signifier : « Hop, le tour est joué ! » Puis il se retourna vers le visage sans expression de son visiteur : « Pas moyen de faire un dernier petit tour de piste ? » demanda-t-il.

Cela le fit rire et il lui fut reconnaissant d'avoir détendu l'atmosphère.

« Tu peux rentrer à l'hôpital Percy, lui dit Mark. Tout est arrangé. Ou encore retourner en Californie...

– Je veux mourir dans mon lit.

– Alors d'accord. »

Mark lui demanda s'il souhaitait revoir Phyllis Gates, son ex-femme. Pour toute réponse, Rock eut un balancement de la main signifiant qu'il n'était pas très certain de le vouloir.

« Je te laisse dans une belle pagaille, fit-il. Et crois-moi, ce n'est que le début. Je t'en demande pardon. »

Sur le moment, Mark ne s'interrogea pas sur le sens de ces paroles. Il n'avait qu'une idée en tête : trouver le moyen de ramener Rock chez lui.

Le dimanche soir, Mark appela Yanou dès son retour de Saint-Tropez. Il leur fallut toute la nuit et la journée du lundi pour affréter un avion. Il était en effet impossible de faire revenir Rock en Californie sur un vol régulier, du fait qu'il devait voyager accompagné d'une équipe médicale munie d'un appareillage de soins intensifs. Mark et Yanou trouvèrent tout d'abord un 707, mais l'avion n'avait pas l'autonomie suffisante pour gagner Los Angeles sans escale. Finalement, Europe Assistance leur proposa, pour 250 000 dollars, un 747. Ce tarif d'affrètement incluait le matériel de réanimation, deux médecins et une infirmière. Plus tard, quand le Dr Dormont apprit combien coûtait la location de l'appareil, il faillit en avoir une syncope. « Combien ? Un quart de million de dollars ? Plus de quatre ans de mon budget de recherche ! » Mais à la réflexion, il considéra que c'était l'argent de Rock, que celui-ci l'avait gagné, et qu'après tout il pouvait en disposer à sa guise.

La somme devait être virée par télex de New York avant que l'appareil ne décolle. Le versement effectué, le départ fut fixé à onze heures du soir le lundi.

Yanou loua une ambulance pour transporter Rock à l'héliport de Paris, à proximité de la Tour Eiffel. Pour écarter les journalistes, elle fit un communiqué déclarant que l'état de Rock était stationnaire et qu'il séjournerait une semaine de plus à l'Hôpital américain. Ce lundi-là, le temps était pluvieux, et aucun journaliste ne se montra quand Rock fut transporté à l'héliport. Les médecins qui l'avaient traité suivaient l'ambulance dans une voiture particulière. Estimant qu'ils n'étaient plus d'aucun secours, ils firent leurs adieux à Yanou après qu'on eut installé ce dernier dans l'hélicoptère.

Sous l'effet du sédatif qu'on lui avait administré, il dormait. L'appareil se posa un peu plus tard dans une zone hors douane de l'aéroport Charles-de-Gaulle, là où aucun photographe de presse ne pouvait accéder. Rock fut alors transporté sur une civière à l'intérieur du 747, et la civière fut déposée sur une rangée de fauteuils.

Alors il s'éveilla et vit Yanou près de lui.

« Où suis-je ? lui demanda-t-il.

– Vous êtes dans un avion qui vous ramène à Los Angeles, Rock.

– Nous sommes en l'air ?

– Pas encore. Dans une quarantaine de minutes. »

Il regarda autour de lui :

« Qui m'accompagne ? Où est Mark ?

– Il n'est pas là, fit Yanou. Il a dû rester à Paris pour régler les factures et diverses formalités administratives. Il rentrera aux États-Unis après-demain. »

Rock semblait désorienté.

« Réjouissez-vous, fit Yanou. En face, tout le monde vous attend. Dale Olson... votre médecin...

– Mais... comment suis-je monté dans cet avion?

– C'est tout simple. Je vais vous expliquer. »

Elle lui raconta comment elle s'y était pris pour duper les journalistes en diffusant un communiqué mensonger, afin de le faire sortir de l'hôpital en ambulance, puis transporter à l'aéroport dans un hélicoptère qui s'était posé en zone hors douane.

En l'écoutant, Rock se mit à rire. A rire de ce rire profond et irrépressible qui ravissait tant ses amis. « Ah! que j'aime ça, pouffa-t-il. Rouler ces foutus journalistes! »

L'infirmière s'approcha.

« Qui est-ce? demanda-t-il à Yanou.

– L'infirmière qui va vous accompagner.

– Elle est très jolie.

– Rock, fit Yanou. Ne me faites pas d'infidélités. Je suis très jalouse.

– Mais... vous voyagez bien avec moi, non?

– Non, Rock. Je ne le peux pas.

– Vous ne m'accompagnez pas vous non plus? »

Elle lui dit combien elle regrettait de ne pouvoir se soustraire à ses obligations professionnelles et partir avec lui.

Alors, il se mit à pleurer. Il n'était plus qu'un homme seul et mourant qu'on transportait dans un immense avion désert sous la surveillance de deux médecins et d'une infirmière ne parlant pas sa langue. Yanou lui prit la main, attendant qu'il cessât de pleurer. Il avala sa salive, parvint à se dominer et lui sourit. « J'aurais tant aimé que vous puissiez être du voyage avec moi! Vous m'auriez fait de la mousse au chocolat en arrivant là-bas! »

Elle l'embrassa sur la joue.

Rock la regardait avec étonnement. « C'est vrai, vous n'avez pas peur de... de me toucher? » Il fit un geste pour désigner la main de la jeune femme qu'il tenait dans la sienne.

« Non », fit-elle.

Le chef steward vint leur annoncer que tout était prêt et que l'appareil pouvait gagner la piste.

« Je vous appellerai de chez moi », promit Rock à Yanou.

Le 747 se posa à Los Angeles le mardi 30 juillet à une heure du matin. Aucun proche de Rock ne l'attendait à l'aéroport. Il n'y avait là que des journalistes qu'on tint à bonne distance. Un hélicoptère le transporta au centre médical de l'université de Californie à Los Angeles. Il y séjourna un mois avant de revenir au Château. Pour y mourir dans son lit, conformément à ses vœux.

2.

On ne « découvre » personne. Jamais. Les publicitaires du cinéma adoraient raconter que Lana Turner avait été « découverte » un jour qu'elle était assise à boire un soda chocolaté près d'un distributeur... Mais ce n'est pas vrai. Il y a sur terre bien trop de gens possédant toutes les qualités de séductions voulues pour qu'une chose pareille puisse se produire.

C'est le cinéma lui-même qui a créé ce mythe. Ce gigantesque mythe. Des fictions de ce genre sont monnaie courante : Warner Baxter rencontre soi-disant Ginger Rogers ou quelqu'un d'autre et lui propose : « Suis-moi, je vais faire de toi une star. Tu n'es pas faite pour rester dans la troupe. Il te faut un premier rôle. » Ou encore : « La vedette s'est cassé la cheville, alors ce soir tu vas prendre sa place. Et d'un seul coup, d'un seul, te voilà star. » Foutaises, tout ça.

On ne m'a pas « découvert ». Quand j'étais tout petit, je savais que je voulais devenir acteur. Mais je vivais dans une petite ville du Middle West et je ne le racontais à personne, de peur qu'on se moque de moi.

J'ai fini par confier un jour à mon beau-père que j'aimerais prendre des leçons d'art dramatique. « Pour quoi faire ? » m'a-t-il dit quand je lui ai avoué que je voulais devenir acteur... Rideau! (Geste du bras pour mimer un volet qui s'abaisse brutalement.) Et l'affaire en est restée là.

Mais à l'époque, je ne ratais pas un film. En 1937, j'avais douze ans quand on a sorti The Hurricane, *avec Jon Hall et Dorothy Lamour. Jon Hall s'élançait d'un nid-de-pie situé en tête de mât, faisait un saut de l'ange, plongeait dans le lagon et nageait pour rejoindre Dorothy Lamour. Pour moi qui avais toujours aimé plonger, cette scène ne faisait que me confirmer dans ma vocation d'acteur. Je me voyais déjà à Tahiti, dans la peau de Jon Hall. Mais je n'en parlais jamais. Je le gardais pour moi.*

En 1931, Rock avait six ans et vivait avec ses grands-parents maternels, James et Mary Ellen Wood. Ils habitaient un petit pavillon situé au 719 Center Street à Winnetka, dans l'Illinois. C'était l'époque de la Dépression, et onze personnes – six adultes et cinq enfants – devaient s'accommoder de cette maison ne comportant en tout et pour tout qu'une chambre à coucher avec salle de bains. Grand-père et grand-mère Wood dormaient dans l'avancée vitrée du porche. L'un de leurs enfants, John, avait transformé le grenier en chambre pour y dormir avec sa femme et leurs quatre enfants. Rock (il n'était encore que Roy Scherer Junior), sa mère Katherine et son père Roy Harold passaient la nuit dans la chambre du rez-de-chaussée.

Roy était le préféré de grand-mère Wood, qui exerçait un pouvoir souverain sur la maisonnée. « Quand elle nous disait de sauter, m'a rapporté un de ses petits-enfants, pas question de discuter : " Tout de suite, grand-mère, à quelle hauteur ? " Mais elle avait pour Roy toutes les indulgences. Elle lui pardonnait absolument tout. » Un jour qu'il avait mangé en cachette une livre de jambon cru et mordillé dans toutes les pommes de la glacière, bêtise qu'il avait refusé d'avouer, ce fut sur ses cousins et cousines que retomba la punition. Quand plus tard dans la famille on évoquera la scène finale de *Géant,* au cours de laquelle Rock Hudson prend une solide raclée, il se trouvera toujours quelqu'un pour dire en plaisantant que ce n'était là qu'un juste retour des choses, « après toutes les fessées bien méritées que grand-mère Wood lui avait épargnées ».

Dans la maison de Center Street, Roy partageait avec insouciance les jeux de son cousin et de ses trois cousines. Les cinq enfants n'avaient nullement conscience de la dureté des temps, ni non plus celle d'appartenir à une famille pauvre vivant dans une banlieue ouvrière. Tout le monde se retrouvait autour de la table de la salle à manger pour prendre le repas du soir à cinq heures trente. Après quoi, on disait les grâces, et on attendait que grand-mère Wood ait commencé à manger son dessert pour l'imiter. Grand-père travaillait dans une entreprise locale de bois et charbons, la Winnetka Coal and Lumber. A table, c'était lui qui faisait passer les assiettes. L'ordinaire était composé d'un ragoût accompagné de pommes de terre et de légumes arrosés de jus de viande. Sauf le vendredi, car ce jour-là, grand-mère servait un gratin de spaghetti dont tout le monde raffolait. Elle avait expliqué à ses enfants que si elle ajoutait du lard à la sauce, c'était parce que l'évêque lui avait accordé une dispense spéciale. Après le repas, les grandes personnes faisaient une partie de cartes et les enfants jouaient sous le porche ou écoutaient à la radio « L'Antre de la sorcière ».

Plus tard, quand il sera devenu vedette, Rock Hudson racontera volontiers que du temps où il était enfant de chœur, il s'était fait sévèrement réprimander pour avoir été pris de fou rire pendant l'office. Mais cet épisode est purement inventé. « Jamais il n'a été enfant de chœur », m'a affirmé une de ses cousines, Dorothy Raychek. « Grand-mère Wood était catholique pratiquante, mais la mère de Roy, tante Kay, affichait par défi des idées contraires. » Katherine Scherer envoyait en effet son fils à l'école publique, alors que le cousin et les cousines de Roy fréquentaient l'école du Sacré-Cœur. La mère et le fils étaient les seuls à ne pas aller à la messe le dimanche. Mais dans la famille chacun est persuadé que grand-mère Wood fit secrètement baptiser Roy à l'église du Sacré-Cœur de Hubbard Woods un jour où sa fille travaillait.

Kay Wood était une femme avenante et bien en chair, et qui elle aussi pouvait faire montre d'autorité. « Grand-mère numéro deux », l'avaient surnommée ses nièces. Elle n'en faisait qu'à sa tête et ne pliait devant personne. A Winnetka, le divorce, pratiquement inconnu à l'époque, faisait scandale. Kay devait divorcer trois fois. En premières noces, elle avait épousé Roy Scherer. De son métier, il était mécanicien automobile, mais en ces années de crise économique il gagnait à peine de quoi nourrir sa famille.

En 1932 – Rock avait alors sept ans –, un jour que sa cousine Dorothy était revenue de l'école plus tôt que d'ordinaire parce qu'elle était souffrante, elle avait surpris le père de Roy au moment où il sortait de la chambre du rez-de-chaussée muni d'une valise. « Oncle Roy m'a donné une pièce pour que je ne dise à personne qu'il s'en allait, m'a-t-elle conté. J'étais toute heureuse! Je me suis donc tue. Mais je le vois encore sortir de la maison et gagner la rue. C'est la dernière image que je garde de lui. Ensuite, je ne devais plus jamais le revoir. »

En apprenant que son père avait abandonné sa famille pour partir en Californie, Roy éprouva un immense chagrin. Ce sentiment de rejet restera le plus amer de toute sa vie. Mais, dans la maison, on ne fit jamais plus allusion à la désertion du mari de Kay, et personne n'habitua les enfants à l'idée qu'oncle Roy ne reviendrait plus. « On nous avait appris à ne pas poser de questions, ajouta Dorothy. Ce qui se passait dans l'univers des adultes ne regardait pas les enfants. »

Après que son mari l'eut quittée, Kay ne tarda guère à accepter les rendez-vous que lui donnait Wally Fitzgerald. Il venait la voir vêtu d'un uniforme de marin, mais en fait occupait un emploi de manœuvre à la Compagnie des eaux de Winnetka. Un peu plus tard, il épousa Kay et adopta Roy, qui prit ainsi le nom de Roy Fitzgerald.

Dans l'établissement scolaire qu'il fréquenta quand il fut adolescent (New Trier High School), rien ne sembla distinguer l'élève Roy Fitzgerald. Il n'obtenait que des notes moyennes, ne faisait pas de sport et ne pratiquait aucune activité particulière, bien que l'école eût la réputation de dispenser des cours d'art dramatique et de musique d'excellente qualité. Il ne comptait pas parmi les figures et ne passait pas pour spécialement séduisant. Immense, maigre, dégingandé – il avait atteint un mètre quatre-vingt-quinze sans s'étoffer –, il semblait ne savoir que faire de son grand corps. Ses pantalons étaient toujours trop courts, et pour qu'ils tiennent il devait porter une ceinture.

Il était timide, et cette timidité s'expliquait sans doute en partie par les conditions mouvementées de sa vie familiale. Wally Fitzgerald le brutalisait fréquemment, affirmant qu'il voulait « faire de lui un homme ». Parfois, quand Wally se querellait avec Kay, il entrait en trombe dans la chambre de Rock pour le rouer de coups. « Régulièrement, nous constations que Roy était couvert de bleus, raconte sa cousine Helen Folkers. Et un jour, c'est tante Kay qui est arrivée avec les deux yeux au beurre noir. » Kay se sépara de Wally. Mais, après le divorce, ils se remarièrent... et finirent par divorcer pour de bon quand Roy eut quinze ans.

Mère et fils se sentaient très proches l'un de l'autre. « Elle était tout à la fois ma mère, mon père et ma grande sœur, devait affirmer plus tard l'acteur. Et moi, j'étais pour elle un fils et un frère. Qu'elle ait eu différents maris n'y a rien changé. » Kay jouait du piano, et Roy apprit lui aussi à en jouer d'oreille, car jamais la famille ne fut assez fortunée pour lui offrir des leçons. Kay travaillait ici et là pour assurer leur subsistance à tous deux. Elle fut même employée pendant quelque temps comme bonne à tout faire au service d'une famille aisée qui lui assurait le gîte et le couvert. La mère et le fils partagèrent alors le même lit dans la partie de la maison réservée aux domestiques. Ils occupèrent aussi pendant plusieurs années un petit appartement au-dessus du drugstore Walgreen. Dès que Roy fut en âge de chercher du travail, il trouva différents jobs à temps partiel, ce qui explique sans doute pourquoi il ne participait pas aux activités de groupe de son collège.

Ses cousines gardent de lui le souvenir d'un garçon heureux de vivre et plein de gentillesse. « Il avait toujours une lueur d'espièglerie dans les yeux, et son rire était infailliblement communicatif. Quand il était pris d'un fou rire, tout le monde se tenait les côtes à n'en plus finir. » Il jouait au piano des boogie-woogies et se déhanchait mieux que personne.

Ses meilleurs amis s'appelaient Jimmy Matteoni et Pat McGuire. Son amitié pour le premier ne devait jamais se démentir. « Tout nous était prétexte à rire », raconte Jimmy. Ils échangeaient des plaisanteries qu'ils étaient seuls à comprendre et usaient de formules loufoques prononcées aux moments les plus inattendus pour se couper l'un l'autre. L'une de ces formules était empruntée à un film de Danny Kaye, *Up in Arms*. Parmi les phrases incohérentes du dialogue, il en était une qui avait fait tordre de rire Roy : « Hey, hey, cockda bina cerza. » Par la suite, chaque fois qu'il prenait à Roy la fantaisie de rendre grotesque quelque chose de sérieux, il lançait : « Bina cerza ». Et c'était infaillible, Jimmy croulait de rire.

En évoquant cette époque, Jim se souvient de leur façon très particulière de jouer au loup-courir. Un jeu qu'ils devaient continuer à pratiquer pendant quarante ans. « Après lui avoir dit au revoir quand je le quittais pour rentrer chez mes parents, je lui donnais une petite tape et je m'enfuyais en galopant le plus vite possible. Lui, il courait sur mes talons et me poursuivait en riant jusque chez moi. Après, c'était à moi de le poursuivre jusque chez lui, et ainsi de suite. Nous faisions ainsi deux ou trois allers et retours. » Devenu vedette, Rock ne manquait jamais de retrouver Jim chaque fois qu'il passait par Chicago. « Une fois, juste au moment où il allait monter dans un avion, je lui ai donné une tape et me suis enfui. Il a fait volte-face et m'a poursuivi jusqu'à l'extérieur de l'aérogare. Imaginez la scène : deux hommes mûrs en costume, et des gens qui tout autour crient " C'est Rock Hudson! C'est Rock Hudson! " Et il a fini par me rattraper. Pour rien au monde il n'aurait déclaré forfait. »

Roy et Jimmy allaient souvent à Chicago pour acheter des blues et des boogies chez les disquaires de South Side. « Nous les écoutions et ensuite nous essayions de les jouer au piano. Rock avait une excellente oreille et pouvait apprendre à peu près n'importe quel air. » Ils avaient tous les deux fait un jour plus de cent cinquante kilomètres en bus pour aller voir Charlie Chaplin dans *La Ruée vers l'or* et *Le Dictateur*. Quand ils aimaient un film, ils le revoyaient des douzaines de fois. Un de leurs préférés était *Fantasia*. Avec lui ils avaient découvert la musique classique. Souvent ils s'asseyaient côte à côte devant le piano de Jim pour essayer tant bien que mal d'exécuter un concerto de Bach en jouant chacun d'une main. Jim voulait enseigner plus tard la musique et ouvrir un jour sa propre école. Mais, à cette époque, Roy ne révéla jamais à Jim, que pourtant il considérait comme son ami le plus sûr, son ambition de devenir acteur.

Durant les week-ends, ils sortaient ensemble, chacun avec une fille, accompagnés parfois d'un troisième couple, pour aller au cinéma ou danser sur les rythmes d'un orchestre. Parmi les nombreuses filles qu'ils invitaient, deux plaisaient tout particulièrement à Roy : Nancy Gillogly et Sue Ford. A la fin de la soirée, on arrêtait la voiture dans un endroit discret. Jim déclare ne « jamais avoir le moins du monde soupçonné que Rock avait des penchants homosexuels. C'était plutôt tout le contraire. A l'époque, il se souciait surtout de courir les filles avec une belle assiduité. Quand Pat McGuire est parti faire son service militaire dans la marine, nous sommes allés tous les trois passer le week-end à Saint Louis et nous avons dragué trois filles dans un bal. Roy avait réussi à en convaincre une de monter dans sa chambre au Jefferson Hotel. Pat et moi n'avons pas eu autant de succès que lui. Alors, nous sommes allés le rejoindre à l'hôtel. Autant dire que nous lui avons cassé le coup. Il était fou de rage ».

Bien des années plus tard, Rock Hudson devait confier à des amis qu'il était attiré par les hommes depuis qu'il avait neuf ans. A cet âge, en effet, il s'était rendu dans une ferme et là, quelque chose s'était passé entre lui et un garçon plus âgé. Quelque chose que sur le moment il avait trouvé agréable, et qu'il n'avait rien fait pour empêcher. En évoquant cette anecdote, il ajoutait qu'à l'époque il était « convaincu d'être le seul à éprouver des sensations pareilles ». Ce n'est que plus tard, quand il fera lui aussi son service dans la marine, qu'il prendra plus pleinement conscience de ses tendances sexuelles. Il aura alors avec différents partenaires masculins des contacts physiques nécessairement furtifs, compte tenu du risque que cela comportait.

Le 22 février 1944

Mon Cher Jim,

Sacré nom de dieu, puisque tu ne te décides pas à m'écrire, c'est à moi de le faire! Allons-y gaiement!

Pour l'instant, nous attendons qu'on nous remette nos uniformes. Après on nous donnera nos insignes. Nous avons passé hier les tests d'endurance. On nous a fait sauter, et ensuite : assis, flexion avant, redressez-vous, tenez la tête bien droite, flexion avant, assis, flexion avant et autres conneries du même genre. C'est le seul exercice dont je me sois bien tiré. J'ai répété le mouvement cent huit fois d'affilée. Oh! que les abdominaux me font mal!

Je ne sais pas si ma mère te l'a dit (si elle ne l'a pas fait, tu le gardes pour toi) mais elle part pour la Californie le 15 mars. Trois jours avant notre première perme, le 18. Débrouille-toi pour être libre ce jour-là avec quelques copains.

Naturellement, pas question d'organiser une partie ou quoi que ce soit dans ma piaule pendant ma perme. Les temps sont durs...

J'ai l'impression qu'on va nous décoincer d'ici sans tarder. Nous y sommes depuis soixante-trois jours et on va nous incorporer puisqu'on nous donne nos sardines. On nous a également appris à nous servir d'un fusil et d'une baïonnette! Tu verras, je serai là-bas dans un rien de temps.

A plus tard,
Écris-moi vite
Roy

Roy Fitzgerald s'était engagé dans la marine en 1943, et après son instruction on le fit embarquer sur le *Lew Wallace* – un Liberty ship construit par Kaiser – à destination de Samar, un îlot sablonneux des Philippines, où il reçut pour affectation une unité au sol chargée de réceptionner, entretenir et réparer les avions de l'aéronavale. Il travaillait sur la piste à décharger et tracter les appareils acheminés des États-Unis par gros porteurs. Par la suite, Rock Hudson devait déclarer maintes et maintes fois à des journalistes qu'il avait été mécanicien dans la Navy, et qu'à la suite d'une erreur de sa part on avait dû envoyer deux appareils à la casse, ce qui lui avait valu d'être muté à la buanderie. Il admit cependant plus tard avoir inventé cette histoire de toutes pièces.

Ce qui est authentique, c'est qu'il fut bel et bien muté à la buanderie de son unité en août 1945, mais parce que la guerre venait de s'achever et qu'il n'y avait plus d'appareils à décharger. Durant son affectation à Samar, Roy s'était fait un copain : Eddie Kraft. Quand ils avaient du temps libre, ils sautaient tous les deux dans une jeep pour aller faire un tour le long d'une plage. Ils avaient pour spécialité de confectionner des glaces avec du lait en poudre. Roy avait été surnommé Fitz par ses compagnons de chambrée, en l'occurrence un baraquement préfabriqué. J'ai pu m'entretenir avec l'un d'entre eux, Darrold Miller, qui aujourd'hui vit à Spokane, dans l'État de Washington. « Depuis une trentaine d'années, des rumeurs nous reviennent aux oreilles à propos de ses mœurs. Mais ni les uns ni les autres nous n'y avons cru, étant donné que dans le baraquement il n'a jamais manifesté le moindre signe d'homosexualité. Dans notre bande, on le considérait comme un chic type. Quand la nouvelle a éclaté en juillet, j'ai dit aux copains : ça doit être Hollywood qui l'a rendu pédé. Rien de tel que l'homosexualité ou cette satanée drogue pour foutre un type en l'air. »

Roy fut rapatrié aux États-Unis en 1946 à bord d'un transport de troupes. Quand le navire entra dans la baie de San Francisco, les hommes se massèrent sur le pont pour essayer de localiser à travers le brouillard l'immense arche du Golden Gate.

« Je le vois! Nous voilà chez nous! Chez nous! » cria une voix. Les hommes aperçurent les feux du pont clignotant dans la brume. Des bateaux-pompes venus à leur rencontre projetaient des jets d'eau en signe d'accueil, et sur Angel Island on avait planté une immense bannière portant l'inscription: « Bravo, les gars, vous avez été magnifiques! » D'un navire d'escorte, on transborda des casiers de Coca-Cola, et de main en main passèrent, toutes fraîches, d'innombrables petites bouteilles vertes en forme de sablier.

Rock se souvint alors du jour où il avait quitté les États-Unis pour les Philippines et de la voix de Doris Day, diffusée par les haut-parleurs du bord, chantant « *Sentimental Journey* » au moment où le navire était passé sous le Golden Gate. Soudain, tous ceux qui comme lui avaient dix-huit ans et partaient à la guerre s'étaient tus pour écouter cette chanson qui leur parlait du retour. A bord, tout le monde avait fondu en larmes, Roy le premier.

A cette époque, il serait probablement tombé des nues si on lui avait dit que treize ans plus tard il interpréterait avec Doris une des plus célèbres comédies de sa génération, et qu'ensemble ils exprimeraient à l'écran ce qui existe de plus merveilleux et de plus authentique entre un homme et une femme. Mais ce jour-là, pour la jeune recrue de l'US Navy qui écoutait « *Sentimental Journey* » diffusé par les haut-parleurs d'un transport de troupes, approcher Doris Day ou marcher sur la lune, c'était tout comme.

Plutôt que d'aller tenter sa chance à New York, Roy opta pour la Californie du fait que Roy Scherer, son père, s'était établi à Long Beach, une petite agglomération située au sud de Los Angeles. Le jeune homme aurait souhaité retrouver l'affection de son père, mais celui-ci s'était remarié et avait adopté la fille de sa seconde femme. La présence de son fils sous son toit ne tarda guère à créer des tensions. Roy essaya bien de travailler pour le compte de son père en vendant des aspirateurs, mais après un mois de porte-à-porte il n'avait toujours pas réussi à en placer un seul.

Il renonça donc à vivre au foyer paternel, loua une chambre dans un meublé et se fit embaucher par Budget Pack, une compagnie locale de déménagements, pour conduire un camion. Il avait fait l'emplette d'un costume, et chaque fois qu'il disposait d'un moment de liberté il allait faire le pied de grue devant l'entrée des studios dans l'espoir qu'on l'y remarquerait. Il se sentait très seul. « Les gens n'étaient pas chaleureux comme ceux du Midwest, me dit-il. Je n'arrivais pas à me faire des amis. »

Mais à Long Beach florissait en 1947 une communauté d'homosexuels à laquelle Roy ne tarda pas à s'intégrer. Il existait en ville un bar gay où la clientèle prenait place sur des tabourets pour écouter une Noire chanter des chansons paillardes. Pendant les week-ends, on se retrouvait à la plage pour bronzer, en un lieu de rendez-vous bien précis : devant la Villa Riviera, un complexe résidentiel situé sur Ocean Boulevard.

Pour la première fois de sa vie, Roy faisait la connaissance d'un vaste cercle d'hommes ne faisant pas mystère de leurs mœurs. L'un d'eux avait été pendant plusieurs années producteur d'émissions théâtrales pour la radio. Il s'appelait Ken Hodge et avait trente-six ans. Aux yeux de Roy, qui n'en avait que vingt-cinq, Ken incarnait le raffinement suprême. Ses cheveux blonds étaient coiffés avec le plus grand soin, il s'habillait avec recherche et vivait entouré de magnifiques meubles anciens dans un somptueux appartement au dernier étage du Château Marmont, un immeuble de luxe que possédait sa tante Bernadette. Des fenêtres, le regard embrassait tous les alentours. Parmi les gens que Roy avait connus, Ken était le seul qui entretînt des relations avec le monde du spectacle. Il s'en était lui-même retiré pour venir habiter Long Beach et gérer les affaires de sa tante, mais avec l'intention bien arrêtée de reprendre un jour ses activités artistiques.

Ken et Roy devinrent amants, et ce fut Ken qui fit constituer au futur acteur un premier dossier de photos pour le faire connaître. Il se proposa de devenir son agent, de le former, de le conseiller et de l'aider à faire de lui une vedette.

Avant de mourir, Rock Hudson devait me raconter comment son premier agent, Henry Willson, lui avait choisi son nom d'acteur :

Henry était convaincu de savoir comment s'y prendre pour mettre toutes les chances de mon côté. Un jour il me dit, je m'en souviens très bien :

« Il va falloir te donner un autre nom.

– Pourquoi ? Je n'ai pas la moindre envie de prendre un nom de fantaisie.

– Il le faut. Pour le cinéma, c'est indispensable. Roy Fitzgerald, c'est trop long.

– Trop long ? Ah ! bon. Et Geraldine Fitzgerald, alors ? »

Mais il n'a pas voulu en démordre et m'a affublé du nom de

Hudson. Après quoi il s'est attaqué au prénom et a commencé par en concocter plusieurs qui faisaient mâle, tous plus godiches les uns que les autres : Dirk, Lance... Finalement, il m'a proposé Rock. « Qu'en penses-tu ? » Rock me plaisait. « *Pas mal, ça sonne bien* », *lui ai-je dit. En plus, ce n'était pas tellement différent de Roy, et personne à Hollywood ne portait ce prénom. Et voilà comment je suis devenu Rock Hudson.*

Rock avait raconté cette histoire tant de fois et avec une telle constance que tout le monde la prenait pour argent comptant. Or, après sa mort, je reçus un jour une lettre d'un certain Herbert Millspaugh – un employé de bureau en retraite qui aujourd'hui vit à San Francisco – dans laquelle il m'affirmait avoir été présent le jour où Roy Fitzgerald était devenu Rock Hudson. Sa lettre mentionnait les noms d'autres témoins, et dans l'enveloppe il avait glissé quelques photographies pour appuyer ses dires.

Au cours de l'été 1947, Millspaugh travaillait pour la Texas Oil et vivait lui aussi à Long Beach. Il comptait à l'époque parmi les familiers de la Villa Riviera et des soirées organisées par Ken Hodge. Un jour, Ken lui avait présenté un fort séduisant jeune homme dont il venait de faire la connaissance et qui voulait devenir acteur de cinéma : Roy Fitzgerald. Un peu plus tard – c'était un dimanche –, alors qu'un groupe d'amis de Ken s'était réuni chez lui au retour de la plage, on servit des gin-tonics et tout le monde se mit à discuter pour essayer de trouver un nom d'acteur à Roy. Les vedettes de l'époque avaient pour la plupart changé de nom à leurs débuts. C'était là en quelque sorte une façon de marquer l'adoption d'une nouvelle personnalité et d'ajouter à l'existence une touche de romantisme.

« Ken voulait que le nom choisi évoque la force, la puissance, écrivait Millspaugh. Quelqu'un dans le groupe a suggéré Rock, le rocher. Ensuite, nous avons feuilleté l'annuaire téléphonique pour trouver un nom de famille qui sonne bien. Et nous sommes tombés sur Hudson. Tout ce qu'on a pu écrire depuis quarante ans dans les journaux sur l'origine de ce nom est pure fantaisie. Rock Hudson est né un dimanche après-midi à Long Beach, voilà maintenant bien des années. »

Selon Millspaugh, Roy Fitzgerald et Ken Hodge avaient ensuite quitté Long Beach pour louer en commun un pavillon sur les hauteurs de Hollywood. Ken avait alors fait jouer ses relations et engouffré ses économies dans des réceptions destinées à faire connaître Roy aux professionnels du spectacle. Et c'est ainsi que ce dernier aurait rencontré Henry Willson, un agent d'artistes chargé de recruter les talents neufs pour le compte du studio David O. Selznick. Au cours de la soirée, Willson prit Roy à part et lui demanda de lui téléphoner à son bureau. Sans en avertir Ken, Roy appela Willson, prit rendez-vous, passa le voir et « en sortant du bureau, écrivait Millspaugh, l'agent lui avait fait signer un contrat d'exclusivité. Ken n'avait pas songé à prendre pareille précaution avec son protégé. Voilà comment Henry Willson est devenu l'agent de Roy. Quant à Ken, il est retourné vivre à Long Beach, complètement effondré ».

Rock Hudson a donné plusieurs versions de sa rencontre avec Henry Willson. Il a par exemple raconté à un journaliste qu'il avait été coursier et qu'un jour où il était allé délivrer un message à l'agent, il lui avait laissé sa photo. Il a très souvent déclaré aussi qu'à l'époque il envoyait systématiquement ses photos à des centaines d'agents, de metteurs en scène et de producteurs, et qu'un seul des destinataires l'avait un jour appelé : Henry Willson, précisément. Rock avait ensuite été convoqué pour un entretien, lequel s'était conclu par la signature d'un contrat.

Il n'est malheureusement pas possible de faire toute la lumière sur cet épisode puisque Ken Hodge, Henry Willson et Rock Hudson sont tous les trois disparus. Cependant, quand je reçus cette lettre de Millspaugh, je la fis lire à Mark Miller et à George Nader, qui échangèrent un regard entendu après en avoir pris connaissance. « De la part de Rock, cela n'aurait rien d'étonnant », fit Mark, qui fouilla ensuite dans les papiers de l'acteur et y retrouva la trace de son premier cachet : un chèque de 10 dollars que, pour des raisons sans doute sentimentales, Rock n'avait jamais mis à l'encaissement. Daté du 19 mars 1948 – c'est-à-dire peu de temps avant la signature du contrat avec Willson –, le chèque était émis par Vanguard Films, Inc., Culver City, et payable à l'ordre de Roy Fitzgerald.

Au verso, l'endos était ainsi rédigé :

Roy Fitzgerald
Payez à l'ordre de Rock Hudson
Kenneth G. Hodge

Homosexuel notoire, Henry Willson s'entourait de jeunes gens qu'il sortait dans les boîtes et invitait dans sa propriété de Stone Canyon, où il organisait des soirées autour de sa piscine. L'homme n'était guère séduisant : de courte taille, il avait les chairs flasques, le menton effacé, le nez proéminent et des cheveux bouclés passablement clairsemés. Il portait invariablement un costume trois pièces bleu foncé.

Selon George Nader, Willson « suait le vice ». On murmurait à Hollywood qu'il entretenait des relations occultes avec la mafia et on lui prêtait un appétit sexuel insatiable. Pour séduire les jeunes acteurs qui espéraient faire carrière, il glissait habilement dans la conversation les noms de ses clients les plus prestigieux. Et quand il parlait affaires, il avait pour habitude de palper la cuisse de son interlocuteur.

Mais Willson s'y entendait mieux que personne pour dépister le talent et lancer un acteur. Il possédait un tel pouvoir de conviction qu'il pouvait persuader les états-majors des studios de signer un contrat et de donner de bons rôles au débutant qu'il venait de leur présenter. On disait de lui qu'il savait infailliblement flairer les futures vedettes, qu'il débaptisait systématiquement pour leur donner un nom « qui porte ». C'est ainsi qu'il avait transformé Art Gelien en Tab Hunter, Merle Johnson en Tray Donahue, Francis Timothy McCown en Rory Calhoun et Elmore Rual Torn en Rip Torn. C'était également lui qui avait trouvé Rhonda Fleming, Guy Madison, John Saxon et James Darren, appellations qui toutes ont un petit air de famille avec Rock Hudson, ce qui semblerait indiquer que Willson n'est peut-être pas tout à fait étranger à la création de ce nom d'acteur.

A l'époque où Rock fit la connaissance de Henry Willson, ce dernier prenait ses distances par rapport au studio Selznick, alors en pleine décrépitude, pour monter sa propre agence artistique. En signant son contrat, Rock lui avait avoué d'emblée ne jamais avoir pris de leçons d'art dramatique. Aussi Henry le fit-il inscrire à des cours du soir avant de lui ménager des interviews et de lui faire faire des bouts d'essai devant les caméras.

Quand ils songeaient à engager par contrat un jeune acteur, les principaux producteurs de films lui faisaient d'abord passer des bouts d'essai. Rock eut ainsi l'occasion de tenter sa chance à cinq reprises. Mais on ne lui fit pas la moindre proposition d'engagement. Totalement dépourvu d'expérience, il avait tendance à en rajouter, tels ces amateurs qui jugent opportun de rire niaisement quand on braque sur eux le canon d'un fusil. D'ailleurs, la Twentieth Century Fox exploite toujours l'un de ces bouts d'essai tourné avec Rock, qu'elle fait aujourd'hui visionner à titre d'exemple aux acteurs débutants pour leur montrer qu'en dépit d'un jeu de scène exécrable au départ on peut devenir une grande vedette à condition de travailler d'arrache-pied.

Nullement découragé par ce premier échec, Willson présenta son poulain à Raoul Walsh. Le metteur en scène, qui comme chacun sait portait en permanence un bandeau sur un œil, travaillait alors pour Warner Brothers. Est-ce parce qu'il était borgne qu'il vit Rock comme pouvait le voir l'objectif de la caméra ? Quoi qu'il en soit, le physique du garçon lui plut et il lui donna un rôle dans *Les Géants du ciel*, ajoutant que la séquence tournée pourrait servir plus tard au jeune acteur de bout d'essai. Fou de joie, Rock appela Jimmy Matteoni à Winnetka pour lui annoncer la bonne nouvelle : « On me donne un rôle! Je vais gagner 120 dollars par semaine. Me voilà riche. Riche! » Et tout aussitôt il téléphona à Budget Pack pour donner son congé et leur dire d'engager un autre chauffeur.

Dans *Les Géants du ciel*, le rôle de Rock – celui d'un officier d'aviation - ne comportait que trois répliques lors d'une scène se déroulant au mess de l'escadrille. Il devait dire entre autres : « Pour écrire, il vous faudra bientôt un tableau plus grand. » Mais dès la première prise il fit un lapsus et bredouilla : « Il vous faudra bientôt un tabland plus gros. » Plus il essaya de se reprendre, plus sa langue s'obstinait à fourcher. De sorte qu'après une bonne vingtaine de prises, on changea la réplique en : « Bientôt, il faudra que vous écriviez vos chiffres en plus petit. » Mais Rock crevait littéralement l'écran. « Un visage fait pour la caméra, devait me dire plus tard un de ses proches. En film ou en photo, il était infiniment plus présent qu'au naturel. Tout tenait à la morphologie de son visage. N'importe qui peut apprendre à se comporter à l'écran de façon vivante, mais c'est la caméra qui seule décide qu'un individu est véritablement beau et séduisant... et cela tient essentiellement au visage. »

Après *Les Géants du ciel*, Raoul Walsh engagea Rock pour une durée d'un an. Ce contrat lui permit de vivre et de perfectionner son jeu d'acteur.

Pendant cette année-là, j'ai suivi des cours d'art dramatique et de diction. J'ai appris à parler plus posément et j'ai assimilé tout ce dont j'étais capable. Quelque chose en moi, quelque chose que je tiens probablement de mes origines de cul-terreux du Middle West, me disait que quand on apprend quelque chose, autant l'apprendre à fond, en s'appliquant le plus possible.

A présent, il arrive souvent que de jeunes acteurs me demandent : « Comment attaquez-vous une scène ? » Et je leur réponds : Contentez-vous d'être naturel. C'était ainsi que Raoul Walsh considérait les choses... « Vas-y, sois naturel. » Quand il me disait cela, les choses me paraissaient toutes simples.

« N'essaie pas de jouer, me conseillait-il. Rappelle-toi que l'écran t'agrandit quarante fois. Reste naturel. Ne force pas le ton. Et tout ira bien. »

Durant cette année-là, Raoul Walsh ne fit jouer Rock dans aucun film. En revanche, il lui demanda de repeindre sa maison et de nettoyer ses vitres. En 1949, le metteur en scène céda pour 9 000 dollars le contrat d'exclusivité du jeune acteur à Universal-International Pictures. Entre-temps, Warner Brothers avait fait une offre similaire, mais Walsh et Willson avaient considéré que Rock serait à meilleure école s'il suivait les cours d'interprétation du répertoire classique donnés par Universal aux jeunes comédiens de son écurie.

En outre, Universal avait à l'époque la réputation de produire à la chaîne des films de petit budget, mais aussi de posséder l'appareil de promotion publicitaire et l'école de formation d'acteurs les meilleurs de Hollywood. Rock y travailla sous la direction de Sophie Rosenstein, une répétitrice très douée qui savait révéler à merveille les dispositions naturelles de ses élèves. Le samedi matin, elle leur projetait de vieux films de Greta Garbo en coupant le son, leur affirmant que c'était là le meilleur moyen de juger si un acteur joue véritablement ou si plutôt il fait semblant.

Pour compléter le tout, Rock prit également des leçons d'escrime, s'entraîna au gymnase à lever des poids et apprit à monter à cheval. « J'ai même tâté de la danse classique », se plaisait-il à raconter plus tard. On lui fit travailler sa voix sous la direction de Lester Luther, un professeur de diction qui recourait à un artifice de son cru pour casser le timbre de ses élèves. Il demandait à Rock – de préférence quand ce dernier avait un rhume ou une laryngite – de chanter en beuglant le plus fort possible tandis que lui-même l'accompagnait au piano. Pareille pratique était censée aboutir à une extinction de voix définitive. La technique de Luther abîma tant la voix de Rock qu'il fut désormais incapable de chanter. Mais elle le dota d'un timbre exceptionnellement grave et sensuel qui plus tard deviendra en quelque sorte son emblème distinctif.

On lui apprit à porter avec naturel le costume et la tenue de soirée, et on lui fit tailler une élégante garde-robe à ses mesures. La rénovation de la toilette comptait parmi les étapes indispensables de la métamorphose voulue par Universal. Fini le temps des pantalons trop courts. Roy marchait désormais avec aisance, se faisait maquiller, manucurer, habiller, coiffer. Il prenait des cours de diction. On commençait à parler de lui, Rock Hudson, comme d'un jeune acteur en pleine ascension. Il avait appris à entrer dans un restaurant avec la majesté d'un seigneur, à descendre d'une voiture, à sourire en gardant les yeux grands ouverts et à descendre un escalier sans regarder où il posait les pieds. « Quand tu as faim, lui avait-on conseillé, ne marche pas pour aller déjeuner au restaurant du studio. Appelle une voiture. »

Tandis qu'il recevait sa formation d'acteur, on lui confiait des petits rôles. Lui qui la veille encore conduisait un camion évoluait désormais sur un plateau de tournage. Et tout lui était prétexte à apprendre son métier. Les scripts le conseillaient quand il devait lire son texte, et les électriciens lui disaient où se placer pour qu'on le filme sous le meilleur éclairage.

Il demeura pendant sept ans sous contrat. Universal décidait unilatéralement de ses rôles et lui versait une somme forfaitaire de 75 dollars par semaine, quel que soit le nombre de films dans lesquels on le faisait jouer. Il devait rester à la disposition du studio quarante semaines par an. Les douze autres semaines, il était libre de son temps. Son contrat lui interdisait de travailler ailleurs. Il stipulait cependant que s'il était engagé pour un film par une société de production concurrente, Universal accepterait de le libérer à cet effet pendant trois mois, mais reculerait de six mois la date d'expiration de son engagement. Son salaire serait augmenté à intervalles réguliers. En outre, Universal se réservait cependant le droit de rompre sans préavis le contrat à la fin de chaque année.

Nombre d'acteurs estimaient que ce type de contrat était synonyme d'« esclavage ». Mais Rock, lui, jugeait la formule merveilleuse. « Le studio s'occupait absolument de tout. On vous logeait, on vous procurait une voiture, des billets d'avion, des chaussures sur mesure... Tout ce qu'on vous demandait, c'était de vous concentrer sur votre jeu d'acteur. Il n'existait pas meilleure méthode pour apprendre le métier. »

Cette formation et cette prise en charge avaient pour ambition avouée de lancer des vedettes dont le studio disposerait en toute propriété pour remplir ses caisses. Dans cette perspective, un certain battage publicitaire était indispensable. C'est pourquoi Universal entretenait tout un bataillon d'attachés de presse, dont le rôle consistait à faire parler des acteurs de la maison. Ainsi exigeait-on de Rock qu'il se fasse voir lors des premières ou dans les night-clubs à la mode, en compagnie de jeunes starlettes elles aussi sous contrat, afin que l'un et l'autre puissent apparaître en photo dans les journaux. Un autre artifice consistait à monter des coups publicitaires avec l'appui d'un magazine pour fans. On demandait alors à Rock de feindre une amorce d'« idylle » avec telle ou telle actrice, et on engageait un photographe pour saisir le couple jouant au tennis près de la plage ou dansant les yeux dans les yeux au *Ciro's*.

On pouvait se fier aux revues de cinéma pour présenter les choses sous leur aspect le plus flatteur. A en croire leur prose indigente et sirupeuse, tout le monde était beau, éperdu d'amour, portait tenue de soirée, arborait des bijoux de prix et passait son temps en maillot de bain autour d'une piscine. Nul n'était jamais effleuré par le moindre souci.

C'est ainsi que dans les magazines Rock fut pendant un certain temps présenté aux côtés de Vera Ellen, une danseuse sous contrat avec la Metro Goldwyn Mayer. Plus âgée que Rock, elle était aussi plus connue, de sorte qu'elle lui servit de locomotive. En 1950, on conçut l'idée de monter un canular qui consistait à envoyer le couple au bal des photographes de presse de Hollywood, sous le pseudonyme de M. et Mme Oscar, tous deux vêtus d'un minuscule maillot de bain et le corps peinturluré de couleur or. Pour l'époque, pareille initiative ne manquait pas d'audace. Mais l'opération porta ses fruits, car tous les photographes de presse se pressèrent autour d'eux, se bousculant pour les prendre en cliché et Louella Parsons, une animatrice-vedette qui ce soir-là faisait son émission de radio dans la salle où avait lieu le bal, invita Vera à venir dire quelques mots au micro. La danseuse entraîna Rock dans son sillage, et pour la première fois il fut interviewé sur une chaîne nationale.

Ces exhibitions publiques en compagnie de Vera Ellen contribuèrent habilement au lancement professionnel de Rock. Mais il s'était attaché à la danseuse, au point même que pendant un certain temps il songea à l'épouser et fit part de ce projet à Jimmy Matteoni, chacun des deux hommes ayant jadis promis à l'autre d'être son témoin quand il se marierait. Mais les relations de Rock et de Vera s'étiolèrent, et la carrière de la danseuse commença à décliner alors que celle de Rock était en pleine ascension.

A l'époque de son engagement sous contrat par Universal, la société de production n'était qu'une petite chapelle fonctionnant en circuit fermé et, film après film, c'étaient toujours les mêmes gens qui se retrouvaient sur le plateau. Rock aimait dîner en compagnie de son maquilleur, de son habilleur et d'une script-girl, Betty Abbott, la nièce de Bud Abbott. « Nous nous connaissions tous par nos prénoms, me raconta-t-il, des charpentiers au régisseur général.

Personne n'aurait songé à fermer sa porte à clé. C'était un peu la famille. »

Tout le monde était donc aux petits soins pour les acteurs sous contrat, mais il n'en restait pas moins que chaque année on en congédiait sans préavis un bon nombre. Certains d'entre eux – Tony Curtis, Jeff Chandler, Piper Laurie, Rod McKuen, Julia Adams, David Janssen – devaient plus tard devenir célèbres, mais aucun ne devait connaître le même succès que Rock ni garder la vedette aussi longtemps que lui.

Au studio, on pouvait dès cette époque pressentir qu'il se détacherait du peloton. « Je savais qu'il irait loin », m'a confié Roger Jones, qui alors faisait partie de l'équipe des attachés de presse de Universal. « Il émanait de lui quelque chose de particulier... quelque chose comme de la spiritualité, et cela tenait à son regard. »

George Nader rapporte que pour sa part Rock avait le talent d'émouvoir une salle, et cela dès ses débuts dans le cinéma. « Toutes les stars de première grandeur portent en elles un extraordinaire moteur capable de générer un magnétisme animal. Quand le moteur tourne, l'émotion nous vient aux yeux, véhiculée par tous nos sens... Cela ne s'explique pas, mais le fait est là : l'écran diffuse quelque chose d'impalpable qui envoûte le public assis dans la salle obscure. »

Pour Nader, si le jeu d'acteur est une technique qui s'apprend, « encore faut-il, pour que le spectateur ressente quelque chose, que le moteur interne soit présent. C'est là un don. Et ce don, Rock le possédait ».

3.

Mark Miller? Que puis-je encore vous dire de lui? Il organise mon existence. Il se charge de tout. Il est mon meilleur ami, dans l'ivresse comme dans la sobriété. Sans Mark Miller, je ne pourrais pas vivre.

George Nader? Je lui fais une confiance absolue. Si vous désirez savoir quelque chose, c'est à lui qu'il faut le demander. Il est toujours dans le vrai.

Savez-vous que bien des gens ont essayé de les éloigner de moi? Chaque fois qu'il y avait un nouveau venu dans les parages, il s'empressait de vouloir éliminer Mark et George. Mais jamais personne n'y est parvenu.

En 1951, Mark Miller et George Nader invitèrent un soir à dîner un jeune agent artistique du nom de Dick Clayton. Avant de venir, Clayton les appela pour leur demander s'il pouvait amener quelqu'un d'autre.

« Un garçon qui vous plaira, précisa-t-il. Universal vient tout juste de le prendre sous contrat. Il ne connaît personne en ville et se sent un peu esseulé.

– Alors, amène-le », lui dit Mark.

Mark Miller avait alors vingt-cinq ans, et George en avait trente. Ils vivaient tous deux dans une des innombrables maisons qui s'alignent côte à côte sur les pentes de Hollywood. Les deux hommes furent impressionnés par la stature et la beauté de leur invité de dernière heure. Et aussi par sa timidité et son manque d'aisance. Il était vêtu d'un jean trop court, d'une chemise Pendleton qui aurait eu grand besoin d'un nettoyage, et il ne portait pas de chaussettes dans ses mocassins. Il s'appelait Roc Hudson, le studio ayant décrété que mieux valait supprimer le *k* final de son prénom.

Rock, Mark et George sympathisèrent dès le premier instant. Tous les trois débutaient dans le spectacle, avaient l'ambition d'y réussir, et tous les trois étaient originaires de petites villes où ils avaient grandi pendant la Dépression. Rock semblait encore tout ahuri de ce qui lui arrivait. On eût dit qu'il ne parvenait pas à trouver sa place dans ce nouvel univers. Il raconta à ses hôtes la soirée qu'il avait passée avec Henry Willson, lequel l'avait invité à souper pour fêter la signature de son contrat avec Universal. Willson l'avait traité au Biltmore, un vénérable hôtel guindé de Santa Barbara qui empestait l'opulence et la splendeur de l'aristocratie californienne du siècle passé. Jamais encore Rock n'avait fréquenté d'endroits pareils. Les tables étaient recouvertes de nappes brodées à la main, sur lesquelles on avait disposé de la vaisselle de porcelaine ancienne, des verres de cristal taillé et des chandeliers d'argent. A la fin du repas, Rock avait empilé la vaisselle comme grand-mère Wood le lui avait appris : les assiettes plates d'abord, puis l'assiette à dessert, etc. et il avait disposé le tout sur le coin de la table. « Je vois, ça commence bien! lui avait dit Willson. Toute une éducation à refaire! Et d'abord, on n'empile pas les assiettes quand on va au restaurant. Qu'est-ce que tu es au juste? Vedette ou garçon de salle? »

En écoutant leur invité rapporter cette anecdote, Mark et George n'en pouvaient plus de rire. Le lendemain, Rock revint les voir. Puis il prit l'habitude de les appeler du studio quand il se sentait seul. « Hi! Que faites-vous ce soir? Je peux rappliquer pour dîner? » Ou encore : « Je passe vous prendre pour vous emmener au restaurant, mais c'est vous qui m'invitez. Je n'ai pas le sou. » Bientôt, il ne se passa plus une semaine sans que Rock ne retrouve trois ou quatre fois Mark et George.

Ces derniers vivaient ensemble depuis 1947. Ils s'étaient rencontrés cette année-là à Pasadena, quand on y avait monté au théâtre *Oh, Susannah!* Mark, qui était chanteur, tenait dans la comédie musicale le rôle de Clem. Quant à George – il suivait alors les cours de danse dramatique du théâtre –, il faisait partie du ballet. Après six semaines de représentation, leur affection réciproque s'était suffisamment affermie pour qu'ils décident de vivre ensemble. Depuis, ils ne s'étaient plus quittés. « L'un comme l'autre, nous avions été élevés dans l'idée que quand on aime, c'est pour la vie, m'a confié un jour George. Une liaison n'a de sens que si elle est durable. »

Dès le départ, ils avaient mis en commun leurs ressources et avaient compris que s'ils continuaient à vivre ensemble, l'un devrait renoncer à sa carrière. Mark souhaitait étudier sérieusement l'art lyrique et savait qu'il lui faudrait aller à New York s'il voulait un jour devenir chanteur d'opéra tandis que George, pour sa part, qui avait pour ambition de devenir acteur, serait cloué en Californie. Aussi Mark avait-il renoncé au chant et exercé divers métiers pour aider financièrement son compagnon. « On ne devient pas acteur quand on est pris ailleurs par un travail à plein temps, m'expliqua-t-il. Quand George était convoqué à deux heures de l'après-midi un mardi pour une interview, il fallait impérativement qu'il soit libre ce jour-là. »

Mark fut employé successivement comme serveur dans un drive-in, le Jack's, puis comme vendeur chez Chandler's, un magasin de chaussures pour femmes, avant d'acheter dans le quartier Alhambra un fonds de commerce de crèmes glacées qu'il géra lui-même pendant un an. Aux environs de 1952, George, devenu acteur, gagnait suffisamment d'argent pour que son compagnon cessât de travailler. A partir de cette date, Mark géra les affaires de George, s'occupa de son courrier, investit ses gains dans des opérations foncières ou la rénovation de maisons et, par la suite, devint agent immobilier agréé.

De tout temps, leurs amis les ont désignés d'un qualificatif unique : MarkéGeorge, en dépit de leurs personnalités fort différentes. Mark fait songer à un gros ours attendrissant. Chez lui, tout est brun, l'œil, le poil et la moustache. Et quand il prend ses aises, il déambule en pantalon de survêtement et chausse des après-skis. Raffolant des bonnes blagues et des pitreries, il conte à merveille les histoires. Sa fidélité est à toute épreuve. « Comme tous les fermiers de l'Iowa, se plaît-il à dire. Je me souviens encore de l'hiver 1936. Cette année-là, il a neigé de façon exceptionnelle sur toutes les plaines du nord. Pendant six semaines, nous avons eu de la neige. En certains endroits, les congères avaient quatre mètres cinquante d'épaisseur. Il fallait creuser des tunnels pour gagner l'étable. Impossible de faire seulement trois kilomètres pour aller en ville acheter du charbon ou de quoi se nourrir. Et pourtant on a survécu. Vous savez comment ? En se serrant les coudes. Trois familles de voisins ont tout mis en commun, absolument tout... les conserves, les pommes de terre, le combustible. Autrement, nous serions tous morts de froid. C'est comme ça qu'on apprend à ne pas laisser tomber les autres dans les moments difficiles. Précisément parce que les autres eux non plus ne vous laissent pas tomber. »

Brun aux yeux bleus, George Nader, avait eu dans sa jeunesse un corps doué de proportions parfaites. Mais, ce qui chez lui continue d'étonner, c'est sa gentillesse, sa franchise, sa douceur et sa sagesse. Sa parole vaut de l'or. Alors que Mark est volontiers irritable, George a la majesté d'un fleuve : calme en surface et agité de puissants courants en profondeur. On l'imagine mal sortant de ses gonds pour une vétille. Naturellement enclin à peser le pour et le contre, il use de tact et de courtoisie pour convaincre et résoudre les difficultés. Son peu de goût pour les bains de foule et la vie en société l'a décidé ces dernières années à se retirer dans le désert, loin des réceptions et des rassemblements. Dans sa retraite, il s'est mis à écrire (son premier roman a été publié sous le titre de *Chrome*), et de toute évidence il est davantage fait pour la vie d'ermite que pour le métier d'acteur.

Les relations que ces deux hommes entretenaient avec Rock ne se situaient pas sur le même plan, encore que ni l'un ni l'autre n'aient jamais eu de rapports physiques avec lui. L'amitié que Mark portait à Rock était teintée d'espièglerie et aurait pu passer pour superficielle. « Jamais nous n'avons parlé ensemble de choses intimes, m'a-t-il confié. Rock en aurait ressenti de la gêne et serait immédiatement rentré dans sa coquille. Nous préférions la franche rigolade, et je pouvais le faire rire à tout instant. Même quand il était d'humeur exécrable, je réussissais à le dérider et à le faire se rouler par terre. »

Si Rock voulait parler de choses sérieuses, c'était à George qu'il s'adressait. Et pourtant, quand il s'ouvrait à lui de ses préoccupations, il lui arrivait parfois de faire machine arrière. George attendait et exigeait de lui qu'il se dépasse continuellement, le pressait de se détourner de la facilité en exerçant son métier d'acteur, d'essayer d'interpréter Shakespeare, par exemple, et de toujours viser plus haut. « Chaque fois qu'il faisait un film dont il était fier, il s'inquiétait de savoir si je l'avais vu. »

Ce qui contribua à rapprocher Rock de Mark et George, c'est qu'à l'époque où ils se connurent il n'était pas de bon ton pour un homme de s'afficher librement en compagnie exclusivement masculine. En 1951, le mot « gay » n'existait pas encore. On qualifiait les homosexuels de tapettes, de pédés ou de tantes. On les ridiculisait et les fuyait comme la peste. Tous les trois devaient donc continuellement donner le change. Mais ils parlaient rarement entre eux d'homosexualité, et quand il leur arrivait de le faire, c'était en usant d'expressions codées du genre : « Il est mélomane lui aussi ? »

Aller au restaurant n'était pas toujours simple. Car si trois hommes ensemble ne soulevaient pas la suspicion, quatre pouvaient laisser supposer qu'il s'agissait de deux couples. Bien souvent, quand un petit groupe d'amis se retrouvait chez Mark et George et que quelqu'un proposait d'aller dîner au DePar's, George dénombrait son entourage et, hochant la tête en signe de dénégation, déclarait : « Nous sommes trop nombreux, Commandons par téléphone des repas qu'on nous livrera ici. »

« De toute façon, raconte George, il était beaucoup plus amusant de rester à la maison, et c'était la meilleure façon de ne pas avoir d'ennuis. Nous avions un piano, Mark cuisinait à merveille et Rock adorait les jeux de société. Nous jouions souvent, entre autres au jeu des Vingt Questions. Rock détestait perdre et ne s'avouait jamais vaincu. “ Pas question d'en rester là, s'emportait-il. Je me tire une balle si je ne trouve pas la bonne réponse! ” Alors il rentrait chez lui et nous appelait à trois heures du matin pour nous lâcher sans autre préambule :

– Dites, le nom à trouver, ce n'était pas Thomas Edison?

– Non, lui disait Mark. Et Rock raccrochait... pour nous rappeler un peu plus tard. »

Mark tenta d'apprendre le bridge à ses deux compagnons.

« Si tu sais jouer au bridge, dit-il un jour à Rock, tu auras l'occasion de sortir plus souvent et de t'introduire dans différents milieux. On a toujours besoin d'un quatrième.

– D'accord, avait accepté Rock. Venez chez moi. Tu nous donneras des leçons et moi je ferai griller les steaks. »

Comme il manquait un quatrième, Mark amena un autre serveur de chez Jack's, le drive-in dans lequel il travaillait à l'époque, un jeune homme du nom de Floyd.

Rock habitait une petite maison meublée située sur Long Ridge, à Sherman Oaks. En bon natif du Midwest, il aimait faire des grillades sur un barbecue, mais invariablement les laissait carboniser. « Il était convaincu de ne pas avoir son pareil pour cuire les steaks, rapporte Mark. Il achetait toujours les morceaux les plus chers et annonçait avec grandiloquence : “ C'est *moi* qui vais les faire griller. ” Mais, à tout coup, il les laissait se calciner pendant qu'il allait se servir un autre whisky-soda. J'avais beau lui dire : “ Rock, n'oublie pas que j'aime le mien saignant ”, il prétendait que rien ne pressait : “ Mais non, mais non, il faut le laisser encore un peu. ” Et quand les steaks commençaient à se calciner, il les arrosait d'eau. En trente-cinq ans, jamais je ne l'ai vu réussir un steak mangeable. »

Pour accompagner la viande carbonisée, Rock avait préparé ce jour-là une salade et des épis de maïs. On avait beaucoup bu avant de passer à table, beaucoup aussi pendant le repas. Ensuite, Mark entreprit d'expliquer à ses trois compagnons les rudiments de la méthode Culbertson : « L'as est maître, il faut fournir dans la couleur... » Mais tout ce qu'il disait faisait littéralement se désopiler ses élèves. Plus il s'évertuait à leur expliquer comment on ouvre, plus il déchaînait les rires. Il tenta ensuite de leur décrire ce qu'est une impasse.

« Vous voyez, on peut même faire l'impasse au neuf...

– L'impasse du quoi ? fit Rock.

– L'impasse au neuf. »

L'impasse au neuf déchaîna des hurlements de rire.

Vaincu, Mark renonça. « Rentrons », proposa-t-il à George. Le barbecue fumait encore, la cuisine était un capharnaüm et Floyd proposa de rester pour aider Rock à faire le ménage.

Le lendemain, quand Mark revint chez lui après ses heures de services au drive-in, il y trouva une douzaine de roses que lui avait fait envoyer Floyd. Sur la carte d'accompagnement ne figurait qu'un seul mot : Merci. Floyd avait passé la nuit avec Rock. Une semaine plus tard, Floyd était mobilisé et expédié en Corée, où il fut tué.

Mark ne réussit jamais à enseigner le bridge à Rock, et il lui fallut un an pour le faire renoncer à « ses abominables fringues, m'affirma-t-il. Il portait toujours des chemises de laine Pendelton trempées de sueur qu'il faisait rarement nettoyer tant il était fauché, et de tout son corps se dégageait une odeur qu'il importait à tout prix d'éliminer. " Pour l'amour du ciel, mets du déodorant ", lui avait conseillé Henry Willson. Mais Rock ne voulait rien entendre, prétendant que ça faisait efféminé ». Il faut dire qu'à l'époque on ne connaissait pas encore les déodorants pour hommes, et que ceux qu'on trouvait dans le commerce portaient des noms tels que Mimi ou Belle. Un peu plus tard, Mark avait bien tenté de lui en offrir un flacon, dont Rock avait fait l'essai, mais cette initiative n'avait eu pour tout résultat que de provoquer chez lui des plaques éruptives qui l'avaient mis dans une colère noire.

Rock, Mark et George passaient souvent le dimanche sur une plage retirée de Malibu, où ils pouvaient se rouler dans les vagues et se faire bronzer nus. Ensuite, ils allaient dîner au restaurant Trancas avant de regagner Hollywood en passant par Wallich's Music City, un lieu que Rock affectionnait du fait qu'on pouvait s'y enfermer dans des cabines insonorisées pour écouter les tout derniers disques avant de les acheter. Sitôt qu'il disposait d'un peu d'argent, Rock achetait des disques, et il avait une prédilection toute particulière pour une chanson qu'interprétait Patti Page, « *Mockin' Bird Hill* », qu'il faisait passer et repasser sans jamais se lasser, au point qu'un soir Mark, au bord de la crise de nerfs, l'avait menacé d'envoyer voltiger son disque s'il le faisait tourner une seule fois de plus.

Tous les trois avaient fait un jour une excursion au lac Arrowhead dans la décapotable rouge de Rock, capote baissée. Quand il promenait ses compagnons, c'était toujours Rock qui tenait le volant. Il ne pouvait s'empêcher d'accélérer pour arriver le premier aux feux de croisement, de redémarrer plus vite que les autres, et sur la route il ne supportait pas que des voitures roulent devant lui. « Allez, dégagez-moi le passage! » vociférait-il. Tout au long de l'itinéraire de montagne, ils avaient joué au jeu des Vingt Questions, sauf bien entendu quand la radio de bord avait diffusé « *Mockin' Bird Hill* ». Il avait alors fallu faire silence pour écouter religieusement Patti Page. Ils s'étaient arrêtés pour dîner dans une petite auberge et avaient dormi dans une hutte de rondins aménagée pour les touristes au bord du lac Arrowhead. Le lendemain matin, ils avaient loué un canot à moteur et Rock avait appris à George à se tenir sur des skis nautiques.

Si cette excursion les avait tant séduits, c'était parce qu'ils avaient eu l'impression de se trouver à cent lieues de la colonie hollywoodienne et qu'ils avaient passé le week-end sans se soucier d'être surpris en compagnie exclusivement masculine. Plus besoin d'adopter une attitude ou de feindre. Au lac Arrowhead, ils avaient pu se livrer à toutes les pitreries, jouer au golf miniature et rire comme des fous. Le lundi matin, Rock et George étaient de retour sur un plateau de tournage.

L'un comme l'autre savaient fort bien que s'ils voulaient devenir vedettes, il leur était indispensable de donner d'eux-mêmes une image qui ne laissât pas planer le moindre doute sur leur virilité. Car si nombre de grands acteurs étaient homosexuels, jusque-là aucun de ceux qui tenaient à l'écran des premiers rôles de séducteurs n'avaient ouvertement admis que les femmes ne les attiraient pas. C'eût été s'exposer à perdre toute crédibilité auprès du public, et donc à ne plus jamais interpréter de films d'amour.

Rock était terrorisé à l'idée d'être surpris dans une situation révélatrice de ses mœurs. Quand il vivait avec un autre homme, il y avait toujours deux lignes téléphoniques dans la maison. L'une des deux était réservée à son usage personnel, et son compagnon avait pour consigne de ne jamais décrocher quand on appelait. Il prenait aussi le plus grand soin de ne jamais se laisser photographier en compagnie d'un homme et, quand sur un tournage il faisait une rencontre, les numéros de téléphone étaient échangés avec des ruses d'espions se transmettant des secrets nucléaires. Ensuite, Rock attendait une heure du matin pour appeler. Et quand il allait retrouver l'autre homme dans la nuit, il garait sa voiture à deux ou trois rues du domicile où avait lieu le rendez-vous et observait longuement les environs avant de se ruer vers la porte. « Comme si les Russes avaient l'œil partout, commentait Dean Dittman. Et c'était en effet le cas. »

C'est que dans les années cinquante les Américains se faisaient une idée très stricte du masculin/féminin. Les femmes se devaient de porter des gaines et des soutien-gorge qui leur faisaient artificiellement saillir la poitrine. Les hommes se faisaient couper court les cheveux et tenaient leur cigarette – tout le monde fumait à l'époque – entre le pouce et l'index. On rapatriait de Corée le corps expéditionnaire, et pour séduire il était de bon ton d'adopter l'allure para : brosse extra-courte et plaque matricule en sautoir. Quant aux homosexuels – les tapettes, les tantes –, on ne trouvait pas de mots suffisamment méprisants pour les flétrir. Les histoires de pédés faisaient fortune.

Dans les esprits, c'était tout l'un ou tout l'autre : ou bien un homme était normal, ou bien on avait affaire à un inverti. Il ne serait venu à l'idée de personne qu'un individu pût être bisexuel. Et chez les hétéros comme chez les homos, on s'accordait à penser que quiconque était attiré par les deux sexes n'avait tout simplement pas poussé jusqu'au bout l'affirmation de ses tendances.

Mais, en réalité, les homosexuels appartenaient aux catégories les plus diverses. Rien de commun entre les efféminés qui minaudaient ou faisaient des simagrées et ceux qui affichaient tous les attributs de la virilité. Rock était de ces derniers. « Le plus mâle des homos de ma connaissance, comme le dépeignait un de ses amis, Stockton Briggle. Il n'avait strictement rien de féminin, ni dans le geste ni dans l'attitude, même dans le privé au milieu de ses amis. » Tony Randall, qui fut covedette dans trois des films de Rock, a déclaré un jour qu'il se dégageait de lui une extraordinaire masculinité : « Il était si puissant, si bien musclé, que tout chez lui... sa peau, ses dents... respirait la santé. On aurait dit Tarzan. »

Rock était sexuellement insatiable.

« Il suffit que ça se tortille un peu pour que tu éprouves le besoin de te le taper, lui disait souvent Mark Miller. Tu ne peux donc pas t'en empêcher ?

– C'est plus fort que moi », répondait Rock.

Les femmes étaient pourtant bien loin de lui déplaire. Il aimait flirter et occasionnellement entretenir des liaisons avec elles. Mais à tout prendre il ressentait davantage de goût pour les hommes, de préférence les blonds aux yeux bleus de moins de trente ans, grands, bien bâtis et très virils. Jamais il ne fut attiré par ceux qui affichaient d'évidence leur homosexualité. Il préférait que ses partenaires aient eu aussi des échanges physiques avec des femmes, « qu'ils aient vécu », comme il disait. Qu'un homme ait aimé des femmes le rendait encore plus mâle à ses yeux. Et quand il rencontrait un homme à femmes qui manifestait le moindre soupçon de curiosité, la moindre parcelle d'intérêt pour « l'autre bord », alors Rock remuait ciel et terre pour le conquérir.

Dès que fut publié le rapport Kinsey en 1948, Rock s'empressa d'acquérir le volumineux ouvrage et de dévorer ses huit cent quatre pages pour en discuter avec Mark et George. Car ce que révélait le *Comportement sexuel de l'homme* avait plus d'une raison de les rassurer, en ce sens que le livre faisait justice de bien des idées reçues.

Ce que Kinsey mettait en évidence au terme d'une étude portant sur douze mille individus, c'était en effet que « les mâles ne se répartissent pas entre deux populations indécelables, celle des hétérosexuels et celle des homosexuels, mais composent plutôt tout un spectre de tendances sexuelles s'échelonnant entre les deux extrêmes ». Le rapport démontrait que très peu d'hommes se situaient à l'une ou l'autre des extrémités de ce spectre, selon qu'ils étaient exclusivement hétérosexuels ou exclusivement homosexuels, mais que dans leur grande majorité ils étaient partagés entre les deux tendances. Trente-sept pour cent au bas mot de la population masculine, révélait Kinsey, avaient eu pour le moins une expérience homosexuelle entre l'adolescence et l'âge mûr. « C'est-à-dire plus du tiers des hommes que l'on croise dans la rue », écrivait l'auteur, pour qui les relations homosexuelles n'ont rien d'exceptionnel ni d'anormal, pas plus qu'elles ne constituent en elles-mêmes la preuve d'une névrose ou d'une psychose. En conclusion, Kinsey pressait les psychiatres de ne plus vouloir tenter à tout prix de corriger les conduites homosexuelles, mais bien plutôt d'aider leurs patients à s'accommoder de leurs tendances.

« Pour la première fois, me dit Mark Miller en évoquant cette époque, un scientifique faisant autorité doublé d'un observateur impartial accordait droit de cité à l'homosexualité. » Mais il reste que le rapport Kinsey ne changea rien aux préjugés du grand public, lequel n'en continua pas moins de jeter l'anathème sur les homosexuels et de les traiter en parias.

Le fait de s'accepter tels qu'ils étaient fut pour Rock et ses deux amis un véritable havre de grâce. « Nous étions rejetés par tout le monde, m'a confié George, mais nous formions tous les trois un tout qui s'acceptait et se suffisait à lui-même. Désormais, nous nous sentions liés les uns aux autres, et nos liens ont tenu bon, contre vents et marées. Il nous est arrivé de nous brouiller avec Rock, et à deux reprises en vingt ans nous ne nous sommes plus adressé la parole pendant deux ans. Il ne voulait plus nous voir et de notre côté nous avions tiré un trait. Et pourtant ces brouilles n'ont rien changé, car voyez-vous, nos existences s'achèvent et nous sommes là, accablés par la perte de celui qui fut notre meilleur ami. »

En 1951, Rock et George ne cessaient de discuter des moyens de se faire un nom dans le cinéma. Comment s'y prendre pour obtenir un premier rôle? Quels sont les films en préparation? Que vont produire les autres studios, et pourquoi confie-t-on invariablement les bons rôles à des auteurs de New York?

Rock était sous contrat, mais pas George, qui pourtant allait bientôt obtenir son premier grand rôle dans *Monsoon.* Ce qui distinguait catégoriquement les deux hommes, c'était que pour George les relations avec Mark passaient avant tout le reste. « J'aimerais moi aussi avoir la même raison de vivre », affirmait à tout instant Rock. Mais, en fait, son ambition primait tout. « S'il l'avait fallu, il aurait tué père et mère pour devenir star, affirme George. C'était pour lui l'unique chose qui comptait. »

Jusque-là, Rock avait joué un petit rôle dans onze films, que pour la plupart il qualifiait en plaisantant de « S et T » – sable et tétons – du fait qu'on y étalait complaisamment une profusion de seins généreux et de corps se dorant au soleil. Dans l'intervalle, il avait réussi à obtenir du studio qu'on raccroche à son prénom le *k* final dont il avait été amputé. Depuis quelque temps, il répétait certaines scènes avec pour partenaires Jimmy Dobson (un acteur de New York qui plus tard deviendra son répétiteur) et Marilyn Maxwell. Cette dernière lui conservera son amitié toute sa vie durant. Ce qui cimentait le trio, c'était le souci de perfectionnisme. « Rock était bon acteur mais il l'ignorait, raconte Dobson. Il ne croyait pas le moins du monde à son talent et ignorait même que son physique l'avantageait. Alors j'ai joué le rôle du miroir, pour lui montrer les qualités et les défauts de son jeu. »

« De plus, ajoute Dobson, Rock avait le don de faire passer à l'écran ce qu'il ressentait. S'il jouait le rôle d'un amoureux transi sans avoir de texte à réciter, son visage rayonnait spontanément d'amour. Il avait aussi un sens de l'enchaînement extraordinaire. Ses répliques tombaient très exactement à l'instant où il le fallait, et cela apparaissait clairement dans les scènes de comédie. Et puis, il travaillait d'arrache-pied... Jamais de ma vie je n'ai vu un acteur travailler autant ».

En janvier 1951, c'est Rock qui fut choisi pour jouer le rôle de Speed O'Keefe dans *The Iron Man.* Jamais encore on ne lui en avait confié de si important. Avec le recul du temps, et dans le sillage du

Rocky interprété par Stallone, *The Iron Man* nous semble aujourd'hui d'une irrémédiable lourdeur. Le film raconte l'histoire de deux boxeurs, Coke et Speed, respectivement incarnés à l'écran par Jeff Chandler – le premier rôle – et Rock. Coke (on l'a surnommé ainsi parce qu'il travaille dans une mine de charbon) est de naturel peu combatif, et tout d'abord se fait tirer l'oreille pour se battre. Mais, dans le feu de l'action, sa combativité se déchaîne et il n'est plus animé que par une idée fixe : vaincre à tout prix, quitte à donner des coups bas à son adversaire et à se faire huer par le public. Son ami Speed est tout à l'opposé : le type même du boxeur franc, loyal, et bien entendu acclamé des foules. Rock donne de ce rôle une interprétation passablement naïve et balourde. Pourtant, il se sentait fait pour jouer ce personnage : « Le rôle me plaisait beaucoup, devait-il déclarer longtemps plus tard, parce que Speed était un être totalement heureux de vivre. Il aimait se battre et profiter de tous les plaisirs de l'existence. »

Il n'empêche que sur le moment son interprétation le rendait si anxieux qu'il demanda à Mark Miller d'aller assister à une projection-test à sa place.

« Bientôt tu seras vedette, lui assura Mark après avoir vu le film.

– Tu crois ?

– Certain. C'est Chandler qui a la part du lion, mais tu t'es imposé au public. Tu vas bientôt être une star, crois-moi. »

La même année, on fit jouer à Rock un rôle de second plan dans *Les Affameurs,* un western dans lequel les principaux rôles étaient tenus par James Stewart, Arthur Kennedy et Julia Adams. Son nom ne venait qu'en quatrième position au générique, et il apparaissait dans quatre scènes principales. Mais ce film devait marquer un tournant décisif dans sa carrière. L'histoire se passait au temps de la conquête de l'Ouest et racontait l'épopée d'un groupe de colons progressant dans des chariots bâchés vers l'Oregon pour s'y faire une nouvelle vie. Rock interprétait le rôle d'un joueur originaire du Missouri.

Pour lancer le film, le studio l'envoya faire une tournée de promotion publicitaire dans les villes du nord-ouest des États-Unis, en compagnie de deux des actrices, Julia Adams et Lori Nelson. Le circuit fut éprouvant, car conformément au programme établi, le trio devait donner des interviews et faire des apparitions publiques depuis l'aube jusqu'à une heure avancée de la soirée. C'est tout juste si on leur laissait le temps de se restaurer. « Dans les tournées de ce genre, les acteurs sont vite sur les genoux et ne tardent guère à révéler leur véritable nature », m'a déclaré Gail Gifford, une attachée de presse qui à l'époque accompagna le trio, « mais voyager avec Rock fut une partie de plaisir. Tout lui était prétexte à mettre de la bonne humeur. Il suffisait d'un rien pour qu'il soit drôle, et nous avons pratiquement ri du début à la fin de cette tournée à travers les deux États de l'Oregon et de Washington ».

Le film avait précisément été tourné dans l'Oregon. Aussi la première mondiale eut-elle lieu à Portland, où Universal dépêcha James Stewart pour magnifier l'événement. Les festivités débutèrent par une parade dans les rues de la ville, lors de laquelle les stars s'exhibèrent dans des voitures décapotables fleuries portant leurs noms en grosses lettres sur la carrosserie. Rock saluait de la main la foule quand il lui sembla entendre scander : « On veut Rock! » Il crut tout d'abord à une méprise, car le slogan était encore timide. Mais il prit de plus en plus de volume au fur et à mesure que la parade avançait. « On veut Rock! On veut Rock! » Jamais encore on ne l'avait acclamé. Son visage n'était pas suffisamment familier du grand public. S'agissait-il d'un coup monté d'avance? Le studio avait-il rétribué une claque pour hurler son nom?

La parade s'arrêta devant la salle de spectacle retenue à l'occasion de la première. A l'extérieur, on avait dressé une estrade d'honneur brillamment éclairée et pourvue d'un micro. Jimmy Stewart s'avança le premier pour dire quelques mots à la foule qui l'applaudit. Puis ce fut le tour de Rock. Mais avant même qu'il puisse parler les jeunes fans présents parmi l'assistance lui firent une bruyante ovation et se bousculèrent avec tant de frénésie que l'estrade, à demi ébranlée, menaça de s'effondrer. Seule l'intervention d'un cordon de police permit à l'acteur de se dégager de la cohue de ses admirateurs. A la stupéfaction générale, Rock Hudson avait recueilli davantage d'acclamations que James Stewart.

Cela me grisait... je ne touchais plus terre! Moi, plus populaire que Jimmy Stewart! J'ai regagné ma chambre d'hôtel et là, je me suis soûlé. Mais impossible de trouver le sommeil. Je voulais qu'on m'acclame encore! Le lendemain, je me suis levé à la pointe de l'aube, j'ai pris un petit déjeuner hâtif et je suis sorti pour que les gens qui passaient devant l'hôtel en allant travailler puissent me voir. Mais personne ne m'a seulement reconnu. Alors je me suis promené dans les rues. Ma photo était dans la vitrine de presque tous les magasins... le salon de beauté, le supermarché, les teintureries... et pourtant nul ne me reconnaissait. En désespoir de cause, je suis resté planté devant une de mes photos. Pas davantage de succès. Rien. Personne ne savait qui j'étais. Les passants ne s'arrêtaient même pas.

Je me sentais tout triste. Mais ce fut pour moi une grande leçon. Les bains de foule... les ovations des admirateurs... tout cela ne veut strictement rien dire et ne dure qu'un instant. Si on essaie de le saisir, cet instant, on n'attrape que du vent.

Après *Les Affameurs,* Universal comprit que Rock pouvait attirer un vaste public. Il avait désormais le vent en poupe et on lui confia des premiers rôles dans divers films de série B. Il tourna ainsi successivement *Une fille à bagarres* avec Yvonne de Carlo, puis *Victime du destin,* que dirigeait Raoul Walsh, et dans lequel il incarnait le personnage de John Wesley Hardin à toutes les étapes de sa vie. Ensuite, ce furent *La Belle Espionne, La Légende de l'épée magique* et *Taza, fils de Cochise.* Pendant le tournage de *Taza* dans l'Arizona, il adressa à Betty Abbott un télégramme ainsi rédigé : « A longueur de journée je bouffe de la poussière d'argile, et le soir je m'éternise sous la douche pour éliminer toute cette crasse rouge. » Une réplique de ce film devait le réjouir plus que toute autre pour le reste de sa carrière : « Taza va construire un wikiup à Iouna. » Chaque fois qu'il devait prononcer « wikiup », il pouffait invariablement de rire, et sur le tournage ce mot avait pris valeur de leitmotiv. Plus tard, il déclara ne pas s'être senti très à l'aise dans son rôle d'Indien. De fait, la morphologie de son visage était trop manifestement celle d'un Européen. « J'avais tout d'un dandy en perruque qu'on aurait maquillé pour en faire un peau-rouge. C'était grotesque. »

Universal avait attribué à Rock un attaché de presse exclusif, Roger Jones, dont la mission était de faire parler le plus possible de l'acteur. A cet effet, il ménageait à Rock d'innombrables interviews, lui organisait des séances de photos, le faisait inclure dans le jury d'un concours de beauté ou inviter chaque fois qu'on inaugurait quelque part un centre commercial. Jones était intelligent, plein d'esprit, et une étroite connivence ne tarda guère à s'établir entre les deux hommes.

« Je le maternais, raconte Jones. Je l'avais pris en charge et il s'en remettait totalement à moi. Comment faut-il s'habiller aujourd'hui ? D'après toi, comment ça se juge, un concours de beauté ? Et si ton metteur en scène te dirige comme un pied, qu'est-ce que tu fais, tu le lui dis ? Rock avait la naïveté des terriens et tout le monde s'acharnait à vouloir le dégrossir. Mais moi je lui disais que sa fraîcheur de rustaud était la plus belle des qualités, et qu'il ne devait surtout pas s'en départir. »

Roger et sa femme Pinky aimaient la musique et ils apprirent à

Rock à lire le solfège. Chez Roger, souvent les deux hommes s'asseyaient côte à côte au piano et jouaient à quatre mains jusqu'au petit matin. « La crainte de se retrouver seul le soir était chez lui une véritable hantise, me dit Roger. Je ne sais combien de fois il nous a demandé s'il pouvait dormir à la maison. »

Roger pratiquait le yoga. Un soir qu'il était en méditation dans le salon, assis face au mur, en s'efforçant de se représenter une rose rouge, il entendit s'ouvrir la porte de derrière et les pas de Rock se dirigeant vers la cuisine – Rock entrait toujours sans frapper –, puis la voix de l'acteur s'adressant à Pinky :

« Roger n'est pas là ?

– Il est au salon à développer ses facultés mentales », lui répondit Pinky.

Rock se glissa derrière le siège sur lequel Roger méditait :

« Salut ! claironna-t-il.

– Chut ! Ne crie pas si fort.

– Mais... qu'es-tu en train de faire ?

– Je me concentre sur une rose.

– Sur une rose ? Je n'en vois nulle part.

– Sors, veux-tu, laisse-moi dans le calme. Je me concentre. »

Rock retourna à la cuisine et entreprit de faire cuire des hamburgers avec Pinky. « Or, j'adore les hamburgers, raconte Roger, et en un rien de temps leur fumet avait envahi la maison. Impossible de me concentrer sur autre chose que sur des hamburgers ! »

A la cuisine, il trouva Rock et Pinky attablés côte à côte et dévorant à belles dents leurs hamburgers.

« Mais... que faites-vous ? leur dit-il.

– Chut ! Ne crie pas si fort ! lui répliqua Rock. Tu vois bien qu'on se concentre.

– Vous vous concentrez sur quoi ?

– Sur nos hamburgers. »

Tout le monde éclata de rire, et Roger m'affirma que cet épisode mit fin à sa période d'ascétisme oriental.

A l'époque, on ne parlait pas encore de Rock dans la presse nationale, mais chaque mois au moins deux magazines pour fans le représentaient en photo, et d'ordinaire torse nu, lavant sa voiture, transportant une échelle, repeignant sa maison ou arrosant son jardin. « J'étais devenu monsieur Muscle », me dit-il. Une des photos était accompagnée de cette légende : « Qu'on le contemple sous n'importe quel angle, une conclusion s'impose : Quel homme ! » Quant aux articles qui lui étaient consacrés, tous revenaient à peu près à ceci : comment séduire Rock et devenir sa femme. L'un des deux magazines titra un jour : « Vous rêvez d'être Mme Hudson? Quelques conseils pour conquérir le " Roc " de Hollywood. »

Trente ans plus tard, Rock s'amusait beaucoup lorsqu'il feuilletait avec Dean Dittman les albums contenant ces vieilles coupures de presse. Il en était une qui, sous le titre « Les Gaietés de deux célibataires », le montrait photographié dans la maison qu'il partageait avec Bob Preble, un acteur sous contrat de la Twentieth Century Fox. Un autre cliché les représentait tous les deux dans la décapotable rouge de Rock, celui-ci au volant. La légende était la suivante : « Rock Hudson et Bob Preble, deux bons copains. » Sur un autre encore, on voyait Rock dormir étendu sur son lit – torse nu, bien sûr – alors que Bob se tenait debout près de lui en brandissant un réveil. Légende : « Rock n'entend jamais son réveil sonner, si bien que dans la chambre voisine c'est Bob qui s'éveille en sursaut. »

Leur maison ne comportait pourtant qu'une seule et unique chambre, et les deux célibataires dormaient dans des lits jumeaux tirés côte à côte en se partageant une même couverture. Bob Preble, qui aujourd'hui vend des moteurs électriques, avait fait la connaissance de Rock par l'intermédiaire de leur agent commun, Henry Willson. Selon Bob, Rock et lui avaient alors décidé de cohabiter, tant pour avoir de la compagnie que pour réduire les frais. Auparavant, jamais encore Preble n'avait partagé un toit avec un autre homme. Leur cohabitation ne cessa qu'au bout de trois ans, quand Preble épousa l'actrice Yvonne Rivero.

Rock a toujours affirmé à Mark et à George que Peble n'était pas homosexuel et que leurs relations avaient été celles de deux bons copains de chambrée. Mais d'autres familiers de l'acteur ont pourtant le sentiment que les deux hommes entretenaient des relations intimes. « Nous avons bien fait deux ou trois tentatives après avoir bu quelques verres, admet Preble, mais cela n'avait rien de commun avec ce qu'on appelle une liaison établie. Je crois que de son côté il espérait fléchir mes réticences, et la situation n'aurait sans doute pas manqué de se transformer en quelque chose de totalement contraire à ma nature et à ma façon d'être. Mais je me suis séparé de Rock pour épouser Yvonne avant qu'on en vienne là. »

Preble, qui avait étudié l'art dramatique à l'université du Maine, considérait que Rock avait grand-besoin d'un peu de raffinement. Jamais il n'avait entendu parler de Mozart, ni non plus bu de vin de sa vie, si ce n'est de la bibine à bas prix qu'on met dans la cuisine. A l'époque de leur rencontre en 1950, Preble vivait à Malibu avec quatre copains. Rock, lui, vivait seul. Les deux hommes s'étaient donc mis en quête d'une maison dont ils partageraient le loyer.

Preble savait Rock homosexuel. « Cela me faisait un peu peur, m'affirma-t-il, mais je me disais qu'il serait toujours temps de réagir en temps voulu. A diverses reprises, j'ai essayé de lui faire changer son fusil d'épaule en le mettant en présence de femmes que je savais faciles. Au fond, si je souhaitais le voir se comporter normalement, c'était parce que j'avais envie que nous sortions tous les deux, chacun avec une fille, comme on le fait entre copains. Mais cela n'a jamais rien donné. Aucune de celles que je lui ai fait rencontrer n'a jamais réussi à marquer, ne serait-ce qu'un essai. »

Ces trois années de vie en commun n'en ont pas moins laissé dans la mémoire de Preble « le souvenir d'un grand moment, d'une glorieuse apothéose », selon ses propres termes. Ils partagèrent successivement quatre maisons. La dernière, sur l'Avenida del Sol, toute de bois et de verre, était impressionnante et avait quelque chose de futuriste pour l'époque. Pour y accéder, il fallait gravir à flanc de colline un escalier de planches très raide, et des fenêtres de la villa la vue s'étendait sur toute la vallée de Los Angeles, jusqu'aux montagnes dans le lointain.

De temps à autre, ils recevaient. Ils firent aussi un voyage à Las Vegas dans la voiture de Rock, cheveux au vent et radio de bord hurlant à tue-tête. Ils allaient souvent au cinéma Grauman's munis de bouteilles de Kahlua et de pailles pour s'y soûler à petites gorgées en regardant les films de Tyrone Power. « Il y avait toujours de la musique dans la maison, me rapporta Preble. Rock avait acheté un piano mécanique et des centaines de rouleaux. Il pouvait le faire marcher pendant des heures. »

Après avoir épousé Yvonne Rivero, Preble renonça à faire carrière dans le spectacle, mais n'en continua pas moins à surgir de façon épisodique dans la vie de Rock. Pour Mark Miller, « il était un peu comme un oiseau de mauvais augure. Chaque fois que Rock avait des ennuis ou recevait de mauvaises nouvelles, Bob Preble montrait son nez ». C'est ainsi qu'il fit une apparition immédiatement après que Rock eut un accident de voiture, et une autre alors que l'acteur était sur le point de se faire opérer d'un adénome.

« Ma profession m'oblige à me déplacer un peu partout en ville, disait Preble. Mais parfois c'est comme si une lampe électrique s'éteignait. A ce moment-là, je me dis que je devrais aller voir Rock. »

La dernière visite à l'improviste de Preble eut lieu un après-midi de juin 1984. Rock et Mark Miller s'étaient enfermés dans le bureau de Mark, à qui l'acteur venait de confier qu'il avait le Sida. Le diagnostic médical l'avait formellement établi. Quelques minutes plus tard, Bob Preble s'était fait annoncer. Rock avait jeté à Mark un regard stupéfait qui signifiait :

« Comment a-t-il bien pu deviner ? »

4.

Le premier vrai grand rôle d'interprétation pour lequel mon physique ne m'était d'aucun secours, je l'ai joué dans Le Secret magnifique. *Il faut bien avouer que ce rôle, c'est au studio que je le dois... Jusque-là, ils m'avaient fait jouer dans un tas de westerns et de films d'Indiens pour me roder. Là où il était sans grande importance que mon interprétation soit excellente. Je le savais parfaitement, et c'est pourquoi j'avais fait différentes tentatives pour voir si mon jeu passait. Je me disais : « Non et non ça, ce n'est pas bon, ne le refais plus. » Ou encore : « Très bien, continue dans ce sens-là. » En fin de compte, ce fut pour moi une excellente expérience. Si bien qu'au moment où s'est présenté* Le Secret magnifique, *j'étais fin prêt.*

A l'époque où Rock venait de faire la connaissance de Mark Miller et de George Nader, il n'était sentimentalement lié à personne. Mais il aurait souhaité l'être. Le sachant, Mark et George – ils avaient déménagé pour habiter en bordure de plage à Venice – le mirent en présence lors d'un dîner chez eux d'un jeune homme qu'ils venaient de rencontrer, Jack Navaar. C'était en 1952. Jack venait tout juste d'être démobilisé après avoir servi en Corée, et il passait par une période de flottement. Il avait fait la connaissance de Henry Willson, lequel s'était proposé de devenir son agent et lui avait conseillé de changer son nom en Rand Saxon.

Jack avait vingt et un ans, et pendant le plus clair de son existence on lui avait répété : « Tu devrais faire du cinéma. » De haute taille, il était mince, élancé, avait des cheveux blonds qui ondulaient, des yeux bleus et un visage ovoïde splendidement dessiné. D'esprit vif, il était doué d'un humour caustique. « Quand on m'annonça que Rock Hudson, le fameux Rock Hudson allait venir, raconte-t-il en évoquant ce souvenir, je me suis senti nerveux, surexcité et, en même temps, un peu intimidé. » Mais, quand Rock arriva, ce fut pour s'asseoir dans un coin sans dire grand-chose. Jack se rendit dans la cuisine où Mark préparait le repas. « Je ne dois pas beaucoup lui plaire, lui dit-il. Il ne m'a même pas adressé la parole. Je crois que je ferais mieux de rentrer chez moi. » Jack avait ce soir-là décommandé un rendez-vous avec une femme pour venir dîner. Mark lui conseilla de rester.

A table, Rock dit peu de chose, mais le repas achevé il surprit tout les convives en proposant d'emmener tout le monde chez lui écouter des disques. Il venait en effet d'acheter une chaîne haute fidélité dont il disait merveille. On se transporta donc Avenida del Sol. « Je vivais un moment inoubliable, raconte Jack. De chez lui, à flanc de colline, le panorama était éblouissant. Ce soir-là Bob Preble était sorti et, “ pour arranger le coup ” et créer l'atmosphère, Mark réduisit l'éclairage ambiant, puis s'éclipsa discrètement avec George. »

Rock et Jack bavardèrent, plaisantèrent et firent tourner des disques jusqu'à une heure avancée de la nuit.

« Tu t'en tires ? demanda Rock. Tu réussis à faire ce qui te plaît dans la vie ?

– Je n'en sais trop rien, dit Jack. Je ne suis pas sûr de savoir très précisément ce que je veux.

– Pour moi, c'est ça le plus important : obtenir ce que je veux au moment où précisément j'en ai envie.

– Par exemple ?

– Par exemple, j'ai bien envie que tu passes la nuit ici. J'aimerais te connaître un peu mieux. Tu vois... je suis en train de tout foutre par terre...

– Mais, non, fit Jack. Pas du tout. »

Le lendemain matin, Rock prépara le petit déjeuner. Il aimait faire cuire ce qu'il appelait une « omelette Gare Routière », c'est-à-dire casser directement les œufs dans la poêle et les brouiller aussitôt sans mélanger le blanc et le jaune, puis servir avec un morceau de pain grillé, du bacon, du jus d'orange fraîchement pressé et du café. Jack et lui passèrent la journée ensemble, et en fin d'après-midi Rock appela Mark et George : « Salut! Qu'est-ce que vous faites ce soir ? » Ils furent surpris de le voir arriver en compagnie de Jack, et pour la seconde fois dînèrent en leur compagnie. Par la suite, Rock et Jack passèrent ensemble quatre ou cinq nuits par semaines.

Si Jack se sentait flatté et un peu grisé par l'assiduité que lui témoignait Rock, en revanche, leur relation homosexuelle le mettait passablement mal à l'aise. Quand je fis sa connaissance en 1985, il était marié à une femme plus jeune que lui. Le couple vivait en

Californie du Sud dans une charmante propriété cernée d'une clôture blanche, avait trois enfants et songeait à en avoir un quatrième. Tous deux aimaient l'équitation, et dans le corral derrière la maison s'ébrouaient quatre chevaux de selle. Jack était devenu fabricant de prêt-à-porter.

Il me confia que du temps où il était adolescent, il avait eu une liaison homosexuelle et qu'à cette époque, « pour peu qu'on découvre que vous aviez des rapports physiques avec un autre homme, vous voilà enfermé dans une catégorie de laquelle vous ne pouviez plus sortir. Cela faisait de vous une tapette, et vous en restiez une jusqu'à la fin de vos jours. Mais j'avais déjà connu des femmes, et une part de moi-même continuait à ressentir de l'attirance pour elles ».

Les parents de Jack étaient en instance de divorce quand celui-ci avait rencontré Rock. « Ma famille partait à la dérive, me dit-il, et Rock m'a apporté réconfort et affection. » En mai 1953, quand Preble avait quitté l'Avenida del Sol, Rock et Jack s'étaient mis à cohabiter. Mais, peu après, ils avaient déménagé pour louer à Grandview une maison à deux étages, car Jack ne voulait pas vivre là où Rock avait vécu avec Bob.

Jack travaillait dans une société de construction aéronautique, Hughes Aircraft, mais Rock l'avait pressé de quitter son emploi pour être totalement disponible. Au retour d'une semaine de tournage, Rock n'aimait rien tant que décider à l'improviste un voyage au Grand Canyon. Alors, ils jetaient pêle-mêle quelques objets indispensables dans la voiture et prenaient la route. Pendant l'excursion, ils dormaient dans des motels ou faisaient du camping sauvage. Parfois, ils se défiaient l'un l'autre à la nage dans l'eau glacée d'un torrent. « Nous vivions alors à l'écart du monde et très repliés sur nous-mêmes », me dit Jack. Ils allaient beaucoup au cinéma. L'actrice préférée de Rock était Lana Turner. Avec leurs amis, ils jouaient souvent à ce qu'ils appelaient le Jeu du mot de la fin, un jeu qui pouvait durer éternellement. C'était par exemple Julia Adams qui les appelait pour leur dire très vite : « Mot de la fin », puis elle se hâtait de raccrocher. Ensuite, elle laissait sonner sans répondre si on l'appelait. Alors Rock et Jack lui envoyaient un télégramme portant la mention « Mot de la fin ». Tous deux jouaient aussi à « Gotcha ». Autrement dit à coucou fais-moi peur. « L'un des deux se cachait dans la penderie et en jaillissait comme un diable de sa boîte en hurlant “ Gotcha! ” quand l'autre s'approchait pour y chercher un vêtement. A tous les coups, on tombe dans le panneau et on pousse un cri de terreur. On n'est pas sur ses gardes, on sort bien tranquillement d'une pièce pour vider un cendrier et on se laisse avoir. C'est peut-être pour ça que nous avons eu plus tard l'un comme l'autre des crises cardiaques. »

Ils avaient un code secret, « 1-2-3 », pour se dire « Je t'aime ». Quand ils étaient entourés de gens, il arrivait à Rock de frapper trois coups sur un comptoir ou de faire trois fois du pied à Jack sous la table, ou encore de compter « Un, deux, trois » à haute voix. « Il avait besoin d'exprimer sa tendresse, et je le lui rendais bien », me confia Jack.

Le dimanche, ils mettaient l'un et l'autre un costume pour aller ensemble rendre visite soit à la mère de Rock – elle habitait Arcadia avec son troisième mari, Joe Olson –, soit à la mère de Jack qui, elle, vivait à Santa Monica. La mère de Rock appelait Jack « Cookie » et lui servait du gigot d'agneau à la gelée de menthe chaque fois qu'elle le recevait, persuadée qu'il en raffolait. Tant et si bien qu'un jour Jack lui demanda poliment si elle ne préparait jamais autre chose. « Mais certainement, Cookie, lui répondit Kay. Je n'aime pas l'agneau et je n'en fais que pour toi. »

A l'occasion du vingt-troisième anniversaire de Jack, Rock avait organisé une soirée et lui avait fait présent d'un monceau de cartons provenant de « Gifts for Men », un magasin de luxe de Beverly Hills. « Il y avait deux pulls de cachemire, un jaune et un noir, et aussi des ceintures, des chaussettes et des chemises. C'était un vrai gamin. Il adorait faire des cadeaux. »

Jack avait cessé de travailler pour Hughes Aircraft et Rock l'entretenait. Vivre ainsi aux crochets de l'acteur avait certes ses bons côtés, mais aussi ses désagréments : « J'avais un crédit ouvert et il prenait toujours soin de me laisser du liquide. C'est lui qui a payé le divorce de ma mère, que j'aidais financièrement ainsi que mes deux sœurs. Rock me donnait l'argent dont j'avais besoin à cet effet. Mais je lui en voulais. Je me sentais émasculé. Je supportais mal de dépendre de lui. Quand il avait des prévenances pour moi, cela m'irritait, et quand il s'abstenait d'en avoir ou bien m'ignorait, cela m'irritait davantage encore. J'étais continuellement en révolte. »

Quand Rock était accaparé par ses occupations et s'absentait, Jack prenait des leçons d'art dramatique. Aux frais de son compagnon bien entendu. « Henry Willson me ménageait des interviews pour me faire connaître, mais j'avais continuellement l'impression qu'il le faisait à cause de Rock. » De temps à autre, Mark Miller l'appelait : « Alors, que vont faire les épouses de nos vedettes aujourd'hui ? Si on allait déjeuner à l'hôtel Beverly Hills ? » Jack et Mark passaient le plus clair de leur temps ensemble quand Rock et George étaient en tournage, et tous les quatre se retrouvaient en fin de journée.

Un soir, Rock et Mark déclarèrent aux autres qu'ils allaient leur faire une surprise. Ils entrèrent dans la chambre, demandèrent à George de mettre en marche le tourne-disque et, dès que les premières mesures se firent entendre, réapparurent vêtus en tout et pour tout d'un minuscule foulard noué autour des reins. Le disque qu'ils avaient disposé sur l'appareil était chanté par Rosemary Clooney et Marlène Dietrich, et tous deux dansèrent en scandant « I want the name, age, height and size of you... * ». C'était Rock qui jouait le rôle de Marlène, et Mark celui de Rosemary Clooney. George avait beaucoup ri de cette pitrerie, mais Jack en avait été choqué : « Arrêtez-ça! Faites taire cette chanson! Je ne vous trouve pas drôles du tout! » avait-il crié pour protester.

« Je détestais tout ce qui était travesti ou efféminé, me dit-il en évoquant cet incident. Je ne supportais pas l'humour homosexuel. » Il ajouta qu'il ressentait de la gêne quand Rock tentait de lui prendre la main en conduisant, ou quand il l'appelait « Baby » au cinéma : « J'avais peur que les gens derrière nous puissent entendre. »

Très peu de temps après le début de leur cohabitation, Universal décida de confier à Rock le rôle principal dans *Le Secret magnifique*. Mais, auparavant, le studio soumit l'acteur à des essais d'interprétation. Jamais encore Rock n'avait joué de rôle d'une telle importance. Douglas Sirk, le metteur en scène, avait déjà engagé la vedette féminine, Jane Wyman, qui à l'époque était l'épouse de Ronald Reagan. Universal n'avait sous contrat que très peu d'acteurs mâles de premier plan, et Sirk considérait qu'il devait en créer un. Il avait vu jouer Rock dans *The Iron Man* et devait déclarer plus tard : « Je l'ai jugé très inférieur à Jeff Chandler, mais je me suis dit qu'il avait du talent. J'ai donc voulu faire sa connaissance. Au premier abord, il semblait ne rien avoir de très particulier, sinon son extrême beauté. Mais la caméra ne voit que d'un œil, et elle voit des choses que l'œil humain, lui, est incapable de détecter. Il faut apprendre à se fier à la caméra... la seule chose qui à Hollywood ne m'a jamais trahi. »

Sirk demanda à Rock de jouer huit scènes – deux journées d'essais intensifs –, puis il visionna les séquences avec le producteur, Ross Hunter. Ils jugèrent Rock tout à fait apte à tenir le premier rôle. *Le Secret magnifique* était un remake adapté d'un roman d'amour de Lloyd C. Douglas, dont une première version avait été tournée en 1935 avec Robert Taylor et Irène Dunne. Rock interprétait le personnage de Bob Merrick. Au moment où débute l'histoire, ce

* « Je veux tout savoir de toi : ton nom, ton âge, ta taille, tes mensurations... »

dernier se conduit comme un play-boy suffisant et infatué de lui-même. Un jour, alors qu'il s'apprête à piloter un hors-bord sur le lac, il n'a que sarcasmes pour le mécanicien qui le met en garde contre le risque de mauvais temps : « Tout ce que je te demande, c'est de me régler ce moteur. Vu ? » Et, comme de bien entendu, le bateau surmené tombe en panne et Merrick ne s'en tire que d'extrême justesse, grâce à l'intervention d'une escouade de sauvetage. Mais, tandis qu'on le secoure, le Dr Wayne Phillips trépasse de l'autre côté du lac, précisément parce que les sauveteurs sont occupés ailleurs.

Affable, modeste, dévoué à ses semblables, le docteur était tout à l'opposé de Merrick. Ce dernier fait la connaissance de la veuve – dont le rôle était joué par Jane Wyman – et s'éprend d'elle. Il rencontre aussi un peintre un peu excentrique, ami du défunt. « Il me raccordait à la source inépuisable de la puissance », dit-il à Merrick en évoquant le médecin disparu. Quant au moyen d'atteindre à cette puissance, il est tout simple : trouver quelqu'un dans la détresse, lui venir en aide, n'en rien dire à quiconque et ne jamais rien demander en retour.

Converti, Hudson suit le conseil du peintre tout en essayant de courtiser Jane Wyman. Mais elle se dérobe à ses assiduités. Un peu plus tard, elle se fait renverser par une voiture et perd la vue. En grand secret, Hudson règle les frais du traitement médical et prend à l'insu de l'aveugle des dispositions pour qu'elle aille se faire opérer en Europe. Mais l'intervention chirurgicale se solde par un échec. Alors il consacre à la jeune femme de longues heures tout en se faisant passer pour un autre. Un jour, ils se déclarent mutuellement leur passion, mais quand Jane apprend la véritable identité de l'homme qu'elle aime, elle décide de ne plus le revoir et disparaît de sa vie.

Alors Hudson fait ses études de médecine et devient le véritable sosie du Dr Phillips : un praticien d'un total dévouement. Les années passent, jusqu'au jour où c'est à lui qu'on fait appel pour opérer Jane Wyman et tenter de lui sauver la vie. Le docteur est terrorisé, mais le peintre lui insuffle le courage qui lui manque par une formule qui préfigure avec trente ans d'avance « que la force soit avec toi * ». L'opération fait miracle : Jane Wyman vit. Et du même coup recouvre la vue.

Ce qui est remarquable dans ce film, c'est la métamorphose presque instantanée de Rock. Débauché impénitent, il se transforme

* Réplique de Alec Guiness dans *La Guerre des étoiles.* *(N.d.T.)*

en saint. Libertin, il devient chevalier servant. Il n'est plus que droiture et amour. Et cet amour le transfigure. Son visage exprime la simplicité et la franchise les plus totales. Il se dépouille de tout soupçon de préméditation ou de calcul. Merrick a beau nous être présenté comme un personnage dur et insensible au début du film, il incarne à la fin tous les attributs du bon Américain au grand cœur.

Quand il lut le scénario, Douglas Sirk déclara que l'histoire lui avait tout d'abord semblé « battre tous les records d'absurdité. La cécité de l'héroïne... l'artificialité de l'intrigue... Bref, un mélange de guimauve, de loufoque et de mièvrerie. Et pourtant, c'est le caractère loufoque et irréaliste de l'intrigue qui vient compenser l'indigence du *Secret magnifique.* Car la dialectique veut que grand art et dépouillement soient très proches l'un de l'autre, et que le dépouillement, quand il est assorti de loufoquerie, soit par lui-même très proche de l'art ».

En août 1953, deux semaines avant le début du tournage, Rock et Jack allèrent passer la journée à Laguna en compagnie de Mark et de George. Ils s'étaient munis de radeaux pneumatiques pour braver les vagues, mais ce jour-là il y avait de la houle, Rock fut violemment projeté contre un rocher et se brisa une clavicule. Sous le choc, il perdit connaissance, et George le hissa par un escalier sur la promenade tandis que Mark se ruait vers un bar tout proche. « Vite, donnez-moi un verre de brandy, cria-t-il au barman. Nous venons d'avoir un accident! » Il revint avec un verre d'alcool, mais à l'étonnement de tous les témoins ce fut Jack qui s'en saisit et le but d'un trait. Ensuite, ils appelèrent une ambulance, puis téléphonèrent à Universal. Rock souffrait le martyre et voulait que Jack monte avec lui dans l'ambulance. Tout d'abord, Jack refusa, alléguant qu'il allait suivre en voiture avec Mark et George. Mais Rock insista et Jack l'accompagna. L'ambulance les mena tout d'abord au studio. Là, un médecin examina Rock et le fit transporter à l'hôpital Saint-Joseph. Quand on lui confirma le diagnostic de fracture, il fut littéralement pris de panique. « Dans combien de temps serai-je guéri? Dans deux semaines, je dois commencer un film. » Il était terrifié à l'idée d'être dépossédé de son rôle si Universal devait retarder le tournage du fait de ce stupide accident. Car ce rôle était la chance de sa vie, et l'occasion ne se présenterait certainement pas deux fois.

Les médecins lui donnèrent le choix : ou bien on brochait sa clavicule et on lui plâtrait le bras et l'épaule pour les immobiliser pendant six semaines; ou bien on lui remettait en place la clavicule et on lui solidarisait le bras au thorax par un bandage serré pour empêcher l'articulation de l'épaule de s'affaisser. Dans le second cas, il pourrait reprendre ses activités dans deux semaines, mais alors le cal osseux serait plus volumineux et la consolidation risquait de ne pas être parfaite. Sans hésiter, Rock opta pour la seconde possibilité.

Après cet accident, une faction de Universal tenta bien de l'évincer du film, mais il avait un solide allié dans la place... en la personne d'un petit homme ventripotent, marié, père de trois enfants, et qui comptait parmi les dirigeants les plus influents du studio. Or, Rock accordait depuis quelque temps ses faveurs à cet homme. L'acteur raconta plus tard à ses proches que lorsqu'il allait voir ce puissant personnage dans son bureau, celui-ci refermait soigneusement la porte à double tour, demandait à sa secrétaire de bloquer tous les appels et se jetait à genoux devant lui. Rock ne le voyait pas fréquemment, mais leurs rencontres intermittentes suffisaient à entretenir la passion de son protecteur. Avec pareil appui, Rock n'eut pas de peine à obtenir gain de cause, et plus tard à convaincre le studio de le laisser tourner *Géant* avec Warner Brothers, puis *L'Adieu aux armes* avec Twentieth Century Fox. Trente ans plus tard, Rock retrouvera dans une soirée ce dirigeant de Universal devenu retraité et de multiples fois grand-père. Et celui-ci le prendra à part pour lui murmurer à voix basse : « Tu sais, je t'aime toujours. »

En dépit de sa clavicule fracturée, Rock commença *Le Secret magnifique* à la date prévue. Les extérieurs étaient tournés à Lake Arrowhead, et à la fin de chaque semaine il revenait en voiture passer deux jours auprès de Jack. Ils travaillaient les scènes ensemble, et il leur arriva même, pour se mettre en condition, de boire plus que de raison avant de répéter une scène d'ivresse. « Nous lisions le texte et nous nous interrogions mutuellement sur notre façon de sentir et de percevoir les choses, me dit Jack. Et nous nous sommes aperçus ce jour-là qu'un type soûl ne joue pas comme un ivrogne, mais qu'il s'efforce au contraire de donner l'impression de ne pas avoir bu. »

Pour ce premier grand rôle, Rock voulait donner le meilleur de lui-même. Douglas Sirk et Jane Wyman lui furent à cet égard d'une aide précieuse.

J'ai la fierté de pouvoir dire que Douglas Sirk m'avait pris sous son aile. Il était comme un père pour moi, et je crois qu'il me considérait un peu comme son fils. Vous êtes là, vous le novice, saisi par le trac... Vous faites de votre mieux pour vous en tirer, et brusquement quelqu'un de plus âgé vous rassure. « Voilà, voilà, très bien. » Douglas Sirk était comme ça.

Jane Wyman était pour moi la gentillesse même... Elle savait que j'était débutant, angoissé, nerveux. Et j'avais tendance à en rajouter. De temps en temps, je prenais des libertés avec mon texte. Trente, quarante prises avant d'avoir la bonne. Jamais elle ne disait un mot. « Bien, c'est bien. »

Des années plus tard, elle m'a fait une remarque qui m'a donné à réfléchir. « Jane, lui ai-je dit, pourquoi avoir perdu tant de temps et déployé tant de gentillesse avec moi alors que rien ne t'y obligeait ? Je veux que tu saches que je m'en rendais compte et que je t'en suis reconnaissant. Je saisis cette occasion pour t'exprimer toute mon affection. Merci encore. » Et elle m'a répondu : « Je vais te faire une confidence, Rock. Cette gentillesse, quelqu'un me l'avait aussi manifestée. Et je te l'ai manifestée à mon tour. A toi maintenant de la témoigner à quelqu'un d'autre. »

Pour juger de l'accueil que faisait le public au *Secret magnifique*, le studio organisa une séance de projection-test au Four Star Theater, un cinéma du centre de Los Angeles. Ayant eu vent de cette avant-première, Rock se fit accompagner de Jack, se glissa dans la salle incognito et prit place sur un siège du fond. Personne ne le reconnut. Sitôt la projection terminée, il se rua vers la sortie mais Jack, pris dans la cohue, ne fut pas aussi prompt. Quand il le retrouva dans le parking, celui-ci sanglotait, terrassé par l'émotion, la tête appuyée sur le volant. Ce fut à cet instant précis que l'acteur sut qu'il était désormais une star. Il venait d'atteindre au sommet, à cet état d'exaltation dont il avait tant rêvé, et qui avait pendant si longtemps semblé totalement inaccessible au garçon originaire de Midwest dépourvu de formation et de relations dans la vie. Et, pourtant, il était aujourd'hui présent sur le vaste écran, aux côtés d'une actrice couronnée d'un grand prix d'interprétation et soutenu par un orchestre avec chœur interprétant « L'Hymne à la joie. »

« Tu es absolument superbe, lui déclara Jack.

– Merci, merci, articulait Rock entre deux sanglots.

– Et tu le sais, n'est-ce-pas ? »

Rock riait et pleurait tout à la fois.

« Je me sens fier de toi », fit Jack.

Le 11 mai 1954, de puissantes lampes à arc incendièrent le ciel de leurs faisceaux au moment où Rock se présenta devant le cinéma Westwood pour assister à la première du *Secret magnifique*, accompagné de Betty Abbott. Vêtu du smoking de George Nader, Jack Navaar arriva dans une autre voiture, escortant une jeune actrice, Claudia Boyer.

« Rock! Hé Rock! Tournez-vous, s'il vous plaît!

– Regardez par ici, rien qu'une seconde! Merci. »

Les yeux de Rock étincelaient sous les flashes des photographes.

« Juste une question pour nos lecteurs, Rock : comment s'appelle cette charmante personne qui vous accompagne? Vous êtes fiancés? »

En avançant sur le tapis rouge, il reconnut la mère et les trois jeunes sœurs de Jack Navaar parmi la foule de ses admirateurs, derrière les cordons formant barrière. Alors il se précipita sans hésiter vers elles pour les embrasser, suivi de Jack. « Rien n'obligeait Rock à le faire, me dit ce dernier en évoquant devant moi ce souvenir lointain. Mais c'était dans sa nature de se conduire ainsi, et c'est pourquoi je ne pouvais pas m'empêcher de l'aimer. »

Rock avait déclaré à Jack qu'il ferait en sorte que tous deux fussent assis côte à côte pendant la projection, mais on les dirigea chacun vers un emplacement différent de la salle. On avait placé Rock et Betty l'un près de l'autre, à proximité immédiate de Ross Hunter et de Jane Wyman, et on avait attribué à Jack et à Claudia des sièges situés à quelque distance de la place d'honneur, à côté de Jacques Mapes et de Ann Sheridan. Furieux, Jack ne devait plus adresser la parole à Rock durant tout le reste de la soirée, refusant même de croiser son regard avec le sien lors de la réception organisée au restaurant LaRue après la projection du film. Ils se retrouvèrent plus tard chez eux après que chacun eut raccompagné sa partenaire.

« Tu m'avais pourtant bien dit que nous serions assis l'un près de l'autre, protesta Jack. Je me suis senti totalement stupide. Tu es la star, d'accord, mais je suis quoi, moi, dans l'affaire? »

Rock lui assura que Ross Hunter avait modifié la disposition des sièges en dernière minute, et que lui-même en avait été le premier surpris.

Le Secret magnifique rapporta 8 millions de dollars et fit de Rock Hudson l'acteur le plus rentable de Universal. Bientôt, les lettres de ses admirateurs et admiratrices affluèrent à raison de trois mille par semaine. « En vous voyant regarder Jane Wyman, lui écrivait une spectatrice de Tacoma, j'étais au bord des larmes tant au fond de moi-même je me sentais bouleversée. » Pour Rock, c'en était fini des films de série B. Il incarnait désormais par excellence à l'écran le héros masculin des grandes histoires d'amour. Pas question de lui faire jouer du Tennessee Williams ou interpréter un personnage broyé par le malheur. Il était courageux, chevaleresque et loyal. Monsieur Droiture, en somme.

Après *Le Secret magnifique,* l'attitude générale observée vis-à-vis de Rock se modifia notablement. « Un tas de gens prétendent que j'ai changé, confia-t-il à Mark et à George, mais ce n'est pas vrai. Ce sont les autres qui ne se conduisent plus de la même manière avec moi. Dans le temps, on me considérait comme un acteur parmi tant d'autres. A présent, les gens me regardent bouche bée... avec une totale stupéfaction. » Il n'en reste pas moins que Rock changea bel et bien. « Auparavant, raconte Mark, quand il décrochait le téléphone, il répondait " Ouais, c'est moi ". Ensuite, c'est devenu : " Allô ? Rock Hudson à l'appareil. " D'un seul coup tout le monde le portait aux nues et il s'est mis à y croire. Il aurait pu marcher sur les eaux. »

Jack Navaar fut le témoin de cette étape de la vie de Rock, au cours de laquelle l'acteur émergea de l'anonymat pour apparaître sous les feux des projecteurs. « Quand il rotait, rapporte-t-il, tout le monde riait bruyamment, comme si jamais personne n'avait encore roté de façon si magnifique. » Rock devait expliquer plus tard à la journaliste Hedda Hopper ce qu'il ressentit à cette époque où il se départit de son sentiment d'insécurité pour prendre confiance en lui-même : « Quand on est très grand... à l'âge de quatorze ans, je mesurais déjà près de un mètre quatre-vingt-cinq..., cela vous donne une sorte de sentiment d'infériorité. Et ce sentiment, je n'ai pu m'en défaire qu'à partir du moment où les gens m'ont reconnu dans la rue. " Mais... vous êtes Rock Hudson! C'est bien vous Rock Hudson ? " Tant et si bien qu'un beau jour je me suis dit : mais quel idiot je suis! Qu'est-ce que j'ai donc à cacher ? Alors je me suis redressé de toute ma taille. »

Dorénavant, le nom de Rock était cité par les grands magazines américains. Dans un article consacré aux acteurs en pleine ascension, *Life* le présentait photographié au sommet d'une échelle en compagnie de Tony Curtis et de Robert Wagner qui, eux, se tenaient sur les barreaux inférieurs. Le magazine rappelait qu'au box-office Rock venait au troisième rang, par ordre de popularité chez les spectatrices de moins de vingt ans. Ses admiratrices, ajoutait *Life,* ne savaient trop si son pouvoir de séduction tenait « essentiellement à sa *sincérité fondamentale* ou à son torse nu ».

Quant aux magazines pour fans du cinéma, ils déploraient que Rock ne fût pas marié. Aussi entretenaient-ils dans l'esprit de leurs lecteurs l'idée que l'acteur ferait à n'en pas douter un mari idéal. Mais comment expliquer qu'il n'ait jamais songé à épouser l'une des ravissantes femmes en compagnie desquelles il se montrait ? Pourrait-on continuer indéfiniment à le représenter donnant le bras à Betty Abbott ou à Marilyn Maxwell, en assortissant la photo d'une légende du genre : « Selon leurs amis, cette fois c'est du sérieux » ? On tenta donc de résoudre la question par des titres – A-T-IL PEUR DU MARIAGE ? OU : TROP ACCAPARÉ PAR SON MÉTIER POUR TROUVER LE TEMPS D'AIMER – qui étaient censés expliquer son célibat. Ou bien on lui faisait déclarer en le citant : « J'ai envie d'être heureux, mais je ne me sens pas encore tout à fait mûr pour me marier. » Bref, on sous-entendait qu'il n'avait tout simplement pas encore trouvé la femme de sa vie.

Un autre périodique, *Confidential,* flaira pendant quelque temps tout le parti qu'il pourrait tirer du célibat de Rock. A la différence des magazines pour fans, *Confidential* s'était spécialisé dans les révélations à scandale, pour la plupart forgées de toutes pièces, sur la vie des célébrités. Il avait pris pour devise « Dire des faits et citer des noms ». Ses titres-chocs en promettaient bien davantage que le contenu de ses articles, mais ils n'en étaient pas moins alléchants. UNE VRAIE BAUDRUCHE AU LIT, avait affirmé le magazine à propos de Robert Wagner. Et dans un autre numéro, il titrait : QUAND LANA TURNER ET AVA GARDNER SE PARTAGEAIENT UN MÊME AMANT.

La rédaction de *Confidential* ambitionnait d'étaler au grand jour l'homosexualité de Rock et avait proposé à cet effet de l'argent à Bob Preble pour obtenir de lui des confidences et des photos. Plus tard, un émissaire du magazine offrit à Jack Navaar 10 000 dollars – somme considérable en 1954 – pour livrer des détails sur sa vie avec Rock. Mais Jack avait appelé Henry Willson pour le mettre au fait des intentions de *Confidential.* « Nous sommes très conscients de cet aspect des choses, lui avait répondu Willson. Mais, quoi qu'il en soit, merci d'avoir paré le coup. »

Aucune révélation ne fut jamais publiée sur les mœurs de Rock, et on murmura que Universal, pour désamorcer la bombe, avait obtenu de *Confidential* le silence en échange d'informations sur une autre vedette, Rory Calhoun. Au milieu des années cinquante, un certain nombre d'articles de presse révélèrent en effet que Calhoun avait purgé dans sa jeunesse une peine de prison pour cambriolage et vol de voitures. Pourtant, rien ne prouve formellement qu'il ait existé une corrélation entre l'étalage au grand jour du passé de Calhoun et la décision de renoncer à toute révélation fracassante sur l'homosexualité de l'acteur.

Ces dernières années, le bruit courut que pour préserver l'image publique de Rock, Universal avait à l'époque obtenu du magazine une totale discrétion en lui livrant des informations sur l'homosexualité de George Nader, sacrifiant ainsi délibérément la carrière de ce dernier. Mais cette rumeur est dénuée de fondement, car jamais la vie privée de George ne fit l'objet d'aucune révélation scandaleuse, et il poursuivit sa carrière d'acteur jusqu'à ce qu'il se retire de l'activité cinématographique en 1972.

« Nous vivions dans la crainte d'un déballage public, raconte Nader, voire de toute allusion voilée qui aurait pu laisser supposer qu'untel ou untel était homosexuel. Toute rumeur de ce genre aurait provoqué un séisme au studio. Chaque mois, le jour de la mise en vente de *Confidential,* nous retenions notre souffle. Qui d'entre nous cette fois serait dans le collimateur ? Le plus étonnant reste que Rock, avec la notoriété qu'il avait acquise, ne fut jamais égratigné. J'en venais à penser qu'une bonne fée veillait sur lui ou qu'il avait conclu un pacte avec le diable. Il semblait bénéficier d'une protection surnaturelle. »

Durant cette période, les querelles entre Rock et Jack se firent plus fréquentes. « Je ne pouvais aller nulle part avec lui, même au restaurant, sans que tout le monde l'observe et tente de faire sa connaissance, m'a confié Jack. Je jalousais les acclamations et l'attention dont il faisait l'objet. Et pourtant cela me plaisait. Des milliers de gens souhaitaient qu'il s'intéresse à eux, mais je me disais que j'étais celui que Rock Hudson avait choisi d'avoir auprès de lui. »

Jack admet que le plus souvent c'était lui qui provoquait les querelles : « Je donnais à Rock toutes les raisons de me mettre à la porte. Une nuit, je l'ai littéralement jeté hors du lit à coups de pied. » Il avait encouragé Rock à se montrer davantage en public, ce qui ne pouvait que servir sa carrière. Mais un soir que l'acteur avait accompagné Joan Crawford à une réception, Jack lui avait fait une scène quand il était rentré à trois heures du matin : « J'étais inquiet, et à son retour il était ivre mort. Je lui en voulais d'être sorti avec Joan Crawford en mon absence. Nous nous sommes couchés et il s'est mis à ronfler. Furieux, je me suis retourné et l'ai viré du lit à coups de pied en le priant fermement de vider les lieux parce que je me moquais éperdument qu'il aille coucher où il voudrait. » Rock avait quitté la maison et s'était éloigné à pied en suivant Grandview Drive, et Jack avait jeté derrière lui les clés de la voiture. « Je lui ai dit d'aller dormir dans ce foutu salon d'habillage capitonné que le studio avait fait construire spécialement pour lui. »

Quand leurs disputes s'apaisaient, Rock proposait à Jack : « Si ça te rend heureux, je suis prêt à abandonner ce putain de métier. Nous irons vivre tous les deux dans le Midwest. » Mais Jack protestait. « Il ne pensait pas un mot de ce qu'il me disait. En plus, je n'avais pas la moindre envie d'aller habiter Chicago avec Roy Fitzgerald et d'ouvrir une boutique de fleurs. Je voulais qu'il fasse carrière, et je voulais moi aussi me faire un nom. »

Rock raconta un jour à Mark Miller une de ses altercations avec Jack, laquelle l'avait mis sur l'instant dans une telle rage que plus tard il lui suffisait invariablement de l'évoquer pour simuler à merveille la fureur devant la caméra quand on lui demandait d'interpréter une scène de violence. Un soir que sur le plateau les prises de vues s'éternisaient, Rock appela Jack pour lui dire qu'il rentrerait tard parce qu'il avait du travail. Jack lui répondit qu'il n'en croyait pas un mot et que Rock lui racontait des histoires. « Si tu n'es pas de retour dans trente minutes, menaça-t-il, je flanque toute ta collection de disques dans le ravin. » Dès que Rock fut libéré de ses obligations, il revint chez lui le pied au plancher, pour trouver Jack sur la terrasse lançant dans le vide ses 78 tours de Ella Fitzgerald, Nat King Cole, Dina Shore et Duke Ellington. En entendant ses précieux disques se briser sur les rochers en contrebas, Rock se mit dans une rage folle. « Quand on me demande d'interpréter une scène de fureur aveugle, devait-il confier plus tard à Mark, il me suffit de me représenter mes disques voltigeant dans le ravin. » Jack Navaar, lui, affirme ne pas avoir gardé le moindre souvenir de cet incident.

En juin 1954, Rock se rendit en Europe pour y tourner *Capitaine Mystère.* Jack l'accompagna à l'aéroport et le mit dans l'avion. Et quand l'acteur prit place sur son siège près d'un hublot, il actionna la lampe individuelle située au-dessus de sa tête pour envoyer un message codé à Jack : 1-2-3. Je t'aime.

C'est à Paris que Rock fit la connaissance de Betty Abbott, la script du film, et de Barbara Rush, sa partenaire féminine et covedette. Il leur restait deux semaines de liberté avant le début du tournage, et ils décidèrent tous les trois de louer une voiture – une américaine, pour que Rock puisse conduire en étendant les jambes – et de visiter la France et l'Italie. Durant la randonnée, ils logeaient dans de modestes pensions et à midi faisaient halte en pleine campagne pour disposer sur le sol une couverture et se restaurer de vin, de fromage et de fruits. Rock apprenait à savourer les crus et les plats européens, s'initiait à la peinture et à l'opéra, à l'architecture et à l'histoire. Il lisait énormément et voulait tout savoir de ce qu'il découvrait. A Florence, ville qui le séduisit plus que toute autre, il fut particulièrement émerveillé par la galerie Uffizi et le *David* de Michel-Ange.

Tandis que Rock voyageait à travers l'Europe, Jack Navaar consacrait une bonne partie de son temps à une jeune femme du nom de Phyllis Gates. Jack l'avait rencontrée dans le bureau de Henry Willson, dont elle était la secrétaire, et peu après ils avaient pris l'habitude de se retrouver pour déjeuner. « J'avais un sérieux béguin pour elle, raconte Jack. Je comprenais parfaitement Rock quand il me disait qu'il pourrait aisément s'enticher d'elle, car j'étais dans le même cas. Avec Phyllis, les hommes se sentaient aux anges, même si elle avait le don de les mener par le bout du nez. Elle vous disait : " Non, mon chéri, ce n'est pas de cela que tu as envie pour ton déjeuner. Tu vas prendre ceci. C'est bien meilleur pour ta santé. " Elle était beaucoup plus séduisante au naturel que sur les photos. Elle avait un merveilleux sourire et un incroyable talent de persuasion : dix minutes après l'avoir rencontrée, vous aviez l'impression d'être sa raison de vivre. Fantastique. »

Le dimanche, m'a confié Jack, tous deux allaient boire un verre au Tropical Village, un bar de Santa Monica fréquenté par des gays et des lesbiennes. Durant un week-end, alors que Rock et George Nader étaient en tournage, Jack et Mark avaient emmené Phyllis à Laguna. Le premier soir, ils étaient allés tous les trois dans un bar du nom de Camille's, où Phyllis avait engagé la conversation avec une autre femme. Jack et Mark n'avaient plus revu leur compagne de tout le week-end. « Nous l'avons appelée dans sa chambre pour lui demander de venir dîner avec nous près de la plage, m'a rapporté Mark, et elle nous a répondu : " Allez-y les premiers, je vous rattrape. " Mais pas l'ombre de Phyllis. »

La jeune femme disposait de deux semaines de vacances d'été. Un jour, Henry Willson appela Jack : « Pourquoi ne partirais-tu pas avec Phyllis ? lui proposa-t-il. Rock est à l'étranger et tu te tournes les pouces. Elle a envie d'aller voir sa famille. Tu devrais l'accompagner. » Jack accepta. Au volant de la nouvelle voiture de Rock – une Lincoln Continental décapotable jaune –, il conduisit Phyllis par la route des Rocheuses à Montevideo, dans le Minnesota. « J'étais ravi de passer quelques jours avec elle, me dit-il. Et j'avais l'esprit tranquille du fait que c'était Henry qui m'avait proposé de la conduire chez ses parents. Plus tard, seulement, j'ai compris que s'il m'avait poussé à le faire, c'était pour me séparer de Rock. »

Pour voyager en réduisant les frais, Jack et Phyllis se faisaient enregistrer dans les motels sous le nom de M. et Mme Navaar et partageaient la même chambre, mais sans jamais dormir dans le même lit. Sur la route, ils chantaient des airs à la mode, avec une prédilection toute particulière pour « *Little Things Mean a Lot* ».

Avant d'arriver à Montevideo, Phyllis déclara qu'il leur fallait proférer à tue-tête tous les jurons et mots orduriers de leur répertoire afin de s'en purger l'esprit car, expliqua-t-elle, plus question de dire une parole de travers une fois qu'ils seraient arrivés à destination. Alors, pendant dix minutes, ils avaient juré à qui mieux-mieux.

Ils avaient passé quelque temps dans la famille de Phyllis, dont tous les amis et connaissances étaient accourus pour voir de plus près « le copain de Rock Hudson » et admirer « la bagnole de Rock Hudson ». Ensuite, ils avaient repris la route pour aller à Kansas City, où Phyllis avait exercé un emploi d'hôtesse avant d'aller travailler en Californie. Là, elle avait entraîné Jack dans des soirées de lesbiennes, où des femmes dansaient exclusivement entre elles et se couvraient de baisers. De retour à Los Angeles, Jack ne tarda guère à s'apercevoir qu'il était dans le pétrin. D'abord, Rock l'appela de Venise, furieux, pour le couvrir de reproches : on lui avait appris qu'en son absence Jack organisait chez eux des beuveries, qu'il avait laissé la maison sans surveillance, que celle-ci avait été cambriolée, que la police s'y était présentée à diverses reprises et qu'en outre Jack avait été surpris au volant de la Lincoln décapotable transportant toute une escouade d'agités hurlant des obscénités.

« Tu te fous le doigt dans l'œil, répondit Jack. Je n'étais même pas en ville! Qu'est-ce qui te prend de me sortir des conneries pareilles? »

Plus Rock le cuisinait, plus Jack s'emportait, et la communication intercontinentale se termina très mal. Mais Jack n'était pas au bout de ses peines, car bientôt les chèques qu'il recevait régulièrement n'arrivèrent plus. Et quand il en demanda la raison à l'homme d'affaires de Rock, on lui fit répondre que désormais aucune somme ne lui serait plus envoyée. En désespoir de cause, il s'en remit à Henry Willson, mais l'agent lui fit clairement comprendre que ses relations avec Rock risquaient de compromettre la carrière de l'acteur. La sagesse était donc de rompre. Et Willson d'ajouter : « Le studio est capable de prendre des mesures extrêmement efficaces pour protéger ses intérêts. »

« Tout le monde me tourna le dos, me dit Jack. Y compris Phyllis. Elle disparut comme par enchantement. Désormais, on me traita comme un pestiféré. Je me sentais moi-même pestiféré et je ne pouvais plus continuer à vivre ainsi. Alors j'ai fait exactement ce qu'on attendait de moi : j'ai jeté les clés sur le bureau de Willson et j'ai vidé les lieux. »

A son retour d'Europe, Rock trouva la maison de Grandview vide de toute trace de son occupant. Il avait commencé à vivre avec Jack

Navaar avant de devenir une vedette de premier plan. Après le départ de Jack, il s'entoura de beaucoup plus de précautions. « Il s'est réfugié pendant quatorze ans dans une tour d'ivoire », m'affirma Mark Miller. Rock ne devait en effet vivre ouvertement avec un autre homme que vers la fin des années soixante, car alors les préjugés sociaux avaient perdu de leur rigidité et rien ne semblait plus menacer sa position de star.

5.

Phyllis ne cédait jamais. Elle était très « famille ». Elle avait un sens de l'humour extraordinaire et inépuisable. Elle était joueuse et voulait à tout prix gagner. Nous nous sommes entendus à merveille tant que nous n'avons pas été mariés. Ensuite, tout s'est détérioré. Le parchemin a tout changé. Elle est devenue l'épouse d'une vedette. A tout propos, elle exigeait une nouvelle robe et il lui fallut un vison. Plus question de se contenter d'un renard. Elle voulait savoir à quoi je consacrais chaque minute de mon temps. Cela ne pouvait pas durer.

Comme Roy Fitzgerald, Phyllis Gates avait grandi dans le Midwest avant de venir en Californie tenter sa chance dans le monde du spectacle. Là, ayant appris qu'un agent de renom, Henry Willson, cherchait une secrétaire, elle avait fait acte de candidature. Elle ne savait pas taper à la machine mais Henry, séduit par la jeune femme, l'avait engagée et lui avait fait prendre, à ses frais à lui, des cours du soir de dactylographie. Elle avait le don de vous mettre à l'aise, et Henry avait immédiatement compris quel parti il pourrait tirer professionnellement de cette aptitude. Phyllis savait d'instinct apaiser les éclats de mauvaise humeur, atténuer le choc des mauvaises nouvelles et amener habilement les gens à faire de leur plein gré ce qu'ils s'étaient bien juré de ne jamais accepter. Tant et si bien qu'en un rien de temps elle s'attira la sympathie de tous les acteurs que représentait Henry Willson.

Quand Rock s'en revint d'Europe à l'automne 1954, Henry persuada Phyllis de sortir un soir avec lui pour dîner. Par ailleurs, il appela Rock pour lui dire combien sa secrétaire était charmante et lui suggérer de l'inviter. Rock donna plusieurs fois rendez-vous à Phyllis, mais chaque fois se décommanda. Un jour, Henry demanda à sa secrétaire d'appeler Rock, et quand elle l'eut en ligne, celui-ci fit allusion à la fameuse invitation tant de fois remise et l'invita de nouveau. Phyllis s'esclaffa : « Ne vous donnez donc pas tant de peine! Vous savez très bien que la prochaine fois vous vous décommanderez encore. » Rock lui assura que cette fois il tiendrait parole, mais ce fut elle qui inventa un prétexte pour refuser l'invitation.

Cette dérobade intrigua Rock. Il insista, et finalement ils se retrouvèrent pour dîner. Ensuite, comme il était prévisible pour qui connaissait Rock, ce fut lui qui manifesta le besoin de la revoir à tout instant. Éclatante de jeunesse, Phyllis était très attirante. Elle était svelte, gracieuse, et elle roulait en chignon ses cheveux brun-roux. Très sûre d'elle-même, la jeune femme lui tenait tête, et qu'il fût une vedette de cinéma ne l'intimidait pas le moins du monde. Elle se comportait en sa présence comme si elle-même était aussi une star. Son rire mélodieux était communicatif, et elle aimait taquiner Rock en le singeant : « Monsieur est un grand acteur? Et alors? La belle affaire! Remets les pieds sur terre, veux-tu. »

A l'initiative de Phyllis, ils prirent ensemble des leçons de peinture. Un peu plus tard, Rock la présenta à sa « famille », c'est-à-dire à Mark et à George. En fait, Mark avait déjà rencontré Phyllis par l'intermédiaire de Jack Navaar. Quant à George, il se déclara enchanté. « Dès le premier instant, elle m'a plu, me dit-il. Elle était vive d'esprit, avait du bon sens et ignorait ces manières affectées ou prétentieuses si répandues chez certaines actrices de notre entourage. En sa présence, on se sentait spontanément à l'aise. Elle nous adopta immédiatement pour ce que nous étions, ce qui pourtant n'allait pas de soi, étant donné qu'alors on considérait les homosexuels comme une race à part. A sa place, la plupart des gens se seraient sentis mal à l'aise et auraient fui notre regard. Mais pas Phyllis. Elle nous fixait droit dans les yeux et entre nous n'existait aucun obstacle. »

Tous les quatre prirent l'habitude de se retrouver autour d'une table pour dîner ou se livrer à un jeu de société. Durant un week-end, alors que George était quelque part en tournage, Rock et Phyllis firent une excursion à Lake Arrowhead en compagnie de Mark et de Pat Devlin, une collègue de bureau de Phyllis, dont elle était de surcroît la meilleure amie. Ils avaient retenu deux chambres à l'hôtel Arrowhead Springs. A cette époque, la loi interdisait aux couples non mariés de dormir dans une même chambre, de sorte que les deux hommes en partagèrent une et les deux femmes l'autre. « Les lits de grande largeur n'avaient pas encore été inventés, me dit Mark, et nous avons dû dormir, Rock et moi, dans un lit qui n'avait pas été prévu pour deux individus de notre stature, chacun sur un bord et tournant le dos à l'autre. Entre nous deux, il y avait la place de faire passer un train de marchandises. J'étais terrorisé à l'idée de pousser un hurlement pour peu que son pied effleure le mien pendant la nuit. » Le lendemain matin, Phyllis se moqua d'eux : « Alors, bien dormi ? Frais et dispos tous les deux ? »

Ils s'étendirent au soleil sur la terrasse de l'hôtel et louèrent un canot à moteur pour faire du ski nautique sur le lac. C'était le sport préféré de Rock. Il apprit à Phyllis à se tenir sur ses planches, tout comme il avait appris à George à le faire quelques années plus tôt. Quant à Mark, il ne skia pas. Jamais il n'avait appris à nager du fait que dans son enfance il avait été asthmatique. Ensuite, Rock leur fit faire un tour au Grand Lac de l'Ours. Pour s'y rendre, la route traverse d'immenses forêts de pins, et Mark filma pour le souvenir les différentes étapes du voyage avec sa caméra 16 mm. A cette époque, Rock s'était mis lui aussi à filmer dans ce même format. La nuit, il pouvait passer des heures à monter ses prises de vues.

En novembre 1954, Rock devint pour la première fois propriétaire. Au 9151 Warbler Place, sur les collines situées au nord de Sunset Boulevard, il acquit une maison comportant deux chambres à coucher et une cuisine rustique bien ensoleillée. La demeure était de dimensions modestes, mais de bonne construction : murs de briques et de bois, poutres apparentes, parquet chevillé à l'ancienne. Rock avait consacré tout l'argent dont il disposait à l'achat de cette maison, de sorte que pour meubler le salon il dut se contenter de modestes chaises de jardin en bois de séquoia. Il demanda alors à Phyllis de venir vivre sous son toit. Elle accepta, tout en conservant en ville son propre appartement, où elle continua de se faire adresser son courrier. Cette cohabitation choqua quelque peu Mark et George, car s'il était admis dans les années cinquante que deux hommes ou deux femmes vivent sous le même toit, un homme et une femme célibataires en situation de concubinage faisaient l'objet de la réprobation générale. C'était là « vivre dans le péché », et seuls osaient ouvertement s'y risquer quelques couples délibérément en marge de la société. « Si les journalistes l'avaient découvert, c'était le scandale assuré », me dit Mark. Mais, à l'époque, Rock n'en avait cure : « Je les emmerde tous », affirmait-il bravement.

D'un autre côté, le fait que Rock eût désormais une compagne attitrée ne contribua pas peu à normaliser sa réputation dans les milieux hollywoodiens. « Vous avez vu ? » murmurait-on derrière son dos avec une œillade complice, « Rock vit à présent avec une femme! ». Fini le temps des deux lignes téléphoniques soigneusement cloisonnées. Il n'y avait plus qu'un seul appareil à Warbler Place, et c'était bien souvent Phyllis qui répondait. Rock confiait à ses amis que vivre près d'elle était pour lui une sorte de libération. Avec Phyllis, il pouvait se comporter comme jamais il n'avait pu le faire du temps où il vivait avec Jack Navaar : il l'emmenait très officiellement aux premières, et elle l'accompagnait sur le plateau quand il tournait ou dans les dîners organisés par les gens de la profession. Elle partageait pleinement son existence.

Plus tard, Rock devait confier à trois de ses compagnons de vie masculins que Phyllis était bisexuelle, et tant Mark Miller que Jack Navaar m'ont affirmé l'avoir observée dans des circonstances qui ne laissaient planer aucun doute sur ce point. Si l'on admet que Rock et Phyllis étaient tous les deux bisexuels, voilà qui pourrait expliquer la solidité des liens qui les unissaient l'un à l'autre et présupposer une profonde compréhension mutuelle. Pourtant, quand, plus tard, j'interrogeai Phyllis sur les témoignages qui m'avaient été rapportés de sa bisexualité, elle me fit cette réponse après un long silence : « Non, c'est faux. En vous informant vous avez frappé à la mauvaise porte. Tout cela faisait partie d'une campagne de calomnies imaginée par Henry Willson. C'est lui qui fut à l'origine de ces rumeurs. »

Phyllis était bonne cuisinière et savait apprêter les plats dont Rock raffolait : à base de viande et de pommes de terre. Elle lui préparait des côtelettes de porc, des émincés de bœuf en sauce accompagnés de purée, mets qui jusqu'à ses derniers jours resteront les préférés de l'acteur. Il entreprit d'ailleurs de tâter lui-même de la cuisine, mais en y mettant deux conditions : que personne ne vienne le déranger quand il serait à ses fourneaux et... que Phyllis fasse la vaisselle. Ses tentatives semblent avoir été couronnées de succès, puisqu'un jour il promit à ses deux amis de leur servir un « dîner de gourmets ». Pour lancer son invitation, il les avait appelés quelques jours à l'avance : « Samedi soir, je prépare un dîner gastronomique, leur annonça-t-il. Vous serez mes invités. Mais attention : je ne veux voir personne dans la maison de toute la journée. » Le samedi suivant, vers dix heures le matin, Phyllis avait frappé à la porte de Mark et de George, accompagnée de son amie Pat Devlin. Puis tous les quatre étaient sortis pour acheter des bermudas – c'était alors le dernier cri et Rock les détestait. Dès leur retour, le téléphone avait sonné. C'était Rock. Ou plutôt le premier appel de Rock, car il devait ce jour-là leur téléphoner une bonne trentaine de fois. « Je me suis mis à préparer le dîner, leur dit-il, et vous ne devinerez jamais ce que je vais vous servir. Mais qu'est-ce qu'on appelle un roux, au juste ? » Personne ne fut capable de le lui dire. George tenta bien de consulter un dictionnaire français-anglais, mais la définition qu'il y trouva du mot *roux* n'était pas d'un grand secours. Le malheur, c'est que les premiers mots de la recette sur laquelle Rock avait jeté son dévolu étaient les suivants : « Commencez par préparer un roux... » Confronté à ce mystère, Rock fut mis en demeure de modifier la composition de son menu. Il arrêta son choix sur une autre recette et repartit faire le marché. Plus tard, il appela de nouveau pour demander à Phyllis où elle avait rangé diverses casseroles, et s'il était bien normal que sur le beurre qu'il avait mis à fondre surnage en bouillonnant de l'écume blanchâtre.

Le soir, Mark, George, Phyllis et Pat arrivèrent à Warbler Place à l'heure convenue, portant tous leurs bermudas et des chaussettes montantes. « Je vais vous étrangler tous les quatre! s'indigna Rock quand il les vit dans cette tenue en leur ouvrant la porte. Vous savez pourtant très bien que j'ai horreur de ces culottes de tantes! » A la grande surprise des invités, le dîner fut un vrai régal et pourrait constituer un excellent exemple de ce qu'il était de bon ton de servir dans les années cinquante : d'abord, une fondue au fromage servie dans un caquelon et accompagnée de Sterno; puis un coq au vin * garni d'un gratin de pommes de terre et de salade sauce roquefort. Et au dessert des cerises que Rock fit flamber sur la table.

« Un vrai délice, selon Mark, mais tout ce qui pouvait bien exister dans la maison d'ustensiles de cuisine, d'assiettes et de couverts était sale. Pour faire la vaisselle et remettre tout en ordre, Phyllis dut travailler jusqu'à cinq heures du matin. Par la suite, Rock fut déclaré *persona non grata* dans la cuisine. »

Après le succès du *Secret magnifique,* Rock fit pour Universal cinq autres films en tant que premier rôle masculin. Dans un de ces films, *Tout ce que le ciel permet,* il eut de nouveau pour covedette Jane Wyman. Il y interprétait le personnage d'un jeune jardinier qui brave les conventions sociales et cherche à séduire une veuve d'âge mûr. En 1955, un metteur en scène de Warner Brothers, George Stevens, demanda à Universal de mettre Rock en disponibilité pendant un certain temps. Il souhaitait lui confier le rôle de Jordan Benedict dans *Géant.* Produit par Warner, *Géant* était adapté d'un best-seller de Edna Ferber et promettait d'être le film le plus prestigieux de l'année. Clark Gable, Gary Cooper et William Holden souhaitaient vivement obtenir ce rôle, mais Stevens leur préférait Rock depuis qu'il l'avait vu dans *Victime du destin,* un film réalisé en 1952, dans

* En français dans le texte.

lequel il interprétait le personnage d'un tueur à différentes étapes de sa vie, de l'adolescence à l'âge mûr.

Incarner à l'écran Jordan Benedict, c'était pour Rock l'occasion providentielle d'élargir son registre. En effet, Benedict n'avait plus rien de commun avec le héros sentimental au grand cœur auquel il s'était jusque-là identifié. Dans l'histoire, Benedict est une brute raciste et insensible. A sa jeune femme – en l'occurrence, Elizabeth Taylor –, qui pour porter secours à un malade se risque un jour dans les misérables taudis où s'entassent les Mexicains venus se louer au Texas, il beugle cette mise en garde : « Tu es ma femme. Tu es madame Jordan Benedict, et je te le demande tout net : vas-tu enfin te conduire normalement ? Changer le monde ! Comme si c'était ton affaire ! Tu ferais mieux de t'inscrire à un club ! »

Géant était un roman racontant l'épopée d'une famille. Quant au film, il ne durait pas moins de trois heures et dix-huit minutes. L'histoire commence quand Rock, propriétaire de Reata, un ranch comptant parmi les plus importants de la région, s'éprend de Elizabeth Taylor en Virginie, où il s'est rendu pour acheter des chevaux. Il l'épouse et le couple revient vivre dans le décor totalement surréaliste qu'est Reata : une immense bâtisse d'époque victorienne uniquement entourée de pâtures monotones, grisâtres et poussiéreuses. Les deux époux sont de caractères fort différents, et leurs affrontements se multiplient. Après une scène particulièrement violente, la jeune femme se réfugie dans sa Virginie natale, mais Rock vient l'y chercher pour la ramener au Texas. La vie s'écoule, Elizabeth met au monde des enfants – des jumeaux d'abord, un garçon et une fille, puis une seconde fille –, mais plus tard aucun des trois ne se conduira dans la vie conformément aux vœux des parents. Jordan Benedict III, l'aîné, n'a pas la moindre envie de prendre la suite de son père et de rester à Reata. Devenu médecin, il épousera une jeune fille à demi mexicaine et à demi américaine. Quant à sa sœur jumelle, qui a refusé d'aller faire ses études en Suisse, elle se mariera à un garçon du voisinage et tous deux essaieront tant bien que mal de mettre en valeur un modeste ranch expérimental. Enfin, la cadette s'entichera du rival et ennemi juré de son père, Jett Rink, dont le personnage est joué par James Dean. A la fin du film, alors qu'on refuse l'entrée d'une gargote locale à une famille de Mexicains, Hudson, qui s'est fait leur défenseur, est entraîné dans une bagarre et assommé par le tenancier. Jamais encore sa femme ne s'est sentie si fière de lui, et tous deux reportent leurs espoirs sur leurs petits-enfants pour que soit maintenue la tradition.

Rock avait beaucoup admiré par le passé les films de George

Stevens – *Woman of the Year, The Talk of the Town, A Place in the Sun* – et il avait très envie de travailler un jour sous sa direction.

George Stevens... encore un qui m'a totalement conquis. Pour moi, il était Dieu le Père. J'étais comme un gamin pendu à ses basques... A mes yeux, cet homme avait accompli, et je ne sais combien de fois, des œuvres de grand talent.

Stevens avait une personnalité si riche... Il avait tout lu, tout assimilé... si bien qu'au moment où il préparait ce film, il savait tout ce qu'il faut savoir du Texas. Dans son bureau étaient disposés des tableaux d'affichage montés sur des cadres à roulettes, et sur ces tableaux il épinglait une multitude d'articles, de photos... Bref tout ce qu'il pouvait bien trouver sur le Texas. Texas, Texas, Texas! Il était si imprégné du Texas et de culture texane qu'il ne pouvait faire la moindre erreur de nuance en restituant la couleur locale...

Il m'a donné en long et en large toutes ses directives avant le début du film. Ensuite, c'est tout juste s'il m'a fourni une indication de jeu pendant le tournage... Je me sentais grandi et tout à sa dévotion. Je m'étais mis dans la peau de Jordan Benedict bien avant que la première image ne soit tournée... Il m'avait donné tant d'assurance que j'avais l'impression d'avoir tout le monde à mes bottes.

Un jour, j'ai déjeuné avec lui... il avait de curieux yeux jaunes qui vous perçaient de part en part. Vous ne vous seriez pas avisé de raconter des histoires à ce bonhomme qui lisait littéralement dans vos pensées. Ce jour-là, nous étions à table et il me dit: « Tu aimerais jeter un coup d'œil sur ta maison? » Il voulait parler du décor du film, que les menuisiers étaient en train de construire à l'atelier en pièces détachées. « Mais, bien entendu », lui ai-je répondu, en me souciant comme d'une guigne de cette maison. La construction des décors, ce n'est pas mon rayon! Sortir par la porte d'une maison moderne ou par celle d'un manoir victorien, quelle importance pour un acteur!... Je me trompais, bien sûr, mais je raisonnais encore ainsi à l'époque. « Certainement, certainement, monsieur, comme il vous plaira. » Et nous voilà partis à l'atelier voir la fameuse maison, ou plutôt sa charpente assemblée par éléments. « Tu l'aimerais de quelle couleur? » me demande-t-il. Et moi de lui répondre: « Euh... voyons... eh bien... » Mais, tout à coup, je me suis rendu compte qu'il était on ne peut plus sérieux, alors que moi j'étais sur le point de faire une plaisanterie douteuse. Alors je me suis repris de justesse: « Une demeure d'époque victorienne? Je ne sais pas, moi..., je la verrais plutôt ocre. Ocre avec des moulures marron. Non? » Mais déjà il s'adressait aux ouvriers de l'atelier. « Dites, les gars, vous me la peindrez en ocre. Et les moulures en marron. D'accord? » Voilà comment c'est devenu ma *maison. La mienne à dater de ce jour-là. Comprenez-vous comment il s'y prenait? « Qui souhaiterez-vous avoir pour partenaire féminine? Grace Kelly? Elizabeth Taylor? » Bigre! Allez répondre à une question pareille! Vous pensez bien que j'étais aussi ravi de jouer avec l'une qu'avec l'autre. Mais il m'avait posé la question le plus sérieusement du monde. Alors je me suis lancé : « Elizabeth. » « Soit, nous allons engager Elizabeth. » Vous dire si je me sentais important!*

Mais, bien entendu, ce qu'il se gardait bien de me dire, c'est qu'Elizabeth était déjà engagée depuis un certain temps. ... Mais supposez que je lui aie répondu : Grace Kelly. Alors il aurait trouvé le moyen de me persuader que mieux valait engager Elizabeth. Il avait le génie de me faire croire que les idées venaient de moi, et c'est ce qui était merveilleux chez lui quand il dirigeait ses acteurs.

Il m'avait tant convaincu de ma richesse, de ma force, de mon bon droit et de ma puissance que je n'avais plus besoin de jouer *le personnage de Jordan Benedict. Plus même besoin de me dire avant chaque scène : « Je suis un homme fortuné, autoritaire, puissant et sûr de son bon droit. » Je l'étais déjà. Et c'est cela, la vraie direction d'acteurs.*

George Stevens obtint de Rock la meilleure interprétation qu'il eût jamais donnée d'un personnage. Avant le début du tournage de *Géant,* il l'emmenait l'après-midi au cinéma Wiltern voir des films de Gary Cooper et de Spencer Tracy. Afin de pouvoir échanger des commentaires durant les séances, ils prenaient place au balcon. « Regarde bien comment réagit Cooper, disait Stevens. Pas un muscle de son visage ne bouge, et pourtant on perçoit tout ce qu'il ressent. »

Le premier tour de manivelle fut donné à Los Angeles en mai 1955, et la première scène que joua Rock se passait à table, dans la famille d'Elizabeth en Virginie. Venu du lointain Texas, l'étranger était assailli de questions par les autres convives. Pour filmer en plans de coupe les réactions de Rock à ces questions, Stevens le fit asseoir, seul, sur une chaise derrière un chevalet, et plutôt que de le cadrer en plans rapprochés, il fit placer la caméra à bonne distance de l'acteur pour que celui-ci ressente une impression d'isolement et de distanciation. « Il me parlait calmement dans un mégaphone, raconta plus tard Rock, et je n'avais pas à jouer à proprement parler la scène tant je me sentais mal à l'aise dans ce décor insolite. Et c'est exactement ce qu'il voulait obtenir de moi sur la pellicule. »

Elizabeth Taylor invita Rock et Phyllis à dîner chez elle en compagnie de Michael Wilding. « Il faut que nous fassions connaissance, dit-elle à Rock, puisque pendant six mois nous allons être mari et femme. » Ils mangèrent et burent copieusement, et quand Rock fut un peu gris, il dit à Elizabeth : « Comment peut-on être aussi belle! »

« Belle? Moi? Je ressemble à Minnie Mouse. Tu vas voir! » Et elle courut à sa chambre, d'où elle revint bientôt les cheveux fixés en arrière par une broche, vêtue d'une jupette rouge et portant des escarpins noirs. « C'est pourtant vrai! s'exclama Rock. On jurerait Minnie Mouse. »

Ils s'attardèrent à boire et à plaisanter jusqu'à quatre heures du matin. Deux heures plus tard, à six heures, Rock et Elizabeth devaient être sur le plateau pour y tourner l'une des scènes les plus poignantes du film : Elizabeth a déserté Reata pour revenir auprès des siens en Virginie. Quelque temps plus tard, elle est témoin au mariage de sa sœur. Ce jour-là, Rock arrive du Texas pour retrouver sa femme. Il entre, l'aperçoit et vient se planter derrière elle en silence jusqu'à ce qu'elle prenne conscience de sa présence. Alors elle se retourne et se précipite dans ses bras. Plus tard, quand Rock projettera le film à ses amis, il ne manquera jamais de faire un arrêt sur image pour leur expliquer : « Entre les prises, Elizabeth et moi galopions vers les toilettes pour aller vomir. Nous avions tous les deux une telle gueule de bois que nous étions incapables d'articuler. Et c'est ce qui donne à la scène tout son réalisme. »

Rock ne tarda guère à découvrir qu'avec Elizabeth un rien suffisait à les faire tous les deux pouffer, au point que parfois ils ne pouvaient pas même se regarder sans éclater de rire. Elizabeth jugeait l'hilarité de Rock chaleureuse et réconfortante. De fait, jamais son humour n'était cruel ni perfide. C'était le plus souvent lui-même qu'il prenait pour ciblc, ct son ironie procédait d'un sens inné du ridicule. Pour se livrer à leurs pitreries, ils se lançaient souvent dans un échange de répliques totalement farfelues en adoptant l'accent du Sud :

« J'te dis qu'si.

– Non, tu m'dis pas qu'si.

– Mais si, j'te dis que j'te dis qu'si.

– Non, tu m'dis pas qu'tu m'dis qu'si. »

Leur dialogue de sourds pouvait s'éterniser, déchaînant entre eux des rires de plus en plus bruyants sous l'œil éberlué de tous ceux qui les entouraient.

Mais, au moment de tourner, fini les pitreries. Car si tout au long de sa carrière, Rock s'est acquis la réputation d'un professionnel consciencieux, c'est précisément parce qu'il arrivait toujours ponctuellement à l'heure, fin prêt pour la prise et disposé à travailler autant de temps qu'il le faudrait sans regimber. Jamais il ne buvait la moindre goutte sur un plateau et jamais il ne retardait une production. Rock ne sympathisa guère avec James Dean, qu'il considérait un peu comme un « amateur ». Un jour, alors qu'Elizabeth et Rock étaient costumés et maquillés, ils durent patienter toute une journée en attendant que Dean arrive de Salinas, où il était allé participer à une course automobile. « Personnellement, je ne l'aimais pas particulièrement, m'a confessé Rock. Mais là n'est pas la question. Il s'est acquitté honorablement de son rôle, et le personnage qu'il interprétait, surtout quand ce personnage était encore jeune dans l'histoire, a été très bien rendu. Remarquez, il n'avait fait en tout et pour tout que trois films. C'était un petit mec qui n'avait pas grand-chose dans le ciboulot... Bref, il s'est très bien tiré de son personnage jeune, mais ne savait pas trop comment se comporter quand celui-ci a pris de la bouteille. En fait, au montage, on a dû couper jusqu'au trognon une de ses tirades – un long monologue dans une salle de banquet vide – parce qu'il n'avait pas le souffle... Et puis, il s'est tué avant que le film soit terminé, et il a fallu monter son texte en boucle, parce qu'il était trop excessif dans sa scène d'ivresse et qu'on ne saisissait pas un traître mot de ce qu'il disait. C'est un autre acteur, Nick Adams, qui l'a doublé. »

Après la première partie du tournage à Los Angeles, toute l'équipe fut transportée à Marfa, au Texas. La demeure victorienne fabriquée en Californie fut elle aussi acheminée là-bas par camion, en pièces détachées, puis assemblée et solidement arrimée par des câbles à quatre poteaux téléphoniques. Durant la journée, la chaleur était étouffante, mais dès la tombée de la nuit l'air embaumait et le ciel clair devenait si noir que les constellations étincelaient de tous leurs feux, ce qui ne laissait pas de contraster agréablement avec le voile de brume qui flotte presque en permanence sur le bassin de Los Angeles. On avait loué pour Elizabeth et Rock deux maisons qui se faisaient face, et c'est dans l'une des deux qu'un samedi soir de l'an 1955 ils mirent au point la recette du martini-chocolat. L'un comme l'autre aimaient le chocolat et buvaient du martini. Pourquoi ne pas mélanger du sirop de chocolat au martini-vodka ? Leur breuvage leur parut sensationnel, et ils furent convaincus d'avoir rendu un service signalé à leurs semblables... jusqu'au moment où tous les deux éprouvèrent les premiers signes d'une solide indigestion. « Nous nous comportions comme de vrais gamins, me dit Rock. Nous mangions et buvions n'importe quoi et nous ne ressentions jamais le besoin de dormir. » Un dimanche, il tomba de la grêle, et ils se précipitèrent dehors avec des seaux pour les remplir de grêlons qu'ils voulaient faire fondre dans des Bloody Marys. « C'était on ne peut plus intelligent! Il grêlait si dru qu'Elizabeth, à moitié assommée, a failli tomber à la renverse. »

Rock ne devait plus tourner avec Elizabeth qu'en 1980 dans *Et le miroir se brisa,* mais *Géant* avait scellé leur amitié. Chose curieuse, Rock resta par la suite très proche de nombre de ses covedettes féminines – Doris Day, Carol Burnett, Juliet Prowse – et pratiquement avec aucun de ses partenaires masculins. John Foreman, qui fut après Henry Willson l'agent de Rock, et plus tard le producteur de *Prizzi's Honor,* a déclaré qu'il est exceptionnel que des acteurs qui ont la vedette se lient d'amitié. « Dans une même pièce, ils restent à bonne distance l'un de l'autre. Un peu comme deux chiens se croisant dans la rue. On se mord ou on s'évite, mais on fait rarement copain-copain. Sans doute cela tient-il à la nature même de ces bêtes de cinéma que sont les stars. Il leur faut à tout prix s'imposer à leurs congénères. Pas question d'avoir pour ami un concurrent direct. »

Le tournage de *Géant* fut terminé en octobre 1955, et ce même mois Rock eut les honneurs de la couverture de *Life,* qui le présenta comme « le célibataire le plus séduisant de Hollywood ». Il était aux anges. Avec un tirage de huit millions d'exemplaires, le magazine était à l'époque le plus lu du monde. Sur la photo, il était représenté en jean et en chemise western, un foulard noué autour du cou, et l'article de fond qui lui était consacré avait pour titre : « La vie toute simple de Rock Hudson, célibataire entreprenant : une réussite à la force du poignet. » On pouvait lire dans les pages intérieures que les magazines pour fans « pressaient l'acteur de vingt-neuf ans de prendre femme ou d'expliquer pourquoi il ne se mariait pas ». Et *Life* d'ajouter : « Presque personne ne semble avoir relevé qu'il est trop accaparé par son métier et sa réussite financière pour prendre le temps d'aller chez le coiffeur, et moins encore celui de prendre femme. »

Un mois plus tard, Rock et Phyllis célébraient discrètement leur mariage à Santa Barbara. Seuls avaient été invités Henry Willson, Pat Devlin, Jimmy Matteoni et sa femme Gloria. Rock avait appelé Jimmy à Winnetka la nuit précédente à une heure du matin pour lui demander de venir le rejoindre en prenant l'avion cinq heures plus tard. « N'en parle à *personne,* lui avait-il recommandé. Nous nous marions secrètement. C'est Henry Willson qui se charge de tout organiser. » Jimmy et Gloria avaient réussi à prendre l'avion de six heures, mais dans sa précipitation Jimmy avait oublié ses boutons de manchette. Rock et Phyllis allèrent les accueillir à l'aéroport, et tous se rendirent directement au tribunal civil de Santa Monica pour s'acquitter des formalités administratives d'enregistrement du mariage. Après quoi, ils gagnèrent l'hôtel Biltmore à Santa Barbara, là où Henry avait invité Rock pour fêter la signature de leur premier contrat. Rock arriva en retard à l'hôtel, car en cours de route un policier l'avait arrêté pour excès de vitesse et lui avait infligé une contravention. « De 27 dollars », me précisa l'acteur en évoquant cette journée.

Henry Willson avait loué une villa située en bordure du Pacifique, dans laquelle il avait fait disposer des roses et des orchidées. Un ministre du culte donna au couple la bénédiction nuptiale, et sitôt que les deux époux se furent embrassés, Rock annonça par téléphone la nouvelle à Hedda Hopper, et Phyllis à Louella Parsons. Un peu plus tard, un souper fut servi dans la salle à manger de la villa. « Phyllis était radieuse, rapporte Jimmy. Elle irradiait de ce bonheur propre aux jeunes mariées. Tous les deux semblaient parfaitement heureux. » Bien des années plus tard, Phyllis Gates devait confirmer cette impression du témoin de Rock : « J'étais follement amoureuse de lui, comment ne pas le montrer ? Je me disais qu'il serait pour moi le plus merveilleux des maris. Il était plein d'égards, en pleine ascension professionnelle, et c'était un très bel homme. Quelle femme aurait pu résister ? Bien sûr, j'avais vaguement entendu parler de son homosexualité, mais je n'y attachais pas autrement d'importance. Y avait-il du vrai dans ces rumeurs ? Tout ce que je savais, c'était que nous étions amoureux l'un de l'autre et qu'il m'avait demandé de devenir sa femme. »

La mère de Rock, Kay, n'avait pas été mise au courant du mariage, ni même invitée à la cérémonie. Pas plus d'ailleurs que Mark et George. Après que le couple fut parti pour quelque temps en voyage de noces, Kay, en larmes, appela Roger Jones, l'attaché de presse de Rock : « Pourquoi ne pas l'avoir empêché de faire cette bêtise ? se lamenta-t-elle. Pourquoi l'avoir laissé se marier ? » La nouvelle apporta au contraire un certain soulagement à George et à Mark : « Dieu merci, me dit ce dernier, ils avaient enfin régularisé leur situation. » De ne pas avoir été invités ne les surprit guère : « C'était bien de Rock, m'affirma George. Il avait toujours un lapin à vous sortir du chapeau. Il fallait le prendre tel qu'il était, voilà tout. »

Jimmy et Gloria Matteoni avaient accompagné Rock et Phyllis à l'aéroport, d'où ils s'étaient envolés pour la Floride. Le couple avait passé une nuit à Miami, et de là avait repris l'avion pour la Jamaïque, où il avait séjourné une semaine. Selon Phyllis, Rock avait oublié de retenir à l'avance une chambre à Miami : « On nous en attribua une affreuse, avec une ampoule nue qui pendouillait du plafond. Alors j'ai demandé à Rock : " S'il te plaît, descends leur dire que nous sommes en voyage de noces et demande-leur de nous donner la suite réservée aux jeunes mariés. " Mais Rock a refusé, et c'est moi qui suis allée réclamer. »

A la Jamaïque, ils descendirent au Half Moon Hotel de Montego Bay et louèrent une Fiat. Mais la voiture était si petite que le crâne de Rock sortait par l'ouverture du toit ouvrant. Ils visitèrent toute l'île, se baignèrent, s'étendirent sur le sable et revinrent en Californie tannés par le soleil, détendus et heureux. « Un séjour merveilleux, selon le témoignage de Phyllis. Jamais la moindre dispute, la moindre prise de bec pendant tout le voyage. »

Rock affirma pour sa part à ses proches que la pire des querelles qu'il ait jamais eue avec Phyllis avait éclaté durant leur lune de miel, et que ce voyage d'une semaine avait été un véritable enfer. Il déclara par ailleurs à Susan St. James, sa partenaire dans la série *McMillan and Wife,* qu'il avait passé son voyage de noces au Mexique et que cela lui avait valu d'horribles troubles digestifs : « Il m'a affirmé que du jour où il a été marié il a été pris de diarrhées et de vomissements, ajoutant qu'il en a éprouvé beaucoup de gêne, obligé qu'il était de se confiner dans les toilettes tout au long d'une semaine qui dans la vie d'un homme a tant d'importance. » (Ce qui est vrai, en revanche, c'est qu'un an après leur mariage, Rock et Phyllis sont bien allés au Mexique, et qu'une intolérance alimentaire obligea l'acteur à en revenir plus tôt que prévu.)

La vie conjugale de Rock devait durer deux ans. Après la rupture, on se hâta de conclure – et l'idée fit son chemin jusqu'à prendre valeur de dogme – que son mariage avait été arrangé pour étouffer les rumeurs qui couraient sur son homosexualité. La question de savoir si ce mariage fut authentique, dans tous les sens du terme, ou si au contraire il eut pour objet de faire diversion, demeure le grand point d'interrogation de la vie de Rock Hudson. Et, à cette question irrésolue, il est fort peu probable qu'on puisse jamais répondre, étant donné que l'un des conjoints est mort et que l'autre n'a pas la certitude de ne pas avoir été le jouet d'une manœuvre concertée.

En tout état de cause, deux interprétations sont possibles. Selon la première – celle du mariage de façade – Rock aurait épousé toute affaire cessante la secrétaire de son agent pour écarter la menace d'un déballage public de ses mœurs dans les colonnes de *Confidential.* Ce qui semble conforter cette hypothèse, c'est que Rock a lui-même confié à certains de ses amis – à Marilyn Maxwell et à

Armistead Maupin, entre autres – qu'il avait été contraint d'épouser Phyllis et que c'était là l'épisode de sa vie qui lui avait laissé la plus grande amertume.

La seconde interprétation est celle que font valoir ceux qui approchaient de très près Rock et Phyllis du temps de leur mariage. Et ceux-là soutiennent que la thèse de l'arrangement relève de la pure conjecture et ne repose sur rien de concret. « Sur du vent », selon les propres termes de Roger Jones. Et il s'en explique : « Phyllis et Rock venaient constamment nous voir, ce qui permet tout de même de se faire une petite idée de l'entente qui règne dans un couple. Ils étaient très heureux ensemble et parfaitement complices. Leur amour réciproque crevait les yeux, et pendant un certain temps tout a marché pour le mieux entre eux. Ensuite, qui peut savoir ce qui se passe entre deux époux ? » Jack Navaar et bien d'autres qui comme lui ont connu intimement l'acteur affirment qu'il n'était pas homme à céder sous la pression : « Jamais Rock ne faisait quoi que ce soit contre son gré. Et ce n'était pas le studio qui aurait pu l'obliger à épouser une femme si lui-même ne l'avait pas voulu. » En outre, ajoutent d'autres témoins, si le mariage avait été arrangé, des dispositions financières auraient été prises d'avance et le divorce n'aurait pas fait plus tard l'objet d'âpres et haineuses négociations pour que soient attribuées à Phyllis une part de la fortune de Rock et une pension alimentaire. Même son de cloche chez George Nader : « Je sais flairer la mise en scène, et Rock ne jouait pas la comédie. Si on me prouve que ce mariage était bidon, alors je veux bien qu'on me pende. A l'époque, nous les rencontrions trois fois par semaine, et ils passaient leur temps à roucouler sans se quitter d'une semelle. »

Il est possible, et George l'admet, que Henry Willson ait tenu à Rock des propos du genre : « Désormais, tu as tous les atouts en main pour devenir une superstar. Mais il faut qu'on te fabrique une façade respectable. Trouve-toi une femme, reste marié pendant deux ou trois ans, et le tour est joué. Cela fera taire tous les cancans. » George m'a d'ailleurs raconté que son propre attaché de presse lui a tenu un jour à peu près le même langage à lui aussi : « Tu pourrais obtenir beaucoup plus de rôles, et tu sais pourquoi on ne te les propose pas ? Parce que tu as trente-cinq ans et que tu n'es pas marié. » Après cette révélation, George s'était longuement concerté avec Mark. Ils avaient à l'époque une secrétaire qui aurait accepté d'épouser George uniquement pour lui sauver la mise. « Elle aurait fait exactement la même chose avec Rock, ajoute George. Quitte à divorcer quelques années plus tard. » Mais George décida qu'il ne pourrait s'accommoder de cet arrangement dont Mark avait fait un sujet de plaisanterie : « Et moi, tu me feras coucher où ? » « Mais la situation de Rock était fort différente, souligne Mark. Il était amoureux de Phyllis, il vivait avec elle, et tout ce qu'ont pu faire les conseils de Willson ou les pressions du studio, c'est de le pousser à prendre une décision à laquelle il songeait déjà. »

Quoi qu'il en soit, à supposer que ce mariage ait été arrangé, ce fut à l'insu de Phyllis Gates. Quand je me suis entretenue avec elle, elle ne voulait aucune publicité autour de son nom et, devenue décoratrice à Beverly Hills, menait sans tapage une vie rangée. Séparée de Rock alors qu'elle avait vingt-deux ans, elle n'avait jamais livré depuis cette époque – presque trente ans – la moindre confidence à la presse. Pour elle, son mariage avec Rock Hudson était de l'histoire ancienne. Mais, dans les derniers mois de l'année 1985, tandis que Rock se mourait et que les journalistes l'assiégeaient à nouveau, un flot d'émotions enfouies surgit soudain de son passé.

Phyllis s'exprimait rapidement, par petites phrases haletantes, mais pertinentes, et avec une passion telle qu'on eût dit à tout instant qu'elle allait fondre en larmes ou éclater de rire : « Je n'ai appris que tout récemment que mon mariage avait été arrangé, me dit-elle. Dans mon esprit, nous avions tous les deux l'intention qu'il soit durable. Aujourd'hui, je ne crois plus que Rock ait été sincère. C'était un séducteur né. Du matin au soir, il jouait la comédie. Souvent je lui disais qu'il était meilleur acteur à la maison que sur un plateau. Il ne m'aimait pas. Il était constamment ailleurs. Tout me laisse à penser que ce mariage peut très bien avoir été arrangé par Universal. »

Si, à l'époque, elle avait soupçonné que Rock l'épousait pour sauver sa carrière, me dit-elle encore, elle n'eût pas accepté de devenir sa femme : « On ne se sert pas ainsi des êtres pour les rejeter ensuite. On s'est servi de moi, j'en suis à présent totalement convaincue. D'un autre côté, c'est peut-être Henry Willson qui a tout manigancé. Il était si salaud... Il aurait été capable du pire pour redorer le blason de Rock. J'étais là, il m'avait sous la main, j'étais jolie, Rock et moi nous plaisions l'un l'autre... Mais j'aimerais tout de même savoir qui a tiré les ficelles. Cela reste pour moi un véritable puzzle. Si seulement je savais comment m'y prendre pour le reconstituer pièce par pièce... »

Après avoir soupesé les évidences et passé au crible les témoignages que j'ai pu recueillir, j'en suis venue moi-même à la conclusion que la vérité réside quelque part dans cette zone indécise qui sépare les deux interprétations contraires. A mon avis, Rock ressentait pour

Phyllis de l'amour authentique, même si par ailleurs il saisissait fort bien l'avantage que représentait pour sa carrière le fait de l'épouser et de couper court aux rumeurs qui couraient sur son compte. Mais je suis persuadée qu'il n'a pas agi froidement, par calcul. Rock était un sentimental, et tout me porte à croire qu'en se mariant il souhaitait sincèrement que son couple soit durable.

Après son mariage, Rock se consacra totalement à ses films et à sa femme. Phyllis et lui s'appelaient affectueusement l'un l'autre « moineau ». Quand elle n'était pas à la maison, il s'inquiétait de son absence auprès de ses visiteurs : « Où peut-elle bien être ? D'après vous, que peut-elle bien faire ? » Souvent il s'arrêtait chez Mark et George après le travail pour prendre un verre. Après quoi il rentrait directement.

« Me voilà, moineau, lançait-il à Phyllis en franchissant le seuil.

– C'est toi, moineau ? Tu veux boire quelque chose ?

– Volontiers, moineau. »

En présence de leurs amis, ils échangeaient des plaisanteries qu'ils étaient seuls à comprendre, ou bien roucoulaient sans retenue comme des nouveau-nés. Rock aimait que Phyllis soit assise près de lui et souvent il la hissait sur ses genoux. Elle avait cessé de travailler pour Henry Willson et s'affairait à redécorer la maison. Elle avait mis au rebut les chaises de jardin en séquoia pour les remplacer par des meubles achetés chez Sloane, et tenté vainement de faire perdre à Rock l'habitude de s'habiller n'importe comment et de porter ses éternels mocassins éculés. Un peu plus tard, elle vint fréquemment le voir sur le plateau tandis qu'il interprétait *Écrit sur du vent,* et elle l'accompagna au Kenya quand il tourna *Le Carnaval des dieux* avec Sidney Poitier.

En octobre 1956, un an après les dernières prises de vues de *Géant,* le film fut présenté en première mondiale à New York, puis à Hollywood, au cinéma Grauman's. Mark, George et Phyllis eurent l'idée de filmer en 16 mm tous les événements liés au lancement du film et de présenter leur montage à Rock pour son trente et unième anniversaire. La première image de leur film est celle d'un petit théâtre (que Mark et George avaient construit pour la circonstance dans leur salon) et sur le rideau de velours rouge un carton porte le générique : LES PRODUCTIONS DU TOUTOU PRÉSENTENT : LE TRIOMPHE DE ROCK-LE-MOINEAU. Le rideau s'ouvre alors sur un caniche blond assis, paré de rubans et de brillants, et on lit sur l'écran : MME HUDSON EST HABILLÉE PAR DEMITASSE. (Demitasse était le nom du caniche de Phyllis.) Mark et George avaient eux aussi des chiens qu'ils présentèrent au générique comme étant les producteurs du film.

Celui-ci commence par une séquence tournée sur Hollywood Boulevard devant le Grauman's et intitulée CÉRÉMONIE DES EMPREINTES. On y voit Rock, en costume-cravate, agenouillé sur le trottoir et traçant du doigt son nom sur un rectangle de ciment frais, sur laquelle il s'appuie ensuite des deux paumes pour y laisser leur empreinte. Quelqu'un lui apporte alors un récipient plein d'eau pour qu'il rince ses mains souillées de ciment. Arrive Elizabeth Taylor, qui à son tour se livre au même rituel en appliquant ses paumes sur un rectangle voisin du précédent. Enfin, Rock pose les deux pieds sur le ciment, et Elizabeth pèse de tout son poids sur ses chaussures pour que leur empreinte soit plus profonde.

« Et maintenant... c'est à New York que nous vous invitons. » On voit apparaître la façade du cinéma Roxy sur laquelle on lit en grosses lettres : PREMIÈRE MONDIALE : *Géant,* un film de George Stevens avec ELIZABETH TAYLOR, ROCK HUDSON et JAMES DEAN. Arrive Rock accompagné de Phyllis, aussi superbe qu'une déesse de l'écran dans sa jupe-fourreau de lamé. Elle porte une étole de fourrure et des boucles d'oreilles ornées de diamants. Elle fait un clin d'œil complice à la caméra. Rock semble ailleurs.

« A présent, revenons à Hollywood... » Le film passe du noir et blanc à la couleur. Un travelling sur Hollywood Boulevard nous donne un aperçu des autres films à l'affiche : *Guerre et Paix, High Society, 1984* et *Cinerama Holiday.* La caméra cadre en plan final le cinéma Grauman's, et on voit successivement défiler quelques-unes des vedettes de l'écran : Clark Gable, Joan Crawford, Tab Hunter et Natalie Wood. Puis Rock, toujours accompagné de Phyllis. Elle a changé de robe et d'étole de fourrure. Le couple s'immobilise devant une tribune érigée à l'entrée de la salle, attendant qu'on les présente à la foule. Ils semblent indifférents à ce qui les entoure. Leurs visages n'expriment aucun sentiment. Et, soudain, ils s'animent sous les projecteurs et saluent, radieux, le public venu acclamer ses vedettes.

Quand on lui projeta le film, Rock éclata de rire en voyant cette séquence : « Regardez-nous déployer tous nos charmes, s'esclaffa-t-il. Admirez-moi le numéro! Charlie Movie Star! »

N'empêche que ce petit documentaire fut pour lui une totale surprise. Il n'avait en effet pas vu Mark le filmer devant le Grauman's, du fait qu'il était myope et ne portait jamais de lunettes en public. Phyllis avait bien tenté sur le moment de lui faire regarder l'objectif en lui disant : « Tiens, il me semble que c'est Fred! » en lui désignant dans la foule l'endroit où se trouvait Mark. Rock avait alors tourné la tête dans la direction indiquée, mais Mark avait fait exprès de tenir sa caméra devant son visage pour ne pas être reconnu. A New York, Phyllis avait demandé à un ami de faire les prises de vues, et pour qu'il puisse filmer de très près et se mêler aux photographes de presse, elle lui avait remis un laissez-passer de journaliste qu'avait obtenu Henry Willson.

Mark et George passèrent trois semaines à monter leur film et travaillèrent sans compter pour le finir avant le 17 novembre, date de l'anniversaire de Rock. Ils lui demandèrent ce jour-là d'apporter son projecteur. Après le dîner qu'ils avaient préparé en son honneur, ils lui annoncèrent qu'ils allaient lui projeter un film. « Un film ? Quel film ? » s'étonna-t-il. Dès les premières images, il hurlait de rire. « Sensationnel! Comment avez-vous fait votre compte ? Du début à la fin, je n'y ai vu que du feu! Quel documentaire, mes aïeux! Gardez-le pour que je le repasse sur mes vieux jours! »

Ensuite débutèrent ce que Mark et George appellent « les années impossibles ». Rock, selon ses propres termes, était devenu « Charlie Movie Star » : un dieu de l'écran. La performance qu'il avait réalisée dans *Géant* l'avait non seulement hissé au firmament du septième art, mais elle avait aussi consacré du même coup ses qualités d'acteur. On lui décerna un grand prix d'interprétation, et en 1957 il fut déclaré numéro un au box-office par les distributeurs de films. Pendant sept années consécutives, il devait conserver ce titre éminemment envié. C'est assez dire que pendant sept ans aucun homme au monde ne fut jugé plus désirable et qu'aucun acteur ou actrice ne connut une telle popularité ou ne remplit davantage les salles que Rock Hudson.

F. Scott Fitzgerald nous a décrit les riches comme des êtres à part. Il est tout aussi vrai que les vedettes de cinéma n'ont rien de commun avec les simples mortels. Un grand acteur devient un roi. Un roi autour duquel gravitent des ministres et des courtisans qui le gardent jalousement et le protègent du petit peuple. On est aux petits soins pour lui, on le couve comme un enfant gâté qui risque de faire un caprice à la moindre contrariété. Tout ce qu'il dit ne peut être que vérité vraie, et tous ses désirs sont des ordres.

Rock adopta une démarche plus majestueuse. Il se fit plus solennel, plus suffisant, et désormais ce fut son bon plaisir qui régla ses rapports avec autrui. Quand il souhaitait revoir un ami, c'était lui qui le convoquait : « Sois ici jeudi à sept heures. » C'était lui qui choisissait le restaurant de son goût et s'acquittait de la note. Jamais il ne laissait quiconque régler une addition. Et quand il acceptait de faire acte de présence dans une soirée, il exigeait qu'on lui communique par avance la liste des invités, se réservant d'y mettre son veto. Mark et George ne l'appelaient plus entre eux que « la vedette » ou « l'ISM », l'idole des séances en matinée. Rock se fit méprisant pour les serveurs, et quand il recevait chez lui, il s'asseyait à proximité du téléphone. Dès qu'on l'appelait, il décrochait et faisait taire ses invités : « Silence, je ne veux pas entendre un mot. » Une fois la communication terminée, alors il consentait à lever l'interdit : « Allez-y. Vous pouvez reprendre la conversation. »

Rock affirmait souvent qu'il voulait écrire un livre qui aurait pour titre : *Le Savoir-Vivre des vedettes,* car, à la différence de l'homme de la rue, les stars doivent s'imposer certaines règles de conduite :

1. Une vedette de cinéma ne réserve jamais d'avance sa table dans un restaurant. Elle entre et s'assoit d'autorité.
2. Une vedette n'introduit pas de pièces dans un parcmètre. Jamais on ne lui colle de contravention.
3. Une vedette ne fait jamais d'erreurs. C'est toujours la faute de quelqu'un d'autre.
4. Une vedette ne doit pas ouvrir elle-même sa porte aux visiteurs ou répondre au téléphone. (Mais Rock contrevenait en permanence à cet article.)
5. Une vedette ne demande jamais le prix de ce qu'elle achète. Ce qui, entre parenthèses, peut entraîner des conséquences tout à fait imprévues, comme Rock put le constater un jour où, désirant faire un cadeau d'anniversaire à Nancy Walker, il fit l'emplette d'un chemisier. Mais, après coup, l'idée lui vint d'acheter aussi un foulard, qu'il demanda à la vendeuse d'empaqueter avec le chemisier. Ce n'est qu'après examen de la facture qu'il se rendit compte que le fameux foulard avait été peint à la main par Salvador Dali et coûtait 1 000 dollars.
6. Une vedette de cinéma se porte à merveille, et donc ne fait jamais de gymnastique.
7. Une vedette n'a jamais d'argent sur elle. Rock put vérifier la sagesse de ce précepte vers la fin des années soixante, un jour où il s'offrit de raccompagner la princesse Grace de Monaco après une soirée chez Rupert Allan. Durant son séjour aux États-Unis, Son Altesse avait accepté l'hospitalité de Kitty et Mervyn LeRoy, mais ses hôtes, invités eux aussi à la soirée, s'étaient retirés de bonne heure, alors que Grace et Rock s'étaient attardés à la réception où, selon Rock, ils avaient bu jusqu'à plus soif. « Je ne peux pas rentrer chez les LeRoy dans l'état où je suis », décida la princesse. « Allons souper

chez Ollie Hammond, lui proposa Rock. Ils ferment tard. » Ils allèrent donc souper, elle en robe longue, lui en smoking, chez Ollie Hammond, où on les installa dans un salon particulier. Au moment où on leur apporta la note, Rock se tourna vers Grace.

« Pardonnez-moi lui dit-il, mais je n'ai jamais d'argent sur moi.

– Une princesse non plus, fit Grace. Je suppose qu'on va nous obliger à faire la vaisselle. »

Bob demanda le directeur.

« Aucun de nous d'eux n'a d'argent, lui annonça Rock. Puis-je vous laisser mon portefeuille en garantie ?

– Il n'en est pas question, protesta le directeur. C'est un honneur pour nous que de vous inviter. »

Pour Rock, entourer de secret sa vie privée devint une véritable obsession. Il n'aimait guère la presse, les interviews, la publicité faite autour de lui, et il refusait de livrer aux journalistes la moindre information sur tout ce qui ne touchait pas à son activité professionnelle. Pour lui, la vie privée était affaire strictement personnelle, et c'était faire preuve de dignité que de n'en point parler. Il acquit très vite la réputation d'être impénétrable et de n'apporter aux questions qu'on lui posait que des réponses si insipides que mieux valait tout compte fait s'abstenir de l'interviewer. « Une poupée qui parle. On la remonte et elle vous débite sa litanie », écrivait de lui un journaliste. Un autre le dépeignait comme « l'acteur le plus inaccessible de Hollywood : toujours délicieux, mais muet comme une carpe ». Quand il acceptait d'être interviewé, Rock prenait plaisir à raconter des anecdotes que parfois il avait répétées si souvent qu'il ne se souvenait même plus de les avoir inventées de toutes pièces.

Je me suis fait interviewer un bon millier de fois... et souvent je me suis demandé comment un journaliste pouvait bien oser s'introduire chez quelqu'un pour lui poser sans vergogne mille et une questions sur sa vie privée.

Une question revenait souvent quand j'étais interviewé par un magazine pour fans : est-ce que je dormais nu ? Je n'arrivais pas à comprendre comment on pouvait attacher de l'importance à mes habitudes nocturnes, et pourtant on m'a harcelé avec cela... A vrai dire, il ne m'a pas été simple de m'habituer à coucher nu. Je me souviens que dès ma plus tendre enfance ma mère me sermonnait : « Et alors, suppose qu'il y ait le feu ? » Et moi je me disais : eh oui, naturellement, supposons qu'il y ait le feu. Tu te vois, toi, cavalant à poil dans la rue en faisant voir ton zizi à tout le monde ?

Il a fallu que j'atteigne l'âge de vingt et un ans pour que j'en vienne à me dire : eh bien, s'il y a le feu, tu auras toujours le temps de t'envelopper dans une couverture, pardi ! Et depuis ce jour-là j'ai toujours dormi nu. Mais qui peut bien s'intéresser à un détail pareil ?

Rock avait une véritable aversion pour les autographes, et c'était Mark Miller qui signait la plus grande partie des photographies que lui envoyaient ses admiratrices. Quand Rock interpréta au théâtre avec Carol Burnett *I Do! I Do!* il fut stupéfait de voir sa partenaire prendre place à une table pour signer des autographes après chaque représentation. Carol prétendait qu'elle devait bien cette faveur à ceux qui venaient l'applaudir. « Ce que tu leur dois, protesta Rock, c'est la meilleure interprétation possible, mais pas ça. »

Après *Géant*, les relations entre Rock et Phyllis commencèrent à se détériorer. Rock affirmait que du jour où elle était devenue Mme Hudson, elle n'était plus la même. Elle dépensait sans compter, et un jour elle congédia Truitt, la bonne de Rock, une Noire qu'il avait engagée sitôt après avoir signé son contrat avec Universal, et qu'il considérait comme un membre de la « famille ». Phyllis était par ailleurs devenue beaucoup plus possessive. Elle téléphonait à tout propos au studio pour surveiller du matin au soir l'emploi du temps de son mari. Pis encore, Rock avait le sentiment qu'elle ne lui témoignait plus la même affection enjouée qu'auparavant. Sans cesse, elle le houspillait.

De son côté, Phyllis reprochait à Rock de ne penser à rien d'autre qu'à sa carrière. Il était constamment de mauvaise humeur, et il lui arrivait de ne pas desserrer les dents pendant trois jours. Un rien suffisait à provoquer sa colère. Alors il sortait en claquant la porte et s'absentait jusqu'au lendemain matin. Impossible d'échanger deux mots avec lui. Il se murait obstinément dans le silence, même quand on lui posait une question aussi anodine que : « Prendrais-tu une tasse de café ? »

Phyllis me déclara que jamais Rock ne lui faisait plus part de ses pensées, ni ne s'asseyait près d'elle pour discuter en tête à tête. « Nous parlions de son travail, des films qu'il tournait, mais jamais de nous-mêmes. Je crois que son seul confident était George. » La dépression conjugale plongea Phyllis dans un état dépressif si prononcé qu'elle en vint à consulter une psychiatre, laquelle lui demanda de décider Rock à venir la voir. « Elle lui a fait passer je ne sais combien de tests de personnalité et en a conclu que son développement affectif était celui d'un enfant de huit ans. » Ce diagnostic avait follement amusé Rock. « Qu'est-ce qu'ils savent, au juste, les psychiatres ? » avait-il ironisé.

Phyllis mit Rock au pied du mur : ou bien il acceptait le principe d'une thérapie, ou bien elle le quittait. « Je me disais qu'un analyste pourrait peut-être percer sa carapace et l'amener à parler. » Devant cet ultimatum, Rock s'assit sur le bord du lit et fondit en larmes. « Jamais je ne pourrai dire à personne ce que je fais quand je suis moi-même ! » sanglota-t-il.

Phyllis en était stupéfaite. « Quoi que tu fasses, lui dit-elle, je serai là, près de toi. »

Rock alla voir deux fois l'analyste et refusa de pousser plus avant l'expérience. Il affirma qu'il ne faisait pas davantage confiance aux psychiatres qu'aux médecins. D'ailleurs, il ne croyait pas non plus en la réalité des microbes. « Puisque je ne peux pas les voir... », expliquait-il en guise de démonstration.

A peu près à cette époque, Rock appela Mark Miller. « Il faut que je m'envoie un type, lui dit-il. Pendant un an, j'ai été fidèle. Un an sans m'envoyer un mec. C'est à devenir fou. Tu peux m'arranger ça ? » Mark appela un de ses amis à Laguna. Celui-ci se déclara intéressé par la proposition, er Rock fit le soir un crochet en voiture pour aller le retrouver avant de rentrer chez lui. Ce partenaire devait déclarer plus tard de cette rencontre qu'elle fut « incroyable tant Rock était sevré ».

D'habitude, je décèle les faiblesses d'un scénario dès la première lecture. En revanche, je suis incapable de flairer ce qui fait le succès. Si je le pouvais, je serais multimilliardaire. Hélas, je ne le suis pas. Personne n'a ce don de voyance.

En 1957, on proposa à Rock le rôle de vedette dans trois films à gros budgets produits par d'autres studios qu'Universal : *Sayonara, Ben Hur,* et *L'Adieu aux armes.* Rock se décida pour *L'Adieu aux armes,* dont le scénario lui plaisait, et obtint de Universal d'être temporairement mis en disponibilité pour tourner ce film. « La plus grosse erreur de toute ma carrière », devait-il déclarer plus tard. En effet, *Sayonara* et *Ben Hur,* dont les vedettes furent respectivement Marlon Brando et Charlton Heston, battirent tous les records de recette, alors que *L'Adieu aux armes* se solda plus ou moins par un bide. Or, Rock avait précisément choisi de faire ce film parce que son scénario regroupait selon lui tous les ingrédients « qui promettent ». Adapté d'un roman de Hemingway par Ben Hecht, le film avait le même producteur que *Autant en emporte le vent* : David O. Selznick. Dans l'esprit de Rock, « il était impensable de courir à l'échec : le metteur en scène était John Huston, on jouait sur du velours », et la distribution était exceptionnelle : Jennifer Jones, Vittorio De Sica, Elaine Stritch, Mercedes McCambridge.

Malheureusement, Huston fut congédié vingt-quatre heures avant le début du tournage et remplacé par Charles Vidor, qui ne s'entendait guère avec Jennifer Jones, épouse du producteur. D'une façon générale, les romans de Hemingway se prêtent assez mal à l'adaptation cinématographique, et dans le cas particulier de *L'Adieu aux armes* le héros de l'histoire est un romantique farouche et qui sait parfaitement ce qu'il veut. Or, dans ce rôle, Rock semblait mou, indécis, voire carrément godiche. Pas un instant il ne rendait plausible son personnage d'aventurier entraîné dans une guerre.

Les six mois passés en Italie à tourner les extérieurs furent pénibles pour tout le monde. Selon Rock, David Selznick « s'ingéniait à rendre les choses confuses. Rien de clair et de bien défini, comme avec George Stevens. Cet homme survolté vivait dans une constante improvisation. A tout instant, il s'agitait... passait son temps à griffonner des notes. La perfection ne lui suffisait pas. Il fallait faire mieux encore. Jamais un instant de répit ».

La pomme d'Adam de Rock préoccupait grandement Selznick, qui insistait pour que l'acteur la camoufle par un maquillage approprié. « Quand je lui disais bonjour le matin, me reconta l'acteur, il ne prenait même pas le temps de me répondre. Tout ce qu'il trouvait à me dire, c'était que ma pomme d'Adam n'avait pas été maquillée comme il faut. Il s'affairait tellement à droite et à gauche que jamais il ne vous disait bonjour. Pas de temps à perdre. Au travail tout de suite. »

Il avait été prévu que Phyllis irait retrouver Rock en Italie, mais en mars elle contracta une hépatite qui la contraignit à se faire hospitaliser. Rock l'appelait à la clinique, mais ne pouvait revenir près d'elle alors qu'il était en plein milieu du tournage. Elle se sentit meurtrie et délaissée. Son seul réconfort lui venait de son amie Pat Devlin. Quand Phyllis sortit de la clinique pour rentrer chez elle, l'édifice voisin était en pleins travaux de réfection. Pour se soustraire au vacarme incessant des marteaux pneumatiques et mieux se reposer durant sa convalescence, elle loua à Malibu une maison donnant sur l'océan.

A la fin de ce mois de mars, à la date de la remise des Oscars, Rock tournait en Italie dans un petit village alpin. Il ne put donc assister à la cérémonie, ce qui déçut encore grandement Phyllis. Il reçut un prix pour son interprétation de *Géant,* les autres lauréats étant respectivement Kirk Douglas *(Lust for Life),* Yul Brynner *(The King and I),* Laurence Olivier *(Richard III)* et James Dean, covedette de Rock dans *Géant.* Kurt Kasznar, un acteur autrichien qui jouait dans *L'Adieu aux armes,* avait obtenu de l'armée italienne qu'elle édifie à quelques pas de l'hôtel de Rock une réplique de l'Oscar sculptée dans la glace et haute de dix mètres. « Si tu gagnes, lui avait-il dit, tu auras ton Oscar demain matin. Si tu perds, il aura fondu au coucher du soleil. » En regagnant son hôtel après la journée de tournage, Rock vit l'Oscar géant en train de fondre et se dit que Yul Brynner l'avait emporté. Mais il ne laissa pas percer sa déception ni même supposer qu'il avait espéré gagner.

En juin 1957, Mark Miller se rendit pour la première fois en Europe, accompagné de son frère Philip. Rock, qui pendant quelque temps devait tourner à Cinecittà, avait tenu à ce que Mark fasse coïncider la date de son séjour en Europe avec celle du tournage pour que tous les trois puissent se retrouver à Rome. « Appelle-moi dès que tu arrives, avait-il dit à Mark. Je te ferai faire la tournée des grands ducs. »

Mark et Philip arrivèrent à Rome sans y avoir retenu de chambre et constatèrent que tous les hôtels convenables affichaient complet en raison de la réunion d'un congrès d'infirmières. Ils durent se contenter d'un hébergement à l'Atlantico, un hôtel sordide situé à proximité de la gare centrale, où on les relégua au rez-de-chaussée sur rue dans une chambre tapissée de papier moisi, pourvue de quelques meubles bancals, de méchants rideaux à fleurs pendouillant sur une tringle, et dans laquelle bien sûr ils ne purent fermer l'œil de la nuit tant la circulation était bruyante. Mark, qui avait laissé au Grand Hotel un message destiné à Rock, attendit toute la journée suivante que celui-ci le rappelle. En vain. Mark renouvela sa tentative pendant sept jours consécutifs. Toujours pas de Rock. En désespoir de cause, Mark et Philip décidèrent de plier bagages dès le lendemain et de partir pour Capri. Mais, à quatre heures du matin, on frappa à leur porte.

« Ouvrez, c'est moi! »

En smoking, radieux, Rock Hudson se glissa comme une apparition dans la chambre miteuse et se planta devant les deux lits jumeaux effondrés sur lesquels reposaient en pyjama Mark et Philip.

« Qu'est-ce que vous pouvez bien fabriquer dans ce bouge?

– Il y a un congrès d'infirmières, expliqua Mark. Impossible de trouver une chambre. Encore heureux d'avoir trouvé ça.

– Vous auriez dû m'appeler, fit Rock. Je vous aurais logés au Grand Hotel.

– Appeler ne sert pas à grand-chose quand on n'obtient pas de réponse, répliqua Philip sur un ton chargé de sous-entendus.

– Je suis vraiment navré, mais je n'ai pas eu un moment à moi. Ce soir encore, j'ai dû sortir avec Sophia. »

Rock leur affirma qu'à peine terminée sa journée de travail, il avait dû aller à l'opéra, puis faire acte de présence dans une réception, et qu'à présent il tombait de sommeil. Deux heures plus tard, il serait sur le plateau, ajouta-t-il. Depuis une semaine, Mark et Philip fulminaient contre lui. Mais dès qu'il avait fait irruption dans leur chambre, plein d'entrain et de sollicitude à leur égard, leur ressentiment s'était dissipé.

« Le film prend bonne tournure, leur déclara Rock. On m'a dit que les rushes étaient sensationnels. J'ai un sacré rôle! » Il s'interrompit quelque temps avant de reprendre :

« Et puis.., j'ai quelqu'un.

– Grand bien t'en fasse, fit Mark, goguenard. On peut savoir? »

Rock vivait le grand amour avec un jeune acteur italien, ce qui d'ailleurs ne l'avait pas empêché d'avoir des rapports physiques avec d'autres hommes. « Des moments inoubliables », tint-il à préciser. Et apprenant que Mark et Philip partaient quelques heures plus tard pour Capri : « Repassez par Rome. Si, si, j'y tiens absolument. Je vous emmènerai dîner quelque part... la tournée des grands ducs! Appelez-moi dès que vous serez de retour. Promis? »

Mark et Philip repassèrent bien par Rome et, comme promis, appelèrent Rock. Mais il ne donna jamais signe de vie. « Il était vraiment devenu Charlie Movie Star et ne vivait plus que selon son bon plaisir. »

Après le tournage, Rock revint en Californie et retrouva Phyllis dans la maison qu'elle avait louée à Malibu. Un jour, il laissa par inadvertance la porte d'entrée ouverte et Demitasse, le caniche de Phyllis, se sauva, se perdit et se fit écraser par une voiture sur l'autoroute. Phyllis en fut désespérée, car elle possédait ce chien depuis des années. Elle taxa Rock d'indifférence, bien qu'il eût aussitôt proposé de lui en acheter un autre.

En octobre, Rock entra un jour en coup de vent chez Mark et George, qui habitaient à Sherman Oaks sur le Round Valley Drive. George était seul avec la femme de ménage irlandaise. « Il faut que je te parle, lui dit Rock. Où pouvons-nous aller pour être tranquilles? » George lui proposa de grimper sur la colline, derrière la maison. Il avait taillé des marches le long du versant et construit au sommet une petite plate-forme sur laquelle on pouvait s'asseoir et contempler la vallée de Los Angeles. Là-haut, les deux hommes prirent place côte-à-côte, jambes pendantes. Ne voulant pas dévisager Rock, George attendit en regardant droit devant lui.

« Phyllis et moi, cela ne va plus du tout, fit Rock. Je ne sais plus quoi faire. J'ai tout essayé. J'ai essayé de penser à des lames de rasoir. J'ai essayé de penser à des veuves noires. J'ai essayé de penser à des serpents... Rien n'y fait. Je ne vais tout de même pas aller consulter un médecin, non ? »

George hocha la tête, mais sans avoir la moindre idée de ce que Rock voulait dire. Des veuves noires ? Inutile de demander à Rock de préciser sa pensée. Pour peu qu'on le questionne, il ne disait plus un traître mot, estimant que c'était à l'interlocuteur de faire un effort de compréhension.

« Désolé, Rock, mais je ne vois vraiment pas quoi te dire, fit George.

– Tu n'es pas tenu de dire quoi que ce soit. Je voulais simplement que tu le saches, c'est tout. Mais je veux que tu me promettes de n'en parler à personne. J'ai bien dit : à *personne.*

– D'accord, personne ne saura rien », promit George.

Mais il se sentait mal à l'aise. Pour Rock, il avait toujours été tacitement entendu que George et Mark n'avaient pas de secret l'un pour l'autre. Quel jeu jouait-il en lui demandant d'exclure Mark de la confidence ?

Le lendemain matin, Mark sortit pour aller chercher le journal dans la boîte aux lettres. Avant même de regagner la maison, un titre le cloua sur place : ROCK HUDSON SE SÉPARE DE SA FEMME. Sidéré, il courut montrer le journal à George, lequel lui parla alors de la visite que Rock lui avait faite la veille et des propos qu'il lui avait tenus. « Jamais encore il ne m'avait parlé d'une façon aussi bizarre, me précisa-t-il. Je n'ai pas saisi un traître mot de ce qu'il m'a raconté. » Ils s'interrogèrent sur ce que Rock avait voulu faire comprendre à George. Éjaculation précoce ? Impossibilité de satisfaire sa femme ?

Pourtant, à aucun moment Rock n'avait déclaré la veille qu'il allait se séparer de sa femme. « Il se garde toujours une carte dans la manche et ne dit jamais tout ce qu'il a en tête », conclurent-ils. Mais ce qu'ils ignoraient, c'est qu'en quittant George la veille, Rock avait fait ce que font la plupart des vedettes masculines qui rompent avec leur femme : boucler une valise et s'installer à l'hôtel Beverly Hills. C'est de là que le soir même Rock leur téléphona. Ce fut Mark qui décrocha.

« Je suis peiné de cette rupture, Rock, lui dit-il. Je pensais qu'entre vous ça marcherait. J'aime énormément Phyllis. Je pense que c'est toi qui n'y as pas mis suffisamment du tien.

– Je regrette vraiment que tu ne me donnes pas raison et je t'emmerde, Mark.

– Autant pour toi, Rock. »

Ils raccrochèrent et ne s'adressèrent plus la parole pendant un an. Mark admet aujourd'hui que s'il tint tête à Rock comme il le fit ce jour-là, c'était parce que l'histoire de Rome lui était restée sur le cœur. « Cela ne m'a donc pas coûté beaucoup de lui dire que je l'emmerdais et de ne plus l'appeler. Il était devenu insupportable. » Un an plus tard, ce fut Rock qui fit le premier pas : « Si nous allions dîner quelque part ? » proposa-t-il au téléphone. Et ils renouèrent comme si rien ne s'était passé.

Quand Gail Gifford, une des attachées de presse de Universal, apprit que Rock et Phyllis venaient de se séparer, elle appela le Beverly Hills. Ce fut la mère de l'acteur qui lui répondit avant de lui passer son fils.

« Rock, on vient de me dire que... est-ce vrai ? interrogea Gail.

– Oui.

– Puis-je faire quelque chose pour toi ?

– Non, merci. Tout va bien. Toi aussi ? »

« Tout s'est passé ce jour-là comme si Rock n'avait rien de plus à dire, rapporte Gail. Jamais il n'ennuyait les autres avec ses problèmes personnels. Ensuite, je ne me souviens pas qu'il ait jamais fait allusion devant moi à son divorce. »

Le 22 avril 1958, Phyllis Fitzgerald entama contre Roy Fitzgerald une procédure de divorce, faisant valoir à l'appui de sa démarche « l'extrême cruauté mentale » de son époux. Les négociations furent âpres, empreintes de rancœur, aucune des parties ne se faisant scrupule de recourir à des manœuvres peu honorables. Phyllis affirma que Rock la faisait suivre par un détective et qu'elle avait dû demander l'hospitalité à des amis tant elle craignait qu'on ne l'assassinât.

De son côté, Rock s'installa dans un appartement meublé de Crescent Heights, prétendant qu'on espionnait ses communications téléphoniques. Son avocat, Greg Bautzer, fit ordonner une enquête, et les enquêteurs établirent la preuve que des mouchards avaient bel et bien été placés sur la ligne de Rock, puis retirés peu avant leur expertise, comme le prouvait la section récente de fils conducteurs.

Aux accusations portées contre lui par sa femme, Rock opposa le silence. Il ne se présenta même pas devant le juge des conciliations. Les avocats s'entendirent sur un compromis, et le 13 août 1958 l'affaire fut jugée par le tribunal de Santa Monica. A l'audience, Phyllis déclara que Rock la traitait avec mépris et ne daignait pas lui adresser la parole, qu'il désertait le domicile conjugal durant des nuits entières et la frappait à son retour quand elle lui demandait d'où il revenait. Son amie Pat Devlin vint témoigner à la barre pour affirmer qu'elle avait vu de ses propres yeux Rock brutaliser sa femme et qu'il ne lui avait même pas rendu visite lors de son séjour à l'hôpital.

Phyllis obtint une pension alimentaire de 250 dollars par semaine pendant dix ans. Le jugement lui attribua en outre la maison de Warbler Place, estimée à 35 000 dollars, que Rock n'avait pas fini de payer – ce qu'il accepta de faire – ainsi qu'une Ford Thunderbird récemment acquise. De plus, elle possédait cinq pour cent du capital de Seven Pictures Corporation, une société créée pour produire les films de Rock. A cette époque, celui-ci gagnait 3 500 dollars par semaine. Quant aux magazines pour fans, ils prirent fait et cause pour Rock et ne ménagèrent par leurs sarcasmes à Phyllis. « Pourquoi lui avoir fait un pont d'or ? écrivait un journaliste. Elle a épousé Rock en sachant parfaitement ce qu'elle voulait et ne lui a accordé que deux ans de vie conjugale. » En 1961, Phyllis intenta un second procès, alléguant que M. Hudson avait procédé à une réduction du capital de Seven Pictures Corporation sans l'en aviser, et que par ailleurs sa pension alimentaire était insuffisante. Selon les proches de Rock, Phyllis aurait également fait savoir à son ex-mari qu'elle envisageait de publier un livre décrivant ce qu'avait été leur vie de couple. Le jugement lui attribua 130 000 dollars supplémentaires.

Rock fut très peiné par son divorce, et particulièrement affecté par la perte de la maison de Warbler Place. C'était la première qu'il possédait, et elle symbolisait à ses yeux de façon tangible une réussite qu'il ne devait qu'à l'âpreté de ses efforts. Mais il ne laissa rien transparaître de son amertume, continua de faire bonne figure et de se comporter comme si de rien n'était. Quand on lui demandait pourquoi son mariage s'était rompu, il se contentait de répondre avec un sourire désarmant : « Cela ne marchait pas, voilà tout. » Il refusa toujours de revenir sur cet épisode de sa vie, et ses amis ne se risquaient pas à le forcer dans ses retranchements. Pour lui, Phyllis Gates n'avait jamais existé.

6.

Tourner Confidences sur l'oreiller *fut une véritable fête, une partie de plaisir quotidienne. Je n'avais pas du tout l'impression de travailler. Et pourtant, l'idée de faire ce film m'avait donné beaucoup d'appréhension. Jamais je n'avais interprété de comédie et j'étais mort de trouille. Dans le bureau de Ross Hunter, j'avais rencontré Michael Gordon, le metteur en scène... un type qu'on aurait plutôt imaginé dans une bibliothèque, penché sur un gros volume poussiéreux. Il avait des arcades sourcilières énormes. Et moi je ne pouvais pas m'empêcher de penser : voyons, c'est bien ce bonhomme-là qui va me diriger dans une comédie ? Une comédie légère, tout en nuances ? Alors je lui ai dit :*

« Une chose me préoccupe, monsieur Gordon : d'une façon générale, comment concevez-vous le jeu d'acteur dans la comédie ?

– Oh ! c'est très simple, me répond-il. Contentez-vous de jouer comme si vous interprétiez l'histoire la plus tragique qui soit. »

J'ai réfléchi pendant un instant à ce qu'il venait de me dire.

« C'est logique, non ? a-t-il ajouté. Parce que quand on se croit d'un comique irrésistible, on est bien le seul à se désopiler. » Et c'est l'absolue vérité. Car être le seul à rire, c'est vraiment tragique.

Doris et moi sommes devenus de fabuleux amis. Doris, c'est une dynamo... une force de la nature. Et quelle comédienne, seigneur ! Le plus difficile a été de nous pincer continuellement pour ne pas rire. Il suffisait que nous nous regardions dans les yeux pour pouffer. Éclater de rire alors qu'on est censé garder son sérieux, quelle douce torture ! C'était pourtant ce qui nous arrivait à tout instant.

Les choses n'ont fait qu'empirer quand nous avons fait ensemble un second film, Un pyjama pour deux. *Je crois bien qu'il a fallu prolonger le tournage de deux semaines du fait de nos rigolades. Nous ne pouvions tout bonnement plus croiser nos regards. Il suffisait que je fixe les yeux sur son front, son nez... et c'était parti. Nous nous faisions l'un l'autre des farces inouïes. Nous tournions le dos à la caméra pour nous faire des grimaces... En un certain sens, cette façon de jouer avait certainement quelque chose de puéril, mais d'un autre côté c'est un peu compréhensible quand on interprète une comédie, non ? Ce qui apparaît à l'écran, c'est à mon avis ce qui a contribué à faire le succès de ces deux films : une sorte de pétillement dans le regard. Un pétillement qui se voyait très bien dans nos yeux.*

A la lecture du synopsis de *Confidences sur l'oreiller*, Rock jugea l'histoire « épouvantable » et déclina la proposition qu'on lui faisait de l'interpréter. Mais, en prenant connaissance du scénario définitif, il fut frappé par son humour et son brio, encore qu'il estimât un peu excessif son débordement de verve. Pourtant, la perspective de jouer la comédie le rendait anxieux – c'était là un genre complètement différent de tout ce qu'il avait interprété par le passé – et cela d'autant plus qu'il devait chanter dans le film, ce qui en soi ne lui déplaisait pas, mais lui faisait un peu peur étant donné qu'il n'avait jamais eu l'occasion de le faire.

Rock fit la connaissance de Doris dans le bureau des producteurs, Ross Hunter et Marty Melcher, le mari de Doris. Celle-ci perçut Rock comme « un être timide et très gentil. Je me rendais parfaitement compte que quelque chose de subtil passait entre nous, déclara-t-elle plus tard. Nous allions bien ensemble et donnions l'impression d'être un couple parfaitement assorti ».

Rock fit part de ses craintes à ses trois interlocuteurs : il n'était pas certain de pouvoir interpréter un rôle comique. « Je crois qu'il avait peur de se lancer dans l'inconnu, me déclara encore Doris. Mais nous pensions tous que dans son rôle il serait parfait, et nous avons fait de notre mieux pour le rassurer. » Doris savait, et pour sa part Rock soupçonnait, la comédie beaucoup plus difficile à interpréter que le drame. « Plus difficile parce que plus irréel, selon Doris. Le drame, c'est le réel, la vie de tous les jours. En l'interprétant, on réagit comme on le fait dans la vie, sans se soucier du tempo. Alors que dans la comédie tout repose sur le tempo, sur la parfaite synchronisation des répliques. Si on s'efforce d'être drôle, on n'y parvient jamais. Dans la comédie, la difficulté consiste à donner continuellement l'impression que tout se passe comme dans la vie normale. Surtout quand la situation est comique. » De plus, fait-elle remarquer, le public des films de comédie est plus exigeant : « Le spectateur se cale dans son fauteuil et vous dit : " Fais-moi rire. Très bien. Maintenant, fais-moi rire encore. " Puis il en redemande : " A présent, fais-moi écrouler de rire. " Et s'il n'applaudit pas à tout rompre avant de quitter la salle, il en conclut que c'était plutôt mou. Alors que si vous interprétez un drame calqué sur la vie réelle et que vous tirez quelques larmes de votre spectateur, il est satisfait. C'est beaucoup plus facile. »

Rock accepta de relever le défi, et le tournage de *Confidences sur l'oreiller* débuta en février 1959. Toujours selon Doris Day, « dès le premier jour l'enthousiasme était à son comble », et tout le monde s'accordait à juger exceptionnel le scénario signé de Stanley Shapiro et Maurice Richlin. Et Tony Randall, covedette du film, devait déclarer : « Une histoire superbe. Si on considère toutes les mochetés qu'un acteur est obligé de tourner, et j'en savais quelque chose, on avait envie de sauter de joie à s'en cogner la tête contre le plafond à l'idée d'interpréter des rôles de cette qualité. »

Rock et Doris ne tardèrent pas à découvrir que chacun avait également le don d'égayer l'autre en dehors des prises de vues. « Nous avions des accès de drôlerie, des moments de folie bien à nous, raconte Doris. Nous trouvions éminemment cocasse que Beverly Hills fasse tant d'efforts pour se donner bon genre, alors qu'à quelques kilomètres de là se trouvent des bleds tels que Compton, Agoura et Bellflower. Bellflower est à deux pas de Beverly Hills. » Rock disait en plaisantant qu'il passait ses week-ends à « Calabasas, la porte d'Agoura ». A Calabasas ne vivaient pas plus d'une douzaine de familles misérables, mais au milieu du hameau un panneau planté sur l'autoroute proclamait fièrement : CALABASAS, LA PORTE D'AGOURA. Rock affirmait aussi avec le plus grand sérieux qu'il irait passer ses vacances d'été à Bakersfield. Or, comme chacun sait, Bakersfield est probablement le trou le plus torride et le plus sordide de toute la Californie. Quand il se lançait sur ce chapitre, je me roulais par terre à n'en plus pouvoir, au point de lui demander d'arrêter.

Rock avait surnommé Doris Eunice Blotter, et elle l'avait baptisé Roy Harold. « Je crois qu'il se délectait en articulant ce nom : Eunice. Dans sa bouche, Eunice prenait une intonation savoureuse. Il aimait m'interpeller en feignant la surprise : “ Eunice ? Quelle surprise ! Vous z'ici ? Mais si, souvenez-vous : Harold. Mon nom ne vous dit rien ? Voyons, Eunice, faites un effort : Roy Harold. Vous y êtes ? Bon. Dites-moi, Eunice, qu'est-ce qui se mijote dans le coin ? ” »

Pourtant, dans cette ambiance de facéties et de clownerie, Rock travaillait dur et assimilait mille choses. Il observait attentivement Doris et « son sens instinctif de la réplique qui tombe juste. Je ne la quittais pas des yeux et je l'imitais, me dit-il. A elle seule, elle était tout l'Actors Studio. Elle pouvait pleurer tout en vous faisant rire, ce que j'aurais été bien incapable d'expliquer. Et quand elle riait, c'était d'un rire qu'elle tirait du tréfonds de son être ».

Dès les premières images du générique de *Confidences sur l'oreiller*, le public est sous le charme de cette histoire toute de fraîcheur et d'irrévérence. Dans une fenêtre apparaissent un homme et une femme en pyjama et chemise de nuit de soie blanche se battant dans un lit à coups de polochons tandis que Doris chante la chanson qui sert de leitmotiv au film.

Son rôle est celui d'une décoratrice d'intérieur « carriériste », Jan Morrow, vivant seule dans un somptueux appartement de Manhattan. Elle partage avec Rock – dans l'histoire, il interprète le personnage d'un compositeur, Brad Allen – une ligne téléphonique qu'il monopolise. Il passe en effet le plus clair de son temps au bout du fil à chanter les mélodies d'amour de son cru à différentes interlocutrices. De sorte que Doris, privée de la ligne dont elle aurait grand besoin pour mener ses activités professionnelles, en est réduite elle aussi à écouter les ritournelles de son coabonné tout en fulminant. Rock est plein de charme, très à l'aise dans sa peau, et sait admirablement séduire les femmes en les circonvenant passivement. Plus il affiche vis-à-vis d'elles froideur et indifférence, et plus elles prennent à cœur de venir dans la garçonnière de ce parfait playboy lui préparer ses repas, laver son linge et sauter dans son lit. Près d'un divan, il a disposé un appareil de contrôle à distance muni de touches de sélection qui chacune commande un dispositif bien précis : une pression sur la touche numéro un entraîne la mise en place d'un disque sur la platine; la touche numéro deux déclenche le verrouillage de la porte d'entrée; la touche numéro trois transforme automatiquement le divan en un lit bordé de draps bleu layette.

Entre Doris et Rock, c'est une lutte de tous les instants pour accaparer la ligne. Au point qu'un jour il en vient à l'injurier. Indignée, elle en avise la compagnie de téléphone, qui à son tour invite Rock à modérer ses propos. Cet incident amène le chanteur à appeler Doris, et au cours de cette scène on les voit chacun sur une moitié d'écran :

« Mademoiselle Morrow... ma vie privée vous intéresse donc à ce point ?... Est-ce que je vais me plaindre, moi, de vos petites aventures à la compagnie de téléphone ?

– Je n'ai pas d'aventures qui puissent vous donner lieu de vous plaindre, réplique Doris...

– On le devine aisément...

– Comment ça ?

– Parce que de toute évidence vous vivez seule et ça ne vous satisfait guère.

– Je me sens très satisfaite de mon sort.

– Écoutez, j'ignore ce qui vous turlupine, mais ne venez surtout pas me parler de vos problèmes d'alcôve.

– Je n'ai aucun problème de ce genre. Rien dans mon alcôve ne me turlupine.

– Alors, bien franchement, je vous plains, mademoiselle Morrow... »

Furieuse, elle raccroche. « Des problèmes d'alcôve! »

Doris est courtisée par un producteur richissime – Tony Randall – qui veut à tout prix l'épouser, mais elle ne ressent pas de passion pour lui et refuse de devenir sa femme. Désespéré, Tony confie sa déconvenue à son meilleur ami – en l'occurrence, Rock – lequel ne tarde pas à découvrir que la femme dont lui parle Tony n'est autre que son irascible coabonnée du téléphone. Par ailleurs, Tony conseille vivement à Rock de prendre épouse, et leur conversation reproduit étroitement (et avec davantage d'humour) une question qui en 1959 faisait à travers toute l'Amérique objet de bien des controverses, sur l'oreiller comme sur le siège arrière des voitures à l'arrêt.

« Tu devrais arrêter de cavaler comme tu le fais, affirmait Tony... Crois-moi, rien au monde ne donne tant de bonheur et de plénitude que de retrouver chaque soir la même femme.

– Tu peux m'expliquer pourquoi?

– Parce que c'est ça la maturité : une femme, une famille, un foyer... Un homme mûr a besoin de prendre ces responsabilités-là. Mais... qu'as-tu contre le mariage, au juste? »

Et Rock de répondre :

« Avant qu'un homme ne se marie, il est comme un arbre dans la forêt. Il est là, indépendant, et il se suffit à lui-même. Et tout à coup on l'abat, on lui débite ses branches, on le dépouille de son écorce, on le tire à la rivière et on le flotte jusqu'à la scierie. Et quand il en sort, il n'a plus rien d'un arbre. Il est devenu meuble de toilette, table à petit déjeuner, berceau du bébé ou papier-journal pour garnir la poubelle. »

Dans le scénario, Rock rencontre Doris dans un night-club et se fait passer pour un riche Texan du nom de Rex Stetson *. Et quand plus tard tous deux se retrouvent assis côte à côte dans un taxi, il suffit au spectateur de les dévisager sur l'écran pour lire dans leurs pensées. « Quel homme fabuleux! se dit-elle. Et il est si sincère! » Et

* De par sa phonétique, ce nom évoque irrésistiblement le Texas pour les Américains, qui de plus ont fait de Stetson (marque déposée) un synonyme de chapeau texan à larges bords. (*N.d.T.*)

lui : « Disons cinq, six rendez-vous et c'est dans la poche. » Sûr de son affaire, il se prélasse en souriant sur le siège du taxi.

Alors s'amorce une véritable épreuve de force entre le playboy et la demoiselle, qui jamais encore n'a accordé ses faveurs à un homme. Elle veut se marier vierge. Il ambitionne de la faire entrer dans son lit. Pour nos mentalités d'aujourd'hui, pareille situation semble certes dépassée, mais aussi beaucoup plus limpide et plus saine que nos tortueuses élucubrations sur la nécessité de l'engagement et l'ambivalence des sentiments. En 1959, les hommes étaient des arbres jaloux de leur indépendance, et les femmes de loyales trappeuses ou de fieffées salopes. Celles que Rock fait entrer dans ses draps bleu layette, il les recrute parmi les strip-teaseuses et les danseuses du Copa. Mais, en présence de Doris, il se conduit en parfait gentleman. Il ne tente même pas de lui dérober un baiser et fait preuve d'une telle passivité que c'est elle qui se décide à prendre l'initiative en lui demandant de l'embrasser. Ensuite, elle n'oppose pas de résistance quand il lui demande de partir en week-end avec lui. « Maintenant je sais que je peux te faire confiance », lui déclare-t-elle. Ce qu'elle ressent, elle l'exprime en chantant. Et c'est par une chanson, « Possess me », qu'elle se dit prête à lui céder. Tous deux s'asseoient au coin d'un feu, une coupe de champagne à la main. Le mobilier de la pièce est lourd, énorme, et Rock n'en paraît que plus massif, plus mâle auprès de la frêle et vulnérable Doris. Là, à l'instant où la demoiselle va bientôt cesser d'en être une, elle découvre la véritable identité de Rock. Alors elle se ressaisit et prend la fuite.

Le séducteur est étonné de ce qu'il ressent à présent qu'il a perdu Doris. Il s'en veut et se découvre désormais incapable de composer la moindre chanson. Tony exulte : « Te voilà amoureux! L'arbre orgueilleux a été abattu. Pendant des années, j'ai attendu qu'il craque! Tu l'aimes et elle ne peut souffrir ta vue. Mais quel spectacle! Le grand Brad Allen amputé de ses branches et flottant comme les autres au fil du courant! »

Rock ne se tient pas pour battu. Il engage Doris pour transformer son appartement, lui laissant le champ libre pour en faire « un endroit où on se sente bien ». Doris s'exécute : la garçonnière est redécorée en bordel. En contemplant le résultat, Rock est au comble de la fureur. Il se précipite chez Doris, l'empoigne et la ramène de force chez lui malgré ses ruades et ses protestations... et là lui déclare qu'il est prêt à l'épouser. L'histoire se termine trois mois plus tard, sur une dernière image de Rock sortant, triomphant, d'un cabinet médical : « Je vais avoir un enfant! »

Delbert Mann, qui devait diriger Rock et Doris dans leur prochain film, *Un pyjama pour deux*, affirme que l'un comme l'autre étaient pleinement conscients des conventions sociales qu'ils bousculaient : « Le film ne se proposait pas tant de conter une histoire moralisante que de mettre un peu de drôlerie dans la rigidité des mœurs. L'élément comique, c'était l'assaut mené contre une virginité que Doris défendait farouchement. » Pourtant, nombre de gens saisirent parfaitement le message au second degré escamoté sous les rires. Vers la fin des années cinquante, j'était moi-même étudiante d'université et après avoir vu *Confidences sur l'oreiller*, je m'en souviens fort bien, je m'identifiais à Doris. Je voulais moi aussi faire carrière, et j'avais pour ambition de réussir dans la publicité, de porter des vêtements griffés et de vivre dans un bel appartement entretenu par une domestique. Quant à ma vie sentimentale, ce que je pouvais en attendre se résumait à peu près à ceci : si je m'en tenais à mes principes comme le faisait Doris, si, en « me gardant », comme on disait alors, je ne faisais pas de moi un « fruit mâché », si en somme je jouais le jeu soigneusement et intelligemment, alors je pouvais moi aussi me décrocher un Rock Hudson. Car, à cette époque, il était également entendu que l'amour pouvait faire d'un playboy un mari modèle, et qu'il s'en fallait d'une nuit de noces pour faire de la réputée vierge une jouisseuse insatiable. Une si heureuse conjonction ne pouvait naturellement que porter ses fruits dans les trois mois suivants quand l'époux, parfaitement heureux d'avoir été bridé, clamait lui aussi, éperdu de bonheur : « Je vais avoir un enfant! »

En interviewant trente-six ans plus tard Doris Day, j'ai été fort étonnée d'apprendre qu'à cette époque elle n'avait pas le sentiment d'interpréter un rôle de vierge. « Dans le film, me dit-elle, j'étais avant tout une femme d'affaires. Mais pas spécialement ce qu'il est convenu d'appeler une vierge. Je partais avec lui passer un week-end à la campagne, et j'aurais probablement succombé si je n'avais pas découvert qu'il n'était pas sincère. Et c'est ce qui m'a fait prendre mes distances. C'est le public... autrement dit *vous*, qui vous êtes mis en tête que j'étais nécessairement vierge. C'est *vous* qui, en me voyant partir avec lui, avez conclu : " N'allez surtout pas croire que la petite va se laisser faire si facilement. " » (Pour ma part, je m'étais imaginée en 1959 que Doris se laisserait un peu caresser et qu'elle dormirait dans le lit de Rock, mais sans aller *jusqu'au bout*.)

Le film toucha un point sensible des mentalités américaines. Aucun tandem de vedettes n'aurait mieux que Rock Hudson et Doris Day incarné à l'écran les deux antagonistes de la bataille sexuelle qui se livrait alors aux États-Unis. Car, dans l'affrontement, il était parfaitement perceptible qu'aucun des deux ne ménageait à l'autre ses flèches. Ce qui frappait encore, c'était l'opposition de leurs physiques : elle était blonde et lui très brun, et chacun représentait le prototype achevé de ce que l'Amérique profonde produit de plus sain. *Time Magazine*, qui à l'époque était connu pour l'humour de sa critique corrosive, écrivit que les deux acteurs ressemblaient à des Cadillac étincelantes « garées dans une posture équivoque ».

Dans toute l'histoire du cinéma, peu de couples auront tant captivé l'imagination du public. Entre les deux acteurs passait quelque chose de subtil et de très particulier qu'ils étaient les seuls à posséder. « Je serais bien incapable de dire ce qui au cinéma fait un couple, me dit un jour Rock. Mais pour que ça éclate à l'écran, je crois qu'il faut avant tout que les deux partenaires s'apprécient profondément l'un l'autre, comme nous le faisions, Doris et moi. Et aussi que tous les deux soient doués d'une forte personnalité – c'est d'une importance extrême quand on joue la comédie –, pour qu'à tout instant chacun s'efforce à tout prix de s'imposer à l'autre et de faire mouche. C'est, en quelque sorte, un assaut à l'épée entre deux escrimeurs adroits et de sexe opposé qui finiront par basculer ensemble dans le même lit. »

Dans l'intrigue amoureuse, un troisième personnage, Tony Randall, jouait le rôle de faire-valoir. Rock ne se prit pas si profondément d'amitié pour lui que pour Doris. « Il n'était pas très chaleureux, déclara Tony par la suite, et il ne parlait guère de lui. En dehors du tournage, nous sympathisions, mais cela ne signifiait pas grand-chose. Devant la caméra en revanche, tout collait à merveille entre nous. » Tony était au courant des rumeurs qui circulaient à propos de l'homosexualité de Rock mais selon lui « cela semblait difficile à croire. Il était toujours entouré de jolies filles. Un jour, il m'a dit qu'il aimait bien les starlettes débutantes parce qu'elles n'attendaient pas de lui qu'il les épouse et qu'il était sûr de se les faire. Si la vérité avait éclaté, me dit encore Tony, c'eût été la mise à mort de son image de séducteur. Toutes les Américaines étaient folles de lui. Dans tous les sens du terme, il symbolisait l'Américain idéal. Et le fait est qu'il avait tout du camionneur ayant appris les bonnes manières ».

Quand on demandait à Doris Day si elle ajoutait foi aux rumeurs qui couraient sur son partenaire, elle répondait : « Je n'en sais strictement rien. Pour moi, il se comporte tout à fait normalement. Sur ce chapitre, rien ne semble le distinguer de James Garner. »

Mais, professionnellement parlant, le trio s'entendait à merveille.

« Jouer devient un plaisir quand chacun a du talent et cherche à se dépasser, un plaisir incomparable! m'a encore déclaré Tony. Rock ne ménageait pas ses efforts, et cela me plaisait beaucoup. Son interprétation n'était peut-être pas géniale comme l'était parfois celle de Doris, mais sa grande force tenait au romantisme de son jeu. Il croyait au grand amour, et c'est pourquoi il jouait si bien des rôles sentimentaux. Oui, il croyait véritablement au grand amour. A l'amour idyllique. Il m'a avoué un jour ne jamais avoir pratiqué de cunnilingus.

– Rien d'étonnant, non? fis-je remarquer à Tony.

– Attendez la suite, continua-t-il car Rock a ajouté : " C'est un acte bien trop merveilleux. Je pense qu'on ne peut le faire que si on y met tous ses sentiments. " »

A la sortie de *Confidences sur l'oreiller* en octobre 1959, Rock s'était raccommodé avec Mark Miller et George Nader, et ce fut encore Mark qu'il envoya dans la salle choisie par le producteur – en l'occurrence l'Encino Theater – pour tester l'impact du film sur le public. « Passe ensuite chez moi, lui dit-il. Tu me feras un compte rendu détaillé. » Mark s'exécuta.

« Tu as fait un malheur, mon gars, déclara-t-il à son retour. J'ai été stupéfié par ton talent pour la comédie. Le public riait très exactement quand il fallait rire et a quitté la salle en plein délire.

– Ce n'est pas trop osé? interrogea Rock.

– C'est osé, certes, mais les spectateurs ne semblaient pas le moins du monde s'en formaliser. »

Non, les spectateurs ne s'en formalisèrent pas, et cela parce que le film, pour reprendre les termes de Marty Melcher, était « une comédie de fesses pudiquement traitée ». Toutes les scènes d'amour étaient suggérées dans le dialogue, mais jamais jouées. Au public continuellement aguiché, on servait bien par-ci par-là quelques baisers prometteurs, mais jamais de véritables étreintes. « Alléchant, mais dans les prudes limites de ce qui était permis », un peu comme le sont les clubs Playboy, ou comme le serait un lupanar dans lequel aucun client ne monterait « consommer » à l'étage. *Confidences sur l'oreiller* déchaîna l'engouement de la critique et du public. L'exploitation du film dans les salles américaines rapporta 7,5 millions de dollars et valut à Doris un premier grand prix d'interprétation. Les deux vedettes étaient aux anges. « Il était impératif que nous fassions dans la foulée un second film ensemble », me dit Doris en évoquant ce premier succès.

A l'époque où il tournait *Confidences sur l'oreiller,* Rock occupait à Malibu une maison sur pilotis surplombant les rochers. Les oiseaux de mer perchaient sur sa terrasse, et à marée haute les vagues venaient mourir sous le plancher. On avait l'impression de vivre sur un bateau. Rock était venu l'habiter après son divorce et avait fait la connaissance d'un groupe d'acteurs et de cascadeurs venus eux aussi se fixer à proximité de la plage. Parmi les figures de la bande comptaient Rod Taylor, Don Burnett (un acteur sous contrat avec la Metro Goldwyn Mayer), George Robotham (il sera plus tard la doublure de Rock dans certains de ses films) et Paul Stader, un cascadeur chevronné qui jadis avait doublé Jon Hall lors du tournage des scènes de plongeon de *Hurricane.* « Voyez-moi ce fils de pute! avait lancé Rock à Stader quand on le lui avait présenté. C'est de sa faute si j'ai voulu devenir acteur. Et dire que j'ai toujours été persuadé que c'était Jon Hall qui faisait le saut de l'ange! »

Selon Don Burnett, ils menaient tous à cette époque une existence de « machos sportifs. Quelle que soit la saison, nous nagions sans combinaison de plongée. Nous faisions du footing dans les collines de Malibu, et ensuite nous redescendions à la plage pour nous tremper dans l'océan. Nous pratiquions aussi la voile et la plongée avec tout l'équipement. C'est même nous qui avons incité Rock à nous suivre. A cette époque, on attrapait des homards immédiatement au-dessous de la zone de houle ». Avant de connaître la bande, me dit encore Don Burnett, Rock n'avait pas fait beaucoup de course à pied, mais il était robuste et mettait un point d'honneur à ne pas se laisser distancer par les autres. « Un soir, nous avons fait une partie de bras de fer, et c'est lui qui l'a remportée, ce qui a fait grosse impression, étant donné que parmi nous il y avait pas mal de costauds qui allaient de temps en temps faire le coup de poing dans les bars des quartiers malfamés des environs pour en sortir tout ce qui opposait de la résistance. On buvait comme des trous, mais chacun gardait pour soi ses histoires de fesses. Personne ne se vantait de ses conquêtes. » Durant tout le temps qu'il fréquenta le groupe, on ne vit jamais Rock en compagnie d'une femme ou d'un homme. Il cloisonnait rigoureusement son existence et ne mélangeait jamais ses amis homosexuels à ses copains « normaux » ou à ses relations professionnelles.

Rock a confié plus tard à Jack Coates, avec qui il vécut dans les années soixante, que s'il était venu s'installer à Malibu, c'était pour se retirer du monde et lécher ses plaies. Il se sentait financièrement pris à la gorge et furieux d'avoir été « piégé » par Phyllis Gates. Il craignait que son divorce n'écorne son image de marque et ne retentisse fâcheusement sur sa carrière. Mais, un mois après son installation à Malibu, la proximité de l'océan lui parut revigorante : il se sentait apaisé par l'incessant mouvement des vagues, par l'alternance du flot et du reflux et par le chatoiement rose-orange illuminant les nuages au coucher du soleil comme sur une toile de maître. Et ce nouveau Rock sut que tout s'arrangeait. Son divorce ne le meurtrissait plus et il cessa de se ronger les sangs à propos de ce qui échappait à son pouvoir.

Il s'astreignit progressivement à une discipline d'esprit dont il était persuadé qu'elle lui permettrait de contrôler ses pensées et son affectivité. Une discipline qu'il ne qualifiait pas de « pensée positive », car jamais il ne porta le moindre intérêt à la psychologie ou à la religion, mais qui confortait son extraordinaire aptitude à balayer de son esprit tout ce qui pouvait bien le déranger. Dès qu'un problème le préoccupait, il avait la faculté de le chasser de ses pensées et d'oublier jusqu'à son existence. « C'était sa façon de s'accommoder de ses ennuis, m'a déclaré George Nader. Il les faisait tout simplement taire. Il était merveilleusement doué pour décider purement et simplement que telle ou telle chose désagréable n'était jamais advenue. Quand un ami lui faisait part d'une nouvelle déplaisante, son visage se fermait. Il gardait le silence ou changeait de sujet. Ou encore bavardait comme s'il n'avait rien entendu. Rock était capable de vivre avec suffisamment de tranquillité d'esprit pour accepter tout ce qui pouvait bien lui arriver sans se laisser démoraliser. »

C'est à Newport Beach que je viens de passer chez moi et sur mon bateau le plus bel été de ma vie. Je suis heureux d'être seul. Rien au monde ne favorise mieux la détente et la paix de l'esprit que de faire du bateau en mer, quand la seule chose qui compte est de savoir si les voiles sont bien bordées. J'ai l'intention de vivre toute l'année à Newport. C'est à une heure de voiture du studio.

Au cours de l'été 1959, Rock délaissa Malibu pour Newport Beach et fit l'acquisition d'un voilier, *The Lady Claire,* appartenant à l'actrice Claire Trevor et à son mari, Milton Bren. Il débaptisa le bateau et lui donna pour nom *Khairuzan,* le personnage qu'il avait interprété dans *La Légende de l'épée magique.* Il passait une grande partie de son temps en compagnie de Claire et de Milton, lequel se comporta vis-à-vis de lui comme un père adoptif et lui apprit la navigation à voile.

Ce furent pour Rock des jours paradisiaques. Il était désormais l'acteur le plus populaire au monde, il abordait une nouvelle étape de sa carrière – la comédie – et, avec son habituel souci de perfectionnisme, il s'initiait passionnément à la voile. Il acheta un livre intitulé *Le Parfait Yachtman* et mit au point un rituel de croisière du week-end bien à lui. Il aimait se rendre à l'île Catalina, distante de la côte d'environ vingt-cinq milles, et pendant la traversée personne à bord n'était autorisé à boire une goutte. Mais sitôt que le bateau était au mouillage, il descendait au carré préparer pour tout le monde « une perfection de martini » selon une recette qu'avait inventée Claire Trevor. Ce cocktail, qu'il qualifiait de « CT », *city,* des initiales de l'actrice, était composé de gin Tanqueray, d'une pelure d'orange et d'une pointe de vermouth. Claire se servait d'un nébuliseur pour pulvériser le vermouth dans le mélange. Tout le secret résidait dans la pelure d'orange : c'était elle qui enlevait l'amertume du gin et lui donnait de la suavité. Après plusieurs tournées de « CT », Rock faisait griller sur un barbecue « une perfection de steak ».

Il avait une prédilection marquée pour deux coéquipières, Lynn Bowers et Pat Fitzgerald, des attachées de presse lesbiennes qui vivaient en couple. Lynn était une boulotte pleine d'astuce et de drôlerie. Elle avait pour habitude de s'asseoir cuisses écartées et de s'exprimer avec des mots crus. Pat était au contraire très mince. D'une grande vivacité, elle adorait les jeux faisant appel au vocabulaire, et aussi tout bonnement les jeux de mots. Rock les avait respectivement surnommées Bullets et Fitznigger (Balle de Fusil et Fitznégresse). A la fin de l'été, elles faisaient partie du cercle de ses intimes.

Rock rencontrait bien sûr de nombreux hommes, mais il n'avait pas tardé à découvrir que, pour une supervedette, il n'est pas toujours si facile de trouver bonne fortune. En sa présence, la plupart des homosexuels se figeaient sur place et redoutaient de faire le premier pas, persuadés que Rock, assailli de propositions, ne répondrait pas à leurs avances. De fait, il lui suffisait de lever le petit doigt pour obtenir les faveurs des jeunes hommes les mieux tournés, et il ne se faisait pas faute d'en profiter. Mais quand un rendez-vous était arrangé, bien souvent son partenaire se dérobait, convaincu de ne pas être à la hauteur. Car une chose était d'avoir rêvé de coucher avec Rock Hudson, et une autre de se retrouver dans son lit. L'acteur confia d'ailleurs un jour à l'un de ses amis, Jon Epstein : « J'aimerais me mettre au lit avec un sac sur la tête, parce que quand un type entre dans le mien, il est si intimidé que ça lui coupe tous ses moyens. Quel gâchis ! » Seul un individu doté d'une forte personnalité aurait pu en effet se conduire d'égal à égal avec Rock Hudson en pareilles circonstances. Et, en 1959, Rock n'avait pas encore déniché cet oiseau rare.

En 1960, il se rendit au Mexique, puis en Italie, pour y tourner successivement *El Perdido* avec Kirk Douglas et *Le Rendez-vous de septembre* avec Gina Lollobrigida, Sandra Dee et Bobby Darin. En janvier 1961, il retrouvait sur le plateau Doris Day et Tony Randall, et tous les trois tournaient *Un pyjama pour deux*, une comédie écrite par une équipe de scénaristes incluant Stanley Shapiro. Tout aussi spirituel et irrévérencieux que *Confidences sur l'oreiller*, le film se déroulait selon la même intrigue, avec les mêmes personnages, mais portant des noms différents, et il s'achevait sur un même dénouement : c'est la femme qui finit par obtenir ce qu'elle veut. Rock et Tony jugeaient cette comédie supérieure à la précédente, alors que Doris, elle, lui préférait *Confidences sur l'oreiller.*

Dans les deux cas, des rôles en or. Le publicitaire de Un pyjama pour deux *et le compositeur de* Confidences sur l'oreiller *étaient l'un comme l'autre des playboys qui s'assagissent. Et interpréter des personnages de ce genre, c'est gagné d'avance. Tout le monde ressent automatiquement de la sympathie pour un instable qui se fixe, non ? Sans doute parce que chacun d'entre nous rêve de le faire sans jamais avoir la volonté de s'y décider. Un homme à femmes blasé comme le publicitaire de* Un pyjama pour deux *tombe un beau jour sur une récalcitrante comme Miss Day et se dit : « Pas mal, pas mal, ça vaudrait le coup d'aller se rouler dans le foin avec la mignonne. Voyons un peu comment on va manœuvrer. » C'est forcément drôle. Un rôle sur mesure.*

Dans *Un pyjama pour deux,* Rock joue en effet le rôle d'un chef de publicité, Jerry Webster, et Doris celui de Carol Templeton, chef de projets dans une agence concurrente. Elle ne ménage pas sa peine et conçoit des idées de campagne originales pour décrocher un nouveau budget... que Rock lui souffle sans scrupule en conviant le président de la société détentrice de ce budget à une orgie au cours de laquelle il le soûle et lui procure une somptueuse créature de son goût surgissant d'une contrebasse. Rock résume en une phrase à son patron, Tony Randall, sa conception des affaires : « Tu me fournis une nana bien roulée en bikini, et moi j'te vends de l'aftershave aux beatniks. »

Doris appelle Rock pour lui dire sa façon de penser, et sur l'écran dédoublé on assiste à un échange de propos calqué à s'y méprendre sur celui de *Confidences sur l'oreiller :*

« Moi, je n'use pas du plumard pour décrocher un budget, lance Doris.

– Vous en usez quand, alors ?

– Je n'en use pas.

– Présentez mes condoléances à votre mari.

– Je ne suis pas mariée.

– Pardi !

– Que voulez-vous dire ? fait Doris, décontenancée.

– Un mari serait pour vous un concurrent. Dans une famille, il n'y a de place que pour un seul homme.

– Oh ! C'est précisément maintenant que je voudrais être un homme !

– Faites des efforts. Vous verrez, ça va venir. »

Ici encore, l'intrigue repose sur le même artifice que dans *Confidences sur l'oreiller* : la confusion des identités. Rock demande à un chimiste de mettre au point la formule d'un produit apéritif que lui-même pourra faire vendre sous l'appellation commerciale de Vip pour un client que Doris essaie à son tour de lui souffler en entrant dans les bonnes grâces du scientifique. Mais elle se méprend et c'est Rock lui-même qu'elle confond avec ce dernier, à qui elle avoue qu'elle ferait n'importe quoi pour enlever l'affaire. Lui se pique au jeu et se fait passer pour un homme de science qui ne vit que pour ses recherches et n'a jamais vécu la moindre expérience amoureuse. « Apprenez-moi à embrasser », demande-t-il à Doris, à qui il s'empresse de déclarer que le mariage lui fait peur, qu'il craint de ne pouvoir satisfaire sa femme. Mais, au moment où, prenant l'initiative, Doris est sur le point de se donner à lui, ou pour mieux dire de le violenter alors qu'il gît passivement sur son lit, elle découvre ici encore qu'elle a été dupée. Comme dans le précédent scénario, elle fait machine arrière et laisse son séducteur en plan.

Ils se revoient pourtant le jour de la présentation de Vip, une gaufrette sucrée faisant l'effet de trois verres de martini. Et tout est bien qui finit bien puisqu'ils se retrouvent dans un lit de motel, tendrement enlacés... mais mari et femme. « Je ne comprends pas très bien comment les choses se sont passées, dit Rock dans le dialogue. Tout ce que je sais, c'est que j'ai agi honorablement. » Hélas, Doris le quitte puis obtient l'annulation du mariage. Mais, neuf mois plus tard, ils se remarient... juste avant qu'elle n'entre à la maternité pour mettre au monde leur enfant.

Le film fut tourné dans la même atmosphère de franche gaieté que *Confidences sur l'oreiller.* Parfois, raconte Delbert Mann, le metteur en scène, nous devions faire dix à douze prises avant d'avoir la bonne, tant Rock et Doris avaient de mal à garder leur sérieux. « Un jour, ils devaient jouer une scène qui était censée se dérouler sur une plage – on avait répandu un tas de sable sur le plateau – et ils furent pris d'un tel fou rire qu'il leur était impossible de s'embrasser devant la caméra. » « Nos dents se sont choquées, et ensuite nous avons explosé de rire chaque fois que nous avons essayé de nous embrasser », rapporte Doris. Pour tourner la scène, Rock s'était étendu sur le sable en slip de bain, et soudain l'un des techniciens s'est écrié : « Eh, monsieur Hudson, vous avez les couilles qui sortent de votre maillot! » Ce qui bien sûr déchaîna chez les deux acteurs un rire totalement irrépressible. « Ils s'efforçaient de reprendre leur sérieux et de nous assurer qu'ils étaient prêts à jouer la scène, raconte Delbert Mann, mais sitôt que la caméra tournait, ils pouffaient de nouveau. J'ai fini par me fâcher. " Suffit comme ça " ai-je explosé. Et cette fois, ils ont gardé leur sérieux. »

A l'exception de cet incident, l'ambiance du tournage fut de bout en bout joyeuse, et tout le monde travailla dans la bonne humeur. « Rock pétillait d'entrain et d'humour. Quand tout le plateau est détendu et s'amuse, la tension ne monte guère et le travail s'en ressent en qualité et en rapidité. » Et Mann d'ajouter que Rock était un acteur facile à diriger : « Quand il jouait, il percevait les choses d'instinct. Pas besoin de lui expliquer quoi que ce soit pour qu'il modifie spontanément son jeu. Pas besoin non plus de discuter avec lui les détails d'une scène. Il comprenait immédiatement comment il convenait de l'interpréter. »

Un Pyjama pour deux remplit davantage encore les salles que le précédent film de Doris et de Rock. Les rentrées se montèrent à 8,5 millions de dollars pour les États-Unis seulement, et Bosley Crowther, le doyen des critiques de cinéma américains, jugea dans le *New York Times* « délicieux M. Hudson et Miss Day, le premier par son exubérance, la seconde par l'étendue d'un jeu effronté et pugnace avant de se faire attendrissant ». Rock et Doris auraient aimé faire ensemble d'autres films. Aussi se mirent-ils en quête de nouveaux scénarios. Toujours avec Tony Randall pour comparse, ils devaient tourner en 1963 *Ne m'envoyez pas de fleurs,* dont l'adaptation pour l'écran était tirée d'une pièce de Norman Barasch et Carroll Moore. Dans ce film, les personnages interprétés par Rock et Doris ne sont plus ceux d'un playboy et d'une vierge jouant à la petite guerre, mais ceux d'un couple de banlieusards. Le mari est un malade imaginaire qui se croit condamné, et son épouse s'est, à tort, mis en tête qu'il la trompe. Ce film n'a ni l'humour ni le charme des deux précédents, ce qui conforta Rock dans l'idée qu'il était de première importance de tomber sur un scénario *ad hoc*. Un scénario que Doris et Rock chercheront vainement pendant vingt ans. Pendant un certain temps, ils songèrent à jouer un film de la même veine que *Confidences sur l'oreiller* et *Un pyjama pour deux*, mais Delbert Mann les en dissuada : « Une histoire de ce genre reprenant les mêmes traits d'esprit ne passerait plus aujourd'hui. Ou alors il faudrait la remettre complètement au goût du jour. » Rock comprit que s'il voulait continuer à jouer avec Doris pour partenaire, il était impératif que l'histoire interprétée soit taillée à leurs mesures.

A l'époque où Rock faisait quotidiennement le voyage en voiture de Newport Beach à Burbank, où avait lieu le tournage de *Un pyjama pour deux*, il lui arriva un matin de ne pas s'éveiller en temps voulu. Robert Arthur, le producteur exécutif du film, l'appela pour le secouer. Une demi-heure plus tard, Rock arrivait sur le plateau, ce qui ne laissa pas d'inquiéter Arthur, car le trajet en voiture exigeait pour le moins une heure de route. Il expliqua à Rock que le budget investi dans la production était beaucoup trop considérable pour que la vedette prît le risque de faire tous les jours des allers et retours champignon au plancher sur les autoroutes. « Nous allons te louer une maison en ville à proximité du studio », lui dit-il. Arthur avait en effet entendu dire que Sam Jaffe, un agent et producteur de films, était sur le point de s'installer à Londres et souhaitait louer la maison qu'il possédait au 9402 Beverly Crest Drive. Peu après, Universal signa un bail pour une durée d'un an et Rock s'y installa.

Vue de l'extérieur, c'était une demeure d'architecture espagnole classique, avec d'épais murs crépis, un solivage brun et un toit de tuiles rouges. Mais tout l'intérieur avait été refait dans le style japonais moderne et décoré en rose et noir. Rock eut le coup de foudre pour la bâtisse comme pour le site, et il comprit quel parti on pourrait en tirer si on la transformait de nouveau. La maison avait l'aspect d'une place forte verrouillant une péninsule. Elle était entourée d'environ deux hectares de terrain boisé qui sur trois côtés plongeaient dans un ravin. Seuls deux portails massifs donnaient accès à la propriété. Les escarpements qu'elle surplombait l'isolaient du reste du monde. La vue qu'on avait par temps clair de la terrasse vous donnait un peu cette impression de léger vertige qu'on ressent en avion à l'atterrissage. De là-haut, on eut dit qu'il suffisait de tendre la main pour coiffer toute l'agglomération s'étendant en contrebas dans la vallée. Plus Rock se sentait chez lui dans cette maison, et plus il rêvait de la posséder.

En juin 1961, l'acteur partit pour le Surinam, où allaient être tournés les extérieurs de *L'Homme de Bornéo*. Juste avant son départ, il se trouva que Marion Wagner (que Robert Wagner avait épousée dans l'intervalle séparant ses deux mariages avec Nathalie Wood) arriva de Rome sans savoir où se loger. Rock lui proposa de s'installer chez lui et de garder la maison en son absence. Mais une fois seule, Marion prit la liberté de congédier la gouvernante de Rock. Après quoi elle entreprit de lui trouver une remplaçante. A cet effet, elle fit appel à une de ses anciennes domestiques, laquelle lui recommanda une de ses amies, Leatrice Lowe, que tout le monde appelait Joy. Marion engagea Joy à l'essai, lui déclarant qu'« on verrait bien comment les choses se passeraient » quand Rock reviendrait du Surinam.

Cette affable Noire de trente-sept ans avait été jadis élue Miss Cleveland. Elle tirait ses cheveux en chignon et oscillait périodiquement entre la minceur et l'embonpoint. Joy avait son franc-parler, était de naturel enjoué, et rien ne lui échappait. Souvent, elle adoptait des attitudes théâtrales. Jamais encore elle n'avait occupé de fonctions de gouvernante. Elle était en vérité employée des postes. Joy élevait seule son fils, et quand son amie lui avait demandé si elle aimerait s'occuper de l'intérieur d'une vedette du cinéma, elle avait accepté. « C'était providentiel, me dit-elle. Un peu comme un signe du destin. J'ai tout de suite pensé : chouette, ça me plairait de voir d'un peu plus près comment vivent ces gens-là, même si ça ne dure que deux semaines. Voilà comment j'y suis allée, mais sans intention de m'y éterniser. Je me disais : une fois que j'aurai jeté un coup d'œil sur la vie de château, je reprendrai mon travail. »

Joy s'installa dans la partie de la maison réservée à la domesticité – deux chambres, deux salles de bains et un patio. Quand Rock revint, dit-elle, « j'étais dans mes petits souliers, j'ai même cru que j'allais tourner de l'œil. Il est entré dans la cuisine, s'est assis sur l'évier et m'a dit : “ Voilà donc la fameuse Joy! ”.

Elle fut tentée de lui répliquer : « Voilà donc le fameux Rock! », mais elle tint sa langue. « Si vous voulez que votre ancienne gouvernante revienne, dit-elle, c'est normal. »

Rock la regarda droit dans les yeux.

« Qu'allez-vous faire si je vous dis que nous aurons quatre invités à déjeuner? lui demanda-t-il.

– Je vais appeler ma mère et lui demander conseil. »

Rock pouffa de rire. De ce fabuleux rire de baryton qui secouait tout son grand corps.

« Restez, fit-il, je vous engage.

– Je ne connais pas les habitudes de la maison, objecta-t-elle.

– Vous vous débrouillerez très bien. »

Joy devait rester au service de Rock pendant quatorze ans, et il s'établit entre eux une complicité que peu de gens comprenaient. Elle recevait 60 dollars par semaine, et jamais Rock n'augmenta son salaire. Mais ils prenaient leurs repas ensemble, trinquaient ensemble, lisaient ensemble les scénarios, et, à bien des égards, Joy devint Mme Hudson, la maîtresse du Château. Ils se querellaient et se rabibochaient. « Une fois, nous ne nous sommes pas adressé la parole pendant toute une semaine », me raconta Joy.

« Au début, j'étais terrorisée. Il me dominait de toute sa taille, superbe, débordant de santé, gigantesque avec sa grosse voix. Mais, ensuite, nous nous sommes appelés par nos prénoms et conduits davantage comme des membres d'une même famille. » Ils riaient tous les deux du matin au soir, m'assura Joy. « Tout était prétexte à plaisanterie. Il y avait deux choses que je ne devais jamais dire dans la maison : " Que faut-il faire de ça ? " et " Devine ce que je rapporte ? " Parce que alors il se fichait de moi et me répondait : " Tu rapportes une chaude pisse ", ou bien : " La vérole. " Un soir, Rock avait mis un smoking et attendait la limousine qui devait passer le prendre pour le conduire à la cérémonie de remise des prix. Les parquets avaient été cirés, et la maison nettoyée de fond en comble. Joy le contempla et ne put s'empêcher de le féliciter de son élégance. Il lui sourit, s'inclina devant elle, et ce faisant laissa tomber la cendre de sa cigarette sur le parquet. « Oh ! le saligaud ! protesta-t-elle. Tu vas voir si tu vas t'en tirer comme ça ! » Et, le poursuivant à travers le salon, elle réussit à l'agripper par la ceinture de son smoking, laquelle céda et libéra le pantalon. « Nous avons ri à n'en plus pouvoir, me dit-elle. Ensuite, il a dû remonter dans sa chambre et se changer. »

Rock adorait la cuisine de Joy, qu'elle servait relevée comme on le fait dans le Sud. Elle avait l'art de lui préparer ce dont il raffolait – des gésiers de poulet, du bœuf bourguignon –, et quand elle partit, jamais plus il ne retrouva un autre cordon bleu. Après avoir passé quelque temps à son service, Joy dit un jour à Rock : « J'aime bien cuisiner, mais je déteste faire le ménage. » Par téléphone, il s'abonna aussitôt à un service de nettoyage à domicile.

L'acteur était un fanatique de mots croisés, et il transmit à Joy sa marotte. Bientôt, ce fut à qui des deux damerait le pion à l'autre. Le dimanche matin, elle s'appropriait le *New York Times* de Rock et commençait à remplir la grille avant qu'il ne se lève. Mais quand plus tard il s'apercevait qu'elle avait trouvé un peu trop de mots, il se mettait en colère :

« Tu n'as qu'à t'acheter toi aussi le *New York Times* et me laisser le mien.

– D'accord, répondait Joy. Mais appelle-moi si tu as du mal à finir. »

« Rock était bien trop paresseux pour s'aider d'un dictionnaire, commente Joy. Il se contentait de trouver les mots dans sa tête, ou alors il appelait George Nader quand il ne trouvait pas la réponse. Et moi, je tenais absolument à remplir toute la grille. Le dimanche, rien ne se passait dans la maison avant que nous ayons fini nos mots croisés. »

Rock était facile à vivre, selon ce que déclare Joy : « Il était presque toujours d'humeur égale, et la plupart des journées se déroulaient dans la bonne humeur. Quand quelque chose le tracassait, je le savais immédiatement. Nous étions tellement proches l'un de l'autre que je pouvais lire dans ses pensées. Je vivais là, je dormais là, c'était là que j'élevais mon fils et je me sentais parfaitement heureuse. Je n'avais besoin de rien d'autre. »

Joy gagnait peu, mais Rock lui faisait des cadeaux : des bijoux, des meubles, un séjour au Japon, et aussi « un appareil de télévision très perfectionné capable de capter à peu près toutes les chaînes à l'exception des japonaises. Il était vraiment adorable. Quand il organisait une projection dans la maison, je m'asseyais près de lui, et quand j'allais le voir tourner, j'avais droit à des attentions spéciales. Il ne me reléguait jamais à la cuisine quand il invitait. Au contraire, il m'attrapait et me présentait à tout le monde. Nous avons reçu Leonard Bernstein, la princesse Grace de Monaco et le prince Rainier, Jack Benny, et chaque fois il m'a poussée en première ligne. Il m'achetait de très jolis vêtements, si bien que je pouvais me montrer aussi bien habillée que n'importe qui. Je me mêlais aux invités et je discutais avec eux. Quand la soirée était morne, je cherchais à y mettre un peu d'entrain en faisant circuler des plateaux ou en présentant les gens les uns aux autres. Je savais y faire. Dans ces cas-là, on a grand besoin d'une femme qui ait du doigté ».

Durant toutes les années qu'ils passèrent ensemble, la maison n'avait pour seuls occupants que Joy, Rock et ses sept chiens : Fritz, Wee Wee, Sally, Nicky, Murphy, Jack et Jill. Quand l'acteur passait chez lui la nuit avec d'autres hommes, il faisait en sorte que ses hôtes eussent quitté la maison avant le réveil de Joy, mais invariablement elle savait. « Le plus extraordinaire, me dit-elle, c'est qu'il savait que je savais, et que jamais il ne faisait le moindre commentaire. Jamais nous ne parlions de sa vie amoureuse. Il savait que je savais, c'est tout. » Joy était discrète et comprenait d'elle-même qu'à certains moments elle pouvait déambuler à sa guise dans la maison et qu'à d'autres elle devait se confiner dans ses quartiers. Un soir, le Château fut soudain plongé dans l'obscurité, toutes les lumières s'éteignirent d'un coup et Joy, cherchant à comprendre ce qu'il se passait, sortit sur le patio. « La porte du théâtre s'est ouverte, me dit-elle, et deux jeunes hommes en sont sortis juste au moment où les lampes se rallumaient. Alors je me suis dit : mince, tu te ramènes au mauvais moment! J'ai battu en retraite sans tapage. Et je pensais en moi-même : après tout, si ça lui fait plaisir, c'est son affaire. »

Joy ne se souvient pas qu'une seule femme ait jamais passé la nuit dans la maison, à l'exception de Marilyn Maxwell. Rock et Marilyn s'étaient connus au début des années cinquante et avaient été dès le premier instant attirés l'un vers l'autre. Mais leur liaison à proprement parler ne débuta pas avant 1961, quand Marilyn se sépara de son mari, Jerry Davis. Ensuite, elle passa le plus clair de son temps en compagnie de Rock. « Ils jouaient comme des petits fous », rapportent ceux qui les fréquentèrent à cette époque. Rock avait une aversion marquée pour les desserts en gelée, et Marilyn le pourchassait à travers la maison, un bol de Jell-O vert à la main. Elle le faisait s'allonger pour le chatouiller et ils se roulaient par terre en luttant comme de jeunes ours, riant jusqu'à ce que les larmes leur coulent le long des joues. Quand ils faisaient tourner les disques préférés de Marilyn, pour la plupart de la musique d'orchestre datant des années quarante, il lui demandait : « Fais-moi voir encore une fois comment on danse le shimmy. » Il l'avait surnommée Max, et elle l'appelait familièrement Big Sam. Ils s'asseyaient parfois côte à côte au piano, posaient leurs verres et massacraient joyeusement une sonate de Beethoven – *Clair de lune* ou *La Pathétique* – dont ils s'évertuaient sans succès à emballer le tempo. Leur interprétation se concluait par un magistral fou rire.

Rock s'attacha profondément au fils de Marilyn, Matthew, et organisa au Château pour son sixième anniversaire une véritable kermesse, avec un vrai manège et des numéros de clowns sur la pelouse. En 1963, Marilyn faillit mourir des suites d'une perforation d'un kyste à l'ovaire. Pendant sa convalescence, elle s'installa chez son frère, lequel habitait Armonk, dans l'État de New York. Mais elle ne s'y sentit pas très à l'aise, et Rock prit l'avion pour aller la chercher et la ramener au Château, où il s'occupa d'elle jusqu'à ce qu'elle fût remise sur pied. « Il a laissé en plan un tournage pour nous ramener chez lui, mon fils et moi, raconta plus tard Marilyn. Je peux dire que c'est lui qui m'a littéralement sauvé la vie. Il aura été sans nul doute le plus fidèle de mes amis. »

A Noël, Rock appela Jean Greenberg pour lui demander de lui communiquer les mesures de Marilyn, dont elle avait été la secrétaire pendant vingt-six ans. Puis il commanda un mannequin de couturière de la taille de Marilyn et le fit habiller de pied en cap. C'était son cadeau de Noël : un tailleur de jersey, un chapeau, des gants, des bas, des chaussures, un sac – dans lequel il avait glissé de l'argent –, des bijoux, et même de la lingerie. Le soir du réveillon, il organisa au Château un véritable jeu de piste en disposant un peu partout des indices et des messages dans des caches, afin que Marilyn pût remonter la filière et découvrir sa propre réplique vêtue de neuf.

« Je savais parfaitement qu'ils avaient une liaison, m'a rapporté Jean Greenberg. Marilyn me disait tout, et elle m'a raconté l'affaire en détail. Elle l'aimait. De son côté, m'a-t-elle dit, il lui avait déclaré qu'il l'aimait lui aussi, mais qu'il n'était pas amoureux d'elle. »

Pendant le tournage de *L'Homme de Bornéo*, Rock appela un jour Marilyn du Surinam, et elle lui dit combien sa présence lui manquait.

« Pourquoi ne pas nous marier ? lui proposa-t-elle.

– Je suis tout prêt à t'épouser, fit-il. Mais il faudra que tu me laisses libre d'avoir aussi mon autre vie. Si tant est que tu puisses t'y faire... »

Marilyn songea pendant six mois à ce que Rock avait sous-entendu ce jour-là. Parfois, elle se persuadait qu'ils pourraient être heureux ensemble, et à diverses reprises ils envisagèrent même d'avoir un enfant et de faire construire pour lui une chambre au-dessus du garage. Mais en y réfléchissant elle savait combien elle souffrirait si Rock avait de son côté des liaisons masculines. Elle lui avoua qu'elle était jalouse et qu'elle ne se sentait pas capable de supporter pareille situation. Mais ils n'en continuèrent pas moins d'être amants par intermittence, et leur affection réciproque ne se démentit jamais.

7.

Je ne peux avoir de vraie vie privée que chez moi. Dès que j'en sors, mes moindres gestes sont observés et commentés. C'est seulement quand je franchis ce seuil que je peux enfin me détendre et être moi-même. J'aime travailler dans la maison, démolir des murs ou poser des briques. Mais pour me relaxer à fond, il n'y a vraiment que le jardinage. Quand je dois prendre des décisions professionnelles ou répéter de nouveaux rôles dans ma tête, je vais dans le jardin et je me dépense. Ou ai-je bien pu poser mon sécateur ? Et mes cisailles ? Alors je taille, je plante, j'arrose. Parfois je passe des heures à arracher la mauvaise herbe, totalement perdu dans mes pensées. Si c'était à refaire, je crois que je serais architecte paysagiste.

Rock voulait à tout prix acquérir la maison de Beverly Crest Drive, mais il n'était pas en mesure de la payer comptant. Quand son contrat expira en 1962, Universal se saisit de cet instrument de marchandage pour parvenir à ses fins : si Rock reconduisait son contrat, le Château était à lui. Don Morgan, un attaché de presse de ses amis, lui fit alors valoir qu'il était tout bonnement en train de brader sa carrière pour 150 000 dollars. Mais, par la suite, Don devait revenir sur son opinion : « Je m'étais trompé, admit-il. Tout ne se compte pas en argent. Rock s'était attaché à cette maison et il fallait coûte que coûte qu'elle soit à lui. » Sam Jaffe vendit la demeure à Universal pour 167 000 dollars, et le studio la remit en toute propriété à Rock cinq ans plus tard. (En 1985, le Château sera estimé à 3 millions de dollars.) Rock revendit alors son voilier et fit don de sa maison de Newport Beach à sa mère et à son beau-père, Joe Olson.

Dès qu'il fut maître des lieux, l'acteur se lança dans une entreprise de restauration et d'agrandissement qui devait se poursuivre pendant vingt-trois ans et engloutir plus d'un demi-million de dollars. Ce ne sera que dans les derniers mois de sa vie qu'il considérera le Château achevé. « La maison finie, l'homme l'était aussi », me dira Mark.

Quand il entreprit les travaux, Rock fit appel à un décorateur et acheta des livres sur l'architecture mexicaine d'époque coloniale. Ses « bibles », comme il les désignait. Il fit construire divers ouvrages reproduisant des éléments de vieilles demeures du Mexique et du Sud-Ouest américain : portails en voûte, tuiles vernissées peintes à la main, solives apparentes taillées d'un bloc dans des fûts entiers et disposées en diagonale. Rock avait une prédilection marquée pour tout ce qui est sombre, lourd et massif. Il disposa partout dans la maison des peaux de zèbre et des masques africains, des portes de bois de style espagnol, des chandeliers d'étain de plus d'un mètre de hauteur, des cheminées de marbre et des candélabres de fer forgé. Il aimait les statues représentant des aigles, des lions et des chevaux, et de toutes les couleurs il préférait le rouge. Du « virago primitif », ironisait un de ses amis pour qualifier ses goûts. Le cadre de vie dont il s'entoura était si délibérément masculin que Mark Miller lui demanda un jour s'il avait « jamais songé à mettre une note gay dans tout ce bazar ».

« J'ai piétiné une bonne fois pour toutes ce qu'il y avait de puérilement féminin en moi », lui répondit-il en remuant le pied comme pour écraser une punaise. « Ne revenons pas là-dessus. »

Il avait créé chez lui une ambiance particulière, un univers en soi dont il était l'astre central. Dans la bâtisse, il régnait pendant la journée une atmosphère obscure, lugubre, qui évoquait celle d'un château médiéval espagnol hanté de présences pesantes. Mais la nuit venue, la maison se métamorphosait en un palais enchanté. Elle se faisait chaude, accueillante. Un feu de bois y crépitait dans toutes les pièces, et sur les chandeliers géants des bougies tremblotantes diffusaient à travers leurs abat-jour de parchemin une joyeuse clarté que le plafond reflétait en mêlant le rose ambré du bois au pourpre de la moquette. Rock aurait souhaité baptiser son domaine « Whiskey Hill », mais cette appellation sonnait comme une invite à l'intempérance, et pour tout le monde la maison devint en un rien de temps « le Château » ou « la Crête ».

Les visiteurs accédaient à la propriété par un portail voûté et parquaient leur voiture sur une aire de stationnement circulaire. Pour pénétrer dans l'enceinte du Château, on franchissait une première porte de bois moulurée et encadrée d'un carrelage mexicain, laquelle n'ouvrait pas directement sur l'habitation proprement dite, mais sur un immense patio cerné de tuiles rouges. La bâtisse elle-même était composée d'une façade principale flanquée de deux ailes perpendiculaires, et toutes les pièces donnaient sur le patio, dont le centre était occupé par une piscine. Sur le pourtour de celle-ci, des sculptures de métal dues à un artiste mexicain, Victor Salmones, représentant des éphèbes nus se livrant à des jeux juvéniles : l'un d'eux en pousse un autre dans la piscine, un bassin de douze mètres de long dont l'eau, crachée par une tête de lion, était brassée par un jacuzzi *. Derrière, une vaste terrasse surélevée, de laquelle on dominait toute l'agglomération de Beverly Hills. Sur un côté du patio, Rock fit construire un barbecue gigantesque – six mètres de long – sur lequel on pouvait aisément rôtir des dindes et griller des steaks pour cent personnes. Il y fit également édifier une cheminée extérieure, de sorte que par les fraîches soirées d'hiver il pouvait prendre un bain de vapeur en plein air, préparer des cocktails ou s'asseoir au clair de lune à proximité d'une bonne flambée.

Il attribua des noms à chacune des pièces et à chacun des recoins de la propriété. Il baptisa « allée galante » un sentier qui zigzaguait vers le fond du ravin entre des bouquets de fougères et des arbres à fleurs. Un sentier que Rock n'éclairait jamais quand il donnait une réception, afin que ses invités puissent se rendre en toute tranquillité à leurs « rendez-vous galants ». Il appelait le théâtre « la salle de jeux », et la chambre d'amis « Tijuana », du fait qu'elle était tendue de rouge comme un lupanar mexicain. Un secrétaire portait le nom de « Texas », et une table celui de « Portugal ». Dans une certaine zone de la propriété qu'il avait qualifiée de « Panama » poussaient des essences tropicales et du gingembre, et à « Ferndell », c'est-à-dire derrière la piscine, il avait fait installer une vespasienne. « Tout jardin qui se respecte se doit de comporter une pissotière », se plaisait-il à dire. Il fit également construire une serre, qu'il remplit d'orchidées, et dans d'autres parties du terrain fit venir de la menthe pour agrémenter les mint julips, des citrons verts pour les daïquiris frappés, et des pêches pour parfumer les glaces qu'il confectionnait rituellement tous les étés. Sur des plates-bandes en terrasse, il cultivait aussi le maïs, la courge et la tomate, et il composait lui-même ses parterres de tulipes, de zinnias et de roses multicolores.

L'activité de loisir qu'il affectionnait le plus consistait pour lui à travailler dans le jardin avec Clarence Morimoto, le jardinier japonais qu'il avait hérité de Sam Jaffe et qu'il employait à plein-temps. Rock l'avait surnommé « l'Énigmatique », du fait que Clarence s'exprimait avec les intonations d'un récitant de haïkaï. Clarence avait une

* Dispositif conçu pour créer en permanence des remous superficiels. (*N.d.T.*)

prédilection pour les iris, qu'il appelait « des fragments d'étoiles tombés sur terre ». Rock le rétribuait chichement, mais le considérait, à l'égal de Joy, comme un membre de la « famille ». Clarence pouvait déambuler à sa guise dans la maison et la propriété. Il s'y déplaçait d'une démarche paisible, portant son éternel pantalon feuille morte, ses bottes de jardinier et une casquette verte. Le lundi soir, Clarence s'attardait au Château après le travail pour regarder le match à la télévision * en même temps que Rock, lequel faisait alors souvent griller deux steaks sur le barbecue. « C'est une chose qui n'arrive pas souvent, me dit Clarence. Il est bien rare qu'on manifeste tant de gentillesse à l'égard d'un employé. Vous en connaissez beaucoup qui font faire leur cuisine par une grande vedette ? » Rock invitait son jardinier aux séances de présentation de ses films, aux générales quand il jouait sur scène, et il ne manquait jamais de le convier à se joindre à ses amis les plus proches autour de l'arbre de Noël. Quand il ne tournait pas, l'acteur travaillait au grand air avec Clarence, s'affairant à tailler, désherber et semer. Dans chaque mètre carré de terrain, il plantait comme un forcené, jusqu'au moment où Clarence lui demandait d'arrêter parce qu'il n'y avait plus de place.

Passé la première porte, une longue allée traversait de part en part le patio et conduisait à la seconde, laquelle donnait accès à deux grands salons et à l'escalier livrant accès aux deux chambres du premier étage. Celle de Rock – qu'une moquette bleu roi avait fait qualifier de « chambre bleue » – était si vaste qu'on s'y sentait un Gulliver au pays de Brobdingnag. Elle était meublée de sofas et de fauteuils de dimensions gigantesques, et la tête de l'immense lit de bois à colonnes était constituée d'un panneau de bois sculpté représentant un nu masculin inspiré de la mythologie espagnole : le personnage avait des ailes d'aigle, des jambes de feuillage, et une couronne lui ceignait le front. Aucune porte ne séparait la chambre de la salle de bains et de l'espace affecté à la garde-robe. Seuls des armoires de bois et des miroirs y créaient des séparations. Quant à la salle de bains, elle comportait deux lavabos, une douche pourvue d'un siège de marbre et une énorme baignoire carrelée qu'on avait surélevée pour que Rock puisse voir la ville en faisant ses ablutions. Au mur étaient fixées des têtes d'éléphant en cuivre dont la trompe faisait office de porte-serviettes.

* Aux États-Unis, les rencontres de football (américain) ont lieu et sont retransmises le lundi soir et non pas le dimanche comme le sont les matchs de football (soccer) européens. (*N.d.T.*)

Rock passait le plus clair de son temps dans sa chambre, dans la cuisine et dans la « salle de jeux » qu'il avait fait édifier sur l'emplacement de l'ancien garage. Il avait disposé dans cette salle tout ce que la technologie de pointe peut proposer d'innovations : un juke-box, un orgue électronique, quatre magnétoscopes, une chaîne stéréo, un écran géant de télévision et un matériel complet de projection, car sous la salle était creusé un blockhaus dans lequel il entreposait un nombre impressionnant de films. Sa collection de disques occupait tout un pan de mur et comptait nombre de 78 tours introuvables. Tous ses albums étaient numérotés et répertoriés. La pièce était également pourvue d'un bar – un vrai, plusieurs personnes pouvaient s'y accouder simultanément en prenant place sur des tabourets – et d'une scène avec rampe, où il venait répéter ses rôles et parfois donner un spectacle avec quelques amis.

Une année, pour Halloween, Rock donna une soirée au cours de laquelle tous les invités devaient interpréter, en costume et perruque, un numéro de vaudeville. Joy, costumée elle aussi pour la circonstance, vint sur l'avant-scène présenter les artistes. Pastichant Sylvia Casablancas, Mark s'était travesti pour faire son tour de chant. Rock et ses amis s'étaient déguisés en danseuses de music-hall et avaient répété pendant plusieurs semaines leur numéro. Universal avait prêté les costumes. Un jour, Rock avait téléphoné à Tom Clark – il figurait parmi les quatre danseuses du ballet –, pour lui demander de venir le rejoindre au studio à deux heures de l'après-midi.

« Impossible, lui avait répondu Tom, je déjeune avec des journalistes.

– C'est une *convocation,* avait répliqué Rock. Une convocation officielle. Si tu n'as pas reçu d'ordre écrit, considère que cet appel téléphonique en tient lieu. Il *faut* que tu sois ici à deux heures précises. »

Tom avait décommandé son déjeuner et « fait du cent cinquante à l'heure pour venir au studio ». Là, il s'était immédiatement rendu au magasin des costumes et avait demandé Rock. « Vous frappez à la mauvaise porte, lui avait-on dit. Ici, c'est la garde-robe des hommes. Voyez plutôt côté femmes. » Tom avait frappé à une autre porte et retrouvé dans la loge de Edith Head Rock et les deux autres « danseuses » en train d'essayer des maillots affriolants. « Pour qu'ils puissent entrer dedans, impossible de les fermer par-derrière, me raconta-t-il plus tard. La panoplie au grand complet, depuis les perruques bouclées jusqu'aux bas à résille et aux chaussures à talons hauts. Le soir de la représentation, nous étions le clou du spectacle. »

Bien que Rock ait toujours déclaré qu'il entendait protéger sa vie privée, jamais il n'accepta de verrouiller les portes ou de fermer le portail du Château. Si quelqu'un de son entourage tournait la clé dans la serrure de l'entrée, il s'emportait : « Qui a bouclé cette sacrée porte ? Je veux qu'on la laisse ouverte ! » Selon George Nader, « il se ménageait ainsi en permanence la possibilité de faire une rencontre. Il aurait voulu que le monde entier passe son seuil. Il aimait l'exaltation de l'inconnu ». Quand il rentrait chez lui après une journée de travail, il posait toujours la même question : « Pas de coups de téléphone ? Rien de chouette au courrier ? » Il tenait à prendre connaissance lui-même des lettres de ses admirateurs et admiratrices qui lui envoyaient leur photo. Quand on sonnait à l'entrée, raconte Joy, « il arrivait à la porte avant les chiens. Et quand il entendait le timbre du téléphone, il décrochait tout de suite. Je lui disais toujours : Toi, tu serais capable de répondre de ton cercueil ». Et Rock riait en imaginant cette scène à vrai dire un peu prophétique : celle de sa main sortant de la tombe pour décrocher le téléphone de son support.

En 1962, l'année où Rock devint propriétaire du Château, un jeune homme du nom de Lee Garlington fut engagé comme figurant dans *The Virginian*, un téléfilm tourné dans les studios de Universal. Originaire d'Atlanta, où il avait grandi dans une famille aisée mais rigoriste, Lee était venu en Californie l'année précédente. Il avait fait son service militaire et quitté l'armée avec le crâne quasiment rasé et l'ambition de devenir acteur. « En arrivant à Los Angeles, je me sentais dans mon élément, me dit-il. Pas question pour moi d'aller où que ce soit sinon à Hollywood. Là, tout me semblait sensationnel. Il y avait partout des bars gay, les gens se promenaient dans les rues et je me sentais surexcité. Je me disais qu'il suffisait d'avoir un physique agréable pour qu'on vous découvre. J'avais entendu dire que Rock Hudson avait débuté comme ça. » Lee se fit engager comme figurant par Universal où Rock, il le savait, tournait *Le Sport favori de l'homme*. « On m'avait raconté une foule de choses à son sujet. Dans le monde à part des homosexuels, on parlait tout le temps de lui... de sa générosité, de sa gentillesse, de la sympathie qu'il s'attirait. Et je m'étais mis en tête de le rencontrer à tout prix. »

Ce grand blond de vingt-cinq ans qui n'avait rien d'un efféminé possédait toutes les qualités requises pour séduire Rock. Un jour, à l'heure du déjeuner, Lee se fit indiquer le chalet que le studio avait mis à la disposition de l'acteur et se campa sous ses fenêtres en faisant semblant de s'absorber dans la lecture de *Variety.* « Et soudain, le voilà qui arrive et passe près de moi pour entrer dans son chalet, me raconta Lee. C'est tout juste si j'ai eu le temps de le voir. » Lee ne bougea pas et attendit. Une demi-heure plus tard, Rock sortit du chalet et s'éloigna sans même lui accorder un regard. « Et je me disais en moi-même : Bravo mec, quel bide! Mais j'étais beaucoup trop timide pour lui dire quoi que ce soit. De toute façon, j'avais le nez collé sur *Variety* et il n'avait probablement pas pu me voir. » Pourtant, Rock parcourut une cinquantaine de mètres, s'arrêta et se retourna pour regarder Lee, puis il s'éloigna. Ce fut là sa seule façon de faire comprendre au jeune homme qu'il l'avait remarqué, et Lee se mordit les doigts de n'avoir pas saisi la balle au bond.

En 1963, Lee renonça à ses ambitions et trouva un emploi dans un cabinet de courtage de Beverly Hills. Entre-temps, il avait vécu avec un jeune homme, dont il devait se séparer plus tard. A peine s'était-il installé dans son propre appartement après cette rupture qu'une de ses relations lui téléphona :

« Quelqu'un aimerait faire ta connaissance.

– Ah bon? Et de qui s'agit-il? s'enquit Lee.

– De quelqu'un de très connu.

– Et comment s'appelle-t-il?

– Rock Hudson. »

Lee en resta bouche bée. Six mois s'étaient écoulés depuis l'épisode survenu au studio. Comment Rock avait-il bien pu découvrir son nom et son adresse? En fait, Lee devait l'apprendre par la suite, Rock aurait souhaité établir le contact plus tôt, mais en apprenant que le garçon était « pris », il avait préféré attendre qu'il retrouve sa liberté. L'interlocuteur de Lee lui fit savoir au téléphone qu'il serait le bienvenu s'il rendait visite à Rock au Château. « J'avais une peur bleue, raconte Lee. Mais j'y suis allé. On a bavardé en buvant un ou deux verres, et ensuite on a essayé. Mais j'étais si intimidé que rien ne s'est produit. Rien. Néant. Après ça, me disais-je, il ne voudra certainement plus me revoir. Mais il était patient. Il comprenait parfaitement que je n'étais pas dans mon état normal, et pour lui ce n'était pas une catastrophe si nous ne pouvions pas faire l'amour tout de suite. »

Rock prit l'habitude de retrouver Lee plusieurs fois par semaine, et celui-ci surmonta sa timidité. Après sa journée de travail, il grimpait au Château au volant de sa Chevy Nova dernier modèle, y passait la nuit et en repartait à six heures du matin en roulant au point mort tout au long de la descente pour ne pas éveiller l'attention de Joy et du voisinage. Mais rien n'échappait à Joy qui, des années plus tard, dit un jour à Lee : « Ne va surtout pas t'imaginer que j'aie jamais été dupe! »

Chacun des deux hommes devint bientôt ce qui comptait le plus dans la vie de l'autre. Lee aurait souhaité vivre avec Rock mais, me dit-il, « il n'en était pas question. Il prenait grand soin de sa réputation. Autrement, je serais venu m'installer chez lui sur l'heure ». Rock admirait la ténacité de son compagnon. Lee travaillait d'arrache-pied pour devenir courtier et ne lui demandait jamais rien. Quand ils voyageaient ensemble, il tenait à partager les frais. Rarement ils acceptaient une invitation à dîner, et rarement ils se montraient ensemble à une réception. Ils préféraient rester au Château pour bavarder ou se projeter des films. Solide buveur, Rock pouvait absorber une telle quantité de martinis-gin que Lee se souvient d'avoir eu grand-peine à le suivre. « Il était toujours drôle et de bonne humeur, me dit-il. Jamais je ne l'ai vu s'emporter après quelqu'un. » Six mois après leur rencontre, Rock offrit au jeune homme un porte-clés pour qu'il y accroche celle du Château, et sur lequel l'acteur avait fait graver : « Au quart de la partie, l'équipe locale dominait, mais à la mi-temps le club visiteur mène sacrément. RH. »

En 1964, Rock et Lee se rendirent dans le sud des États-Unis. Rock était persuadé que le studio formulerait des objections si on apprenait qu'il était parti en voyage avec un autre homme. Mais, un jour qu'il avait passablement bu, il menaça d'aller trouver le président de Universal pour lui lancer à la face : « Eh oui, mon vieux, je suis pédé! Et si ça te gêne, ton opinion, tu te la carres où je pense! »

« Pas question que tu fasses une connerie pareille! » avait protesté Lee. Quand Rock s'était un peu calmé, il avait tout simplement décidé que tous les deux fileraient à l'anglaise. Ils prirent l'avion pour La Nouvelle-Orléans et voyagèrent en classe touriste, car Lee avait tenu à payer son billet : « Je n'ai pas les moyens de voyager en première, avait-il dit à Rock. Je sais bien que ce n'est pas dans tes habitudes, mais c'est tout juste si j'ai de quoi m'offrir un billet en touriste. » Rock n'avait pas protesté et tous deux avaient voyagé en classe touriste.

La famille de Lee avait fait en sorte qu'une Lincoln Continental décapotable soit mise à leur disposition quand ils atterriraient à La Nouvelle-Orléans, et ils firent une excursion à travers les plantations de la Louisiane en s'hébergeant dans de petits motels. A la réception, c'était Lee qui procédait aux formalités d'enregistrement pendant que Rock gagnait furtivement la chambre. « Jamais nous ne pouvions flâner tant soit peu. Nous devions continuellement marcher au pas de charge de crainte que Rock ne soit reconnu et entouré. » Après leur retour à La Nouvelle-Orléans, alors qu'ils étaient attablés dans un bar pour y boire un cocktail, un admirateur s'était précipité sur Rock pour lui demander un autographe. Prenant soudain conscience de la présence de Lee, il s'était tourné vers lui pour lui demander : « Vous êtes quelqu'un de connu ? » Lee s'en était tiré en bredouillant une vague réponse. « Mais il me tapait sur les nerfs, me raconta-t-il. J'avais vraiment l'impression d'être moins que rien. »

En évoquant ces souvenirs, Lee me confia qu'il se sentait à l'époque totalement écrasé par la célébrité de Rock, par sa richesse et son pouvoir, et qu'il avait bien du mal à rester lui-même : « Ce n'était pas facile à supporter. Depuis une dizaine d'années je le voyais sur les écrans dans la peau d'un héros hors du commun. Mais, quand je l'ai connu, chaque fois que je le voyais interpréter une scène d'amour, je savais très exactement quelle attitude il allait prendre dans les secondes suivantes, car il se comportait de la même façon avec moi dans l'intimité. » Lee attendait de Rock que, dans la vie courante, il se conduise avec la même détermination que dans ses films : « Il était si imposant, si monumental que malgré moi je l'assimilais à l'image du père. Mais ce n'était qu'une façade. En réalité, il n'était pas sûr de lui. Quand le téléphone sonnait, il se saisissait fébrilement d'une cigarette. Il était incapable de s'exprimer au téléphone s'il n'avait pas une cigarette à la main. Il buvait beaucoup trop, et c'était en quelque sorte par manque de caractère. Il se laissait aisément dominer par ceux qui l'entouraient, par ceux qui le tenaient à l'autre bout du fil du téléphone. Bien souvent, c'était moi qui lui imposais ma volonté. »

Déçu de constater que Rock ne soutenait pas l'image paternelle et dominatrice qu'il s'était donnée de lui, Lee se mit en quête d'hommes dont il était l'aîné et se sentait le protecteur. « D'ailleurs, m'expliqua-t-il, je ne ressentais d'attirance sexuelle que pour les hommes plus petits que moi, ce qui bien sûr n'était pas le cas de Rock. » En secret, Lee avait des aventures avec des hommes dans la trentaine, mais il en ressentait une grande culpabilité. Il finit par contracter un ulcère. Une nuit, Rock appela Lee alors que celui-ci était alité avec un autre homme. « Je fis de mon mieux pour le lui cacher, me dit Lee, mais sans succès. Il devina immédiatement que je n'étais pas seul. Pour lui, ce fut un véritable effondrement. » Quand, un peu plus tard, Lee se rendit au Château pour annoncer à Rock que mieux valait rompre, l'acteur s'enivra et lui fit une scène épouvantable. « Je crois que c'était la première fois que quelqu'un osait lui dire en face qu'il voulait le plaquer, lui, le dieu de l'écran. Mais tout était arrivé par ma faute. Rock n'y était pour rien. »

Au cours des neuf années suivantes, Lee devait faire par intermittence nombre d'incursions dans la vie de Rock. Était-ce précisément parce que le jeune homme reprenait chaque fois sa liberté qu'il obsédait tant Rock, qui chaque fois n'avait de cesse qu'il ne renouât avec lui ? Quoi qu'il en soit, leur relation, jamais stabilisée, demeura toujours aussi capricieuse qu'un mouvement de yo-yo. Lee rompait pour avoir une aventure de son côté, et Rock « rongeait son frein dans la coulisse en attendant qu'il revienne. Alors, ils déjeunaient ou dînaient ensemble et décidaient de recommencer... pour se séparer de nouveau quelque temps après ». C'est ainsi qu'en 1971 ils firent un voyage au Mexique, où ils passèrent quelques jours à Puerto Vallarta, puis un autre au Canada, où ils séjournèrent à Banff et au lac Louise. Lee exerça pendant de nombreuses années la profession de courtier avant de créer sa propre entreprise, une petite usine de fabrication d'appareillage médical électronique qu'il sut habilement faire prospérer. Il vendit ensuite son affaire pour investir dans l'immobilier et retourner à l'université, d'où il sortit nanti d'un doctorat de psychologie. Il est aujourd'hui administrateur-conseil d'une polyclinique d'une grande ville.

Avant de mourir, Rock confia à Mark Miller que Lee Garlington comptait parmi les êtres qu'il avait le plus profondément aimés. Quand je rapportai cette ultime confidence à Lee, les larmes lui vinrent aux yeux. Il n'avait plus revu Rock depuis 1973 et ne s'était pas senti le courage de lui donner signe de vie quand il avait appris qu'il avait le Sida. « Après que Rock et Tom Clark se furent mis à vivre ensemble, me dit-il, j'ai été évincé. Jamais Rock ne m'a témoigné d'hostilité, mais Tom m'a fait clairement comprendre que j'étais de trop. Il m'a dit que j'avais tant fait souffrir Rock que je ne pouvais plus prétendre demeurer son ami. Étant donné que tout était arrivé par ma faute, je me suis senti mal à l'aise et tout bonnement effacé. » Le seul regret de Lee, c'est de ne pas avoir connu Rock à une époque où lui-même était plus mûr : « Je n'avais pas encore assez de jugeote pour comprendre combien il était merveilleux et pour m'accrocher. Si j'avais été un peu plus vieux et expérimenté, il est probable que nous aurions vécu ensemble jusqu'à sa mort. »

En 1962, alors que Henry Willson le représentait depuis quatorze ans, Rock puisa en lui-même suffisamment de détermination pour se séparer de lui et changer d'agent. Depuis des années, il était mécontent de la mollesse de Henry, mais il lui était demeuré attaché, tant par loyauté que par crainte d'un éventuel retour de manivelle. Henry ne plantait quasiment plus de jalons pour préparer l'avenir professionnel de son poulain, se contentait de laisser venir les choses d'elles-mêmes et ne déployait pas l'agressivité qu'il eût fallu pour lui décrocher de grands rôles. « Il restait le cul dans son fauteuil en attendant que le téléphone sonne », affirmait l'acteur. « Rock n'était pratiquement plus représenté à Hollywood », devait déclarer plus tard John Foreman, le président de CMA qui devint son agent à la suite de Henry Willson. Et John d'ajouter : « Nul n'entendant parler de Rock, aucun directeur du casting ne songeait à l'engager. En plus, Rock menait une existence retirée et ne se montrait guère là où il fallait. Henry Willson n'avait pas le tempérament d'un accrocheur. Moi, je débordais de dynamisme. »

Rock avait sympathisé avec John et son épouse Linda, une femme adorable et pleine d'esprit qui avait grandi à Fontana, une modeste agglomération californienne. Les Foreman s'entouraient d'un cercle d'amis brillants qui se réunissaient fréquemment. « La vie à Beverly Hills était beaucoup plus mondaine à cette époque, me dit Linda, et le milieu du cinéma beaucoup plus restreint et soudé qu'aujourd'hui. John et moi recevions deux ou trois fois par mois. » Au cours d'un de leurs dîners, leurs invités, parmi lesquels figurait Rock, avaient par jeu imaginé de toutes pièces un petit village purement fantaisiste situé quelque part « au centre des États-Unis » et portant le nom de Newton, dans lequel toutes les personnes de leur groupe vivaient sous d'autres noms, exerçant chacune une profession et menant une existence totalement différente de la leur. Rock devenait ainsi Russell Burgess, un abominable fermier des environs. Linda et John Foreman, rebaptisés Vi et Art Wilkins, tenaient une boutique de chaussures pour femmes. Steve McQueen et sa femme Neile s'appelaient désormais Léon et Rosita Brown (Steve était le garagiste du village). Henry Fonda se métamorphosait en Lloyd Potts et c'était lui le facteur. La princesse Grace de Monaco devenait Olga Brooker, et du même coup maîtresse de ballet : elle enseignait aussi bien le pas de deux que les claquettes. Natalie Wood – devenue pour la circonstance Mary Frances Peterman – et Paul Newman travaillaient tous les deux au cinéma du village, elle comme ouvreuse et lui comme projectionniste. Le salon de beauté était tenu par Helen Smeader, ou si on préfère par Faye Dunaway. Quant à Roddy McDowall, on l'affubla du nom de Homère Box et on fit de lui un vieux garçon expert-comptable éperdument amoureux de Mary Frances Peterman et occupant avec sa mère un appartement au-dessus du cinéma.

Pendant tout le dîner, on s'amusa beaucoup en essayant d'imaginer comment pouvait bien se dérouler l'existence quotidienne à Newton, et bien entendu de deviner qui couchait avec qui. « Dites... il nous manque un maire! s'avisa Linda. Que diriez-vous d'élire Lloyd Potts? A mon avis, il ferait un excellent maire. » Mais le facteur Henry Fonda qui mangeait son potage protesta : « Non, non et non! Impossible! J'ai déjà assez à m'occuper comme ça avec mes œuvres de charité. » Sa repartie déchaîna des hurlements de rire.

Cet échange de propos avait quelque chose de totalement paradoxal, et il était pour le moins cocasse que des vedettes réunies autour d'une table s'échauffent à ce point l'imagination en essayant de se représenter dans ses moindres détails l'existence rabougrie d'une poignée de petites gens. Et pourtant, ils parlèrent pendant des heures des personnages qu'ils avaient créés, au point même de songer très sérieusement à faire un film sur la mythique Newton. Un film auquel chacun était tout disposé à prêter son concours.

A cette époque pourtant, de profonds changements se préparaient à Hollywood. Des changements dont tous allaient ressentir les effets. Les studios étaient en pleine déliquescence et engageaient de moins en moins d'acteurs sous contrat. Tout un chacun voulait désormais conquérir son autonomie, et le pouvoir était en train d'échapper aux géants de la production pour passer aux mains des metteurs en scène et des producteurs indépendants. Le déclin des studios entraînait aussi celui de tout l'appareil qui les avait soutenus. Un à un, les magazines pour fans cessaient de paraître, on n'organisait plus de galas à l'occasion des premières, et les vedettes n'assistaient plus aux remises des prix que si c'étaient elles qu'on couronnait. Dorénavant, les studios ne pouvaient plus imposer à leurs stars de faire acte de présence ici ou là quand ils le leur enjoignaient.

Dans les années soixante, le cinéma américain renonçait au panache pour se tourner vers le réalisme. De plus, la télévision avait réduit la stature des stars du septième art : ces figures de mythologie qui pendant si longtemps avaient paru inaccessibles au commun des mortels étaient peu à peu ramenées aux dimensions de petits personnages se mouvant sur l'écran d'une boîte trônant dans le salon. A présent, les idoles masculines – Dustin Hoffman, Al Pacino, Robert De Niro, Richard Dreyfuss – jouaient des rôles de salauds. Excellents interprètes, certes, mais assurément pas princes charmants ou gentlemen. « Essayez donc de les faire charger au grand galop sur un cheval blanc! ironisait Rock. Ils feraient tous la culbute et foutraient la pagaille. » Et c'était vrai. Le héros de jadis s'était transformé en un monsieur-tout-le-monde aux prises avec une banale histoire de tous les jours.

Rock, lui, appartenait à une espèce en voie de disparition : celle des dieux de l'écran fabriqués par un studio et imposés par les magazines de cinéma à une époque où le physique pesait au départ plus lourd dans la balance que le talent. Rock n'avait rien de commun avec l'homme de la rue. « Comment aurait-il pu d'un jour à l'autre incarner un personnage étriqué, minable ? m'expliqua John Foreman. Vous vous imaginez Rock Hudson et Al Pacino sur une même planète ? Et *a fortiori* dans un même film ? »

En ces années soixante, les États-Unis étaient bouleversés par les revendications sociales et politiques. Rock avait une véritable aversion pour la politique. Il se considérait comme un loyal patriote et votait républicain. Mais jamais il n'aurait pris part à un débat public, et pour rien au monde n'aurait adhéré à un parti. Jamais il n'apporta sa caution à un candidat ni ne soutint financièrement une campagne. Il était absolument stupéfait quand il voyait à la télévision une marche de protestation contre la guerre du Viêtnam ou une manifestation, quelle qu'elle fût. Et seuls les événements de Watts en 1965 le poussèrent à prendre une initiative qui eût pu passer pour un semblant d'engagement direct.

Quand éclatèrent cette année-là les émeutes par un beau soir d'été, il se tint sur la terrasse du Château avec Joy pour observer la fumée qui s'élevait du ghetto, où on pillait et incendiait tandis que la police et des bandes d'habitants du quartier noir échangeaient des coups de feu. Joy était inquiète pour Peggy, sa meilleure amie, qui précisément vivait à Watts. Elle lui téléphona, et Peggy lui apprit que chez elle, où elle s'était barricadée, l'électricité avait été coupée et il ne lui restait presque plus rien à manger. Joy rapporta ces nouvelles à Rock. « Dis-lui qu'on arrive », fit-il. Sur le moment, Joy jugea cette idée complètement folle. Et si un tireur isolé les prenait pour cibles ? Rock fit grimper Fritz, son berger allemand, sur le siège arrière de sa nouvelle Chrysler tout-terrain et mit le moteur en marche. Joy et son fils Gil avaient pris place sur le siège avant. Quelques minutes plus tard, ils filaient sur l'autoroute, en direction de Watts.

Rock franchit les barrages de police et engagea la voiture dans le quartier noir, où divers immeubles semblaient avoir subi un bombardement. « Partout les policiers étaient sur le pied de guerre, me raconta Joy. Des bandes de gamins s'étaient munies de pierres et de cocktails Molotov, et à tout instant je m'attendais à voir le pare-brise voler en éclats. Songez-y : ils voyaient passer dans une grosse bagnole étincelante un Blanc, une Noire, un enfant et un berger allemand qui aurait très bien pu être un chien d'attaque. »

Tout au long du trajet, Joy transpira à grosses gouttes et claqua des dents. Enfin, ils arrivèrent chez Peggy et tambourinèrent à la porte. Peggy s'engouffra dans la voiture et Rock ramena tout son monde à Beverly Hills. « Si, au studio, ils apprenaient ce que tu viens de faire, lui dit Joy, ils en attraperaient un coup de sang. » Dès qu'ils furent de retour au Château, ils allèrent tout droit vers le bar et Joy se souvient d'avoir demandé à Rock : « S'il te plaît, remplis-les à ras-bord ». « Ce soir-là, ajoute-t-elle, nous avons bu comme des trous et ri comme des fous. Mais c'était nerveux. Dans ces cas-là, c'est toujours après qu'on accuse le contrecoup. »

Sur sa lancée, Rock interpréta d'autres comédies – *Étranges compagnons de Lit, Le Coup de l'oreiller, Les Yeux bandés* –, mais ce genre connaissait de moins en moins de succès auprès du public des salles de cinéma. Depuis des années, l'acteur s'entourait d'un petit groupe très homogène de collaborateurs, toujours les mêmes, et il tenait à ce qu'on les engage chaque fois qu'il faisait un nouveau film. On avait baptisé leur petite chapelle « le club de bridge », étant donné qu'elle était composée exclusivement de gens qui jouaient au bridge avec Rock sitôt que sur le plateau les techniciens préparaient la prise de vues suivante. Depuis le fiasco de 1951 – l'année où Mark Miller avait tenté d'initier Rock aux subtilités de la méthode Culbertson et où sa tentative avait sombré dans une crise de rire – l'acteur était devenu un joueur de bridge accompli. Aussi jouait-il sitôt qu'il en avait l'occasion avec Mark Reedall, son maquilleur, Pete Saldutti, son habilleur, et George Robotham, le cascadeur qui le doublait. Inséparables, les quatre hommes prenaient leurs repas ensemble, buvaient et se promenaient ensemble, et tout leur était prétexte à se « faire des blagues ».

Mark Reedall, un grand gaillard blond bâti à coups de serpe, maquillait ordinairement Rock dans sa loge, en l'occurrence un énorme van qu'il avait baptisé « La grosse Irène », et dans lequel il disposait d'une cuisine, d'un grand salon d'habillage pourvu d'une table de maquillage, et de toilettes. « Je vais faire une bonne blague à Pete, annonça un matin l'acteur à Mark Reedall. Ce soir, dès qu'on aura replié, je galope et j'enfourne mon costume de tournage dans le congélateur. Il va le chercher comme un fou. » C'était en effet Pete Saldutti qui dessinait les costumes de Rock et avait la responsabilité quotidienne de les entretenir en parfait état et de s'assurer de scène en scène qu'ils n'avaient subi aucune altération décelable aux changements de plans. Mark Reedall mit une dernière touche au maquillage de Rock et avertit tout de suite Pete de ce qui se tramait.

« Cache-toi dans ses chiottes et flanque-lui une trouille bleue », lui conseilla-t-il. Le soir, dès que sur le plateau on cria « On replie! » pour annoncer que la journée de tournage était terminée, Rock se rua vers son motor-home, retira veste, cravate et pantalon en toute hâte, roula le tout en une boule qu'il plongea dans le congélateur. Puis, il se précipita vers le coin-toilette. Mais, au moment où il ouvrit la porte, Pete se jeta sur lui en poussant un hurlement de forcené. En évoquant devant moi cette anecdote, Mark Reedall en riait encore : « Ses cheveux se sont littéralement dressés sur sa tête, me dit-il. Sa première réaction a été de s'enfuir dare-dare, mais il était en slip et il y avait du monde autour du motor-home. »

A ce petit jeu, c'était continuellement à qui aurait l'autre. A l'époque où Rock tournait *McMillan and Wife*, la production avait mis à sa disposition un chauffeur du nom de Bernie Hellerstein. C'était lui qui avait piloté « La grosse Irène » pour la conduire à San Francisco, où étaient tournés les extérieurs. Cette année-là, on avait demandé à l'acteur de donner le coup d'envoi aux World Series *, qui précisément se déroulaient à San Francisco. Mais Rock avait été légèrement blessé dans un récent accident de voiture, et il craignait de ne pas avoir recouvré suffisamment de forces pour faire bonne figure devant le public d'un stade archicomble.

« T'en fais pas, Rock, lui dit Bernie, j'irai te remplacer.

– Excellente idée, Bernie. »

A l'extérieur du motor-home, Mark prit Bernie à part et lui chuchota quelque chose à l'oreille. Un peu plus tard, Bernie, surexcité, vint retrouver Rock :

« Tout est arrangé, lui affirma-t-il. Le studio est tout à fait d'accord pour que ce soit moi qui donne le coup d'envoi à ta place. J'ai déjà téléphoné à tous les copains de Brooklyn pour leur annoncer la nouvelle! Tu parles, tout mon quartier sera devant la télévision pour me voir!

– Nom de dieu, Bernie! haleta Rock. Mais je t'ai dit ça pour plaisanter! »

Le visage de Bernie se décomposa :

« Mais... Rock, qu'est-ce que je vais bien pouvoir raconter aux copains? »

Atterré, Bernie se traîna lamentablement hors du motor-home. Rock s'en voulait à mort. Il se rongeait les sangs, désespéré, quand Mark arriva pour le maquiller. Rock lui raconta l'horrible mésaventure de Bernie.

* Coupe de base-ball opposant l'équipe championne des grandes associations professionnelles américaines, la National League et l'American League (*N.d.T.*)

« Tu vois, Rock, dit Mark, je m'en veux autant que toi. C'est moi qui avais donné l'idée au pauvre Bernie de te remplacer. »

Incapable de dire un mot, Rock restait prostré. Mark l'observait. « Je savais que je l'avais eu dans les grandes largeurs », me raconta-t-il. Et soudain Rock le dévisagea, stupéfait, puis cogna du poing sur la table de maquillage :

« Merde et merde et merde! Je me suis fait avoir comme un gamin! »

Ils continuèrent ainsi pendant un certain temps à se faire des blagues, jusqu'au jour où les uns et les autres jugèrent qu'ils « allaient trop loin et que la plaisanterie avait assez duré ».

En 1964, alors que depuis sept ans Rock était numéro un au box-office, il rétrograda en seconde position. L'année suivante, sa cote chuta encore, et il ne se classait plus que dans les dix premiers, position qu'il conserva jusqu'en 1966. Mais, en 1967, il fut éliminé du peloton de tête.

Le paradoxe, c'est qu'au moment où déclinait sa popularité, il atteignait à la pleine maîtrise de son talent d'acteur, car, en 1966, il interpréta *L'Opération diabolique* avec une profondeur et un brio que jamais encore il n'avait eu l'occasion de déployer. Or, il ne s'agissait là ni d'une histoire d'amour ni d'une comédie, mais d'un sombre drame dont le dénouement sonne comme un terrible avertissement.

Le dernier film qui a beaucoup compté pour moi, c'est L'Opération diabolique. *Et Dieu sait si ce film a bien pu déchaîner la controverse. Mais un film d'horreur a toujours quelque chose d'un peu choquant... d'effrayant. J'y jouais le rôle d'un homme de soixante ans qui retrouve une seconde jeunesse après sa « résurrection ». Il a fallu me faire un lifting, car dans le film il y a un avant et un après. Dans la plus grande partie de l'histoire, mon rôle se situe « après ». Au Festival de Cannes, on a comparé le film à l'histoire du Dr Faust.*

Dans *L'Opération diabolique*, Rock interprète le personnage d'un riche banquier new-yorkais englué dans un train-train conjugal sans amour et une vie sans surprise. Pour une somme rondelette, une mystérieuse « clinique » lui applique une formule de jouvence : une opération chirurgicale lui restitue un visage et un corps de jeune homme, on rajeunit le timbre de sa voix, on « enterre » sa vieille dépouille, on fait de lui un peintre dont l'atelier à Malibu donne sur le Pacifique, on le nantit de nouveaux amis et, pour faire bon poids, on lui trouve une maîtresse. « Vous avez à présent la chance de pouvoir réaliser le rêve de tous les Américains entre deux âges, le félicite le directeur de la clinique. Vous voilà désormais un homme libre. » Mais Rock se fait mal à sa nouvelle existence dorée. L'abolition de son passé et la suppression de ses ancrages lui laissent un arrière-goût de déracinement. Et quand il découvre que ses nouveaux amis et sa maîtresse ont eux aussi été « ressuscités », il se rebelle, retourne à la clinique et exige qu'on lui restitue son ancienne vie.

Le film donna à Rock l'occasion d'interpréter le rôle de composition le plus difficile de toute sa carrière. L'homme d'affaires crispé, austère et timoré qu'il était dans sa première vie se métamorphosait en un personnage faisant fi de toute convenance et capable, dans un moment de frénésie orgiaque, de se vautrer nu dans une cuve de moût, riant à en perdre la raison. Dans la dernière partie du film, il se transformait enfin en un être rongé de fureur et de ressentiment, désespéré de ne pouvoir saisir la chance fragile et improbable de revivre sa vie telle qu'elle n'aurait jamais dû s'interrompre.

Tourné en noir et blanc, le film avait pour metteur en scène John Frankenheimer et pour directeur de la photo James Hong Howe. L'éclairage et des effets de distorsion optique rendaient les images de certaines scènes sinistres, irréelles, comme si on les avait filmées à travers un objectif « fish-eye ». En interprétant *L'Opération diabolique*, Rock s'enivra pour la seule et unique fois de sa carrière durant un tournage. Il devait jouer une longue scène d'ivresse, au cours de laquelle il était censé libérer le trop-plein de sa rancœur et s'effondrer. Doutant de pouvoir rendre cette scène avec le réalisme qu'elle exigeait, il avait obtenu de Frankenheimer licence de ne pas dessoûler pendant les trois jours qu'avaient duré les prises de vues de la séquence. Jimmy Dobson, le répétiteur de Rock, désapprouvait cet artifice. « Les scènes d'ivresse les mieux rendues sont toujours interprétées par les acteurs qui n'ont pas bu une goutte », me dit-il. Mais la scène fut superbement rendue. « Allez donc après ça persuader Rock que ce n'était certainement pas le meilleur moyen de la jouer ! »

Au printemps 1966, le film fut projeté au festival de Cannes. Rock en profita pour faire une escale à Hambourg et revoir Mark Miller et George Nader, qui s'y étaient installés en 1964 quand George avait signé pour onze épisodes télévisés dans lesquels il tenait le rôle de Jerry Cotton, un émule allemand de James Bond. Mark et George l'attendaient à l'aéroport. Alors qu'ils revenaient tous les trois vers la ville, Rock leur annonça en cours de route : « Il faut que je vous fasse une confidence, les gars. Je suis maintenant célèbre dans le monde entier. »

Mark et George échangèrent un regard perplexe.

« Comme je vous le dis, les gars, insista Rock, dans le monde entier.

– Dis-moi, mais c'est merveilleux, ce que tu nous racontes là, fit George. Et... tu as fait bon voyage ? »

Plus tard, quand ils furent seuls, Mark et George se demandèrent quelle mouche avait piqué Rock. « Nous le savions bien, pardi, qu'il était connu dans le monde entier! Mais il nous avait révélé la nouvelle comme un Dieu qui descend de la montagne remettre au peuple élu les Tables de la Loi. C'était dur à avaler. Surtout de la part d'un type que jadis nous avions nourri grâce aux pourboires que Mark empochait dans son drive-in. Nous le connaissions depuis trop longtemps et beaucoup trop bien pour nous laisser prendre à son numéro. »

Mark accompagna Rock à Cannes, mais George, pris par ses obligations, dut rester en Allemagne. Paramount avait pris des dispositions pour que Rock se fasse accompagner à la présentation de *L'Opération diabolique* par Pamela Tiffin, et Mark par une autre actrice, Edra Gayle. Les deux couples se rendirent au palais des festivals chacun dans une limousine, et dans la salle on les dirigea vers des emplacements différents. A la fin de la projection, le film fut hué. Mais quelqu'un vint sur l'avant-scène pour annoncer : « Mesdames et messieurs, nous avons aujourd'hui la surprise d'accueillir parmi nous M. Rock Hudson. » Au balcon, la vedette ne savait trop quelle attitude adopter, car dès qu'on eut prononcé son nom les sifflements se changèrent en acclamations et dans la salle tout le monde se leva pour l'ovationner. Ce revirement avait de quoi déconcerter, mais comme le comprit Mark, « c'était pour ses précédents films qu'on l'applaudissait ce jour-là ».

Après s'être montrés dans différents cocktails et parties, comme il est d'usage au festival, Rock et Mark ne se retrouvèrent seuls à l'hôtel Carlton qu'aux environs de quatre heures du matin.

« Merde alors! fit Rock. Et moi qui étais convaincu d'avoir fait un chef-d'œuvre! »

Mark, qui était arrivé dans la salle de projection une demi-heure avant l'acteur, lui fit part de son sentiment sur le film :

« La première demi-heure piétine. Trop mou. Tu ne récupèreras jamais ça. Il faudrait que tu obtiennes du studio un nouveau tournage.

– Il ne faut même pas y songer », fit Rock.

Mark ne se trompait pas. Après sa sortie aux États-Unis, le film fut promptement retiré de l'affiche. Mais, au fil des années, *L'Opération diabolique* fit cependant son chemin et remporta un net succès d'estime auprès du public des ciné-clubs et des universités. Il valut même à Rock divers prix d'interprétation que lui décernèrent les professionnels du cinéma. Le temps passant, l'acteur revisa le jugement qu'il portait sur le film et le compta parmi les meilleurs qu'il avait tournés.

Au cours de l'été 1966, son contrat d'exclusivité avec Universal arriva à expiration. Rock retrouvait enfin sa liberté de mouvement. Enfin, il était libre de travailler avec n'importe quel producteur et de choisir ses rôles, alors que jusque-là c'était le studio qui les lui avait imposés. Mais ses derniers films n'avaient pas été des triomphes, et il ne tarda guère à constater qu'on ne le sollicitait plus, qu'on ne se bousculait pas au téléphone pour l'inonder de propositions. Lui qui jusque-là avait travaillé sans interruption en était réduit au désœuvrement. Il en ressentit de plus en plus d'accablement. L'âge d'or était-il à jamais révolu ?

Ce fut à peu près à cette époque qu'il redescendit de son piédestal pour redevenir le Rock Hudson que ses amis fidèles avaient connu jadis. Mais « quand il a touché terre, rapporte George Nader, il a tout de suite sauté sur la bouteille ». Chaque soir, il buvait comme un trou. Jamais il ne se mettait à table avant dix ou onze heures, affirmant qu'un autre whisky-soda ne serait pas de trop pour un homme qui ne buvait pas après avoir dîné. Les amis qu'il invitait à sa table tentaient discrètement de l'empêcher de tant s'alcooliser en déclarant tout de go qu'ils avaient une faim de loup. Mais, Rock déclarait invariablement : « Prenons tout de même le temps de boire encore un verre. » Joy avait beau venir à la rescousse en lui faisant remarquer que « lorsqu'on invite des gens à dîner, on commence par les nourrir », rien n'y faisait. Et quand on demandait à Tom Clark pourquoi Rock buvait tant, il répondait : « Parce qu'il ne peut pas se faire à l'idée de ne plus être le premier. »

Rock s'était lié d'amitié avec Tom, lequel faisait alors partie de l'équipe des attachés de presse de Metro Goldwyn Mayer. Ils s'étaient rencontrés en 1964 autour d'une table de bridge, et par la suite Rock avait pris l'habitude de dîner de temps à autre avec Tom et son compagnon d'existence, Pete De Palma. Peu de temps après l'expiration de son contrat, Rock avait fait un voyage en Extrême-Orient avec De Palma, et tandis qu'ils séjournaient à Hong Kong l'acteur avait reçu un coup de téléphone désagréable de son homme d'affaires, Andy Maree. Rock n'entendait rien aux questions financières, dont il ne voulait même pas entendre parler, et il laissait à Maree carte blanche pour gérer ses avoirs. Aussi ne saisit-il pas très clairement le sens de ce que son interlocuteur lui dit au téléphone : « A la banque, tu as un trou de 15 000 dollars. Tu ferais bien de rentrer dare-dare et de te remettre au travail. »

Ce fut Tom Clark qui lui apprit que Martin Ransohoff allait produire pour MGM un film dont le titre serait *Zebra, station polaire.*

« Diable, c'est que j'aimerais bigrement le faire! lui dit Rock.

– Alors, viens déjeuner avec moi au studio. Tu iras voir ensuite Marty dans son bureau et tu mettras cartes sur table : “ Salut, je suis Rock Hudson. Je souhaiterais faire *Zebra, station polaire.* ” Ça devrait marcher. »

Rock suivit le conseil de Tom et fit par ailleurs intervenir son agent. De sorte qu'il obtint d'autant plus aisément le premier rôle que Laurence Harvey, qui devait l'interpréter, venait d'y renoncer.

Le film fut pour Rock un véritable coup de fouet. De nouveau, il était une vedette, et il témoigna d'un enthousiasme de gamin pour les artifices techniques – les icebergs, les tempêtes de neige, le sous-marin nucléaire construit en maquette sur le plateau – mis en œuvre par la production. C'était Tom Clark qui avait été chargé de faire la publicité du film et, pour la première fois, les deux hommes travaillèrent ensemble.

Lors du tournage de *Zebra, station polaire* en 1967, Rock fit la connaissance d'un curieux garçon dont les dispositions naturelles pour les farces et les clowneries s'accordaient tout à fait aux siennes. Depuis 1954, aucun homme n'avait partagé l'existence de Rock. Avec cette rencontre, la bonne humeur et la gaieté allaient ramener le Château à la vie.

8.

J'adore fumer. J'espère qu'un jour quelqu'un va découvrir que c'est une saine habitude et que la fumée vous détruit les microbes dans tout le corps.

J'aime aussi boire, mais je déteste faire de l'exercice. Cela ne me dérange pas d'aller peiner à flanc de coteau pour abattre un arbre, mais l'exercice pour l'exercice, non. J'ai fait construire chez moi un gymnase, mais je n'y vais jamais. Je n'ai même pas la moindre envie d'y mettre les pieds.

Je suis un nocturne. Quand je ne travaille pas, jamais je ne ressens le besoin d'aller me coucher. Je préfère de beaucoup rester debout pour bavarder, lire ou écouter de la musique. La musique m'est aussi indispensable que l'air que je respire. Quelle que soit l'heure, il faut que la musique me submerge. J'aime toutes les musiques.

Frank Shea comptait parmi les connaissances de Rock, et dans sa propriété de Beverly Hills, il possédait un court de tennis qu'il laissait à la libre disposition de ses amis. Un après-midi de l'été 1967, Rock y vint échanger quelques balles et quelques mondanités. Mais en partant il oublia par mégarde sa raquette, et quand il revint la chercher un peu plus tard, le court était occupé par d'autres joueurs. C'est ainsi qu'on lui présenta Jack Coates, un garçon de vingt-trois ans beau comme un dieu. Il était blond et tanné par le soleil, mais son charme ne tenait pas exclusivement à son physique. Ce qui chez lui frappait tout autant, c'était la vivacité de son regard et sa vitalité débordante. Après un échange de poignées de main, Rock se retira du court. Mais, au lieu de s'éloigner, il demeura debout à l'extérieur, à l'abri du grillage couvert de lierre, pour observer sans être vu la partie à travers une trouée du feuillage.

Mais Jack Coates savait qu'on l'observait. Il voyait parfaitement les chaussures de tennis de Rock sous la clôture. Aussi ne ménageait-il pas ses efforts pour servir plus sec et monter au filet plus vite. A l'âge de treize ans, il avait vu *Géant* dans un cinéma de quartier de Phoenix, et depuis lors il rêvait de rencontrer Rock Hudson. « Le film n'avait duré que trois heures, me dit Jack, et pourtant, quand je suis sorti de la salle, ma vie avait changé. J'avais tout juste senti que Rock Hudson n'était pas comme les autres, et je savais qu'un jour je l'approcherais et le connaîtrais. Quelque chose dans le rôle qu'il jouait – sa métamorphose sur l'écran – m'avait bouleversé, et par la suite je ne l'ai jamais oublié. »

Depuis sa terminale, Jack vivait avec un promoteur immobilier plus âgé que lui, lequel l'avait emmené en Californie, où il faisait construire des pavillons dans un quartier cossu de Los Angeles. Depuis lors, ils occupaient tous deux l'un de ces pavillons et cet été-là, en 1967, Jack suivait des cours d'ethnologie à l'université de Californie tout en exerçant deux emplois à mi-temps, l'un dans une station-service, l'autre dans un stand qui débitait des hamburgers sur la plage, le Sorrento Grill. Il possédait une Corvette décapotable, une motocyclette et un vieux break Mercury modèle 47 à carrosserie de bois, dont il se servait quand il allait faire du surf. Trois choses l'enthousiasmaient : Beverly Hills, bichonner sa Corvette rouge et jouer au tennis avec les stars. « On m'invitait volontiers à venir faire une partie parce que j'étais à cette époque un partenaire très agréable. Je jouais convenablement et ce n'était pas moi qui aurais expédié une balle dans le gosier de Dinah Shore. Je servais à la pépère... un, deux, cha cha cha... et ça lui arrivait en douceur droit devant les genoux. »

Mais la seule vedette qu'il ambitionnait vraiment de rencontrer, c'était Rock Hudson. Après l'épisode du court de tennis où, raconte Jack, « j'avais pu observer qu'on m'observait », le garçon prit l'habitude de faire halte chez Rock quand il allait à ses cours ou quand il en sortait. A sa première visite, il avait arrêté sa Corvette juste devant la maison et, n'osant frapper, avait rabattu la capote pour se donner une contenance. Il était en train de la fixer par ses sangles quand Rock, qui se promenait dehors avec un de ses chiens, lui avait lancé de loin : « Alors, besoin d'un petit coup de main ? » Jack me confia que l'impression la plus marquante que lui fit Rock ce jour-là avait été « sa façon de prononcer le mot " Alors ? ". » Il me l'a dit avec une voix si chaude, si généreuse, que j'avais l'impression d'être affectueusement enlacé. " Alors ? ". » Jack avait espéré que quelque chose de ce genre se produirait, mais quand il avait vu Rock se diriger vers lui, pris de panique, il avait rabattu la capote et démarré en toute hâte. Quelques jours plus tard, alors qu'il roulait sur une route étroite et sinueuse à flanc de colline, Jack s'aperçut que la Cadillac décapotable bleue qui le précédait était celle de Rock. De son côté l'acteur, ayant identifié dans son rétroviseur la Corvette qui le suivait, freina et s'arrêta au beau milieu de la route :

« Alors ? Ça te dirait de venir déjeuner avec moi ?

– Je ne le peux pas, fit Jack, il faut que j'aille travailler.

– Et tu travailles où ?

– Dans une station-service. Standard Oil. Au coin du boulevard Wilshire et de l'avenue La Cienaga. »

Dans l'après-midi, la Cadillac bleue entra dans la station et s'immobilisa devant Jack. « Tu me fais le plein. » Il n'entrait pas plus de six ou sept litres dans le réservoir. Une heure plus tard, Rock était de nouveau là, mais cette fois au volant d'un break Chrysler. « Tu peux me faire le plein ? » Jack lui en servit une quinzaine de litres et Rock lui demanda à quelle heure il terminait son travail.

« Ce soir, je finis tôt. Dix heures.

– Si tu venais prendre un bain de vapeur ou te tremper dans ma piscine ? »

Jack accepta et, peu après dix heures, il se présentait au Château. « Une catastrophe, me raconta-t-il. Je n'arrivais pas à me faire à l'idée que j'étais en présence de Rock Hudson. Depuis dix ans, il était mon idole, et je me sentais tellement dépossédé de mes moyens que je n'ai rien pu faire d'autre que boire une bière et me sauver à toute vitesse. » Avant son départ, Rock l'invita à revenir le dimanche suivant dans l'après-midi. Pour l'occasion, Jack fit l'acquisition du dernier disque des Mamas and Papas. Rock n'avait jamais entendu parler de ce groupe, mais il fit passer le disque plusieurs fois. « Allons cueillir des citrons verts dans le citronnier pour préparer des daiquiris, proposa-t-il. Voyons si tu cours plus vite que moi. Prêt ? Allons-y, fonce ! » Ils rapportèrent les citrons et Rock alla chercher son broyeur à glaçons pour préparer les cocktails et les servir dans des verres spéciaux. Il faisait de l'opération un véritable cérémonial, allant jusqu'à faire jouer sur le tourne-disque une musique qui selon lui se mariait fort bien à ce breuvage quand on le sert un dimanche après-midi, et à ouvrir toutes grandes les fenêtres du bar pour que les senteurs du jasmin envahissent la maison. « C'est à ce moment-là seulement que je me suis senti plus à l'aise et que l'atmosphère s'est détendue, me raconta Jack. Entre nous, ça collait. Nous étions faits pour nous entendre. Nous pouvions nous faire écrouler de rire l'un l'autre d'un mot ou d'un regard. Moi qui avais tant souhaité le rencontrer, jamais je ne m'étais douté que les choses prendraient cette tournure. »

De ce jour, ils se mirent à jouer « au chat et à la souris », pour reprendre les propres termes de Jack. Rock le poursuivait de ses assiduités, et lui s'y laissait prendre... pour s'échapper peu après. Il faisait de brèves apparitions au Château, puis se retranchait chez lui avec son promoteur en refusant de décrocher le téléphone quand Rock l'appelait. Au cours de l'été, Mark Miller revint d'Europe pour mettre à jour sa situation fiscale, et lors de la visite qu'il fit à Rock celui-ci lui déclara, en levant les yeux au ciel et en se pinçant la chemise dans un mouvement de va-et-vient qui simulait l'affolement de son cœur : « J'ai trouvé le bon! De la dynamite, mon vieux. Mais il est en main. Il va me falloir pas mal de patience. » Rock organisa en l'honneur de Mark une soirée à laquelle il convia une trentaine de personnes. Parmi les invités, Mark repéra un garçon blond en tenue de tennis dont il devait me décrire beaucoup plus tard « les yeux bleus espiègles et les jambes superbes. Une sorte de flamboiement émanait de tout son être ». Mark s'approcha de lui en souriant :

« Tu es le nouvel ami de Rock? »

Jack Coates vivait depuis cinq ans avec son promoteur et n'avait nullement hâte de changer de vie. D'ailleurs, on l'avait mis en garde en lui affirmant que Rock le laisserait tomber après avoir usé de lui. « Je ne veux plus te voir, annonça-t-il un jour à l'acteur. Je suis tout à fait heureux de mon sort. » Mais Rock ne cessait de l'appeler. Parfois même, il se garait à flanc de colline, juste au-dessus de la maison où vivait Jack, pour lui téléphoner de sa voiture.

« Écoute, lui disait le jeune homme, jamais je n'ai rencontré un homme qui me plaise autant que toi. Mais c'est non.

– Allons manger tous les deux une glace chez Will Wright, proposait Rock. Une double, à la vanille, avec du fondant au caramel chaud.

– Tout le monde sait que tu n'es pas sincère », se défendait Jack.

Mais Rock insistait :

« Au Big Boy, alors, à la terrasse de chez Bob. On se fera servir des cheeseburgers avec une portion supplémentaire de ketchup! »

Jack finissait par céder, quitte à faire machine arrière un peu plus tard. Ce petit jeu se poursuivit jusqu'au jour où Jack reçut un coup de téléphone alarmé de l'agent de Rock : si le jeune homme n'acceptait pas une rencontre dans l'après-midi, Rock refusait de participer à un spécial télévisé de Bob Hope. En sortant de l'université, Jack se rendit au Château. Rock s'en alla cueillir de la menthe au jardin pour préparer des mint julips qu'il servit dans des gobelets d'argent. « Jamais de ma vie je n'avais bu de mint julips, me dit Jack. Et ce cocktail reste associé dans ma mémoire à cette journée qui devait marquer un tournant dans ma vie. Je sentais qu'il *était* sincère et incapable de déguiser ses sentiments. » Rock accompagna Jack chez lui, à Trousdale, l'aida à empaqueter ses affaires et à les porter dans la vieille Mercury à carrosserie de bois – sans oublier le Koala défraîchi orné d'un ruban jaune qui lui tenait lieu de nounours en peluche – et le ramena au Château pour l'y installer.

Labor Day * tombait le week-end suivant, et Rock proposa à Jack de saisir l'occasion pour faire un voyage de quelques jours qui serait « un peu comme une lune de miel ». Ils jetèrent quelques objets indispensables dans la Cadillac, rabattirent la capote et prirent l'autoroute numéro un en direction du nord. « Mais tout est allé de travers, me raconta Jack, absolument tout. » Rock essayait de nouveaux verres de contact, mais la poussière de l'autoroute lui volait dans les yeux et l'aveuglait. Ils durent faire halte à Solvang, une réplique de village danois où on leur servit des bières tièdes et des sandwiches racornis. De plus, Rock ne tarda guère à être identifié et entouré de gens surexcités. Effrayé, Jack battit en retraite vers la voiture. Quand ils atteignirent Monterey, ce fut pour constater qu'en raison du festival de jazz qui s'y déroulait tous les hôtels affichaient complet. Ils repartirent pour San Jose, où ils firent de leur mieux pour mastiquer un steak caoutchouteux, et où ils finirent par trouver une chambre dans un Holiday Inn. « Mais Rock avait le don, quand tout allait de mal en pis, de faire d'un désastre une partie de plaisir en prenant les choses avec humour et en vous faisant ployer de rire. Comment voulez-vous prendre les choses au tragique quand vous riez aux larmes ? »

Jamais encore Jack ne s'était fait servir un petit déjeuner dans une chambre d'hôtel. Ce fut donc Rock qui se chargea de commander le lendemain matin un énorme plateau, mais on ne leur apporta qu'une heure plus tard un petit déjeuner complètement refroidi. Ils repartirent pour les vignobles de la Napa Valley où, selon le témoignage de Jack, « de temps en temps tout se passait à peu près bien ». Ils déjeunèrent sur une terrasse d'auberge dominant les coteaux en dégustant un chablis californien et en évoquant tout ce qui avait tant différé le bonheur d'être enfin réunis. Ensuite, ils se turent, les yeux dans les yeux. Mais leur silence fut bientôt rompu par un bruissement de feuillage : deux fillettes s'étaient glissées dans un buisson tout proche pour épier leur conversation. Rock se leva, fit quelques pas dans leur direction et elles détalèrent. « Voilà comment

* En Amérique du Nord, la Fête du travail se célèbre le premier lundi de septembre. (*N.d.T.*)

s'est déroulé notre premier voyage sentimental », me dit Jack.

Les familiers de Rock furent d'emblée séduits par le jeune homme. Tom Clark et Pete De Palma lui apprirent à jouer au bridge, et ils le sortaient quand Rock s'absentait pendant quelque temps pour aller tourner loin de Hollywood. Quand à Mark et George, ils jugeaient que l'esprit frondeur de Jack redonnerait peut-être à Rock le goût des gamineries et le sens du ridicule. Selon Mark, « on aimait tout de suite Jack. C'était un être ouvert, intelligent, et ses yeux pétillaient de joie de vivre. En sa présence, on avait envie de faire n'importe quelle pitrerie ». Jack était perpétuellement en mouvement. Il ne pouvait rester assis sur une chaise plus de quelques minutes. Et quand il se déplaçait, tout son corps se mobilisait : il pliait les genoux, agitait les bras et retournait la tête. « Qu'est-ce qu'il pouvait bien se démener! me dit Joy. Tous ses muscles étaient élastiques. » « Un véritable météore, me confia pour sa part un de ses amis. Il fallait se hâter de l'intercepter au passage. De l'épingler comme un hanneton. » Dans les années soixante, Jack était encore jeune et subissait l'influence de la révolution culturelle qui s'opérait alors parmi la jeunesse américaine. Il portait des jeans et une ceinture fermée par une boucle représentant un motif navajo, était végétarien et fumait de la marijuana. Rock avait lui aussi essayé d'en fumer, mais n'en avait tiré aucun plaisir. Il réprouvait l'usage de la cocaïne – « Épouvantable... j'ai essayé et ça m'en a dégoûté pour la fin de mes jours » – et il demandait à tout le monde de s'abstenir de fumer ou de consommer des drogues illicites sous son toit.

Jack ne portait aucun intérêt aux commérages et aux intrigues qui circulaient ou se nouaient autour du Château. Dépourvu de toute mesquinerie, il voyait toujours le bon côté des êtres. Ce qui lui plaisait le plus chez Rock, c'était le don qu'il possédait de mordre dans l'existence à belles dents, de faire une fête de l'instant qui passe : « Descendons faire un tour au Building Emporium *, me proposait-il. C'était sa distraction préférée dans l'après-midi. Alors il passait un pantalon de velours élimé, une chemise avec une poche pour les cigarettes, et il chaussait de vieilles godasses dans lesquelles il se sentait à l'aise. Ensuite, il fallait retrouver ses lunettes. Je lui disais souvent qu'une vedette devrait en avoir une vingtaine de paires. Mais lui n'en avait qu'une seule. Des lunettes toutes simples cerclées de noir. Et on devait fouiller toute la maison pour remettre la main dessus. Avec ses vieilles fringues et ses lunettes, il était

* Le Bricorama de Beverly Hills. (*N.d.T.*)

méconnaissable. Alors on sautait dans le break et on allait au Building Emporium, où on trouvait à peu près tout ce qui peut bien exister pour bricoler. Il pouvait passer des heures au rayon des tuyaux d'arrosage et s'amuser davantage qu'un môme à Disneyland.

Pour le plus grand plaisir de Jack – qu'il avait surnommé « sale cabot » –, Rock adorait manipuler le langage. A tout instant, il débusquait un calembour ou un mot à tiroirs. « Tu connais le comble pour un sale cabot ? C'est de vouloir jouer au cabotin. » Avec lui, tout était prétexte à inventer un surnom : la chambre d'amis était devenue « Tijuana », et il avait baptisé « le Détroit » la petite route qui descend vers Sunset Boulevard, dont les virages et les bosses évoquaient dans son esprit les traîtres écueils d'un chenal.

Après son installation au Château, Jack dut décider de la conduite à tenir pour continuer ses études. A la suite des deux premières années qu'il avait passées à l'université d'État de l'Arizona, il envisageait de s'inscrire à celle de Los Angeles à l'automne, mais ce transfert risquait de le retarder. Par ailleurs, Rock devait s'absenter pendant plusieurs mois pour tourner des extérieurs, de sorte que Jack résolut de passer son diplôme de fin d'études en Arizona. Pendant plusieurs années, il multipliera les allers et retours en avion entre Phoenix et Los Angeles, faisant en sorte de se libérer du jeudi soir au lundi matin pour venir retrouver Rock, qui chaque semaine viendra le chercher à l'aéroport. Pour ne pas avoir à boucler chaque fois ses valises, Jack dédoubla sa garde-robe, essentiellement composée de T-shirts et de jeans. L'aide financière de Rock le mettait passablement mal à l'aise : « J'avais beau lui répéter que je disposais d'un salaire et d'argent sur mon compte, il ne voulait rien savoir. “ Écoute, me disait-il, moi aussi j'aurais bien aimé aller à l'université. Mais, je n'ai jamais pu. Alors je suis heureux de te voir poursuivre tes études. ” »

Jamais, ils ne parlèrent des conséquences que risquait d'avoir sur la carrière de Rock l'installation du jeune homme au Château. Mais Jack comprit de lui-même que des précautions s'imposaient. Ils se séparaient quand ils allaient au concert ou se rendaient à une manifestation publique de quelque importance, et Jack prenait grand soin de ne jamais se laisser photographier aux côtés de Rock. « C'était moins pour donner le change que pour jouer le jeu, m'expliqua Jack. Rock était acteur et devait s'acquitter de deux rôles, l'un en public et l'autre dans le privé. En public, il se tenait sur ses gardes, mais chez lui il pouvait comme il le disait lui-même “ se dévergonder en secret ”. »

A l'exception de Joy, de Clarence Morimoto et des sept chiens, ils étaient seuls à disposer de la maison. « Les chiens couraient dans tous les sens et se baignaient avec nous dans la piscine. Ils mangeaient tous dans la même gamelle », me raconta Jack. Chaque animal avait sa propre histoire, et Rock n'avait pas manqué de leur attribuer des sobriquets. Fritz, le berger allemand qu'il préférait à tous les autres, était devenu Fritz the Nitz *. Un soir qu'il revenait d'une première en tenue de soirée, Rock avait aidé Miss Sally, un grand berger des Flandres à robe claire, à mettre bas le long du mur de la cuisine et sous une pluie battante. Il avait baptisé Wee Wee ** la fille de Miss Sally, Nick l'Abruti un autre berger allemand et Mister Murphy un schnauzer que lui avait offert un groupe d'admirateurs. Quant à Jack et Jill, c'étaient deux setters irlandais qui portaient respectivement les noms de Rhett et Scarlett – les personnages de *Autant en emporte le vent* – quand Rock les avait adoptés.

L'été, Rock et Jack passaient leur temps au bord de la piscine. Celle-ci n'ayant pas de plongeoir, Rock avait inventé un jeu qu'il appelait « le plongeon ralenti en immersion », lequel consistait à exécuter sous l'eau un retournement arrière complet avant de refaire surface, généralement à bout de souffle. Mais quand il se livrait à cet exercice, la plupart du temps l'un des chiens se jetait dans le bassin en essayant de le tirer par son slip de bain tandis que les autres couraient le long des bords en aboyant.

Rock et Jack jouaient aussi à cache-cache. C'était d'ordinaire Jack qui grimpait à un arbre, et quand au bout d'un certain temps Rock ne l'avait pas retrouvé, il envoyait les chiens le cerner. « C'est de la triche! » protestait Jack en descendant de son arbre. Tous les deux aimaient bien travailler dans le jardin avec Clarence. Ils emportaient dans la serre un poste de radio, des tabourets, et ils pouvaient passer des heures à empoter et réempoter. « Nous avions une préférence marquée pour le pin étoilé », me raconta Jack. Il s'agit d'un arbre originaire de l'île Norfolk, avec cinq branches à chaque étage, comme autant d'étoiles. Ils jouaient continuellement à celui qui en verrait le plus. Un jour, Rock envoya d'Italie à Jack un télégramme ainsi formulé : « Repéré hier pin étoilé Rome. »

Jack aidait Rock à redécorer la maison. « Allons faire un tour chez Meade, proposait de temps à autre l'acteur. Il a peut-être quelque chose d'intéressant. » Meade était un brocanteur de Pasadena qui

* Littéralement : Fritz-que-dalle.
** Riquiqui ou Bout d'choux.

récupérait les objets les plus hétéroclites. C'est ainsi que Rock avait trouvé dans son bric-à-brac un ensemble de colonnes d'imitation grecque qui jadis avaient été érigées à l'entrée d'une banque. Il les avait fait transporter au Château et dresser autour de la piscine. Chez Meade, il était également tombé sur une gigantesque cheminée de marbre qu'il avait fait monter dans le grand salon. « On eut beau lui dire qu'elle était beaucoup trop grande et qu'elle ne tirerait pas, car elle était assez monumentale pour trouver sa place dans une salle de bal ou dans un manoir, il ne voulut rien entendre. Il en fit l'acquisition et, chose invraisemblable, son tirage était parfait. »

Pendant les week-ends, ils louaient une douzaine de films qu'ils se projetaient sans interruption dans la salle de jeu et achetaient du teriyaki * et deux entrecôtes épaisses de cinq bons centimètres que Rock faisait mariner dans du bourbon avant de les faire griller sur le barbecue, opération qu'il tenait à exécuter lui-même, quitte à servir invariablement des pièces de viande carbonisées. Jack jugeait quelque peu excentriques les habitudes alimentaires de son compagnon : « Ce qu'il préférait, quand il voulait prendre un en-cas à une heure avancée de la soirée, c'était un sandwich de pain blanc au beurre d'arachide tartiné de gelée de fruit et de crème fouettée, auquel il ajoutait du jambon et du fromage. Souvent, il retirait les hamburgers de leur enveloppe de plastique pour les manger tout crus. Et puis les gésiers. Il réclamait toujours des gésiers : " Joy, tu ne me ferais pas un plat de gésiers ? " »

Ce furent pour l'un et l'autre des années de bonheur et de stabilité, marquées par une profusion de bons moments et seulement par de très rares frictions. « Si quelque chose le tourmentait, me dit Jack, il n'en parlait pas et gardait le silence. Mais ce silence était plus redoutable qu'une vive colère, car on le sentait peser partout dans la maison. » Alors Joy demandait à Jack :

« Qu'y a-t-il ? Tu lui as fait quelque chose ?

– Non, et toi ?

– Alors ce doit être le studio », concluait Joy.

Et tous les deux s'asseyaient dans la cuisine en essayant de deviner ce qui assombrissait tant Rock.

« Mais, il ne gardait jamais le silence plus de vingt-quatre heures, me rapporta Jack. Par ailleurs, Rock ne s'étendait guère sur ses états d'âme. Jamais il ne parlait de ce qu'il ressentait. Mais nous avions des moyens bien à nous de nous comprendre. » Alors ils s'asseyaient en se regardant dans les yeux sans rien dire. « Ceux qui nous entou-

* Brochettes de poissons, de crustacés ou de mollusques. (*N.d.T.*)

raient ne savaient trop quelle attitude adopter, mais moi, je vivais un bonheur intense. »

Au printemps 1968, Rock partit pour Paris, où il devait tourner *Darling Lili* avec Julie Andrews. A son arrivée là-bas, le retard pris par la production et le dépassement des prévisions budgétaires avaient rendu l'atmosphère exécrable. Rock raconta plus tard à Jack qu'il connaissait déjà Julie, mais que lorsqu'ils avaient tourné ensemble leur première scène, elle lui avait fait remarquer qu'elle était désormais une grande vedette. Rock avait alors allumé une cigarette et lui avait répliqué en souriant : « Merci d'être des nôtres. »

Jack Coates ne connaissait pas l'Europe et Rock l'y fit venir. C'était la première fois que l'acteur invitait un amant à le rejoindre lors d'un tournage en extérieurs. Il fit délivrer à Jack deux billets d'avion pour qu'il puisse passer l'Atlantique accompagné d'un autre homme, un banquier international qui lui aussi était homosexuel. Mais il apparut bientôt que si Jack sympathisait avec le banquier, tel n'était pas le cas de Rock. « J'étais si excité à l'idée d'aller à Paris, en France, en Europe, me raconta Jack, que dans l'avion je n'ai pas fermé l'œil de la nuit. » Rock était follement heureux de faire découvrir à l'être aimé une ville qui lui était inconnue. Il vint le chercher à l'aéroport en limousine et l'emmena tout droit savourer les framboises à la crème fraîche du café de la Paix. Ensuite, il le fit monter au sommet de la tour Eiffel, car il avait obtenu un laissez-passer de faveur lui donnant accès à la plate-forme d'observation du dernier étage. « Je faisais de mon mieux pour garder mon calme, me dit Jack. Je me suis accoudé à la rambarde et tout ce que j'ai trouvé à dire, c'est : " Donc ça, c'est Paris. »

Le lendemain, Jack dormit toute la journée. Quand il s'éveilla, il trouva Rock habillé pour aller dîner.

« Pourquoi m'as-tu laissé dormir si longtemps! lui reprocha-t-il.

– Nous sommes à Paris, mon cher, fit Rock avec grandiloquence. Laisse-*nous* décider de ce qui convient le mieux aux étrangers de passage. »

Le séjour de Jack dura trois semaines. Après quoi, il regagna la Californie et Rock le retrouva au Château après la fin du tournage. Ils y passèrent l'été « en prenant du bon temps et en jouant les Tarzan au soleil ».

Cet été-là – c'était en 1968 – fut le plus agité des années soixante : Martin Luther King venait d'être assassiné, un peu partout éclataient des manifestations contre la guerre du Vietnam, et une réunion de la

Convention nationale du Parti démocrate ne put se dérouler qu'à l'abri de barbelés. « Qui m'a foutu tout ce bordel! Honneur à l'Amérique! » s'indignait Rock devant la télévision. La raison d'être des manifestations lui échappait totalement, de la même façon que lui échappera plus tard celle du mouvement pour les droits des homosexuels, « où on défile avec un pot de vaseline ». Il ne comprenait absolument pas pourquoi des gens voulaient imposer coûte que coûte leurs convictions ou leurs habitudes sexuelles à l'opinion publique. Mais il ne s'apesantissait pourtant pas sur les nouvelles, « trop occupé qu'il était, selon Jack, à visionner de vieux films et à s'activer autour de son barbecue ».

En l'honneur de Carol Burnett, il donna chez lui « la réception la plus gigantesque de tout Hollywood ». Rock avait été invité au show télévisé de Carol, et tous les deux s'étaient promptement liés d'amitié. De plus, John et Linda Foreman le poussaient depuis un certain temps à sacrifier davantage aux mondanités, d'autant plus que sa demeure se prêtait admirablement aux fêtes et que peu de gens parmi les membres de la communauté du cinéma en avaient franchi les portes. Quand il organisa cette soirée en l'honneur de Carol, « le tout-Hollywood était là ». Rock et son entourage avaient passé des semaines à préparer la réception. La piscine avait été vidée et on l'avait recouverte d'un parquet de danse soutenu par un échafaudage. Clarence avait entouré les colonnades de guirlandes fleuries et disposé des centaines de plantes à fleurs partout dans le patio. Rock avait engagé un groupe de mariachis pour déambuler à travers les tables en jouant des airs de folklore mexicain, et aussi un orchestre pour faire danser ses invités.

Le soir de la réception, Joy se posta près de la porte d'entrée, bien décidée à ne pas en bouger. « De là où j'étais, me dit-elle, je pouvais observer tout le monde. Jamais de ma vie je n'avais vu tant de vedettes! » A côté de Rock et de Carol, il y avait en effet Frank Sinatra, Lauren Bacall, Judy Garland, Elizabeth Taylor, Dean Martin, Paul Newman et Joanne Woodward, Steve McQueen, Debbie Reynolds, la princesse Grace de Monaco et le prince Rainier, Steve Allen, Janet Leigh, Eva Gabor, Sandra Dee, Henry Fonda, Jane Fonda et Roger Vadim, James Garner, Rex Harrison, Doris Day, Robert Mitchum, Lucille Ball, Jason Robards, Jennifer Jones, Peter Lawford et Andy Williams, lequel arriva en compagnie du sénateur Robert Kennedy.

Jack Coates était assis près de Jack Beny quand arriva Barbra Streisand. Elle venait tout juste de faire ses débuts dans le cinéma avec *Funny Girl,* et tout le monde tendit le cou pour la voir.

A six heures du matin, après que les derniers invités eurent quitté le Château, Rock s'installa au bar, un verre de whisky-soda dans une main et une cigarette dans l'autre.

« Quelle soirée! dit-il à Jack Coates et à Joy.

– Fantastique! fit Joy.

– Qu'allons-nous faire de toutes ces fleurs? » questionna Jack.

Joy estima qu'il était temps d'aller au lit.

« Excellente idée », approuva Rock.

Mais aucun des trois ne bougea. Ils restaient là immobiles, savourant les effluves de cette longue nuit d'éblouissement. En eux tourbillonnaient encore des bribes de conversation, des visages inoubliables, des gestes et des réparties cocasses, des cheveux ondulant somptueusement et des sonorités de trompette.

« Par quel miracle suis-je ici? se demandait Jack. Pourquoi est-ce moi qui ai tant de chance? »

En octobre 1968 eut lieu la première de *Zebra, station polaire* au Cinerama Dome de Hollywood. Ce jour-là, Rock se fit accompagner de Flo Allen, une énergique jeune femme qu'il avait prise pour agent quand John Foreman s'était lancé dans la production. Au moment où il descendait de sa limousine, quelqu'un cria dans la foule : « Tapette! » L'acteur pâlit, et tout aussitôt voulut fendre les rangs des spectateurs pour faire rendre gorge à celui qui l'avait insulté. Mais Tom Clark le retint par le bras et le dirigea vers l'endroit où se tenait Amy Archerd, une animatrice de télévision qui faisait un reportage en direct. Après qu'elle l'eut interviewé, il entra dans la salle et déclara à Tom : « Juré! Jamais plus je ne remettrai les pieds à une première. »

En 1969, il se rendit à Durango, au Mexique, pour tourner avec John Wayne un western, *Les Géants de l'ouest.* Jamais il n'avait travaillé avec John Wayne, et il se sentait intimidé à l'idée de rencontrer l'homme qui symbolisait par excellence la force masculine aux yeux des Américains. Quand Rock le vit sur le plateau, Wayne s'observait dans un miroir tout en s'appliquant sur les lèvres un bâton de produit hydratant. On les présenta l'un à l'autre, Wayne plissa les yeux en dévisageant Rock et lui dit d'une voix traînante : « J'ai cru comprendre que vous étiez bon joueur de bridge. »

Dès le premier jour, Wayne s'est mis à me donner des conseils. « Tu devrais tourner la tête comme ci... pour le tir rapproché tu devrais tenir ton pistolet comme ça... » Ses suggestions me semblaient pertinentes, et j'essayais de les suivre. Et puis, un beau soir je me suis dit : Vais-je me laisser diriger pendant tout le film par ce mec? Que cherche-t-il au juste, à tout superviser? Alors, le lendemain, je lui ai sorti: « Tu devrais tourner la tête par là... »

Wayne a pointé l'index vers moi et m'a dit: « Toi, tu me plais. » Et nous sommes devenus d'excellents amis.

Téléphoner aux États-Unis du Mexique était toute une affaire, et Rock avait le plus grand mal à garder le contact avec Jack Coates. Le tournage devait laisser une semaine de liberté à Rock, et ils firent le projet de passer ensemble ces quelques jours. Mais, à la suite d'un quiproquo, Rock comprit que le rendez-vous était fixé à Mazatlán, et Jack à Puerto Peñasco, de sorte que chacun attendit vainement l'autre et qu'ils ne réussirent jamais à se téléphoner avant le retour de Jack en Arizona.

Après *Les Géants de l'ouest,* Rock revint passer quelques mois au Château, puis repartit pour l'Italie, où il devait tourner avec Sylva Koscina un film d'aventure, *L'Assaut des jeunes loups.* On lui avait assuré qu'il aurait pour partenaire Sophia Loren, mais en dernière minute le rôle avait été attribué à Sylva. Au cours de ce séjour, Rock adressait à Jack des lettres teintées d'humour. « Je te présente ma nouvelle secrétaire italienne (en l'occurrence, une Olivetti portative), lui écrivit-il un jour. Elle écorche parfois l'orthographe et il faut un peu la malmener, mais au fond c'est une brave fille. » Le film prenait bonne tournure, écrivait-il encore, et l'un des jeunes acteurs lui semblait « très doué de nature ». Jamais Rock ne fut capable de juger lors d'un tournage si plus tard un film ferait ou non carrière, mais au fur et à mesure qu'il se mettait mieux dans la peau de son personnage, il s'identifiait affectivement à lui et voyait les choses avec optimisme.

Mais, bien souvent, il se montrait déçu, et tel fut en fin de compte le cas avec *L'Assaut des jeunes loups.* A Noël, Rock était de retour au Château, et pour un temps ses soucis professionnels et financiers se dissipèrent.

Avant de signer un contrat, il avait toujours exigé la garantie explicite de pouvoir disposer librement des dernières semaines de décembre. Pour Rock, le temps de Noël, avec ses fastes, ses musiques, ses rires, ses agapes, était le point culminant de toute l'année. La joie d'ébahir ceux qu'il aimait par des cadeaux toujours originaux ajoutait encore à la somptuosité de la fête. Lorsqu'un journaliste demandera à Roger Jones de lui décrire Rock en une formule, l'attaché de presse aura cette réponse: « Rock? C'était Noël. Représentez-vous la musique, la couleur, les lumières, tout ce qu'on associe au réveillon. Rock, c'était tout cela. »

Rock et Jack se rendirent à la gare des marchandises, là où arrivaient et se négociaient à Los Angeles les sapins du Nord, afin d'être les premiers sur les lieux quand on déchargerait les arbres des wagons. Ils attendirent que Rock ait repéré « la merveille » pour en faire l'acquisition : un pin d'Écosse de quatre mètres de haut qu'ils dressèrent au bas du grand escalier, entre le salon de réception et le « salon rouge » – une moquette de cette couleur lui avait valu cette appellation – dans lequel trônait l'immense divan provenant du décor de *Confidences sur l'oreiller.* L'expédition suivante eut pour objectif le marché aux fleurs, où ils chargèrent le break de branches de sapin, de gui, de houx et de pots de poinsettias écarlates. Durant des jours, toute la maison serait envahie de senteurs de pinède.

Rock achetait personnellement les cadeaux qu'il destinait à chacun, puis les empaquetait soigneusement et les distribuait lui-même. Du temps de sa jeunesse, il avait été employé par un magasin de Chicago pour confectionner des paquets-cadeaux à l'époque de Noël, et chaque année il transformait la salle de jeu en un véritable service d'emballage. Il y restait assis durant des heures, armé de ciseaux, au milieu de bobines de rubans de différentes couleurs, de rouleaux de papier, de rameaux de sapin et de breloques décoratives.

Durant tout le temps qu'il avait été sous contrat avec Universal, chaque année à Noël on l'avait vu déambuler à travers le studio, muni d'un gigantesque sac de toile, pour distribuer des cadeaux toujours judicieusement choisis et comblant les vœux de leurs destinataires. Gail Gifford, qui un jour, s'était extasiée sur un ensemble de tabourets qu'elle avait vu chez Rock, reçut exactement les mêmes pour Noël. Et à Jack Coates, qui lui avait déclaré incidemment lors d'une conversation qu'un jour il souhaiterait apprendre à skier, Rock offrit au réveillon suivant la panoplie complète du parfait descendeur : les skis métalliques, les chaussures et les bâtons, des pantalons, des pulls, des blousons, un collant-combinaison, des bonnets, des gants et des lunettes... plus un séjour dans une station et un moniteur. Rock avait également offert à sa mère un rang de diamants, un orgue électrique, et plus tard une croisière autour du monde.

Il ne fallut pas moins d'une semaine à Joy pour préparer le réveillon. Elle commanda pour l'occasion une dinde tuée de la veille et un kilo supplémentaire de gésiers. Elle astiqua l'argenterie et convertit le salon rouge en salle de festin : le gigantesque divan occupant le centre de la pièce fut poussé contre une cloison et remplacé par une grande table sur laquelle elle disposa une nappe de lin, des candélabres d'argent garnis d'énormes bougies rouges et des verres de cristal. Elle décora le chemin de table de branches de houx. Quand elle eut terminé, elle prit de son œuvre une série de photos que plus tard elle exhibera avec orgueil : « Regardez, c'était ma table! »

Le soir du réveillon, Rock fit passer sur le tourne-disque des chants de Noël qu'il avait soigneusement choisis et prépara lui-même le traditionnel eggnog *. « Mais quel foutoir dans la cuisine! me dit Joy. Et son eggnog était si compact qu'il aurait tenu debout tout seul. " Tu en veux un verre? " m'a-t-il proposé. Et moi de lui répliquer : " Tu veux passer à table? " »

Cette année-là, Rock avait réuni pour convives Kay, sa mère, qui était venue en voiture de Newport Beach, le coffre plein de pâtisseries qu'elle avait confectionnées, Mark et George – ils venaient de rentrer d'Europe –, Lynn Bowers et Pat Fitzgerald, Tom Clarke et Pete De Palma, et aussi Peter Shore, le décorateur qu'il avait engagé pour transformer la maison. Le soir de Noël, Rock portait d'ordinaire son pantalon de velours et une chemise rouge vif. Une certaine année, l'acteur Jim Nabors avait débarqué chez lui en manteau de vison dans une Rolls décapotable rose bonbon. « Dis-moi, avait chuchoté Rock à l'oreille de Jack, tu crois que c'est le dernier cri à Hollywood? »

C'était toujours Rock qui découpait les viandes et présentait les plats. Ce soir-là, il servit à ses invités de la dinde aux canneberges, du jambon, un pudding au maïs, des quenelles et un assortiment de relish préparés au Château, trois garnitures de légumes et pour le moins trois pâtés en croûte différents. Vinrent ensuite les desserts apportés par Kay.

En sortant de table, Rock distribua à chacun son cadeau. Il n'aimait pas qu'on lui fasse présent de quoi que ce soit, et bien souvent se débarrassait de ce qu'on lui donnait, mais il prenait un plaisir intense à regarder ceux qu'il aimait déballer les cadeaux qu'il leur offrait. Après cette cérémonie, il remit de la musique, et ses invités firent une partie de bridge avant de se regrouper pour chanter en chœur autour du Steinway de concert. Tard dans la nuit, quand tout le monde fut parti, il se glissa dans la cuisine et dévora une platée de gésiers arrosée de la sauce préparée par Joy pour accompagner la dinde. Les familiers des réveillons de Rock n'en passèrent jamais plus d'autres comme celui-là, non point qu'il fût plus fastueux qu'à l'ordinaire, mais parce que pour Rock ce soir de Noël avait pris une importance toute particulière.

* Lait de poule, auquel on ajoute d'ordinaire du rhum ou du cognac (*N.d.T.*).

En 1970, on proposa pour la première fois à Rock de jouer un rôle de méchant dans *Si tu crois fillette...*, un film « pour adultes seulement » que dirigeait Roger Vadim, lequel était notoirement connu pour l'érotisme de ses mises en scène. Vadim était à l'époque marié à Jane Fonda. « Un rôle de meurtrier et d'étalon! Tout y passe! » confia l'acteur à Mark Miller. Il interprétait en effet dans le film le personnage de Tiger, un conseiller pédagogique qui s'envoyait les plus jolies adolescentes de l'établissement et les assassinait ensuite si elles menaçaient de lui créer des ennuis. Tel un Priape, il semblait vivre en état d'érection constante et rendait insatiables ses malheureuses victimes, dont il avait le plus grand mal à se défaire. Le film s'accordait parfaitement à l'esprit d'une époque où l'air ambiant était chargé de sexualité. Les étudiantes mise en scène dans le film portaient des mini-jupes, des blouses transparentes et exhibaient avantageusement des poitrines affriolantes, des croupes ondulantes et de longues jambes nues. Angie Dickinson jouait dans le film le rôle d'une enseignante en mal d'étreinte, et dans une certaine scène Rock relève sa blouse, lui empoigne les seins, l'allonge sur une table, se hisse sur elle et, alors qu'elle n'en est plus qu'à une longueur de l'orgasme, s'interrompt et la laisse là, gisante et se griffant de frustration. Le film en lui-même est un méli-mélo de niaiseries et de pseudo-intrigue policière, mais la sensualité débridée qui émane de Rock plonge le spectateur dans un état d'éréthisme indéniable. Ce qui fit écrire à Roger Ebert, le critique du *Sun Times* de Chicago : « Nul doute que les comédies de mœurs de Rock Hudson ont singulièrement changé depuis *Confidences sur l'oreiller.* »

Rock aborda vers cette époque une période de sa vie dans laquelle sa préoccupation première était l'échange physique. Il confia à ses proches qu'il ressentait le besoin de faire l'amour tous les jours et qu'il ne pensait plus qu'à ça. Pendant les réunions de travail, au volant de sa voiture, partout, il ne pouvait s'empêcher d'imaginer le plaisir qu'il prendrait le soir. Il confia encore à Mark Miller que pour lui seules trois choses comptaient, qu'il lui énuméra par ordre d'importance : le sexe, sa carrière et les autres. Quand il était invité quelque part, rapporte Jack Coates, « l'atmosphère se chargeait de sexualité. Et tout le monde le percevait, les hommes comme les femmes. Il se dégageait de lui une telle force! " Tu n'as pas envie de te détendre un peu ? " C'était son expression favorite, dont le sens ne trompait pas ».

Dans son lit, il n'aimait que les draps bleus ou blancs. Selon Jack, « pour les caresses, il était champion ». Il envoya un jour d'Europe une lettre au jeune homme dans laquelle il écrivait : « Cette année les Suisses organisent un championnat de cuddling *. On fait du ski de Davos à Klosters en s'arrêtant dans des auberges, car il fait très froid. On devrait s'inscrire. Je crois que nous aurions toutes les chances de gagner. »

Ce fut à peu près à cette époque que commencèrent à circuler ouvertement certaines rumeurs concernant les habitudes sexuelles de Rock. Au cours de l'été 1971, un groupe d'homosexuels de Manhattan Beach, en Californie, qui chaque année organisait une fête à l'occasion d'un événement fantaisiste, envoya un peu partout des bristols invitant les destinataires à se réunir pour fêter les épousailles de Rock Hudson et de Jim Nabors. L'une des cartes d'invitation tomba entre les mains d'un chroniqueur mondain qui publia un article révélant que deux acteurs vedettes de Hollywood venaient de célébrer leur mariage. Le chroniqueur en question ne mentionnait pas les noms des époux, mais c'était tout comme, puisqu'il ajoutait : « L'un d'eux est un peu le rocher de Gibraltar (the rock of Gibraltar), et l'autre est en quelque sorte votre voisin **. »

La rumeur fit son chemin : Rock Hudson et Jim Nabors s'étaient secrètement mariés. Elle fut bientôt reprise par la radio, la télévision et la presse écrite, et dans les jours suivants les journalistes appelèrent sans interruption le Château pour obtenir davantage de précisions. La nouvelle ne reposait bien entendu que sur du vent. La vérité, c'est que Rock avait été l'invité d'une émission de variétés ayant pour vedette Jim Nabors, que les deux hommes avaient sympathisé et que depuis cette date ils se revoyaient de temps en temps. Rock aimait chanter avec Jim, et quand il avait appris que la maison de ce dernier avait été détruite par un incendie, il lui avait téléphoné pour lui dire : « Ma maison t'est ouverte et tu es ici chez toi. » Mais jamais Jim n'avait séjourné au Château. Quand la rumeur lui vint aux oreilles, Joy accourut vers Rock pour lui donner son sentiment : « Bien sûr que je n'en crois pas un mot. Et d'abord, il n'est même pas blond ! »

Au début, Rock prit le parti de tout ignorer, conformément à une

* Il s'agit bien entendu d'un championnat de curling, mot dont la phonétique est très voisine de celle de cuddling (caresses). *(N.d.T.)*

** *... the other is like your neighbor.* La phonétique de ce dernier mot évoque irrésistiblement celle de Nabors, le patronyme du second conjoint supposé. *(N.d.T.)*

vieille habitude selon laquelle refuser de régler une affaire déplaisante, c'était la tenir pour nulle et non avenue. Ou alors il prenait les choses à la plaisanterie. « C'est fini entre nous, annonça-t-il un jour à Joyce Haber. J'ai renvoyé à Jim les diamants et les émeraudes qu'il m'avait offerts. » Mais par la suite les deux acteurs comprirent qu'ils se devaient l'un et l'autre de démentir ce prétendu mariage par une déclaration publique. Au mois de juillet, Rona Barrett mit clairement les choses au point dans *Rona Reports*, son magazine d'informations télévisées : « De tout le pays nous sont parvenus des milliers d'appels téléphoniques et de lettres pour nous demander notre avis sur ce qui est peut-être la plus malveillante des rumeurs qui nous soit venue de Hollywood depuis un demi-siècle. Disons-le tout net, et dissipons toute équivoque sur ce point : le mariage n'a jamais eu lieu! Cette rumeur est totalement fausse et relève de la pure malveillance. »

Mais les rumeurs ont la vie dure et sont plus faciles à semer qu'à étouffer. Certains en rajoutèrent, affirmant qu'ils avaient assisté à la cérémonie, qui selon les témoignages s'était déroulée à Las Vegas, à Carmel, à Tijuana, à New York ou à Vancouver. Ce qui est curieux, c'est qu'aujourd'hui encore bien des gens sont convaincus de la réalité de ce mariage. Ma propre tante – elle travaille dans l'immobilier à Beverly Hills – me soutint l'an dernier : « Bien sûr qu'ils se sont mariés. Moi, je le *sais*. Interroge donc Carol Burnett, c'est chez elle que ça s'est passé. »

Ces racontars finirent par plonger Rock dans la fureur. Comment se laver de tout soupçon quand d'autres attestent de la réalité d'un événement qui ne s'est jamais produit? L'émission de variétés de Jim Nabors sur CBS fut annulée, et il n'était plus question désormais que les deux vedettes se fassent voir ensemble. Au point même que Rock hésita à partir pour Hawaii, sachant que Jim y possédait une maison. Ils ne devaient plus jamais s'adresser la parole.

En 1971, Jack Coates avait obtenu sa licence et séjournait en permanence au Château. Mais l'inactivité lui pesait. Il ne souhaitait nullement passer son existence dans l'ombre d'une vedette de cinéma et renoncer à son identité propre. Être « la femme de Rock Hudson », comme l'appelaient parfois ses amis, ne suffisait pas à combler ses ambitions. Il résolut donc de rompre et de se spécialiser en ethnologie.

Des années plus tard, Jack devait déclarer qu'il avait pris cette décision pour préserver son intégrité : « Ce ne fut pas du tout faute d'amour réciproque. J'aimerais avoir été mieux armé, davantage rompu aux subtilités du jeu d'échecs, car alors j'aurais été en mesure de déjouer plus efficacement les intrigues qui s'ourdissaient dans la maison. Des intrigues sans merci. » Jack était en effet désarmé face aux insinuations qui circulaient et aux luttes sourdes qui se livraient autour de Rock. « Chacun voulait devenir le favori, et du fait que je partageais l'alcôve de la vedette, on se servait de moi pour approcher du trône. » Quelqu'un voulait-il faire tomber Mark Miller en disgrâce ? Il menait campagne en répandant sur son compte des rumeurs assassines qui arrivaient aux oreilles de Jack, lequel était censé les rapporter à Rock, de sorte que Mark n'avait plus d'autre choix que de contre-attaquer pour éliminer son rival. Il arrivait encore que des amis, à qui depuis des années le Château était ouvert, découvrent soudain que Rock ne les rappelait plus quand ils lui laissaient un message. Et cela sans un mot d'explication. Ils étaient simplement devenus indésirables, et d'autres avaient pris leur place. Alors ils tentaient d'obtenir de Jack qu'il intercède en leur faveur pour reconquérir l'affection du monarque.

« Du jour où j'ai appris à jouer aux échecs, me dit Jack, j'ai compris ce qui m'échappait à l'époque : Rock était le roi, et après mon départ Tom est devenu la reine, la pièce maîtresse de l'échiquier. Mark et George étaient les fous. Moi, j'étais le cavalier, celui qui d'un bond peut sauter sur le trône à sa guise. Le drame, c'est que j'aimais tout le monde et que je ne me souciais pas des bruits que faisaient courir les uns sur les autres, ni non plus des positions que chacun occupait sur le jeu. »

En 1971, deux jours avant Noël, Jack annonça à Rock qu'il avait décidé de retourner vivre en Arizona. L'acteur ne manifesta pas la moindre émotion et garda le silence. Jack quitta la maison en larmes, monta dans sa guimbarde et s'éloigna. Joy dévisagea Mark Miller et lui dit simplement : « Que s'est-il passé ? »

Pour peu qu'il l'ait voulu, Rock aurait probablement pu dissuader Jack de le quitter. Mais il ne lui dit pas un mot et le laissa partir. Plus tard, ils se téléphonèrent, et Jack revint souvent voir Rock ou passer quelques jours de vacances avec lui. « Il avait vraiment la vivacité du cavalier, me dit Mark, le pouvoir de mettre en un rien de temps Rock à sa merci et de faire de lui ce qu'il voulait sans que personne trouve de parade. »

Après son départ, Jack parcourut pendant un certain temps le Sud-Ouest américain. Il vivait dans sa camionnette, partageant son temps entre les réserves indiennes et les centres de méditation.

Rock ne devait lui reparler de ce qu'avait été leur vie commune que des années plus tard, lors d'une rencontre à Santa Fe, au Nouveau-Mexique, après que l'acteur eut perdu sa mère. Recherchant la solitude, ils suivirent ce jour-là un sentier qui grimpait le long d'un versant du mont Sangre de Cristo, et quand ils firent halte dans une clairière, Rock demanda d'une voix douce à Jack : « Qu'est-ce qui nous a séparés ? »

9.

Il y a une fantastique différence entre la télévision et le cinéma, et cela, personne ne me l'avait dit. A la télévision, l'ennemi, c'est le temps. Tout est bâclé si vite qu'on ne peut rien faire de bon. On est bien obligé de s'accommoder du médiocre. Au cinéma, il arrive qu'on ne tourne que deux ou trois pages de scénario par jour. Avec une série télévisée, on en tourne douze. Quand j'ai fait L'Opération diabolique *avec John Frankenheimer, nous avons mis quatre mois pour tourner le film. Il n'a fallu que trois semaines pour tourner un épisode de* McMillan and Wife, *et pourtant, dans les deux cas, le temps d'écran était le même.*

Avec la télévision, il faut se souvenir que ce que vous faites va sortir d'une petite boîte. Il faut donc exagérer l'interprétation, jouer de façon plus excessive que dans la vie normale. Impossible de nuancer le jeu, sinon votre personnage fond. Alors qu'au cinéma, sur grand écran, le moindre de vos mouvements – un sourcil levé, un arrondi des lèvres – produit l'effet d'un coup de sirène, du fait qu'il est agrandi une vingtaine de fois. Le même mouvement passe totalement inaperçu à la télévision.

J'ai eu beaucoup de mal à m'adapter quand j'ai commencé à tourner McMillan and Wife. *A chaque épisode, nous changions de réalisateur, et chaque fois le nouveau venu me disait par exemple : « Bon, maintenant, tu pars de la porte, tu marches vers la cheminée et tu places une bûche sur le... » Et j'avais envie de lui répondre : « Écoute, propose autre chose. C'est exactement ce que ton prédécesseur m'a demandé de faire dans le dernier épisode. »*

Si bien qu'un jour je suis allé voir le producteur de la série dans son bureau :

« Si tu veux mon avis, lui ai-je dit, ton réalisateur ne vaut pas tripette.

– Mais tu n'as rien compris, mon vieux, me répliqua-t-il. C'est à toi de faire la mise en scène.

– Mais... je n'ai aucune formation de metteur en scène! »

Bref, finalement, il a fallu que ce soit moi qui dise au réalisateur : « Écoute, mieux vaudrait s'y prendre autrement... placer la caméra ici plutôt que là... »

Au fur et à mesure que le temps passait, les scripts étaient de plus en plus désastreuses. Elles n'étaient pas particulièrement douées, et il a fallu en changer je ne sais combien de fois... Mais tout cela est très risqué. Une comédie doit être parfaitement réglée, répétée autant de fois qu'il le faut. Ce n'est pas quelque chose qu'on improvise au pied levé. La télévision... ça vous donne toutes les raisons de vous soûler à mort.

Depuis des années, la télévision avait fait diverses tentatives pour recruter Rock, mais il n'avait jamais considéré sérieusement la question. Il jugeait qu'il valait mieux que cela, que le petit écran était un genre mineur, un havre pour navires désormais incapables d'affronter la haute mer. Il n'avait pas ménagé ses critiques à George Nader quand celui-ci avait fait de la télévision dans les années cinquante, et il n'allumait pratiquement jamais son récepteur. Il espérait bien faire du cinéma toute sa vie.

Mais Rock était bien davantage fait pour interpréter des personnages de séducteurs que pour jouer des rôles de composition, et en 1971 il n'avait plus tout à fait les caractéristiques qu'on exige d'un jeune premier. A quarante-six ans, il avait épaissi et l'excès de boisson avait passablement détérioré la fraîcheur de sa peau. Désormais, seul l'artifice du tailleur réussissait à camoufler son début de bedaine. Depuis quelque temps, ses proches tentaient discrètement de le pousser à se reconvertir : « Tu as toutes les qualités voulues pour faire une seconde carrière à la télévision, lui assuraient-ils. Tu trouverais parfaitement ta place parmi cette nouvelle génération d'acteurs. » Et puis, il fallait compter avec ses admirateurs des années cinquante, qui à présent menaient une vie rangée et passaient leurs soirées devant leur téléviseur.

Enfin, la chaîne NBC venait de lui faire une proposition que selon ses propres termes « il aurait été bien bête de refuser ». Il aurait le rôle vedette dans une série d'épisodes de quatre-vingt-dix minutes, *McMillan and Wife,* série qui s'inscrirait dans un cycle d'histoires policières et serait programmée une semaine sur trois, en alternance avec *Colombo* et *McCloud.* On lui offrait 120 000 dollars par épisode, et jamais encore la télévision n'avait proposé à un acteur de cachet aussi élevé. En outre, il aurait droit de regard sur les scénarios, on lui laisserait la liberté de choisir sa partenaire, et il pourrait à sa convenance tourner des films durant les mois d'interruption annuelle de la production.

La série s'inspirait de l'esprit de *Thin Man,* une succession de films à épisodes qui jadis avaient fait le succès de William Powell et de Myrna Loy, et toutes les intrigues reposaient sur deux protagonistes : Stewart McMillan, un commissaire de police de San Francisco, et son épouse Sally, une adorable et naïve créature qui trouvait, généralement par le plus pur des hasards, le mot de l'énigme sur lequel son mari butait. Quand vint le temps de choisir l'actrice qui jouerait le rôle de Sally, Rock déclara au producteur de la série, Leonard Stern, qu'il souhaitait dîner en tête à tête avec chacune des candidates, sept au total. Il les traita dans sept restaurants différents et invita la dernière de la liste, Susan St James au Tail o'the Cock. Elle avait vingt-cinq ans et, comme Rock, avait quitté son village natal de l'Illinois – où elle s'appelait encore Susan Miller – pour venir tenter sa chance à Hollywood. Comme lui vingt ans plus tôt, elle n'avait pas suivi de cours d'art dramatique, et comme lui, elle était farouchement décidée à devenir un jour une star. La perspective d'être la partenaire de Rock Hudson la terrorisait. Évoquant devant moi cette première rencontre dans la pénombre du petit salon dans lequel on avait dressé leur table, elle me raconta que ce soir-là elle était trop émue pour s'exprimer posément. « Je débitais mes phrases en chapelet, à toute allure. » Mais l'atmosphère était à la détente : « Il me parut encore plus grand qu'à l'écran. Je n'avais joué qu'avec des hommes qui ne lui venaient même pas à l'épaule. Lui, il était tout à fait naturel et décontracté. Je me suis entichée de lui tout de suite, tant je le trouvais sensuel et attirant. »

Après le dîner, Rock appela Leonard Stern chez lui : « Ce sera Susan, d'accord ? Avec elle le repas s'est éternisé et j'ai dû prendre trois bons kilos. » Ils engagèrent ensuite Nancy Walker pour jouer le rôle de la bonne des McMillan, et John Schuck pour jouer celui de l'adjoint du commissaire, l'officier de police Enright.

Le pilote de la série, intitulée « Il était une fois un cadavre », fut tourné au Château dont le « salon rouge », transformé par les décorateurs, était devenu la salle de séjour du couple McMillan. A la première répétition, et selon les indications de la mise en scène, Rock était assis sur un divan et Susan, s'approchant de lui parderrière, l'entourait de ses bras, puis d'un bond sautait par-dessus le dossier du siège et s'asseyait sur les genoux de son mari. Ses longs cheveux bruns séparés par une raie médiane lui tombaient jusqu'aux reins, et elle ne portait pour tout vêtement qu'une nuisette. Pendant tout le temps qu'on discuta de la mise en scène, Susan garda les bras noués autour du cou de Rock. « Il ne chercha pas un instant à se libérer, me dit-elle. Il trouvait très voluptueux ce contact physique. On ne pouvait pas s'empêcher d'avoir envie de s'asseoir sur ses genoux. »

En dépit des vingt ans d'âge qui les séparaient l'un de l'autre, leur complicité à l'écran se révéla extraordinaire. Mais, dans l'esprit de Rock, leur relation était faussée dès le départ. Il voyait en Susan une adolescente immature, une pacifiste se nourrissant de riz complet et traînant ses bambins sur le plateau pour ne pas les traumatiser en les sevrant de sa présence. En plus, elle était relativement nouvelle dans le métier, et déjà elle avait des caprices de star. Pour elle, Rock était « le père Bidochard, un homme qui ne voulait rien manger d'autre que de la viande rouge. Il s'était laissé pousser la moustache, portait des vestes à larges revers et des cravates que je trouvais complètement démodées ». Il n'arrêtait pas de boire et de fumer, et parfois proférait des paroles bien senties contre les défenseurs à tout crin de l'environnement : « Les écolos, je les emmerde. Forons des puits de pétrole! » Il appartenait à l'arrière-garde des vedettes du grand écran livrant un dernier assaut pour l'honneur, entourés de leurs fidèles. Alors que Susan – la môme, comme il l'appelait – découvrait le monde, rejetait toute discipline, prenait les choses comme elles venaient et se dotait d'un jeu de scène naturel et décontracté totalement différent de la rigidité d'interprétation qui était alors de mise à la télévision. « Si Susan joue pendant les prises comme elle le fait pendant les répétitions, confia un jour Rock à Tom Clark, elle deviendra superstar. Mais, dès l'instant où la caméra tourne, elle perd ses moyens et n'exploite pas son talent. »

La série connut un énorme succès et fut programmée pendant six années de suite. Mais, en dépit de tout ce qui les séparait en surface, Rock et Susan devinrent avec le temps de bons amis. « Nous avions passé douze heures par jour ensemble, me dit Susan. C'est plus de temps qu'on n'en passe généralement avec son conjoint. Impossible de ne pas s'attacher quand on travaille en étroite collaboration et que chacun donne à l'autre toute la force et tout le feu qui font que sur l'écran c'est enlevé. » Susan et son mari prirent plus tard l'habitude d'aller dîner chez Rock et de regarder avec lui les épisodes de la série chaque fois qu'on en programmait un le dimanche soir, et tant que l'un et l'autre demeurèrent partenaires, il ne se passa plus une année sans qu'il invite le couple le soir de Noël.

Selon Susan, jamais Rock ne parlait de sa vie privée, et jamais elle ne lui posa de question à cet égard, car elle avait pour lui « une véritable vénération ». Quand elle amenait ses enfants sur le plateau, me dit-elle, il les occupait en leur racontant des anecdotes de son passé ou bien s'amusait à leur faire des niches. Un jour qu'ils répétaient tous les deux une scène très tard le soir, à la fin d'une semaine de travail épuisante pour tout le monde, les techniciens tombaient de sommeil et ils décidèrent de les secouer. Susan descendit l'escalier en criant : « Mac, Mac, attention, prends ton revolver ! » Alors Rock feignit la colère : « Toi, tu la fermes ! Compris ? » Il la gifla et elle fit mine de tomber à la renverse sous la force du coup. Tirés de leur somnolence, les techniciens ne savaient plus où se mettre.

Susan rapporte que jamais Rock ne manifestait d'humeur ni ne se prévalait de ses prérogatives. Une clause de son contrat stipulait en effet qu'on ne pouvait lui imposer de tourner passé une certaine heure le vendredi après-midi, et tout le monde lui enviait cet avantage, mais jamais il ne protestait quand on lui demandait de continuer à travailler ce jour-là jusqu'à une heure tardive. « Tous les vendredis soirs , me dit encore Susan, il offrait à boire à l'équipe, et depuis cette époque je fais la même chose. Il avait beaucoup de savoir-vivre. » Rock a laissé à sa partenaire le souvenir d'un homme « dont les goûts étaient ceux de l'Américain moyen. Il adorait préparer lui-même des glaces et croquer des bonbons ». Rock confia un jour à Susan qu'il avait une prédilection pour le Martini-gin, mais qu'il se réservait de n'en boire que pendant les week-ends et que dans la semaine il ne prenait que du scotch. « Quand il lui arrivait malgré tout d'en boire un ou deux après une journée de travail, il débarquait le lendemain sur le plateau en bougonnant : “ Qu'est-ce qui m'a pris, nom de dieu ! Mais qu'est-ce qui a bien pu me prendre d'aller encore boire ce matin-là ! ” »

En apprenant dès le début du tournage que Rock était homosexuel, Susan avait refusé d'y croire : « Il me semblait que si je déployais toute ma séduction, il ne me serait pas très difficile de prouver le contraire. » Un peu plus tard, quand on demanda à l'actrice de faire un peu partout en public la promotion de *McMillan and Wife,* on ne cessa de l'interroger à propos des mœurs de son partenaire : « Tout le monde voulait absolument savoir... les employées de bureau, les hippies qui tiraient des affiches “ Faites l'amour, pas la guerre ”, mes propres amis... tout le monde me demandait : “ Dites-moi, il est gay ? ” et moi, je répondais invariablement : “ Rien ne m'autorise à le penser. ” Et c'était vrai, parce que jamais je n'ai eu le sentiment de lui être physiquement indifférente. J'avais la chair de poule quand je me blottissais contre lui. Il se comportait avec moi exactement comme l'ont fait Bob Wagner ou Peter Fonda. Si je n'avais pas été mariée, rien ne me dit qu'avec lui les choses ne seraient pas allées beaucoup plus loin. »

Rock ne fut jamais satisfait de son interprétation de *McMillan and Wife.* Tout au long du tournage, il resta jusqu'au bout des ongles le professionnel ponctuel, courtois et coopératif qu'il avait toujours été, mais à aucun moment il ne mit dans son personnage le meilleur de lui-même. Cette insatisfaction explique-t-elle en partie pourquoi il s'enivrait tous les soirs quand il rentrait chez lui ? En tout état de cause, pendant quatre ans, ce fut à Susan (sur les cinq ans durant lesquels elle joua le rôle de Sally McMillan) qu'on décerna un prix d'interprétation. A Susan et pas à Rock. En 1974, la responsabilité de la série avait été confiée à un nouveau producteur exécutif, Jon Epstein, qui fit de son mieux pour améliorer la qualité des épisodes. Selon lui, Rock avait atteint à un tel professionnalisme qu'on en venait à sous-estimer son talent d'acteur : « Il se comportait devant la caméra avec tant d'aisance que personne ne se rendait même compte qu'il jouait. J'ajouterai que la série n'était pas de taille à remporter un prix, et que sa médiocrité même la rendait encore plus difficile à interpréter. Ce qu'on demanda à Rock de faire tenait un peu de la gageure, et il s'en est sorti avec un tel naturel que le public n'a pas compris un seul instant quel acteur il était. »

Nombre de téléspectateurs, qui pourtant n'avaient jamais auparavant vu Rock sur un grand écran, s'enthousiasmèrent pour la série. Il devint ainsi l'une des figures les plus populaires du petit écran, l'image même du policier viril, mais que sa douceur et son humanité rendent sympathique. « Un homme superbe et implacable, écrivait une jeune admiratrice, mais dont on pourrait se faire un vrai copain. Un homme à qui on aimerait se confier. »

Au bout de cinq ans, le contrat de Susan arriva à expiration, et l'augmentation de cachet qu'elle exigea pour accepter de le reconduire excédait de beaucoup ce que le producteur était disposé à lui accorder. De plus, elle était un peu lasse de jouer le même personnage et avait d'autres ambitions. Elle se retira donc de la série, laquelle courut encore sur sa lancée pendant un an, sous le titre abrégé de *McMillan,* avec pour seule vedette le commissaire de San Francisco.

Susan n'eut jamais l'occasion d'annoncer de vive voix à Rock qu'elle partait, ni même de lui faire ses adieux. Elle ne devait le revoir que neuf ans plus tard. De s'être sentie si proche de lui pendant si longtemps et de l'avoir quitté sans un mot avait été pour elle un véritable choc. A cette époque, elle n'était pas encore rompue aux us et coutumes du monde du spectacle, où il est monnaie courante de partir quatre mois en tournage et de s'attacher à l'être unique au monde qu'on ne reverra jamais plus après le dernier coup de manivelle. « Et pourtant, l'affection réciproque est profonde et sincère, me dit Susan, mais dès l'instant où on vous propose un nouveau rôle, chacun s'en va de son côté. On a beau se téléphoner plus tard pour se dire " Il faudrait qu'on se voie " ou " Si on déjeunait un de ces jours ? ", c'est fini. » Susan me rapporta que Peter Fonda – avec qui elle s'était liée pendant le tournage de *Outlaw Blues* d'une intense affection, bientôt évanouie après la fin du film – avait comparé devant elle ces amitiés éphémères au passage d'un cirque dans la ville : « Considère que c'est toujours ça de pris, me dit-il. C'est comme le cirque... un moment fabuleux quand il est là... et puis le voilà reparti ailleurs. »

Après *McMillan and Wife,* Susan quitta la Californie pour la côte est, signa d'autres contrats, se sépara de son mari pour épouser Dick Ebersol, qui produisait alors *Saturday Night Live* et dont la première femme, Susan Stafford, lui avait fait quelques années plus tôt rencontrer Rock Hudson. Les années passèrent, mais Susan St James pensait toujours à Rock avec une tendresse attristée, assortie d'un sentiment de malaise croissant. Elle avait pris connaissance des déclarations qu'il avait faites à propos de *McMillan and Wife,* dans lesquelles il ne mâchait pas ses mots pour dire combien il avait détesté tourner cette série. L'avait-il détestée elle aussi ? Lui gardait-il rancune de l'avoir quitté comme elle l'avait fait ? Elle aurait donné tout au monde pour le revoir seule à seul et lui dire : « Tu n'as pris aucun plaisir à travailler avec moi ? Il ne t'en reste aucun bon souvenir ? Tu penses vraiment qu'on n'a rien fait de bon dans cette série ? » Ce n'étaient pas des questions qu'on pose par téléphone ou à la faveur d'un cocktail entre gens du métier. « Et ces questions-là, je me disais que je les emporterais dans ma tombe. »

Au cours du printemps 1984 lui tomba du ciel un appel téléphonique d'un attaché de presse qui lui demandait de prononcer une allocution lors d'un dîner en l'honneur de Rock Hudson – le seul de ce genre qu'il acceptât jamais de patronner – au Sands Hotel d'Atlantic City. Le dîner était organisé au bénéfice du Fonds d'entraide des comédiens, une des rares institutions charitables à laquelle Rock versât fidèlement son obole depuis des années. Susan saisit la balle au fond. Elle tournait à l'époque une autre série télévisée, *Kate'n Allie,* et vivait avec Dick et leurs enfants à Litchfield, dans le Connecticut. Le couple partit toute affaire cessante pour Atlantic City. Susan voulait à tout prix tirer les vers du nez de Rock. Gardait-il de leurs cinq années de collaboration un souvenir attendri ou exécrable? Quand à Dick Ebersol, il était quelque peu inquiet, étant donné que le scénario du film qu'il avait produit, *Saturday Night Live,* faisait ironiquement allusion au fameux mariage Rock Hudson-Jim Nabors qui avait tant défrayé la chronique. Rock ne lui en voulait-il pas d'avoir cautionné et exploité à bon compte cette fausse rumeur?

L'avion qu'ils prirent fut secoué par une forte tempête de pluie; à Philadelphie une limousine les attendait pour les conduire à Atlantic City. Carol Burnett, Morgan Fairchild et d'autres célébrités avaient également été invitées, mais elles s'étaient décommandées en dernière minute, car ce jour-là un véritable déluge s'abattait sur New York. Il se trouva donc que Susan était la vedette la plus en vue, et par-là même la seule oratrice de fin de banquet.

A leur arrivée au Sands Hotel, Susan monta dans la chambre qu'on lui avait réservée, se maquilla et passa les vêtements neufs qu'elle avait achetés pour la circonstance. Mal assurée sur ses jambes, elle redescendit dans le hall, et tout de suite elle aperçut Rock entouré de journalistes. Dès qu'il la vit, il se dirigea vers elle, talonné par les photographes avides de fixer sur la pellicule les retrouvailles du commissaire McMillan et de sa femme.« En le voyant, j'ai fondu en larmes, raconte Susan, et j'ai su immédiatement que rien n'avait changé. Au milieu de la foule qui se pressait dans le lobby, nous nous sommes précipités l'un vers l'autre en tendant les bras, et d'un seul coup tout a été comme avant. Ce fut un des grands moments de ma vie. »

Au dîner, on les plaça l'un près de l'autre à la table d'honneur, et quand vint le moment de prononcer les allocutions, tous deux eurent le même geste pour retirer d'une poche leurs lunettes et se les placer sur le nez. Alors ils se regardèrent comme le font deux binoclards et pouffèrent de rire. « Nous avions l'air de deux anciens combattants qui ont crapahuté ensemble dans une tranchée, des années auparavant. » Rock demanda à Susan et à Dick ce qu'ils avaient l'intention de faire après le dîner.

« Nous repartons pour le Connecticut, dit Dick.

– Rentrez avec moi, proposa Rock. Le Sands met à ma disposition un hélicoptère pour regagner New York. Nous irons chez moi bavarder. Nous avons tant de choses à nous dire. »

Ils décollèrent du toit de l'hôtel à bord d'un hélicoptère noir, survolèrent le cours de l'Hudson et les tours du World Trade Center. Le bruit du rotor les empêchait de s'entendre, et ils restèrent silencieux pendant tout le vol, mais Susan observait Rock en silence. Cette nuit-là, elle s'en souvient fort bien, il portait un pantalon ocre, un pull-over de même couleur à rayures brunes et un Burberry. « Je le regardais en me disant qu'il était assurément le plus bel homme que j'aie jamais vu. » Cela se passait seulement quelques mois avant qu'on diagnostique le Sida contracté par l'acteur. « Ce soir-là, il nous a semblé dans une forme éblouissante. Ce n'est que beaucoup plus tard, en examinant les photos prises pendant ce dîner, que nous avons compris qu'il était malade et que l'objectif avait vu ce que nous ne pouvions voir. »

Il était deux heures du matin quand l'appareil se posa sur l'héliport de la Trente-Quatrième Rue. Une limousine était supposée les attendre, mais elle n'était pas là. Dale Olson, l'attaché de presse de Rock, téléphona vainement pour appeler une voiture et finit par mettre la main sur un taxi en maraude qui les conduisit à l'appartement de Rock au Beresford, sur le côté ouest de Central Park. Dale prit alors congé et Rock fit visiter à Susan et à Dick l'appartement qu'il avait acheté et fait transformer quelques années plus tôt : deux chambres, un grand salon, un coin-détente qu'il appelait son repos de chasse et une terrasse. Mais la pièce qu'il préférait entre toutes était l'une des deux salles de bains, la plus grande, qu'il leur fit visiter avec une fierté de gosse pour leur montrer les énormes lavabos surélevés proportionnellement à sa stature, la baignoire, la douche convertible en bain de vapeur et la fenêtre donnant sur Central Park. « Je peux me mettre à poil sous la douche et contempler tout New York! » exultait-il.

Il leur servit le premier verre de la journée, un scotch à l'eau plate. On lui avait prescrit de ne plus boire et de ne plus fumer en 1981, quand on l'avait opéré dans un service cardiologique pour pratiquer sur lui une anastomose vasculaire. « Les médecins me déconseillent formellement d'avaler ça, leur dit-il en désignant son verre. Mort aux toubibs. Qu'ils crèvent! »

Ils allèrent tous les trois s'asseoir dans le repos de chasse, dont la décoration évoquait l'intérieur d'un gîte de safari : tapis de sisal, chaises pliantes, tambours africains et lances de chasseurs. Au mur, une peinture représentant un zèbre. « Je ne peux pas me faire à l'idée que dans *McMillan* tu aies embrassé une autre femme six mois après ma mort dans un accident d'avion, fit Susan pour entamer la conversation. Alors que pendant cinq ans tu prétendais m'adorer. Tu me faisais l'amour tous les soirs, souviens-toi. » Rock rit franchement : « Que veux-tu, c'est la vie! » Susan se souvint du temps où elle se blottissait entre ses bras. « J'aurais souhaité en quelque sorte que Dick ne fût pas là, me dit-elle. Car alors j'aurais pu m'asseoir sur les genoux de Rock, oublier le reste du monde et lui dire : " Rassure-moi et dis-moi que c'est toi mon meilleur ami. " »

Ils évoquèrent les enquêtes du commissaire McMillan, dont le dénouement était toujours tiré par les cheveux, de sorte qu'à la fin de chaque épisode Rock devait se lancer dans un long monologue pour éclaircir le mystère. Un monologue qui était généralement filmé avant l'épisode proprement dit, si bien que Rock n'avait pas la moindre idée de ce dont il parlait. « Tu te souviens du coup de la valise ? » fit Rock. Une année, la société de production s'était trouvée à court de trésorerie, et par-là même dans l'impossibilité de faire construire de nouveaux décors et d'engager des figurants. Il avait donc fallu tourner à l'économie et on avait concocté un épisode dans lequel toute la clé du mystère tenait dans une valise placée sur le toit de la maison qu'habitait le couple McMillan. « Pourtant, lui assura Susan, c'est l'épisode qui a le plus frappé les gens, celui qui a eu le plus de succès auprès du public. »

Il était six heures du matin et le ciel s'embrasait de lueurs fauves quand Susan et Dick quittèrent le Beresford. « Nous aurions voulu tous les trois que cette nuit-là n'en finisse pas. Elle m'avait apporté tant de chaleur, tant de réconfort... Je savais désormais que ces douze heures de travail par jour pendant cinq ans n'avaient pas été vaines. » Quand elle apprit plus tard que Rock était malade et se mourait du Sida, elle lui envoya des fleurs sur son lit d'hôpital et tenta de lui téléphoner, mais au moment où elle appela une voix lui répondit que l'acteur sommeillait. « Jamais, je n'ai eu le courage de le rappeler, me dit-elle. Mais j'ai la conscience en paix depuis que l'occasion nous a été donnée à Atlantic City de resserrer les liens qui nous unissaient et de nous dire du fond du cœur l'un à l'autre que nous étions amis. »

De retour en Californie après ce dîner au Sands, Rock fit savoir autour de lui combien il était heureux d'avoir revu Susan, quelle actrice de grand talent elle était devenue et quelle sympathie il lui vouait. Il visionna les copies qu'il possédait de *McMillan and Wife* et fut surpris de constater que la série n'était pas si mauvaise qu'il l'avait tout d'abord cru. « Bien meilleur que je pensais, dit-il à Mark Miller. Va savoir pourquoi je n'ai pas mis toute la gomme! »

Chez grand-mère Wood.

Kay dans les années trente (succession Rock Hudson).

Roy Harold Scherer père et fils (succession Rock Hudson).

La première des photos professionnelles envoyées par Rock Hudson aux agences d'acteurs (document Marion).

« L'art de faire des réussites tout en gardant le sourire
et en faisant bomber mes pectoraux. » (fonds Max Travel)

En conversation avec Vivian Leigh (London News Agency).

Avec Jane Wyman dans *Tout ce que le ciel permet* (document Universal Pictures, reproduit avec l'autorisation de MCA Inc.).

Kay et Rock pendant le tournage de La *Légende de l'épée magique*
(document Universal Pictures, reproduit avec l'autorisation de MCA Inc.).

« Jamais je ne m'étais senti aussi intimidé! »
1954 : l'acteur est présenté à la reine Elisabeth (cliché Fox).

1955 : Phyllis annonce à ses parents qu'elle vient d'épouser Rock Hudson le jour même (document Universal Pictures, reproduit avec l'autorisation de MCA Inc.).

« Toujours à point, les steaks! Quand Rock cuisinait, jamais personne ne pouvait se faire servir une pièce de viande saignante. » (document Universal Pictures, reproduit avec l'autorisation de MCA Inc.)

Rock en 1955 (document Universal Pictures, reproduit avec l'autorisation de MCA Inc.).

Avec Mae West lors d'une répétition de *Baby It's Cold Outside*.

Avec Doris Day dans *Confidences sur l'oreiller*
(document Universal Pictures, reproduit avec l'autorisation de MCA Inc.).

Rock Hudson et ses chiens. De gauche à droite : Fritz, Murphy, Wee-Wee, Sally (fonds Harry Langdon).

Le grand salon du « Château » (fonds Max Eckert).

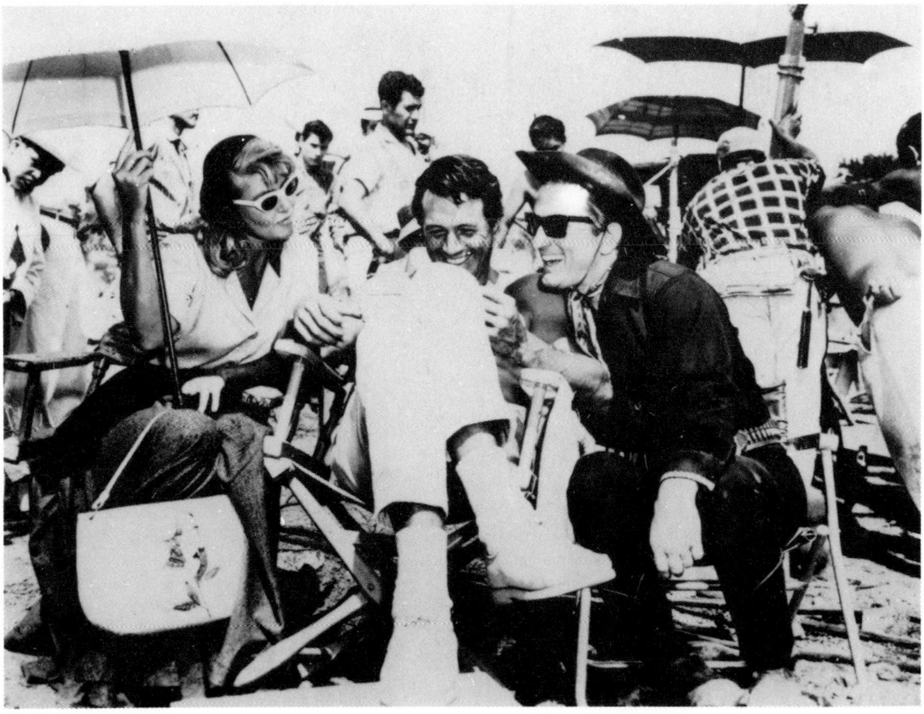

Dorothy Malone, Rock et Kirk Douglas pendant le tournage de *El Perdido* (document Universal Pictures, reproduit avec l'autorisation de MCA Inc.).

Tom Clark et Rock dans l'enceinte des studios MGM
lors du tournage de *Si tu crois fillette...* en 1971 (document MGM).

Avec Ronald et Nancy Reagan à la Maison Blanche.

10.

Un dimanche après-midi, alors que j'étais dans la piscine, Carol Burnett m'a appelé : « Tu as envie de faire I Do! I Do! *avec moi ? » me propose-t-elle. Et tout de suite je lui dis : « Mais... c'est une comédie musicale. C'est du théâtre. Jamais je n'ai chanté et jamais je ne suis monté sur une scène. »*

Et elle qui au bout du fil insiste : « Mais si, je t'en prie, accepte. »

Alors j'ai dit oui. Je suis ressorti pour annoncer à Tom : « Je viens d'accepter de jouer dans une pièce à deux personnages, une comédie musicale, ici même à Los Angeles. Et crois-moi, ce n'est pas de la tarte! » Un peu plus tard, nous avons fait passer l'enregistrement de la pièce – elle avait déjà été montée à New York – et enfin j'ai lu le livret. « Bigre! Trois gags par page, et c'est superbement écrit. Et dire qu'à New York ils n'ont même pas exploité ça! » ai-je fait remarquer à Tom.

Ce qui m'inquiétait, c'étaient les parties chantées. Mais tout vient progressivement. J'avais beaucoup étudié le chant, donc il ne fallait pas que je m'en fasse un monde. Et puis, j'adore chanter. J'ai travaillé ma voix avec David Craig. C'est lui qui m'a appris, à moi et à beaucoup d'autres acteurs, à amener tout naturellement une chanson. Lui qui m'a appris à voir ce qu'il y a en arrière-plan d'un morceau lyrique, à saisir son esprit et à mettre en valeur l'histoire qu'il raconte.

Les répétitions ont duré quatre semaines, et dès le départ Gower Champion m'a dit : « Tu verras, un mois, c'est plus qu'il n'en faut. » Et de fait, quand on répète, quatre semaines vous semblent une éternité. La tournée devait elle aussi durer quatre semaines, et dans les cas semblables deux suffisent pour les répétitions. On a d'abord donné une représentation en dehors de Los Angeles, à San Bernardino, si bien que le soir de la première au Huntington Hartford, j'étais fin prêt.

Marilyn Maxwell mourut d'une crise cardiaque en mars 1972 et Rock fut l'un des premiers à être averti de son décès. Le fils de

Marilyn, Matthew Davis, avait alors quinze ans, et c'était lui qui au retour de l'école avait découvert le corps de sa mère affaissé sur le sol des toilettes. Il avait alors appelé d'urgence un médecin qui lui avait révélé que Marilyn avait cessé de vivre. Pour Matthew, le choc avait été terrible. Il avait marché comme un automate vers la chambre de la bonne, sur l'arrière de la maison, et s'était effondré dans un fauteuil rouge. Peu après la maison s'était emplie de gens, mais Matthew avait refusé de quitter le fauteuil dans lequel il demeurait prostré, le regard fixe, sourd aux propos qu'on lui tenait. Et soudain un visage s'était précisé dans son brouillard, celui de Rock Hudson. L'acteur l'avait pris dans ses bras, l'avait porté dans sa voiture et ramené au Château en même temps que Jean Greenberg, la secrétaire de Marilyn. Rock avait alors couché Matthew dans la chambre d'amis – celle qu'il avait baptisée Tijuana – et appelé un médecin qui avait administré au garçon un sédatif.

Rock prit toutes les dispositions requises par l'enterrement. En compagnie de Jean Greenberg, il passa la nuit au téléphone, assis sur la moquette du salon rouge et buvant d'un trait vodka sur vodka. Le jour des obsèques, il tint l'un des cordons du poêle et durant le service funèbre – il avait pris place entre Tom Clark et Jimmy Dobson, lequel avait comme lui bien du mal à retenir ses larmes – il se tourna vers lui pour lui chuchoter à l'oreille :

« Jimmy, parle-moi du prochain film que je vais faire. Décris-le-moi.

– L'histoire se passera dans un pays magnifique. Je vois des montagnes rouges et d'immenses arbres verts. Et de l'air pur. Un air qu'il fait bon respirer à pleins poumons.

– Alors, je vais faire ce film », murmura Rock.

Après les funérailles, Rock se tourna vers Tom pour lui dire qu'il ne voulait pas qu'on l'enterre avec pompe : « Je t'en prie, surtout, surtout ne laisse personne m'enterrer un jour comme ça. »

Quelque temps plus tard, alors qu'il mettait de l'ordre dans les affaires de Marilyn, il tomba sur de vieux enregistrements en 78 tours de toutes les émissions de radio qu'elle avait faites. Il les fit recopier sur des bandes dont il fit cadeau à Matthew. « C'est seulement beaucoup plus tard que j'ai compris combien il était important pour moi de préserver ces enregistrements, devait déclarer Matthew. Rock, lui, l'a saisi tout de suite. Il aura été pour ma mère le plus fidèle des amis. »

Rock tourna ensuite *Duel dans la poussière* – le film sur lequel il avait fixé son attention le jour de l'enterrement de Marilyn pour dissiper son angoisse –, dont les scènes d'extérieur furent photographiées au Nouveau-Mexique en 1972. Lors d'une séquence de ce film, l'acteur devait conduire une voiture provenant de la collection d'anciens modèles de Laurence Rockefeller. Alors que Rock répétait la scène avant la prise, les freins lâchèrent et le véhicule lancé à pleine vitesse percuta contre un mur de béton. Rock s'en tira de justesse avec une forte commotion, une côte enfoncée et des fractures multiples à une jambe et aux deux bras. La production fut interrompue et on ramena en avion l'acteur en Californie, où il dut rester immobilisé six semaines au lit avant de se rétablir.

Mark Miller et George Nader avaient regagné les États-Unis après leur séjour en Europe, et George avait eu lui aussi un accident de voiture, mais il en avait gardé des séquelles autrement graves. Le choc avait provoqué un décollement rétinien et une cécité totale d'un de ses yeux. On avait bien tenté de traiter chirurgicalement le décollement, mais un glaucome s'était déclaré, ce qui avait mis brutalement fin à sa carrière d'acteur, étant donné que l'éclairage intense requis pour les prises de vues lui enlevait toute vision. Rock fut bouleversé en apprenant la maladie de George. L'idée de devenir lui-même aveugle le terrorisait. « Je pourrais m'accommoder de tout sauf de la cécité », répétait-il souvent. Et chaque année, il faisait un don en espèces à divers centres ophtalmologiques et institutions d'aide aux aveugles.

« Qu'allez-vous faire à présent que George ne peut plus travailler? demanda Rock à ses deux amis un soir qu'ils dînaient au Château.

– De l'immobilier, répondit Mark. Il venait en effet d'obtenir une licence professionnelle d'agent immobilier et un important marchand de biens, Larry O'Rourke Realty, lui proposait de l'engager comme vendeur.

– Pas question, fit Rock. Tu vas travailler pour moi.

– Mais... pour faire quoi, au juste?

– T'occuper de mes affaires. J'ai besoin d'un secrétaire.

– Autrement dit, me la couler douce. »

La réplique devint source de plaisanteries continuelles, car Mark n'eut guère le loisir de se tourner les pouces.

« C'était en fait un travail à plein temps, me dit-il, et une présence de sept jours sur sept si je me laissais déborder. » Il fit de Tijuana sa pièce de travail, y disposa un bureau et des classeurs et prit en main la gestion des affaires de Rock. Il répondait aux lettres et aux appels téléphoniques, acquittait les factures, constituait des dossiers et apaisait les crises qui sans cesse se nouaient autour de l'acteur. Mark avait baptisé la maison « Château-Chaos », car à tout instant y faisaient rage des incendies domestiques que Rock regardait placidement gronder pendant que les autres se brûlaient les doigts en s'évertuant à les éteindre. Mark découvrit par ailleurs que depuis neuf mois Rock n'avait pas mis à l'encaissement les chèques qu'il avait reçus, et que depuis des années il empilait dans des cartons les lettres de ses admirateurs et admiratrices.

« Il possédait six voitures, me dit Mark, mais dans aucune il n'y avait de l'essence ou de l'huile. Il roulait jusqu'à ce que le réservoir soit vide ou que la voiture tombe en panne et il en prenait une autre. »

Rock rétribuait Mark à raison de 100 dollars par semaine. A cette époque, Joy n'en gagnait toujours que 60, alors que depuis 1962 Clarence Moritomo recevait 600 dollars par mois. « C'était le plus généreux des pingres », me dit Mark. Jamais il ne s'inquiétait du prix de ce qu'il achetait quand c'était lui qui faisait des emplettes, mais jamais non plus il n'augmentait les salaires de ceux qu'il employait, et il demandait à son entourage de conserver les coupons de réduction et de faire les provisions le jeudi, parce que ce jour-là les supermarchés font des rabais promotionnels. Pour Noël, il offrit à Mark et George un voyage en Europe, mais en ajoutant : « Je n'ai pas les moyens de vous envoyer là-bas en première. J'espère que cela ne vous dérange pas trop de voyager en touriste ? »

« J'ai accepté ce boulot parce que c'était marrant, me raconta Mark. Où aurais-je pu trouver quoi que ce soit de ce genre ? Je travaillais de neuf à quatre, de temps en temps je partais pour Hawaii, New York ou l'Europe, et je passais mes journées avec mon meilleur copain à raconter des blagues et à faire des pitreries. » Rock aimait venir voir Mark dans son bureau et s'asseoir dans un fauteuil qui avait appartenu à la mère de George Nader et dont les bras se prolongeaient par deux têtes de lion. Pendant que son secrétaire tapait à la machine et qu'allaient et venaient les coursiers, les ouvriers qui restauraient la maison et les coiffeurs, Rock faisait de la broderie sur canevas, habitude qu'il avait prise pour meubler sa convalescence quand on lui avait opéré le pied. Dans son lit, le temps lui avait semblé long, et Tom Clark lui avait alors acheté un nécessaire pour débutant. « Il en était fou, me dit Tom, pour la simple raison que c'était mathématique et précis. » Rock avait absolument voulu convertir Mark à sa marotte : « Il faut que tu t'y mettes, tu verras, c'est sensationnel ! » Il avait d'abord brodé des coussins, puis un grand tapis orné d'un motif amérindien qu'il emportait dans une valise spéciale chaque fois qu'il partait tourner des extérieurs.

Chaque jour, Rock et Mark prenaient leur repas de midi à la cuisine avec Joy, les femmes de ménage et quiconque se trouvait dans les parages à cette heure-là. Il voulait que le Château soit ce qu'il appelait « une maison sans façon », dans laquelle tous ses collaborateurs sans distinction soient traités comme des membres de la famille et mangent à la même table que lui. Une « république populaire de l'Hudson », ironisait Mark.

Vers la fin de l'après-midi, si les choses tournaient au ralenti et s'ils étaient seuls, Rock et Mark faisaient les clowns. Mark appelait alors l'acteur « Trixie », un sobriquet que George avait inventé et qui plaisait à Rock parce qu'il exprimait implicitement des traits de comportement qui lui semblaient recouper les siens : il aimait faire des *tricks,* autrement dit des farces, il se considérait comme un *benefatrix,* un bienfaiteur, du fait des dons désintéressés qu'il faisait en certaines occasions, et de plus en argot le mot *trick* avait le sens de « micheton » ou désignait deux partenaires sexuels.

« Il est l'heure d'aller faire nos courbettes, mon trésor », disait Rock. Alors, bras dessus, bras dessous, ils se pavanaient à travers la maison en imitant de façon cocasse les saluts que font au final les chanteurs d'opéra et les acteurs de théâtre. Parfois leur numéro commençait au sommet du grand escalier, qu'ils descendaient en souriant de ravissement, les bras tendus et le cou démesurément étiré, comme s'ils étaient vêtus d'un costume de scène et que la salle en délire les ovationnait. « Pas si facile de descendre un escalier dans un cas semblable, me dit Mark, sans jamais regarder ses pieds et en fixant constamment le regard sur le public. » Quand ils atteignaient le bas de l'escalier, ils saluaient. Celui des deux qui jouait le rôle de la femme faisait la révérence et l'autre se courbait en avant. Le perdant du jeu était le premier qui ne réussissait plus à garder son sérieux. Ensuite, ils hurlaient et se roulaient de rire sur la moquette.

Souvent Tom Clark faisait après le travail un crochet par le Château pour y boire un verre avant de regagner son domicile. Il avait quitté MGM et travaillait à présent pour Rupert Allan, un cabinet de relations publiques qui représentait Rock. Un soir, Tom vint voir Rock comme à l'ordinaire, puis s'en alla peu de temps avant Mark, qui s'était attardé dans son bureau pour taper du courrier. En quittant le Château Mark parcourut quelques centaines de mètres en voiture, puis s'avisa qu'il avait oublié son portefeuille. Il fit demi-tour pour revenir le chercher et vit la voiture de Tom garée près de la maison. Mark franchit le portail et rentra chez lui.

La liaison de Rock et de Tom s'était consolidée graduellement d'année en année. Tom en imposait par sa stature. Il avait les yeux bleus et des cheveux clairs qui petit à petit viraient au blanc, s'exprimait avec l'accent de l'Oklahoma (il avait grandit à Oklahoma City, un fief méthodiste), et sa voix aurait porté d'une extrémité à l'autre d'un stade. C'était un personnage haut en couleur, émotif et passionné, un conteur hors pair et un joueur de bridge de première force.

Les deux hommes s'étaient connus en 1964, chez Pat Fitzgerald, où l'acteur était passé à l'improviste et avait soufflé la place de Tom à la table de bridge. « Encore un de ces acteurs qui se croient tout permis », avait pensé Tom. Mais ils s'étaient revus en diverses occasions et avaient découvert qu'ils étaient faits pour s'entendre. Les années passant, ils étaient devenus bons amis, puis amants, bien que chacun d'eux fût lié à un autre homme.

En 1972, Rock fut invité en Australie, où on devait lui remettre le « Logie », un prix d'interprétation équivalant au Emmy Award américain. Il proposa à Tom de l'accompagner là-bas en tant qu'attaché de presse, et pour couper le voyage ils firent halte à Tahiti. Tom n'était jamais allé dans le Sud-Pacifique, dont Rock lui avait vanté les couchers de soleil inoubliables. Les plus beaux du monde selon lui. « Ce soir, on va se poster sur le balcon et regarder le soleil disparaître, annonça Rock. Mais ça s'arrose. C'est *moi* qui m'occupe des Martinis. » L'hôtel ne fournissant pas de service à l'étage, Rock descendit au bar et en revint muni d'une bassine de plastique remplie d'un liquide d'aspect curieux dans lequel flottaient de petites olives bizarres. « Voilà nos Martinis », affirma-t-il. Ils prirent une douche, se vêtirent de pantalons blancs, s'installèrent sur le balcon et levèrent leurs verres. Mais, ce soir-là, le soleil se coucha derrière un rideau de nuages.

Ils firent une seconde tentative le lendemain soir, mais dans une autre île de l'archipel, où ils avaient loué la suite du dernier étage d'un énorme hôtel nouvellement ouvert, dans lequel cette fois ils purent se faire monter leurs Martinis dans des verres à pied. Comme la veille, ils se douchèrent, et comme la veille ils s'installèrent sur la terrasse un verre à la main, mais en se contentant de nouer autour de la ceinture leurs serviettes de bain. Et tous deux contemplèrent, me dit Tom, « le plus somptueux des couchers de soleil ». Puis, Tom entra dans la suite pour remplir les verres, mais quand il revint il referma par mégarde derrière lui la porte donnant accès à la terrasse, laquelle ne s'ouvrait que de l'intérieur. Ils durent descendre le long de la façade par une échelle d'incendie, cachant leur nudité en maintenant d'une main leur modeste serviette, et frapper aux fenêtres jusqu'à ce qu'une femme de chambre les fasse rentrer. « Voilà le souvenir que m'a laissé l'inoubliable coucher de soleil de Rock, me dit Tom. Mais ce voyage en Australie s'est fort bien passé. Nous avons découvert que nous faisions un bon tandem. J'organisais tout, je m'occupais de tout ce dont il avait besoin et je faisais tampon. Rock était incapable de dire non. Moi si, et je me chargeais de le dire à sa place. »

En 1973, l'année suivante, Rock fut invité à Buenos Aires par une chaîne de télévision qui préparait une émission spéciale sur sa carrière d'acteur. D'ordinaire, il aurait décliné l'invitation, mais l'émission avait été programmée aux environs du mardi gras, et toute sa vie il avait rêvé d'assister au carnaval de Rio. L'Amérique du Sud venait récemment d'acquérir les droits de *McMillan and Wife,* et Rock n'eut pas de mal à convaincre Universal de l'envoyer là-bas faire une tournée de promotion de trois semaines. Tom, à qui Rock avait de nouveau demandé de l'accompagner, prit un congé de même durée pour partir avec lui.

Leur séjour en Amérique du Sud fut selon Tom « encore une réussite sur tous les plans ». Il était rare qu'une célébrité de Hollywood se manifestât à Buenos Aires, et Rock y fut littéralement porté en triomphe par la foule de ses admirateurs. Rock et Tom eurent tout loisir de tâter des fameuses pièces de viande argentines, on les promena aux quatre coins du pays à bord d'un hélicoptère de l'armée, et dans un club privé loué à leur attention ils écoutèrent jusqu'à l'aube, un verre de scotch à la main, un groupe de musiciens interpréter pour eux des chants de gauchos.

A Rio de Janeiro, où on leur avait réservé une véranda surplombant la plage de Copacabana, ils furent invités à des soirées protocolaires et au bal costumé du carnaval, où Rock fut prié de compter parmi les membres du jury. On les fit asseoir dans la loge du gouverneur pour assister à la nuit de la samba, point culminant des festivités du mardi gras. Toute l'année, en effet, les clubs de samba qui fleurissent principalement dans les quartiers pauvres répètent inlassablement pour peaufiner le numéro de danse qu'ils vont présenter ce soir-là, lors d'une immense et frénétique parade, s'arrêtant à tour de rôle devant la loge du gouverneur, chaque groupe dansant sur un thème et dans des costumes qui le distinguent. Rock et Tom se mêlèrent cette nuit-là aux danseurs : « Nous avons été entraînés dans des farandoles dansant la samba, on nous faisait passer des bouteilles de bière que nous buvions au goulot », me dit Tom. Il eut beau se mettre à pleuvoir, les clubs de samba n'en abandonnèrent pas le pavé pour autant, et jusqu'au petit jour les deux hommes se partagèrent entre la loge du gouverneur, où de temps à autre ils venaient boire du rhum et se restaurer, et les rythmes de la rue.

Ce fut pour eux un de ces voyages qui donnent le sentiment de vivre une aventure exaltante, d'oublier le temps, et qui créent des liens d'une nature particulière entre ceux qui les font ensemble. Quand vint le moment de plier hâtivement bagages et de dire adieu à Rio, Rock fut envahi par une vague de tristesse : leur voyage avait pris fin, et chacun allait reprendre sa vie de son côté. En faisant les valises, Rock s'empara par mégarde de quelques vêtements appartenant à son compagnon. « C'est jolies choses à môa, fit Tom. Pas touche à jolies choses à môa. » Amusé par la cocasserie de la formulation, Rock éclata de rire et dévisagea Tom : « Pourquoi ne viendrais-tu pas habiter chez moi ? » lui proposa-t-il.

De retour en Californie, Tom s'empressa d'appeler Mark et George : « Je peux débarquer chez vous? Je vous réserve une nouvelle extraordinaire! » Quand il arriva, me raconta George, « Il était tout feu tout flamme. Il rayonnait littéralement de bonheur ». De son propre aveu, jamais Tom n'avait été si heureux. « Figurez-vous que Rock m'a demandé d'aller vivre avec lui! » leur annonça-t-il. George songea en son for intérieur que Rock et Tom ne formeraient assurément pas le couple idéal, mais Mark et lui se firent à cette idée : « Après tout, Rock était notre ami. » Tom leur apprit ensuite que Rock lui avait également demandé de cesser de travailler. Ses deux interlocuteurs le mirent en garde :

« Écoute, tu en as vus suffisamment défiler dans la maison pour savoir que Rock leur a toujours demandé la même chose. Mais dès qu'ils plaquent leur boulot pour rester près de lui, il ne peut plus les supporter.

– Avec moi, c'est différent, affirma Tom. Il veut que je travaille pour lui. Que je sois administrateur dans sa société. »

Rock et Tom appelèrent Jack Coates pour le mettre au courant.

« Pourquoi avoir attendu si longtemps avant de vous mettre en ménage, leur dit-il. En tout cas, mes vœux vous accompagnent. »

Au début pourtant, tout semblait indiquer que Rock et Tom s'accordaient parfaitement l'un à l'autre. Ils avaient des goûts communs – le bridge, les chiens, la boisson, le football, les voyages, la lecture, la musique – et l'un comme l'autre s'habillaient volontiers en débraillé. « Une parfaite harmonie, me dit Tom. Pas une note discordante. » De plus, Tom avait travaillé toute sa vie pour le cinéma et s'était acquis une réputation de sérieux et de savoir-vivre que reconnaissaient unanimement tous les gens que Rock fréquentait. « On peut l'emmener n'importe où, disait Rock. Je pourrais le présenter à la princesse Margaret. » Ils voyageaient ensemble et se montraient ensemble aux réunions mondaines sans avoir besoin de recourir à des subterfuges pour justifier le fait d'être inséparables. Après tout, Tom n'était-il pas l'attaché de presse de Rock?

Tom se distinguait totalement des hommes qui jusque-là avaient été les compagnons de Rock. Il n'avait rien d'un mignon à moustaches, était à peu près du même âge que l'acteur et traitait celui-ci comme un égal. Il lui tenait tête et la plupart du temps en venait à ses fins. « J'ai toujours cherché quelqu'un qui lui ressemble », confia un jour Rock à Mark et à George, voulant dire par là qu'il appréciait la loyauté et le soutien de ce compagnon intelligent et réfléchi qui aurait fait n'importe quoi pour l'aider dans sa carrière.

Dans les premiers temps de leur cohabitation, l'un comme l'autre semblaient parfaitement heureux.

« Où est Tom? demandait Rock sitôt qu'il était de retour le soir.

– Là-haut », répondait Mark.

Rock le remerciait et s'élançait aussitôt vers l'escalier.

Les deux hommes prenaient un bain de vapeur aux alentours de six heures, puis passaient des robes de chambre, se préparaient des cocktails et sortaient faire du feu dans la cheminée du patio. Quand ils ne sortaient pas, il leur arrivait souvent de s'enfermer un long moment dans la salle de jeu pour écouter des disques. « Nous en choisissions chacun un à tour de rôle, me dit Tom. Nous faisions passer de la musique d'orchestre, ou celle des comédies musicales de Broadway, et aussi de l'opéra. En un rien de temps nous répandions des disques à travers toute la pièce, que le pauvre Mark avait bien du mal à trier quand il venait les remettre en place le lendemain. » Ils buvaient toute la soirée et se mettaient à table fort tard, parfois pas avant minuit, et dînaient du repas que Joy leur laissait sur la fourneau.

Dans la maisonnée, c'était à qui boirait le plus. Depuis quelque temps Joy forçait elle aussi sur la bouteille, et Tom engagea Rock à se débarrasser d'elle. Mais l'acteur refusa. Il buvait lui aussi davantage depuis qu'il vivait avec un compagnon capable de lever le coude à la même cadence que lui. Certaines nuits, ils roulaient carrément par terre, et le lendemain l'un d'eux se glissait furtivement dans le bureau de Mark pour lui dire : « Sois gentil, va demander en bas ce qui s'est passé hier soir. Il a dû se passer quelque chose, on ne sait pas trop quoi. Essaie de savoir si nous ne devons pas nous excuser auprès de l'un ou de l'autre... »

Le matin, Tom s'installait devant le récepteur pour regarder un jeu télévisé, *The $ 25.000 Pyramid,* et ne voulait pas qu'on le dérange avant neuf heures et demie. Le personnel l'avait surnommé « Notre-Dame-de-la-Traînasse », car il avait pour habitude d'annoncer qu'il montait « pour aller traîner un peu », autrement dit s'étendre douillettement sur son lit en robe de chambre et regarder la télévision ou lire. « Fais comme chez toi et prends tes aises », lui avait dit Rock quand il était venu s'installer au Château. « Alors, bien entendu, j'ai pris mes aises », me dit Tom. Il modifia la disposition des meubles, fit planter des rosiers et surveilla de près les domestiques pour que la maison soit impeccablement tenue. Mais, dès son arrivée, il augmenta leurs salaires et fit en sorte qu'ils reçoivent de généreuses étrennes en fin d'année, initiative que Rock n'avait jamais prise de lui-même par le passé. « Dans l'esprit de tous ceux qui franchissaient la porte, il n'y avait pas l'ombre d'un doute : la maison nous appartenait à l'un comme à l'autre », me dit encore Tom.

Très vite, il se mit à parler à la première personne du pluriel. « Quand *nous* avons tourné *McMillan...* » racontait-il. Dans sa bouche, il était à tout instant question de « nos chiens », de « notre voiture », et de « notre interprétation » dans tel ou tel film. Tom prit tout en main : la carrière de Rock, ses affaires et la maison. C'était lui qui s'occupait de « nos contrats », réservait les billets d'avion et les chambres d'hôtel, fixait les rendez-vous et se munissait de l'argent nécessaire aux dépenses. Pour Tom, « Rock n'avait aucun sens de l'organisation, ne notait jamais l'heure d'un rendez-vous, et aurait été tout à fait incapable de protester ou de faire un éclat si quelque chose n'allait pas dans son activité professionnelle. " Quelle importance ? " me disait-il. Alors, je le secouais : " Mais tu es une vedette, nom de dieu! Vas-tu finir par le comprendre un jour ? " ».

Tom lisait les manuscrits qu'on soumettait à Rock, étudiait les propositions qu'on lui faisait et les lui exposait en lui recommandant d'adopter telle ou telle attitude. Et quand on demandait à Tom : « Mais... de quel droit fait-il cela ? » Tom se contentait de hausser les épaules et de répondre : « Il le fait. C'est comme ça. »

Tom souhaitait tout régenter et peu à peu il réussit à placer Rock sous sa dépendance. Mais cela ne se passait pas sans heurts. « Nos pires disputes sont venues de là, me raconta Tom. " Pourquoi fais-tu cela ? " me reprochait-il. Et moi je lui disais : " Rock, je le fais parce que, premièrement, ce n'est pas à toi de le faire, et deuxièmement parce que tu ne sais pas t'y prendre. " Je faisais de mon mieux pour lui épargner les choses désagréables. Quand certains bruits circulaient, je m'arrangeais pour qu'il les ignore. Mais quand ces bruits lui venaient aux oreilles et qu'il apprenait que j'étais au courant, alors il s'emportait. Selon lui, j'aurais dû être le premier à les lui rapporter. »

Après l'arrivée de Tom au Château, Rock changea de mode de vie. Tom aimait les « belles choses » et recherchait la compagnie des gens « qui sont arrivés ». Ils achetèrent une Rolls Royce, mais Rock ne voulait pas conduire cette voiture, qu'il jugeait trop ostentatoire. « Alors que moi, m'assura Tom, ça ne me gênait pas du tout. »

Un jour, Tom entra dans le bureau de Mark et lui annonça : « Rock et moi avons décidé de nous débarrasser de tous les minables qui le parasitent. On va faire un peu de ménage et repartir du bon pied. » C'est ainsi que des amis qui depuis dix ans avaient toujours été accueillis à bras ouverts furent du jour au lendemain rayés de la liste des invités. Alors, ils appelaient Mark : « Impossible d'avoir Rock au téléphone, et Tom a été de glace. Que se passe-t-il, je leur ai fait quelque chose ? » Mark tentait d'y mettre les formes : « Tu n'y es absolument pour rien. Le temps arrangera tout. »

Le nouveau cercle des familiers du Château comprenait Ross Hunter et Jacques Mapes, Nancy Walker et son mari, David Craig, Sylvia et Danny Kaye, Roddy McDowall et Olive Behrendt, un richissime habitué des mondanités hollywoodiennes. Ross Hunter avait produit onze des films de Rock, mais celui-ci ne lui faisait pas totalement confiance et l'avait toujours tenu à l'écart. C'était Tom qui avait pris l'initiative de rapprocher les deux hommes : « Tire un trait et invitons-le, tu verras que ce sera amusant », avait-il conseillé à Rock. Ils avaient donc convié à dîner Ross et Jacques, et l'acteur avait changé d'attitude à l'égard de son producteur, qui ce soir-là avait fait preuve d'un humour cinglant. Les quatre hommes n'avaient guère tardé à se lier d'amitié, et par la suite à se réunir très souvent pour dîner chez les uns ou les autres, faire un bridge ou partir en excursion.

Durant les années passées par Tom à Beverly Crest, le Château prit tout son éclat. Tom savait admirablement recevoir, et pour donner un second souffle à la carrière de Rock à une époque où celle-ci commençait à sombrer, il rameuta autour de lui le Tout-Hollywood. Au début, me raconta Tom, Rock se fit tirer l'oreille pour exiger de Joy qu'elle cuisine quand il avait des invités. « Je ne me souvenais que trop du temps où je venais moi aussi jouer au bridge et où Rock me téléphonait pour me dire : " Tu ne pourrais pas t'arrêter en cours de route et rapporter des portions de poulet rôti pour tout le monde ? " Alors je l'ai convaincu de recevoir ses invités décemment. " Tirons parti de cette maison, lui ai-je dit. Animons-la. Nous sommes introduits auprès des gens les plus extraordinaires du monde. Invitons-les ici dans les règles. " »

Ils commencèrent par donner des dîners de huit à douze couverts, réunissant les convives autour d'une même table pour faciliter les échanges. Un soir, ils invitèrent Fred Astaire et Gene Kelly. Un autre, Elizabeth Taylor et Carol Burnett. Vinrent aussi Bette Davis, Pat et Michael York, William Holden et Stephanie Powers. Ensuite, ils donnèrent des réceptions plus ambitieuses, des « carrière-parties », comme les appelait Tom. « Une vedette de cinéma doit mener grand train, répétait-il à Rock. Au lieu d'inviter exclusivement tes amis, il faut que tu invites aussi le président de NBC et celui de MGM. » Le samedi, ils organisaient souvent un brunch. C'était Rock qui se chargeait de cuisiner un soufflé au parmesan frais, et Tom qui mélangeait les bull shots : vodka, bouillon de viande, Tabasco et citron vert. Et puis aussi des déjeuners, des soirées de bridge, des fêtes autour de la piscine. Quand Rock ne tournait pas, Tom et lui sortaient ou recevaient sept soirs sur sept.

En mars 1973, Carol Burnett appela Rock pour lui proposer de jouer avec elle *I Do! I Do!* remis en scène pour la saison d'été. La pièce en elle-même faisait date, mais elle avait été remaniée en comédie musicale. Le milieu de la scène était occupé par un lit vieillot, autour duquel un couple vivait cinquante années de vie conjugale entrecoupées de chants et de danses.

Rock devait chanter dix-sept chansons et exécuter une danse en solo. C'était là une véritable gageure, et nombre d'acteurs n'auraient pas accepté de se lancer dans une entreprise aussi risquée. « Il était gonflé, me dit Tony Randall. Quand on n'est jamais monté sur les planches, il fallait des nerfs solides pour aller s'y risquer avec une partenaire aussi rodée que Carol Burnett. Et pourtant Rock n'a fait ni une ni deux : il s'est mis au travail. »

Plus encore que la télévision, la scène était un monde totalement étranger au cinéma. Au théâtre, un acteur doit se faire entendre de la dernière rangée de fauteuils et articuler assez clairement pour rendre perceptible chacune des syllabes qu'il prononce. Là, les subtilités et les nuances – ce qui en somme avait caractérisé Rock au grand écran – ne sont plus de mise. Pour se préparer à affronter le public, Rock disposait de quatre semaines. Quatre semaines durant lesquelles il fit abstraction de tout ce qui touchait à sa vie propre pour se consacrer exclusivement à la pièce. Il travaillait le matin avec Jimmy Dobson, l'après-midi avec Gower Champion, et il donna pour directives à son entourage de faire taire le carillon de l'entrée, la sonnerie du téléphone, et de ne le déranger sous aucun prétexte. Si par inadvertance quelqu'un faisait du bruit dans le patio, il entrait dans une colère noire.

« Il buvait littéralement chacun des mots que prononçait Gower Champion », me rapporta Mark. Pour lui faire assimiler un certain pas de danse, Gower lui donna un petit exercice à répéter en tenant une canne. Cela semblait tout simple, mais Rock travailla l'exercice pendant des jours. Il n'arrivait pas à mouvoir simultanément les bras, les jambes et la tête comme il le voulait. La vanité de ses efforts le désespérait, jusqu'au jour où il sortit triomphant de la séance de répétition. « Ça y est! J'ai attrapé le pas! » Le soir de la première, les producteurs du spectacle lui firent envoyer par Fred Astaire un télégramme portant ces mots : « Bravo. Belle performance! »

La première eut lieu le 13 juin 1973 à San Bernardino. Joy et Clarence s'y étaient rendus en voiture. Mark et George, Rupert Allan et Jack Coates avaient pris place eux aussi dans la salle. Tout le monde était sur des charbons ardents. « Vous verrez qu'il va très bien s'en tirer », fit Jack. Et Tom nota en grosses lettres : « Merde, trois fois merde » en haut d'une page de son agenda. « Nous étions tous morts de trouille », me dit-il. Dans la coulisse avant le lever du rideau, il secoua Rock par la manche : « Tu vas faire un malheur! » lui assura-t-il. Puis il vint s'asseoir dans la salle, et selon sa propre expression « se désagrégea ».

Derrière le rideau, Rock et Carol se tenaient immobiles, prêts à attaquer la première scène, celle de leur mariage. Chacun occupait un côté du décor. Rock était assis dans un fauteuil à oreillettes, mais un courant d'air avait repoussé le rideau contre sa jambe. Soudain la musique explosa, et il vit le rideau protecteur s'écarter de lui et s'élever. « Il n'y avait plus devant moi qu'un trou noir et j'étais paralysé par le trac, me raconta-t-il. J'avais l'impression que ma pomme d'Adam m'était remontée dans la bouche. Mais, fort heureusement, le public a commencé par nous applaudir en nous voyant. Et à nous applaudir suffisamment longtemps pour que je reprenne mes esprits et que je fasse redescendre ma pomme d'Adam là où elle aurait toujours dû rester. » C'était lui qui devait chanter la première chanson du spectacle. Alors il prit une profonde inspiration et se lança.

« Incroyable! fit Jack Coates pendant l'entracte. J'ai l'impression que la première partie n'a duré que quelques secondes! » A la fin du spectacle, Mark et George pleuraient d'émotion. « Il a été formidable, me dit George. De la dynamite, moins parce qu'il dominait parfaitement son jeu de scène que parce que son moteur intérieur tournait à plein régime. Il était pris de panique, terrorisé jusqu'aux os, mais bien résolu à gagner la partie. Ajoutez cette détermination au régime du moteur et vous comprendrez pourquoi Rock cassait tout ce soir-là. Une locomotive sur la scène, et Carol s'est mise immédiatement au diapason. »

Au buffet organisé après la représentation, Rock était radieux. Mark s'approcha de lui pour lui chuchoter : « J'ai beaucoup aimé tes courbettes. » Rock sourit. « C'est grâce à toi », murmura-t-il. Parlant de lui-même, il avait toujours dit en plaisantant que « sous le molosse se cachait un baladin brimé qui n'attendait que l'occasion de chanter et de danser ». Et c'était vrai. Dès le premier soir il fut conquis par la scène, conquis par l'instantanéité de la réaction du public qui tout de suite fait savoir à l'acteur que ses clins d'œil l'ont fait rire et que le spectacle lui a plu. Au théâtre, plus besoin de patienter dix mois pour comptabiliser les recettes avant de savoir si la pièce a marché. Rock découvrit ce soir-là que ce qui passe entre l'acteur et la salle a quelque chose d'exaltant.

Dans le privé, il se mit à viser Broadway. Cela devint bientôt chez lui une idée fixe : conquérir Broadway. « On aurait dit un drogué, rapporte Tom. Il lui fallait à tout prix sa dose de théâtre. » De son côté, Carol Burnett raconta que jamais encore elle ne s'était tant divertie sur une scène qu'avec Rock : « D'habitude, ce qui me plaît le plus, ce sont les répétitions, la générale et les deux ou trois premières représentations. Ensuite, le plaisir s'émousse. Mais avec Rock c'était chaque soir aussi drôle et nous avions envie de recommencer le lendemain. Le public aurait bien sûr tout cassé dans la salle uniquement pour le regarder se tenir immobile et respirer, mais il a été vraiment fantastique. »

Au printemps de l'année suivante, Rock et Tom firent le projet de se rendre en Allemagne, où ils achèteraient une Porsche avant de pérégriner à travers l'Italie et la France. Rock pourrait ainsi apprendre à son compagnon à « yourper » les langues latines, comme il le disait : « Mon vieux, quand tu vas dans un pays étranger, il faut absolument yourper le jargon. On va prendre des cours de français. » Ils allèrent chez Berlitz, mais Tom décrocha au bout de quelques leçons. « Je ne suis vraiment pas doué pour les langues », dit-il à Rock qui, lui, s'accrocha et ingurgita de bout en bout le programme, lequel consistait à placer pendant toute la journée les élèves en immersion totale sans leur permettre de formuler un mot autrement qu'en français. Quand il rentrait chez lui le soir, le tête bourdonnante, il disait à Tom : « Surtout, ne me parle pas. Sers-moi un verre. Je me sens incapable d'aligner deux idées. »

Ils prirent l'avion pour Munich, où leur fut livrée la Porsche, puis traversèrent la Suisse et gagnèrent Portofino, où les rosiers orangés étaient en fleurs. Ensuite, ils longèrent la Riviera italienne et Rock, soucieux de fignoler son français, ne cessa de faire passer et repasser dans la voiture les enregistrements de Berlitz. Enfin, ils franchirent la frontière et gagnèrent Èze, où ils arrivèrent sous une pluie battante, à court d'essence, mourant de faim et de soif. Ils entrèrent dans un restaurant, et Rock ouvrit la bouche pour passer la commande dans la langue du pays. Mais il se révéla incapable de sortir un seul mot en français. Après un stupéfiant silence, il ne put articuler qu'une seule phrase : « Could we have a glass of water ? » Cette requête ainsi exprimée les fit tant rire que la serveuse, vexée, leur tourna le dos.

Ce fut là le premier des grands voyages touristiques que Rock et Tom devaient faire ensemble, car ils prirent bientôt l'habitude de partir trois ou quatre fois par an pour aller visiter au gré de leur fantaisie tel ou tel coin du monde. Rock avait toujours aimé voyager, et désormais il pouvait le faire avec un compagnon libre de faire coïncider ses moments de liberté aux siens, et qui de plus n'éveillait pas la suspicion. Ils partirent en croisière sur des paquebots, des yachts privés qu'ils affrétaient, ils louèrent des voitures, des avions et visitèrent pêle-mêle Acapulco, la Sicile, la Basse-Californie, le Portugal et l'Espagne, la Yougoslavie et l'Italie, l'Australie et le Japon. Deux fois par an au moins ils séjournaient à Mauna Kea, dans l'île de Hawaii, l'une des stations balnéaires comptant parmi les plus splendides et les plus luxueuses du monde, et que Tom jugeait sans pareille pour « traînasser ». Ils auraient aussi aimé visiter l'archipel grec, mais jamais ils ne s'y décidèrent. Ce fut là l'exception. « Je te l'avais pourtant promis et je m'en sens redevable vis-à-vis de toi », devait dire Rock à son compagnon avant de mourir.

Au cours de l'été 1974, Rock et Carol donnèrent une seconde série de représentations de *I Do! I Do!* Ils avaient pris l'un et l'autre tant de plaisir à jouer la pièce à Los Angeles que Joe Hamilton, mari de Carol et producteur du spectacle, loua des salles à Dallas, Washington et Saint Louis. Les billets furent tous vendus à l'avance. La tournée débuta à Dallas, où Rock et Tom louèrent une maison et firent venir Joy pour leur faire la cuisine, et aussi Peggy pour tenir compagnie à Joy. Rock ne mangeait rien avant de monter sur scène, et après le spectacle il lui fallait des heures pour retrouver son appétit. Entre-temps, il bavardait avec Tom en buvant verre sur verre, puis faisait honneur au dîner préparé par Joy. Après quoi il dormait jusqu'à midi.

A Washington, où la représentation était donnée au Kennedy Center, un cousin de Tom s'était entremis pour que les deux acteurs soient reçus à la Maison Blanche. Joy conserve encore précieusement une photo prise dans les jardins de la résidence présidentielle, sur laquelle elle est représentée à côté de Peggy, de Rock et de Carol Burnett. A Saint Louis enfin, ils jouèrent pour la première fois à ciel ouvert dans le cadre du Municipal Opera House.

A la première représentation, nous nous mettons au lit sur la scène, Carol et moi, juste après le mariage. Nous sommes tous les deux en chemise de nuit, et après un petit air de musique, nous nous enlaçons tendrement, nous tirons sur nous les couvertures et les lumières s'éteignent pour nous laisser le temps de préparer la scène suivante. Parfait, mais à Saint Louis le soleil brille encore quand il est huit heures et demie du soir, et sur la scène on y voit comme en plein jour. Alors je regarde Carol sous les couvertures et je lui dis : « Carol, je crois qu'il va falloir qu'on y passe... ou alors trouver un autre enchaînement. » Et pendant qu'elle se tord de rire, je me glisse hors du lit pour aller me cacher derrière sur la pointe des pieds, le temps de préparer la scène suivante.

De nombreux membres de la famille Scherer vivaient à Saint Louis, et à l'occasion du spectacle que Rock venait donner dans leur ville ils décidèrent de se réunir et de l'inviter. « Il n'était pas très enthousiaste, me dit Tom, du fait que Roy Scherer, son père, les avait abandonnés sa mère et lui. » Rock accepta cependant l'invitation et fit venir, Kay, sa mère, de Californie, accompagnée de Mark Miller, pour qu'elle voie le spectacle et assiste elle aussi à la réunion de famille.

Bien qu'on fût en plein été, sa mère se para ce jour-là de son vison et de tout ce que Rock lui avait offert de bijoux. Au cours de la réunion, une ex-parente de Kay lui glissa dans la conversation :

« En voyant ce que tu as fait de Roy, je suis vraiment ravie qu'on t'ait laissé l'élever.

– Comment ça... laissé l'élever ? fit Kay.

– Mais... tu sais bien qu'on aurait pu le reprendre. Seulement, on a pensé qu'un enfant doit être élevé par sa mère. »

Kay rougit et n'ajouta mot. Sur le retour, elle fulminait dans la voiture. « Laissé l'élever ! Laissé l'élever ! Et quoi encore ? » Rock et

Tom s'amusaient beaucoup. Ils la firent marcher jusqu'à ce qu'elle en devienne folle de rage. Tom leur rapporta une autre conversation qui s'était déroulée pendant la réunion de famille : un cousin Scherer l'avait pris à part pour lui demander à brûle-pourpoint :

« Me considérez-vous comme un honnête homme ?

– Mais... très certainement, monsieur, l'avait rassuré Tom.

– Je ne suis qu'un modeste fermier, voyez-vous, et toute ma vie j'ai cultivé la terre pour nourrir ceux qui ont faim. A votre avis, suis-je un brave homme ?

– Assurément. L'agriculture, c'est le nerf de la nation... »

Le cousin Scherer s'était alors rapproché de Tom:

« Vous qui connaissez du monde, vous ne pourriez pas me trouver un petit rôle ? »

Mark Miller et Kay regagnèrent ensemble la Californie, et après l'atterrissage à Los Angeles, ils s'engagèrent sur l'autoroute dans la voiture de Kay, que pendant son absence elle avait laissée dans le parking de l'aéroport. Ce jour-là, Mark eut avec elle une conversation qui devait l'obséder durant des années. « Elle conduisait comme un homme, me dit Mark. Elle avait une Thunderbird qu'elle appelait son “ juke box ”, et elle oubliait toujours d'éteindre ses clignotants. Sur l'autoroute, elle passait constamment d'un couloir à l'autre et s'emportait si les voitures qui la précédaient ne se rabattaient pas quand elle les doublait. » Tandis qu'elle slalomait à plein régime, elle dit à Mark sur un ton lourd de sous-entendus et en regardant droit devant elle :

« Mark, tu as bien sûr remarqué que Rock ne ressemblait à *aucun* des Scherer, n'est-ce pas ?

– Katherine, dit Mark en se cramponnant à son siège dans l'attente de la prochaine embardée, dois-je comprendre que... ?

– Mmmm... », fit-elle évasivement en actionnant son clignotant.

« Elle n'a ni confirmé ni infirmé, me raconta Mark, et ce n'était pas une femme à qui on posait des questions. On gardait le silence. Comme cela se passe entre une mère et son fils. Mais il était étrange qu'elle ait fait d'elle-même cette allusion à peine voilée. D'ordinaire, elle n'engageait pas volontiers la conversation. »

Mark se demanda par la suite si Rock était bien le fils de Roy Scherer et si celui-ci n'avait pas abandonné sa famille après avoir découvert que sa femme était enceinte d'un autre homme. Mais l'acte d'état civil enregistré dans le comté de Cook, dans l'Illinois, établissait pourtant bel et bien que Roy Harold Scherer était le père d'un enfant mâle, lui aussi prénommé Roy, né le 17 novembre 1925. Quand plus tard cette conversation sur l'autoroute fut rapportée aux proches de Kay, ces derniers furent unanimes à répondre qu'ils n'avaient jamais eu connaissance de ce que Mark soupçonnait, et que si telle était la vérité, Kay était morte en emportant son secret dans la tombe.

En 1974, Rock rédigea son testament, lequel stipulait que tous ses biens seraient à sa mort légués à un fonds de placement en fidéicommis dont le revenu irait à Tom Clark, et si celui-ci mourait, à George Nader. Si celui-ci décédait à son tour, le fidéicommissaire serait Mark Miller. Rock savait que Mark et George mettaient en commun tout ce qu'ils possédaient, et qu'il était par là même indifférent que le bénéfice du legs revînt à l'un plutôt qu'à l'autre. A la mort du troisième fidéicommissaire, le reliquat du fonds devrait aller à des institutions charitables. Il est passablement étonnant que Rock ait décidé que dans un premier temps les revenus de sa succession seraient octroyés à un seul individu. On eût pu attendre de lui qu'il répartît ces revenus à parts égales entre les trois personnes qui lui étaient chères. « Mais pour lui, me dit Mark, c'était tout l'un ou tout l'autre, conformément à son tempérament. Il ne voulait pas qu'on se la coule douce et qu'on se laisse vivre grâce à l'argent qu'il avait thésaurisé par ses efforts. »

L'année suivante, Rock confia la gestion de ses avoirs à un autre homme d'affaires, Wallace Sheft. Alors que depuis quatre ans *McMillan and Wife* lui valait de substantielles redevances, il s'était endetté et n'en comprenait pas la raison. Sheft, dont l'acteur avait fait la connaissance par l'intermédiaire de Buddy Hackett, se déplaça de New York pour faire le tour de la question avec Rock et Tom. C'était un grand gaillard aux cheveux clairsemés qui ne se perdait pas en paroles inutiles et entrecoupait son discours de phrases formulées en yiddish. L'acteur lui fit d'emblée part de ses craintes : Doris Day et d'autres vedettes avaient été roulées par ceux qui géraient leurs fonds. « J'ai un cabinet d'expertise comptable à New York, fit valoir Sheft, et je supervise et contrôle tout moi-même. Ma femme et moi n'avons rien à cacher. Je ne cours pas après votre argent et je n'en ai pas besoin. »

Sheft affirma que son ambition était de garantir l'indépendance financière de Rock afin que ce dernier puisse faire tel ou tel film non pas parce qu'il était pris à la gorge, mais parce que le projet l'emballait.

Rock et Tom échangèrent un clin d'œil et décidèrent sur-le-champ de placer leurs finances entre les mains de Wally Sheft. Ils devaient apprendre plus tard que Sheft avait reçu dès son enfance le sobriquet de « Tight Wallets » (autrement dit qu'il avait acquis très jeune la réputation de « serrer les cordons de la bourse »), sobriquet qui n'avait rien d'excessif étant donné que Wally était véritablement obsédé par la nécessité d'épargner et de tout négocier au meilleur prix. Plus tard, chaque fois que Rock et Tom voulurent mobiliser une partie de leurs avoirs pour acheter quelque chose d'un peu coûteux, Wally n'eut de cesse qu'il ne fît rabattre au maximum les prétentions du vendeur. Il estima que pour maintenir son train de vie Rock avait besoin de 250 000 dollars par an, et un peu plus tard il fut en mesure de lui procurer cette somme grâce au seul revenu de ses investissements.

Dans l'opération de grand nettoyage et de ravalement entreprise par Tom après son arrivée à Beverly Crest, il était inévitable que Joy, qui était au service de l'acteur depuis quatorze ans, rende son tablier. Tom ne supportait pas les libertés qu'elle prenait avec les invités du Château : « Elle buvait avec toute la compagnie », me dit-il. Il s'irritait aussi de l'habitude qu'elle avait prise de siroter pendant ses heures de travail : « Nous revenions pour constater que les lits n'étaient pas faits, les cendriers pas vidés, et pour la trouver soûle dans sa chambre. Elle aurait dû être congédiée depuis longtemps, mais Rock était incapable de flanquer quelqu'un à la porte. »

Dès l'instant où Tom s'était installé dans la maison, Joy avait cessé de s'y sentir heureuse. Elle le trouvait autoritaire, condescendant et le soir, « quand il buvait, franchement infect ». Leurs frictions devinrent vite insupportables. Un jour, alors que Rock et Tom rentraient pour dîner, c'est tout juste si elle fut capable de tirer des bords entre la cuisine et la table. Une casserole à la main, elle s'approcha en titubant, prit appui sur un dossier de chaise pour se tenir debout et entreprit de leur servir des petits pois et de la purée. Elle plongea la louche dans la casserole, visa l'assiette de Rock, mais manqua son objectif et déversa le contenu de la louche sur la table. Tom ne put se retenir de rire bruyamment « en voyant Joy louper l'assiette », mais Rock l'empoigna fermement, l'entraîna dans sa chambre et la jeta sur son lit : « Je ne veux plus te voir avant que tu passes au moins deux jours sans boire un seul verre », hurla-t-il.

Le lendemain matin, Joy ne se souvenait strictement de rien.

« Est-ce que j'ai fait hier soir quelque chose qui n'a pas plu ? demanda-t-elle à Tom.

– Crois-tu ? ironisa-t-il. Ce ne serait pourtant pas dans tes habitudes ! »

Après cet incident, Rock prit ses distances par rapport à Joy. Et quand il se désintéressait de quelqu'un, c'était irrémédiable. Jamais il ne s'était adonné à la boisson en exerçant son métier d'acteur et il n'acceptait pas qu'on s'enivre durant les heures de travail.

Peu de temps après éclata une violente altercation entre Tom et Joy. Il éleva la voix pour la réprimander vertement et elle jeta une boîte de fromage blanc à travers la pièce. Tom vint s'en plaindre à Rock : « Arrange-toi seul avec Joy, lui dit-il. Moi, je ne peux rien en faire. Je renonce. »

Rock expliqua à Joy que désormais il ne voulait plus de femme dans la maison. Il prenait de l'âge et entendait se conduire à sa guise quand il était chez lui, par exemple se balader à poil si l'envie lui en prenait. « Quand je passe cette porte, j'entends qu'on me fiche la paix. » Joy n'insista pas. Elle demanda à l'homme à tout faire de l'aider à empiler ses affaires dans sa camionnette et de la conduire chez son fils.

Après le départ de Joy, ce fut au Château un véritable défilé de domestiques mâles et de majordomes de tout acabit. Mais aucun n'y demeura très longtemps. Cette valse de personnel ne prit fin qu'en 1978, quand fut engagé James Wright.

Rock atteignit la cinquantaine en 1975, et pour son anniversaire Tom donna une soirée costumée. « La plus réussie de toutes celles que nous ayons jamais organisées au Château », devait-il déclarer plus tard. Il vida la maison de son mobilier, lequel fut provisoirement entreposé dans la salle de jeu, transforma le salon rouge en un night-club avec piste de danse, estrade pour l'orchestre, bar et petites tables pour les invités, et le grand salon en une salle à manger de huit tables recouvertes de nappes havane et décorées de candélabres d'argent garnis de chandelles brunes.

Des douzaines de ficus en pot furent disposés partout dans la maison, chacun diffusant la lumière d'une minuscule ampoule électrique. Il y avait tant et tant de fleurs que l'air embaumait. Sur la table que devait occuper Rock roulait en circuit fermé un train électrique, car jamais il n'en avait possédé dans son enfance.

Quelques heures avant le début de la soirée, Rock et Tom s'étaient bruyamment querellés. Plus l'heure tournait, plus Tom manifestait de nervosité, alors que de son côté Rock dénigrait ses préparatifs : « On ne peut même plus mettre les pieds dans la salle de jeu, quelle idée t'a pris d'y faire entreposer les meubles ?

– Ah ! assez ! Où voulais-tu que je les mette ? Ta gueule !

– Ta gueule toi-même !

– Je t'emmerde ! »

Tom sortit en claquant la porte, prit sa voiture et se rendit à une boutique de T-shirts imprimés à la demande et en choisit un sur lequel il fit inscrire en lettres grasses : ROCK EST UN CON. Il offrit ensuite à Rock le T-shirt en cadeau d'anniversaire.

Rock se cantonna dans sa chambre au premier étage tant que les invités ne furent pas arrivés au grand complet. Cette année-là, l'Arabie était à la mode, et c'est accoutrés en bédouins que se présentèrent Buddy Hackett, Rupert Allan et Mark Miller. Tom portait un kilt. Carol Burnett et Joe Hamilton avaient choisi des toilettes des années vingt, contemporaines de la naissance de Rock. Olive Behrendt, Roddy McDowall, Nancy Walker et David Craig, mimant l'exultation d'un groupe de fans, s'agglutinèrent devant la porte en réclamant à cor et à cri des autographes. Juliet Mills et son mari, Micheal Miklend, arrivèrent directement sur le patio à motocyclette après avoir franchi sans s'arrêter la première porte d'entrée.

Quand tous les invités furent là, Tom les rassembla dans le salon rouge et fit signe à l'orchestre d'attaquer. Les musiciens exécutèrent « You Must Have Been a Beautiful Baby * », et Rock fit son entrée en descendant majestueusement les degrés du grand escalier, vêtu d'une couche de bébé. Son apparition déchaîna une tempête d'applaudissements et de hurlements. Il salua ses invités et regagna sa chambre, puis réapparut, arborant cette fois le T-shirt portant l'inscription ROCK EST UN CON, qu'il conserva sur lui pendant toute la durée de la réception.

« Ce fut une de ces soirées où tout est réussi », me dit Tom. Les cheminées crépitaient, les lumières du night-club clignotaient, la musique jouait sans interruption, l'alcool coulait à flots et le repas était succulent. Vers le milieu de la soirée, Rock et Tom se retrouvèrent au bar et burent un verre ensemble.

« Merci, mon chou, dit Rock. C'était sensationnel. »

Il était en pleine gloire, il avait franchi sans encombre un demi-siècle d'existence, et cette nuit-là il était une étoile parmi les étoiles. Le monde tournait rond : le ciel et la terre étaient à leur place.

* « Tu d'vais être tout mignon quand t'étais môme » *(N.d.T.)*.

11.

Le plus dangereux pour un acteur, c'est de faire fi du conseil des autres, de considérer qu'on en sait plus que tout le monde. Parce qu'alors on devient son pire ennemi. Pour moi, c'est la preuve qu'on n'est pas sûr de soi. Il faut une énorme sûreté de soi pour déclarer sans fausse honte : « Je ne sais pas », ou « Que veut dire ce mot ? » ou encore « Je ne comprends pas ». Ceux qui vous affirment : « Bien sûr, je connais à fond la question », et qui donc se ferment à toute possibilité d'en apprendre davantage, sont presque toujours les moins sûrs d'eux-mêmes. Ce sont eux les battus d'avance.

En décembre 1975, Rock se rendit à Londres pour y jouer *I Do! I Do!* avec Juliet Prowse. Le producteur du spectacle avait contacté Tom pour lui demander si Rock accepterait de contribuer au lancement d'un théâtre financé par abonnements. Tom accepta, mais précisa cependant : « Nous voulons une suite au Savoy donnant sur la Tamise, une voiture, un chauffeur et 500 livres par semaine. » Mais, peu après, il s'était dit : « Qui diable allons-nous dénicher qui puisse jouer le rôle de la partenaire féminine ? » Carol Burnett n'était pas disponible, et Lee Remick, qui vivait à Londres, avait refusé. En fin de compte, un agent représentant Juliet Prowse leur avait téléphoné pour annoncer que l'actrice était intéressée par la proposition. Rock et Tom furent invités à se rendre à Las Vegas pour assister au show que donnait Juliet au Desert Inn.

En arrivant sur place et en voyant le nom de Juliet inscrit en grosses lettres sur le fronton de l'établissement, Rock avait glissé à Tom : « Te rends-tu compte que nous sommes venus auditionner une tête d'affiche ? » Après le spectacle, ils étaient allés voir la vedette dans sa loge. « Je vous ai trouvée magnifique, lui dit Rock. Vous me feriez plaisir en acceptant de jouer *I Do! I Do!* avec moi. »

Tous les trois partirent pour Londres, puis Toronto, et ne se quittèrent pas pendant les trois mois que dura la tournée. Les critiques firent mauvais accueil à la pièce, mais contribuèrent indirectement à son succès. « La célébrité de Rock incitait les gens à venir, ne serait-ce que par curiosité », me dit Juliet. Elle-même était une danseuse et une chanteuse accomplie, à qui de longs membres souples et une chevelure blond roux toute ondulée donnaient beaucoup de féminité et un petit côté fleur bleue. Elle découvrit en Rock « un partenaire facile et un bourreau de travail. Il tournait toujours à plein régime. En tant que danseur, il n'était pas terrible. Il était immense et avait de grands pieds qui manquaient un peu d'agilité. Mais il jouait avec tant de sincérité que dans les scènes de tendresse on *ressentait* vraiment de l'amour pour lui ». Chez beaucoup d'acteurs, m'expliqua-t-elle, « les yeux n'expriment rien. Rock tomba malade pendant une semaine, et j'ai dû jouer la pièce avec un remplaçant. On aurait dit un mur. Il chantait magnifiquement, mais ne réagissait pas ».

Chaque soir, le trio allait souper après la représentation dans un restaurant qui restait ouvert pour les attendre. Selon Juliet, la tension était vive entre Rock et Tom, « et la boisson ne faisait rien pour apaiser les choses. " Encore un petit triple ? " proposait Tom. Et ils remettaient ça avec une nouvelle tournée de triples Martinis-gin ».

Juliet enseignait le yoga, et elle les persuada un jour de prendre une leçon avec elle : « Ce fut du délire, et je riais à n'en plus pouvoir en les regardant s'évertuer à réussir leurs asanas. » Rock n'était pas un prodige de souplesse. Il ne renouvela pas l'expérience. « Non, merci, suffit pour moi. » Juliet et lui faisaient de la broderie ensemble, et ils découvrirent qu'ils avaient chacun leur méthode pour nouer les points d'arrêt. « Tom n'était pas du genre à sympathiser avec une tierce personne, mais Rock et moi étions beaucoup plus liants. »

Quand Rock et Tom revinrent de Londres, Mark et George relevèrent que quelque chose s'était altéré dans leur relation. Ce qui entre eux débutait comme une chamaillerie sans conséquence – « Tu as tort. » « Je te dis que non ! » « Et moi je te dis que si ! » – s'envenimait de plus en plus souvent. Désormais, ils se querellaient à tout propos, chacun voulant à tout prix avoir le dernier mot. « Une bonne bagarre n'était pas pour déplaire à Rock, et Tom était lui aussi bagarreur », me dit George. Mais Rock était invariablement mauvais joueur, alors que Tom avait deux personnalités : « Un monstre qui pouvait faire patte de velours. Quand il était à jeûn, il était courtois, loyal, généreux et absolument charmant. Mais dès qu'il avait bu, il devenait cruel et méprisant. Il vous aurait poignardé sans l'ombre d'un regret. » Ce dédoublement d'attitude le rendait totalement imprévisible : « Avec les années, nous avons appris à ne pas lui mettre de bâtons dans les roues, me confia Mark. Se mettre en travers de son chemin c'était chercher les histoires parce que Rock prenait alors invariablement parti pour le monstre. »

Rock et Tom ne se querellaient jamais que pour des questions de détail : « Quand survenait quelque chose d'important, ils faisaient corps », affirme Mark, alors qu'ils pouvaient s'opposer violemment l'un à l'autre pour des vétilles. Quand James Wright fut engagé, Tom lui acheta plusieurs livrées, que Rock interdit à son majordome de porter.

« Fous-toi cet uniforme sur le dos, ordonna Tom à James Wright.

– Enlève-moi ça, lui dit Rock, et ne prête pas attention à ce que Tom te dit de faire.

– T'occupes pas de ce que raconte Rock, surenchérit Tom. Je veux que tu portes un uniforme. »

Souvent Mark Miller était pris entre deux feux croisés. Un jour, Rock entra dans son bureau pour lui dire : « On ne prendra pas le *Queen Elizabeth*. Annule les réservations. » Peu après, Tom surgit à son tour : « Confirme les réservations sans rien dire à Rock. Et ne dis pas non plus à Wally Sheft que pour aller en Angleterre en paquebot, cela va nous coûter 13 000 dollars. Je n'ai jamais voyagé par bateau et j'ai envie de le faire. »

Un peu plus tard, Mark leur demanda à tous les deux de venir le voir, et quand ils furent en sa présence il frappa du doigt de petits coups sur son bureau : « Réunion de comité ! Oui ou non prenez-vous le *Queen Elizabeth ?* » Alors ils se querellèrent, et quand enfin Mark obtint la réponse à sa question, il appela l'agence de voyage et Wally Sheft. « J'ai appris à ne pas me mêler de leurs combines, me dit-il. Dans les cas semblables, je les confrontais l'un à l'autre. »

Jim Gagner, un jeune homme qui pendant un an vint travailler au Château, et avec lequel je me suis entretenue, m'a confié que l'atmosphère à table y était pesante : « Je me sentais si tendu que je ne pouvais rien avaler. De temps à autre, la tension retombait, mais presque toujours ils se comportaient comme des personnages de *Qui a peur de Virginia Woolf ?* Il suffisait que Tom déclare : " C'est moi qui ai eu l'idée de te faire préparer ça pour le déjeuner, ça te plaît ? " pour que Rock réponde qu'il n'avait pas faim. »

L'alcool exaspérait encore leurs querelles. Quand Rock avait bu, c'était « une vraie vipère », me dit Mark, et il faisait de Tom son souffre-douleur. Sitôt que Tom entrait dans la pièce, Rock le provoquait sournoisement :

« Tiens, voilà notre Tommy Bouche d'Or! Qu'est-ce qu'il va nous raconter aujourd'hui, notre Tommy Bouche d'Or? »

– Ordure! » grinçait Tom. Et il quittait la pièce. Il lui arrivait de proférer devant des amis des paroles haineuses : « Si seulement ce salaud pouvait crever tout déplumé! Je donnerais n'importe quoi pour qu'un matin il ne se réveille pas! Tout le monde pourrait respirer, et moi je serais riche, Dieu merci, enfin les coudées franches! »

La plupart de leurs familiers feignaient d'ignorer leurs querelles, persuadés qu'au fond quelque chose de très fort les liait l'un à l'autre. « Certains peuvent passer leur vie à se chamailler tout en s'aimant profondément », me dit Jon Epstein, le producteur de *McMillan and Wife*, qui fut un ami très proche de Rock. « Je pensais pour ma part qu'entre eux cela durerait éternellement. » Et selon Stockton Briggle, qui plus tard dirigea l'acteur dans *Camelot*, « Tom aimait Rock et le protégeait magnifiquement. Seulement, Rock supportait mal cet excès de protection. Tom avait renoncé à une carrière brillante pour devenir " Mme Rock Hudson ", et il n'est pas toujours facile de respecter quelqu'un qui fait passer au second rang sa propre existence pour ne plus se soucier que de la vôtre. Jamais ils ne furent capables de regarder ces choses en face. Alors ils se sont mis à boire davantage, à se mêler davantage aux autres et à voyager de plus en plus ».

Au cours de l'été 1976, l'année du bicentenaire de la fondation des États-Unis, Rock fit une tournée de représentations de *John Brown's Body*, une pièce poétique de Stephen Vincent Benét déjà portée à la scène par Tyrone Power et Dame Judith Anderson. Des années auparavant, Rock avait vu la pièce en compagnie de Bob Preble, et Power l'avait conquis. « Il ne jurait plus que par lui », me raconta Preble. De fait, Rock fit plus tard la connaissance de Tyrone Power et pendant un temps les deux hommes caressèrent même l'idée d'une éventuelle liaison. Mais les choses en restèrent là.

Quand Tom prit des engagements pour que Rock interprète *John Brown's Body*, l'acteur exulta : « Jamais encore je n'avais eu à dire un texte d'une telle beauté. » Ils décidèrent le producteur à engager pour covedettes Claire Trevor et Leif Erickson, et la tournée fut entreprise dans l'optimisme. Mais on dut l'interrompre un peu plus tard tant elle avait été mal préparée. On leur avait ménagé des représentations dans divers campus universitaires, mais en cette saison des vacances d'été les salles étaient vides. Il n'en reste pas moins qu'à cette occasion Rock recueillit les meilleures critiques de toute sa carrière. Un jour, Flo Allen l'appela pour lui lire au téléphone ce qu'écrivait de lui *Variety :* « Hudson démontre pleinement ses qualités d'acteur accompli et nous révèle un vigoureux aspect de son talent d'interprétation dramatique que bien rarement ses films ont su exploiter... Hudson devrait désormais prendre rang parmi les acteurs de théâtre exceptionnels. »

En écoutant la lecture de cet extrait, Rock fondit en larmes, et Jon Epstein fit encadrer l'article de *Variety.* « Après des dizaines d'années de mauvaises critiques, me dit Tom, vous ne pouvez vous imaginer ce que cela signifiait pour lui. »

La troupe comprenait aussi un groupe de jeunes acteurs, qui voyageaient en bus, alors que Claire et Tom disposaient d'une limousine. Leif Erickson, lui, pilotait son propre avion de ville en ville. Quand pour la première fois ils firent relâche à Spokane, dans l'État de Washington, Tom invita tout le monde dans le piano-bar de l'hôtel. « Je m'étais fait l'animateur de la troupe, m'expliqua-t-il. Pendant une tournée, il faut que la vedette maintienne le moral et la bonne humeur de la compagnie. C'est à elle de faire sentir à tous qu'ils sont membres d'une même famille. Sinon, le spectacle s'en ressent. » Quand il eut réuni son monde, Tom déclara : « Bien. Vous les jeunes, on ne vous connaît pas. Nous allons donc faire connaissance. Allons-y! Alors, levez-vous à tour de rôle et chantez-nous quelque chose! » Ils s'exécutèrent de bonne grâce, et quand ils en eurent fini de leurs petits couplets, ils se tournèrent vers Rock et Claire : « Bien. Nous ne vous connaissons pas non plus. Alors vous allez vous lever et nous chanter quelque chose. » Rock leur chanta *Send in the Clowns*, Claire *Moanin' Low* et Tom *You Are My Sunshine.* Après quoi, me rapporta Tom, « ce fut le grand amour. Une soirée magique et incomparable. Les clients de l'hôtel s'étaient massés sur la loggia pour nous applaudir. Ensuite, nous avons d'un commun accord renvoyé la limousine et voyagé dans le bus avec les jeunes ».

Lors de leur passage à San Francisco, Rock et Tom soupèrent un soir en compagnie d'un groupe de convives masculins parmi lesquels se trouvait Armistead Maupin, dont Rock avait auparavant fait la connaissance du temps de sa liaison avec Jack Coates. Écrivain – son roman-fleuve *Tales of the City* était alors publié sous forme de feuilleton dans les pages du *San Francisco Chronicle* –, Armistead était aussi très connu des cercles homosexuels de la ville. Pour lui, Rock Hudson était en quelque sorte un personnage exemplaire : « Il était mâle, il était célèbre, courtois, plein d'humour... et avant tout il était gay. Il avait réussi à surmonter les obstacles qui guettent inéluctablement un homosexuel et avait conquis la gloire. »

Or, par pure coïncidence, il se trouva que la publication du premier épisode de son roman par le *Chronicle* devait débuter le lendemain de ce souper. En sortant de table, Rock invita les convives à venir prendre un verre dans sa suite au Fairmont. Sans rien dire à quinconque, il avait demandé à la réception de lui procurer une copie du feuilleton qui serait publié dans la prochaine édition du journal. Quand tout le monde fut assis un verre à la main. Rock se leva et lut à haute voix les premières pages de *Tales of the City*. En entendant la voix de Rock donner vie et ampleur à son texte, Armistead en eut « le souffle coupé ». Entre eux s'échangèrent des marques d'affection et d'admiration qui scellèrent d'emblée leur amitié.

Le lendemain soir, Armistead retrouva de nouveau Rock et Tom autour d'une table de La Bourgogne, le restaurant préféré des deux hommes à San Francisco. Armistead leur révéla que désormais il ne déguisait plus son homosexualité, ni aux yeux du public ni à ceux de sa famille. « Depuis lors, je vis beaucoup plus épanoui, leur affirma-t-il, et pour la première fois je me sens en possession de moi-même. » Il laissa entendre à Rock que si lui aussi racontait ce qu'avait été sa vie – et pourquoi ne pas le faire en écrivant un livre? – « cela changerait beaucoup de choses pour un tas de gens. Cette révélation aurait un énorme impact, lui assura-t-il, en ce sens qu'elle ferait justice de bien des stéréotypes qu'on attache aux homosexuels. Si tu racontais ton histoire de A à Z, ce serait fantastique ».

« Je ne veux pas qu'il le fasse avant que ma mère meure », coupa Tom Clark.

La réflexion de Tom les fit rire. En sortant de table, Armistead avait le sentiment que l'idée qu'il avait émise faisait son chemin dans les pensées de Rock, mais que l'acteur « n'était pas prêt ».

En 1977, l'année suivante, Rock repartit en tournée, cette fois pour interpréter *Camelot* *, et selon ce que me rapporta Tom « jamais été ne fut plus beau ». De tous les personnages qu'il incarna dans sa vie, celui du roi Arthur devait rester dans l'esprit de Rock le plus grandiose. C'était à n'en pas douter un rôle éclatant qui fournissait à l'acteur l'occasion de se dépasser sur la scène et d'interpréter des poèmes lyriques bouleversants. Sans doute parce qu'il ne se sentait plus lui-même dans sa prime jeunesse, Rock s'identifia admirablement à cette pièce crépusculaire qui sonne un peu le glas des fastes de jadis.

* La cité légendaire où vivait le roi Arthur entouré de sa cour. (*N.d-T.*)

Tom et Rock se rendirent à New York pour choisir le metteur en scène et les autres acteurs. Le producteur du spectacle, Bill Ross, était très lié à Stockton Briggle, à qui il avait déjà confié la direction de diverses comédies musicales. Ce Texan blond au teint clair portait des lunettes finement cerclées, s'exprimait avec distinction et avait le talent de monter en épingle le comique d'une situation. Il savait rendre communicative la passion que lui inspirait son travail. Admirateur de Rock, il bouillait d'impatience de le diriger dans *Camelot*. Mais Ross l'avait mis en garde : « Je ne crois pas que tu aies beaucoup de chance de le faire. Quand ils vont venir à New York, ils vont vouloir rencontrer un tas de grands noms de la mise en scène. »

Ross fixa la date et l'heure d'un rendez-vous entre Stockton et les deux Californiens. Mais au préalable Stockton se boucla chez lui pendant deux jours avec tout ce qu'il put trouver à lire sur la légende du roi Arthur. Tout imprégné de l'esprit des chevaliers de la Table Ronde, il se présenta à l'hôtel Plaza pour y rencontrer Rock et Tom, « le cœur battant à tout rompre ». Rock le reçut assis dans un fauteuil, les pieds reposant sur une table basse. « Hi ! » fit-il en accueillant son visiteur. « Rock ne se perdait pas en paroles inutiles, me raconta Stockton, et ce “ hi ! ” désinvolte me tinta agréablement aux oreilles. » Et tout de suite l'acteur lui demanda : « Bon, maintenant, explique-moi comment tu vois *Camelot*. » Deux heures plus tard, Stockton parlait toujours. Dans son esprit, leur exposa-t-il, la pièce racontait l'histoire d'une « relation triangulaire conjugant fixation homosexuelle et attirance érotique » entre deux hommes, Arthur et Lancelot, qui tous deux s'aimaient d'amour en même temps que chacun aimait Guenièvre, laquelle était déchirée par la passion qu'elle ressentait pour l'un et pour l'autre, passion qui allait aboutir à la ruine de l'empire.

Le lendemain, Stockton fut avisé par téléphone de la décision de Rock et de Tom : ce serait lui qui mettrait en scène *Camelot*. « Le plus grand émoi de toute mon existence », me raconta-t-il.

On leur donna trois mois pour répéter la pièce, et Stockton se rendit en Californie pour y travailler avec Rock. Ils commencèrent par discuter le texte et essayer de comprendre pourquoi l'histoire en elle-même n'avait jamais connu de succès auprès du public. « C'était pourtant une œuvre gigantesque, que seuls la grande voix et les clins d'œil au spectateur de Richard Burton avaient réussi à faire passer. Mais l'histoire en elle-même, c'est-à-dire le poignant crescendo affectif de la pièce, n'avait jamais vraiment touché le public. *Camelot* avait toujours été un bide. »

Stockton se souvient encore d'une certaine nuit passée dans le salon rouge à revoir le texte page par page. Rock et lui s'étaient assis à même le sol, autour d'une table basse, et ils avaient coupé, remanié les scènes et réécrit le dialogue pour donner davantage d'intensité aux émotions ressenties par chacun des personnages. « Nous avons éliminé les quelques inepties qui affaiblissaient les répliques du roi et de la reine, me dit Stockton, et essayé de rendre plus denses, plus vivants les personnages principaux, en tenant compte de ce qui les distinguait les uns des autres par la profondeur de leurs sentiments et leurs accès de passion. » Ils n'avaient pas la moindre conscience de l'écoulement du temps, et quand Stockton regarda sa montre, il était six heures du matin. Ils se sentaient l'un comme l'autre grisés par l'intimité qu'avait fait naître en eux leur collaboration. « C'était presque de l'attirance sexuelle, me dit Stockton, tant Rock irradiait de puissance quand il réfléchissait et travaillait. Je m'étais toujours dit jusque-là que c'était au metteur en scène de séduire un acteur, de le pénétrer de sa propre vision. Je croyais que pour atteindre à une sorte d'état de grâce l'interprète devait se soumettre à celui qui le dirige. Mais avec Rock ce fut le contraire. Il me conquit totalement et à six heures du matin, quand nous avons refermé nos scénarios, nous nous sommes regardés et nous avons éclaté de rire. Nous savions l'un comme l'autre que nous venions de faire ensemble quelque chose qui promettait de nous exalter. »

La tournée débuta par Dallas puis, zigzaguant à travers les États-Unis, elle se poursuivit par Cohasset, dans le Massachusetts, et Westbury, une ville de Long Island. La représentation était souvent donnée sous un chapiteau ou dans une salle de sport et, me rapporta Tom, « cette fois encore tout le monde s'entendait à merveille dans une ambiance quasiment familiale ».

Chaque soir, *Camelot* atteignait à son pathétique le plus intense quand Rock, s'identifiant au vieux roi qui a tout perdu – son épouse Guenièvre, son fidèle chevalier Lancelot, son royaume – raconte à un enfant, Tom, sa propre histoire afin que la légende ne meure. Alors il interprétait pour Tom, qui recevait mission de conter de par le vaste monde la tragédie du roi, un chant dont les strophes célébraient ce merveilleux moment de l'histoire des hommes qu'avait été *Camelot*.

Chaque soir, quand venait pour Rock le moment d'interpréter ce passage, Stockton s'effondrait en sanglotant d'émotion dans la coulisse, tandis que sur la scène Rock et l'enfant ne pouvaient eux non plus retenir leurs larmes. Or, « quand Rock pleurait, me raconta Stockton, son nez coulait et il ne savait quelle contenance adopter, car la morve creusait des sillons sur son visage. N'essaie pas de l'essuyer, lui disais-je, laisse-la couler, personne dans la salle n'y verra rien. Tu te moucheras quand tu seras sorti de scène ». Mais un soir, Rock, n'y tenant plus, tira un mouchoir de sa poche et se moucha sur scène. Le malheur, c'est qu'il oublia de couper auparavant son radio-micro, de sorte que les tympans du public furent malmenés par un assourdissant ronflement que l'écho répercuta à travers toute la salle, suivi bientôt par un aparté du vieux roi Arthur : « Bigre, que ça fait du bien! »

Quelques jours avant la fin de la tournée, Rock appela Mark en Californie, et cette fois il lui téléphona lui-même, alors que d'ordinaire il demandait à Tom de le faire : « Pour notre retour, j'aimerais une petite fête avec des beautés. Tu pourrais arranger ça? Tu vois ce que je veux dire? Tout un cortège de beautés qui seraient là pour m'accueillir quand je rentrerai chez moi. »

Mark agit en conséquence. Il invita dix de ses amis et demanda à un opticien homosexuel qu'il connaissait à Hollywood de rameuter une cinquantaine de jeunes hommes superbes et de les amener au Château, où on donnerait une partie autour de la piscine et du barbecue. Ensuite, Mark commanda chez Cake Art une pièce montée dont la décoration reproduisait les personnages de *Camelot*. Après leur atterrissage à Los Angeles, Rock et Tom louèrent une limousine, et quand ils franchirent le seuil du Château, ce fut pour découvrir cinquante garçons beaux comme des dieux s'ébattant dans la piscine et se dorant au soleil tout autour du patio. En voyant arriver Rock, les chiens jappèrent de joie et sautèrent autour de lui pour lui faire fête, mais pas un des Apollons ne fit un pas vers lui. Ils chuchotaient entre eux et l'observaient en lui faisant des sourires. « Rock était ravi, me dit Mark, mais Tom trouvait cela beaucoup moins amusant. Il grimpa dans la chambre, où ses amis montèrent le retrouver pour boire quelques verres en sa compagnie. »

Armistead Maupin, qui était venu à Los Angeles pour assister à l'événement, fut littéralement ébloui par le spectacle. Il eut l'impression ce jour-là d'évoluer dans un club Playboy de Hugh Hefner, à ceci près que les créatures de rêve qui l'entouraient étaient toutes de sexe masculin. « Il y avait là quelques-uns des plus beaux hommes que j'aie vus de ma vie », m'affirma-t-il. Rock le prit à part et lui désigna un des invités :

« Regarde celui-là. Regarde-moi ces jambes! Il mérite un onze sur dix.

– Mais qui sont-ils? interrogea Armistead.

– Les blonds s'appellent tous Scott, et les bruns Grant, ironisa Rock. C'est tout ce que je sais d'eux. »

Armistead devait plus tard évoquer cette scène, à peine déguisée, dans *Tales of the City* : « Dans ce jardin peuplé de jeunes hommes superbes, écrira-t-il, il était vraiment magnifique. On eût dit un massif Titan. »

Alors que la partie battait son plein, Rock vint retrouver Armistead à la cuisine : « Il y a dehors un type qui affirme te connaître », lui dit-il. Et après un silence il ajouta : « Un type qui est venu avec une *femme.* » Armistead gagna l'entrée et y trouva Warren Seabury une de ses connaissances qui travaillait dans les relations publiques et à qui il avait déclaré quelques jours plus tôt qu'il serait invité chez Rock Hudson. Warren avait absolument voulu être de la fête lui aussi, et il s'était dit que le meilleur moyen de s'introduire au Château consistait à s'y faire accompagner par une actrice. Il donnait donc le bras à Michelle Phillips, laquelle portait une somptueuse toilette et semblait ravie d'être là, mais Rock ne l'avait pas reconnue.

« Je ne sais pas trop comment présenter les choses, leur dit Armistead, mais voilà : Rock rentre d'une tournée et il a laissé des instructions pour qu'à son retour les cinquante plus jolis garçons de la ville viennent chez lui l'attendre.

– Je comprends parfaitement, fit Michelle en riant. J'ai souvent laissé moi aussi des instructions semblables. »

En 1977, à l'automne, la mère de Rock fut emportée par une attaque. L'année précédente, Rock lui avait offert une croisière autour du monde. Elle avait alors contracté la grippe à deux reprises et ne s'en était jamais complètement remise. Ensuite, elle n'avait plus quitté le lit, et Rock avait refusé d'aller la voir dans son état. « Je ne pourrais pas le supporter, disait-il à Mark. Tu ne veux pas aller faire un tour chez elle ? » L'acteur n'avait pas revu Kay durant les six derniers mois de sa vie. Mieux valait qu'il en ait été ainsi, déclara-t-il plus tard, « parce qu'au moins je garde d'elle le souvenir d'une personne exubérante de vitalité, un vrai casse-cou au volant, un ouragan ».

Tous les quinze jours, Mark s'était rendu à Newport Beach pour veiller à ce que Kay ne manquât de rien. Il faisait ses courses, lui procurait tout l'argent dont elle avait besoin et s'assurait du dévouement de Bezelia, la domestique latino-américaine que Rock avait engagée parce qu'elle était cousine de celle qui travaillait chez Claire Trevor. Bezelia était adorable et pleine de sollicitude pour Kay. Mais chaque fois que celle-ci voyait Mark, elle lui posait la même question :

« Pourquoi mon fils ne vient-il pas me voir ?

– Il est submergé de travail et n'a pas un instant à lui », mentait Mark.

Un soir d'octobre, Claire Trevor appela Rock à une heure fort tardive : « Ta mère vient d'avoir une attaque », lui annonça-t-elle. Rock et Tom étaient ivres, mais ils sautèrent dans une voiture. Quand ils arrivèrent à Newport Beach, Kay était morte. Rock s'enferma seul pendant un certain temps dans la chambre de sa mère. Quand il en ressortit, il ne pleurait pas, mais il était anéanti. De tous les êtres auxquels l'avaient attaché les liens du sang, Kay était le seul dont il se fût soucié et senti proche. Quand il avait grandi, ils avaient été deux à faire front au monde hostile. Il n'en parlait jamais. « Ces choses-là étaient pour lui beaucoup trop intimes pour qu'il s'en ouvre à quiconque », me dit Tom. Après la mort de Kay, Mark surprit parfois Rock les yeux perdus dans le vague, mais ce fut le seul signe visible de son chagrin.

Au moment du décès, Rock venait tout juste de commencer à tourner *Wheels*, une mini-série télévisée, et le producteur lui proposa de modifier le plan de tournage pour qu'il puisse se libérer pendant quelques jours. Mais Rock refusa. Il tenait à travailler, et le lendemain matin il arriva sur le plateau à l'heure habituelle.

Ce furent Mark et George qui réglèrent tous les détails des funérailles, mais Rock leur demanda de ne pas être présents eux-mêmes lors de la cérémonie. Cette requête les abasourdit. Pourtant, ils se conformèrent à la volonté de l'acteur. En décembre, celui-ci déclara qu'il lui serait trop pénible de fêter Noël au Château en l'absence de sa mère. « Partons quelque part », proposa-t-il à Tom. Ils prirent un train pour le Nouveau-Mexique. C'était la première fois que Rock dérogeait à son rituel, la première fois qu'il ne décorait pas le sapin de Noël et n'offrait de cadeau à personne.

A partir de cette date s'amorça pour Rock ce que Mark devait appeler plus tard « le déclin ». Il buvait une telle quantité de gin qu'il exsudait l'alcool par tous ses pores et « respirait à vous faire froid dans le dos ». Peu à peu, son visage devint bouffi. Il était désormais impossible à Mark d'entreprendre quoi que ce soit de sérieux avec lui ou avec Tom avant le milieu de la journée : « Le matin, je discutais avec eux certains projets, et à deux heures je me rendais compte qu'ils n'avaient pas enregistré un traître mot de ce que je leur avais dit. Tous les soirs ils restaient debout très tard et s'écroulaient sur leur lit, ivres morts. Le plus souvent, Rock ne reprenait pas ses esprits avant deux heures de l'après-midi. Alors il venait dans mon bureau faire de la broderie, tandis que Tom se projetait de vieux films. » Quand il tournait, il buvait tout autant pendant la nuit, même si le lendemain il devait se lever à sept heures. La première phrase qu'il prononçait en revenant chez lui, c'était : « Apportez-moi un petit gorgeon. »

George sentait croître en lui la contrariété et la colère en voyant se suicider à petit feu « un être si naturellement doué qui avait le talent d'exprimer la grandeur. Peu de gens sur terre ont le don d'exprimer ce qui est digne et noble, et ce don, il le saccageait ».

En avril 1978, Mark et George prenaient quelques jours de détente à Mauna Kea, dans l'île de Hawaii – un cadeau de la vedette – quand ils eurent la surprise d'y voir passer Rock et Tom, qui revenaient du Japon et regagnaient la Californie. A leur descente d'avion, les deux hommes étaient ivres, mais ils n'en continuèrent pas moins de boire dans leur chambre, et ensuite pendant le dîner à la table de Mark et George, jusqu'à ce que le décalage horaire et l'alcool conjugués fassent d'eux de véritables épaves. Tom se leva pesamment et s'écroula en arrière sur une table inoccupée de la salle à manger. Mark l'accompagna dans sa chambre en le soutenant, laissant là George et Rock, lequel n'était plus en état d'articuler un mot ni même de porter sa fourchette à sa bouche. Gêné, George regardait ailleurs, et quand il observa de nouveau Rock, celui-ci s'était affaissé sur la table, la tête dans son assiette. Quand Mark fut de retour, il aida George à remettre Rock sur ses pieds, lui essuya le visage et tous deux l'entraînèrent au-dehors en passant entre des tablées de clients figés dans un silence glacé.

Alors que Rock et Tom ronflaient dans leur chambre, Mark et George tentèrent de se calmer les nerfs en faisant une promenade sur la plage. « Nous étions morts de honte, me dit Mark. On nous avait appris quand nous étions jeunes qu'on ne se donne pas en spectacle quand on est ivre. Mais Rock et Tom n'en avaient cure. Pour eux, la célébrité excusait toutes les arrogances. »

Rock, qui avait toujours été de tempérament très enjoué, s'aigrissait petit à petit. A tout propos, il répétait : « Je l'emmerde, qu'il crève! », expression qu'il proférait même après qu'un ami eut donné une réception en son honneur : « Je l'emmerde. Qu'il crève! » Il devenait jaloux du succès ou de la bonne fortune des autres. Quand il apprenait qu'une vedette possédait un yacht de vingt mètres, il maugréait : « C'est à se demander où il a pris l'argent pour acheter ce rafiot. Espérons qu'il va couler bas. » Et quand il vit à New York Richard Gere interpréter *Bent*, il sortit de la salle d'une humeur exécrable : « Quel tapage pour pas grand-chose. Je ne vois vraiment pas pourquoi on porte Gere aux nues. »

Certains de ses proches pensaient qu'il ne pouvait se faire à l'idée de prendre de l'âge. Dix ans de plus et Rock serait vieux. « Cruelle affaire, me dit Stockton Briggle. Quand on a eu comme lui le monde à ses pieds et qu'ensuite on vous boude, quelle attitude adopter ? » Et c'était vrai, car sur un signe de lui s'étaient pâmés les plus beaux hommes, alors que désormais la jeune génération parlait de lui avec un rien de condescendance.

On eût dit que toute son énergie ne lui servait plus qu'à tenter de prendre avantage sur Tom et le contredire à tout instant. « Les projets de films ne le stimulaient même plus et il avait perdu le goût de créer quoi que ce soit », me dit Tom. Il passait le plus clair de son temps à boire et à se quereller avec son compagnon d'existence. Si l'acteur recevait chez lui, il commençait à vider des verres bien avant l'arrivée de ses invités. Quand ils étaient là, il leur témoignait de la gentillesse et des égards pendant la première heure : « Vous prendrez bien un petit gorgeon ? Qu'aimeriez-vous boire ? » Il les servait lui-même et se comportait en parfait maître de maison. Mais ensuite il se calait dans un fauteuil et ne cessait plus d'agiter son verre en faisant tinter les glaçons à l'intérieur pour en réclamer un autre. Alors Tom venait le lui retirer pour lui doser un nouveau cocktail. Rock en buvait une gorgée, faisait la grimace et proférait un juron pour bien faire comprendre que le breuvage était infect. Puis il se levait, allait au bar jeter dans l'évier le contenu de son verre et grognait : « Si je veux que ce soit buvable, mieux vaut me le préparer moi-même. »

Il ne voulait jamais que le dîner fût servi avant dix heures. Quand les convives avaient pris place autour de la table, il leur contait des histoires drôles, et quand il en était au point crucial du récit, Tom ne manquait pas de le couper :

« Mais non, ce n'est pas comme ça qu'il faut la raconter.

– Mais si, je connais l'histoire, tout de même !

– Tu ne racontes pas les choses dans le bon ordre.

– Et merde ! Alors, raconte-la toi-même, ta putain d'histoire ! »

Quand arrivait une certaine heure, Tom regagnait en titubant l'étage et s'écroulait sur le lit. Mais Rock, fût-il ivre mort, restait avec ses invités jusqu'à leur départ pour ne rien perdre de la soirée.

James Wright fut engagé en qualité de majordome en 1978, très peu de temps avant Noël. Rock et Tom avaient tenu à s'entretenir au préalable avec différents candidats, et ce n'est pas sans appréhension que James était venu les voir. « Je ne voulais pas entrer au service d'une vedette de cinéma, m'expliqua-t-il, parce que ces gens-là sont bien souvent des caractériels. » Auparavant, il avait travaillé pour William Goetz, le directeur général de Universal, ainsi que pour A.H. Meadows, un pétrolier de Dallas. « Dans ces deux maisons, me dit-il encore, on exigeait de moi que je porte en permanence une redingote noire et un col cassé, et je ne m'adressais jamais à mes maîtres en les appelant autrement que " Madame " et " Monsieur ". » Né en Angleterre, James avait été élevé dans un orphelinat, et la formation qu'il avait reçue par la suite avait fait de lui un de ces maîtres d'hôtel stylés comme on n'en voit plus guère que dans les vieux films, entrant cérémonieusement dans un salon cossu et présentant des verres de sherry sur un plateau avant d'annoncer à Madame que dans quinze minutes le souper sera servi.

C'était tout d'abord Tom qui avait interrogé James sur ses références. Ensuite, Rock avait pris la relève, fait faire au candidat le tour de la maison et terminé la visite en lui demandant à quelle date il pourrait prendre son service. James arriva au Château le soir de Noël avec Victoria, sa minuscule chienne, convaincu de ne pas y rester plus de deux semaines : « Cela ne me ressemblait pas, comprenez-vous. J'avais l'habitude de servir dans des maisons élégantes et raffinées, où les tables sont dressées comme il faut. M. Hudson aimait au contraire le débraillé, et parfois il s'alimentait debout près du réfrigérateur. Je pouvais donc moi aussi m'habiller n'importe comment, porter des shorts et des T-shirts! Mais j'avais aussi deux patrons, et ça, ce n'était pas facile. Pour moi, c'était M. Hudson qui venait en premier, et avec lui tout se passait bien. Mais M. Clark était autoritaire et buté. Tout devait se faire comme il l'ordonnait et pas autrement. Il me disait : " Et la poussière, hein, et la poussière! Il y en a partout, de la poussière. Pourquoi toute cette poussière au premier étage, hein? " Et moi je lui répondais : " Nous avons eu du vent aujourd'hui, monsieur Clark. Voilà pourquoi. Tout a été épousseté ce matin. " »

James s'installa au Château, s'attacha beaucoup à « M. Hudson » et découvrit qu'il se faisait très bien à l'absence de protocole. Il découvrit aussi à proximité un restaurant, le café Théodore, où bientôt il se rendit tous les matins pour prendre son petit déjeuner. Il se fit aussi des amis, qu'il invitait au Château quand Rock et Tom étaient absents, liberté que l'acteur l'avait poussé à prendre : « Je veux que tu te serves de cette maison. Vas-y, invite tes copains et n'hésite pas à leur projeter tous les films qu'ils auront envie de voir. »

James apporta au Château une note de bonne humeur et d'apaisement. Quand on lui demandait comment il allait, il répondait : « Je vais *on ne peut mieux*, monsieur. Je vous remercie. » Il ne se laissait pas aisément décontenancer : « Je n'aime pas que les choses me submergent, alors j'essaie de tenir bon, comprenez-vous ? » Il aimait faire toute chose en y mettant les formes, mais cette façade de serviteur stylé cachait en réalité un esprit frondeur. Il imitait volontiers les personnes de son entourage et formulait sans avoir l'air d'y toucher des remarques souvent cinglantes. Et quand il se laissait aller à un instant de franche hilarité, le timbre de sa voix donnait dans le suraigu, son abdomen était secoué de rire et tout son visage s'empourprait, mais s'empourprait au vrai sens du terme, et jusqu'à la racine de ses cheveux blancs.

Rock fit entrer d'emblée James Wright dans la « famille », et bientôt le majordome n'ignora plus rien des événements domestiques, étant donné que le théâtre des opérations, c'était la cuisine, et qu'il y passait le plus clair de son temps, debout derrière le comptoir, tel un timonier à la barre du navire. Il démontra très vite qu'on pouvait lui faire une confiance absolue, que jamais il ne livrait une indiscrétion à un journaliste, qu'il était loyal et homme de parole.

L'intérêt croissant de Rock pour le théâtre l'amena tout naturellement à faire des séjours plus prolongés à New York en compagnie de Tom. Au mois de mai 1979, l'acteur y fit l'acquisition d'un appartement que Tom avait trouvé à vendre dans l'immeuble Beresford, au coin de la Quatre-Vingt-Unième Rue en bordure de Central Park. Rock adorait flâner dans les rues de New York et prendre le métro. Il aimait l'atmosphère un peu province de son quartier, dont il connaissait par leurs noms les commerçants et les employés du drugstore. Les deux hommes allaient fréquemment voir une pièce, fréquentaient des acteurs de théâtre et se faisaient de nouveaux amis. « Nous étions un peu trop coincés dans le train-train de Los Angeles, me dit Tom, et ce changement de décor nous plaisait. Nous sortions énormément. Nous ne passions pas une seule soirée à la maison. »

En juin, ils repartirent en tournée pour cinq mois. Rock avait tenu à tout prix à interpréter *On the Twentieth Century*, mais son engouement pour la pièce s'étiola au fil des représentations. Il avait pour covedette Dean Dittman, dont l'amitié lui restera acquise jusqu'à la fin de ses jours. Énorme – il avait pesé jusqu'à cent quarante kilos –, cet homme jovial et bon compagnon était un acteur de grand talent. Il adorait faire la cuisine et recevoir, et quand le spectacle prit fin il invita à maintes reprises Rock et Tom à dîner chez lui.

A Chicago, Rock avait appris que des difficultés financières risquaient d'interrompre prématurément la tournée, et il avait dû accepter une réduction de son cachet pour maintenir à flot la trésorerie de la production jusqu'à Los Angeles, où pour les dernières représentations toutes les places étaient retenues d'avance. Quand ils furent en Californie, Rock donna un soir rendez-vous à Tom après le spectacle, afin qu'ils puissent ensuite aller souper ensemble chez Joe Allen. « S'il a pu ce soir-là conduite du théâtre au restaurant, c'est uniquement parce que je le précédais en voiture en lui balisant le chemin », me raconta Tom. Après le repas, ils se rendirent chez Dean Dittman, qui avait réuni toute la troupe dans son appartement. Là, ils burent tous les deux jusqu'à plus soif. Ils en repartirent chacun dans leur voiture. Tom roulait devant dans la Mercedes et, persuadé que Rock le suivait dans la Cadillac, rentra au Château et s'affala sur son lit totalement anesthésié.

Mais Rock s'endormit au volant et percuta de plein fouet un palmier sur Doheny Road. Il réussit à s'extraire de la voiture gravement endommagée, le front criblé d'éclats provenant du pare-brise pulvérisé, et à s'éloigner à pied en longeant la chaussée. Un laitier l'aperçut et prévint la police.

« Je me sens très bien, affirma Rock aux policiers.

– Qui était au volant de la Cadillac ?

– Tom Clark. »

Les policiers ramenèrent l'acteur chez lui et revinrent sur le lieu de l'accident pour tenter de retrouver Tom quelque part dans les buissons bordant la route. Rock tenta bien de secouer Tom, mais celui-ci dormait à poings fermés. En désespoir de cause, il appela Mark et George : « Ramenez-vous en vitesse, on vient d'avoir un accident ! » Les deux hommes conduisirent l'acteur à l'hôpital, où on lui retira les éclats de verre fichés dans le front. « Une fois de plus son ange gardien veillait sur lui », me dit George, qui jamais ne comprit comment Rock avait pu s'en sortir avec des blessures aussi bénignes.

Dans ses débuts, alors que Rock n'avait qu'une idée fixe, celle de réussir, sa vie amoureuse n'était venue qu'au second rang de ses préoccupations. En revanche, depuis que sa carrière d'acteur déclinait, il était littéralement obsédé par le sexe. Il ne vivait plus que pour tisser des intrigues et multiplier les conquêtes. « Mais, dès l'instant où il ramenait une proie dans son repère, me confia l'un de ses proches, pour lui le gibier perdait tout intérêt et il se remettait en chasse. » Il aimait la diversification, les échanges multiples, et à cet effet disposait d'une liste de « bonnes adresses » : tantôt c'étaient des stewards de San Diego, tantôt des menuisiers ou des maîtres d'hôtel new-yorkais. Il organisait chez lui des soirées « entre hommes » sans même savoir qui étaient la plupart de ses invités.

Ce fut à l'occasion d'une de ces « boy parties » au Château que Jim Gagner fit la connaissance de l'acteur. Jim – il enseigne aujourd'hui le yoga – avait cohabité avec Armistead Maupin et cherchait à devenir scénariste. Il était alors en quête de jobs d'appoint, et Rock le chargea de transférer sur bandes vidéo sa collection de films en 35 mm. Le type physique de Jim – un grand blond aux yeux bleus – avait tout pour affoler Rock, et lors de leur première rencontre le jeune homme avait été frappé par « la puissance de sa libido. Son énergie sexuelle était tellement intense qu'on en ressentait comme de la chaleur. J'en avais les oreilles bourdonnantes ». Selon Jim, la sexualité de Rock « vous précipitait dans un gouffre. Sitôt qu'il en avait l'occasion, hop, ça y était. Et il lui fallait du changement. Il était capable d'avoir tous les jours plusieurs rapports physiques avec différents hommes ».

C'était Mark Miller qui avait fait savoir à Jim que Rock s'intéressait à lui. « C'était tentant et donnait à réfléchir, me dit Jim. Accepter, c'était pour moi devenir la dame du Château, disposer de tout l'argent dont j'aurais besoin et voir du pays. Mais un tas de voix me criaient casse-cou. Tout l'univers de Rock sentait le poison à plein nez. » Rebuté par l'ivrognerie de l'acteur et par ce qu'il avait entrevu de « son égoïsme astronomique », Jim avait refusé l'échange physique. Il avait travaillé au Château, mais son séjour avait ressemblé à « un tour de grand huit, et ses relations avec l'acteur à une continuelle douche écossaise ». Quand Jim faisait des copies magnétiques des films de Rock, celui-ci pouvait fort bien entrer dans la salle et beugler : « Fous-moi cette saloperie de côté! Tu n'as pas besoin de copier ça! » Mais le lendemain il revenait tout sourire : « Prends donc le temps de t'arrêter un peu. Tiens, viens avec moi dans la cuisine, on va se faire des crêpes. » Alors ils passaient quelque temps autour du fourneau à se détendre et Jim était de nouveau sous le charme. « Il me faisait de la peine. C'était triste de voir un homme de cinquante-trois ans aussi célèbre que lui se laisser mener par la queue. »

En juillet 1978, Rock alla passer un week-end à San Francisco en compagnie de Tom, Mark et George. Ils dînèrent avec Jim Gagner et Armistead Maupin au Duck House, et après le repas Armistead entraîna tout le monde au Club Fugazi pour y voir *Beach Blanket Babylon*, un spectacle dont il était le coauteur. Ensuite, Mark et George, qui avaient sommeil, regagnèrent l'hôtel Fairmont, tandis que Rock et Tom continuaient la soirée avec Armistead, qui leur fit faire le tour des clubs gays de la ville.

Pendant le petit déjeuner du lendemain au Fairmont, Rock fit un compte rendu détaillé de sa randonnée nocturne qui stupéfia et horrifia George. « SEIGNEUR! » nota-t-il simplement ce jour-là dans son journal. « Il prenait un malin plaisir à me faire dresser les cheveux sur la tête, me dit George, comme si j'étais un vieux schnock ou un cousin de province qui a des principes. » George avait en effet toujours gardé ses distances par rapport aux orgies homosexuelles, et le récit complaisant que lui fit Rock de fornications de groupe entre gens qui ne s'étaient jamais vus sonnait pour lui comme le glas de la civilisation. C'était l'époque où la frénésie érotique des gays s'autorisait d'une tolérance sans précédent et, par un tragique paradoxe, l'époque aussi où s'enracinait sournoisement l'épidémie de Sida.

George était complètement renversé à l'idée que Rock avait bien pu se faire voir dans ces clubs, au risque d'être identifié. Et plus encore en apprenant que l'acteur avait signé de son nom à l'entrée. « Je voulais me rendre compte de ce que c'était, lui dit Rock. Dans la vie, il faut tout voir. » Il admettait cependant avoir été stupéfait de constater combien les mœurs étaient dissolues.

La tournée débridée avait débuté par le I-Beam, une discothèque gay dans laquelle s'entassaient des minets pomponnés et musclés portant des gilets à bretelles ouvertes sur le devant. « Un homme entre deux âges avec un peu de brioche et un pull à col ouvert y passait inaperçu », me raconta Armistead en me narrant ce souvenir.

Ils firent une seconde escale au Black and Blue. En jetant un coup d'œil à l'intérieur de l'établissement, Tom Clark déclara aux autres : « C'est vraiment trop pour moi, je rentre à l'hôtel. Continuez sans moi. » Le Black and Blue était décoré d'une motocyclette suspendue au plafond, et autour du bar se tenaient des hommes en tenue de motards – bottes et blousons de cuir noir – qui à minuit exécutaient leur numéro sur les rythmes de « Ainsi parlait Zarathoustra », le thème musical de *2001, odyssée de l'espace*. Au fond de la salle, des plaques de tôle ondulée disposées verticalement délimitaient trois espaces dans lesquels se déroulaient des scènes d'orgie évoquant les compositions de Bosch : un enchevêtrement de bras, de jambes, de dos nus et de postérieurs pris de frénésie. « Quelle ironie! songeait Armistead. J'ai près de moi celui qui pendant vingt ans a symbolisé pour le monde entier l'érotisme masculin, et personne ne lui prête la moindre attention. Nous pourrions lui et moi traverser cette boîte sans plus éveiller d'intérêt que si nous étions des femmes. » Armistead se pencha vers l'avant et par jeu pinça la vedette.

« C'est toi ? fit l'acteur.

– C'est moi. Alors ?

– Je regarde. Je regarde. »

Ils allèrent ensuite au South of Market Club, une boîte plus connue dans la périphérie sous l'appellation de Glory Holes. A l'entrée, Rock signa de son nom d'état civil pour se faire admettre. « Une formalité pour devenir membre du Club, lui dit Armistead. Ensuite, te voilà admis dans ce petit paradis sexuel. » La spécialité du club consistait à exploiter l'artifice auquel recouraient jadis les homosexuels pour lier connaissance dans les bains publics : un orifice percé dans une cloison à travers lequel l'individu en mal de rencontre fait passer son membre avec l'espoir que son initiative sera favorablement accueillie et provoquera une réponse du côté opposé. La technique n'était pas sans risque, aussi les propriétaires du Glory Holes – « Les Trous de la Gloire » – avaient-ils trouvé ou cru trouver le moyen de conjurer le péril.

L'intérieur du club consistait en un dédale de compartiments cloisonnés par des panneaux de contre-plaqué. Chaque compartiment était fermé sur trois côtés, tous percés d'un trou. « Les clients faisaient passer leur sexe par les trous, si bien que parfois on assistait à des concerts de sexes en stéréophonie », me racontera bien plus tard Armistead. Une lumière rouge tamisée éclairait la salle, et d'un balcon on pouvait observer ce qui se passait en bas dans les compartiments. « Tu es chez toi, avait déclaré Armistead à Rock. Je te retrouve au balcon dans trois quarts d'heure. »

Armistead l'avait laissé seul, et quand il était venu le rejoindre il l'avait trouvé accoudé au balcon, plongé dans la contemplation des scènes qui se déroulaient en contrebas dans les compartiments.

« Alors, tu t'es bien amusé ?

– En ce qui me concerne, il ne s'est rien passé », lui avait déclaré Rock en riant.

En sortant du Glory Holes, Rock avait pris un taxi pour regagner le Fairmont. « Cette virée nocturne entre hommes lui avait donné un sentiment de liberté, me dit Armistead Maupin. Je crois que jamais il n'aurait pu faire la même chose à Los Angeles. Il a pleinement savouré cette liberté, et j'ai tiré mon chapeau à Tom de lui avoir laissé la bride sur le cou. »

Comme beaucoup d'autres clubs ou établissements de bain fréquentés par les gays, le Glory Holes devait fermer ses portes quelques années plus tard, quand on enregistra les premiers décès dus au Sida. « Cela pouvait peut-être sonner comme la fin d'une civilisation, me dit encore Armistead, mais on y rencontrait des gens charmants, des gens intelligents et pleins d'esprit. Il y régnait une confiance et un esprit de groupe très enrichissants. » Il m'expliqua que ces clubs s'étaient constitués à une époque où nombre d'homosexuels étaient sortis de la clandestinité et avaient pu satisfaire ainsi le besoin d'être acceptés tels qu'ils étaient par leurs semblables : « Ce club était un authentique exutoire. Quels que soient les soucis qui vous accablaient dans la journée, vous pouviez en allant là-bas vous vider totalement l'esprit. »

12.

J'aime travailler avec des acteurs débutants, c'est un peu comme un petit jeu que je m'amuserais à jouer tout seul. J'adore les observer, regarder comment ils se comportent, comment ils s'en sortent, voir s'ils sont inventifs... Leurs initiatives tombent parfois à plat, mais l'important, c'est qu'ils aient quelque chose de plus que la faculté d'apprendre par cœur un texte.

En 1981, Rock accepta de tourner une seconde série pour la chaîne NBC, *The Devlin Connection,* dont les épisodes narraient les aventures d'un tandem de policiers, le père et le fils. Après *McMillan and Wife,* il avait juré de ne plus jamais faire de télévision. Mais, plus tard, il devait déclarer à un journaliste : « En prenant de l'âge, on apprend à se taire bien davantage, car on ne sait jamais si un jour on ne se mordra par les doigts d'avoir dit ce qu'on pense. »

Depuis longtemps, NBC souhaitait programmer une autre série avec Rock, et la direction de la chaîne avait tout fait pour obtenir son accord. Il justifiait son acceptation auprès de ses amis en leur affirmant : « J'aime travailler. » Pour interpréter le personnage de son fils, la covedette de la série, il choisit Jack Scalia, un acteur débutant qui avait joué un petit rôle avec lui quand il avait tourné une mini-série intitulée *The Star Maker.* Rock avait ressenti de la sympathie pour ce garçon et pour sa femme; il avait appris à mieux connaître l'un et l'autre. Vingt minutes après que Jack avait su que le rôle lui serait confié, Rock l'avait appelé : « Il est indispensable que nous entretenions des relations de père à fils si nous voulons que cela transparaisse à l'écran », lui avait-il dit. Jack n'habitait qu'à quelques rues de l'appartement de Rock en bordure de Central Park, et les deux hommes avaient pris l'habitude de se promener ensemble dans les rues de New York.

Originaire de Brooklyn, Jack était un solide gaillard de un mètre quatre-vingt-cinq aux cheveux bruns frisés, et il avait le charme déroutant de ces gamins de la rue qui ont poussé la tête solidement assise sur les épaules. Le type même de la brute au grand cœur. Dans son enfance, ses copains et lui avaient une expression bien à eux pour railler l'impudent qui jouait les matamores : « Non, mais, tu te prends pour qui ? Pour Rock Hudson ? » Jack avait été pitcher (lanceur) dans l'équipe des Astros de Montréal, jusqu'au jour où une blessure au bras l'avait contraint de renoncer au base-ball. Ensuite, il était devenu modèle de photos publicitaires à New York, où il avait commencé à suivre des cours d'art dramatique en 1980.

Dès les premières promenades qu'il fit en compagnie de Rock, Jack découvrit que son compagnon « entourait sa vie privée d'un mur. D'un véritable rideau qu'il ne tirait que pour laisser pénétrer à l'intérieur que de très rares personnes. Et quand il vous laissait entrer, ce n'était pas pour bien longtemps. Il vous invitait à approcher, approcher, approcher, et tout à coup : stop, ça suffit ! Souvent nous bavardions pendant des heures, et je n'en savais pas plus à la fin qu'au début ».

Dès leurs premières rencontres, Jack prit l'habitude d'embrasser Rock sur la joue. « Parce que j'avais fait la même chose avec mon père, me dit-il. Parfois je me rendais compte que Rock en ressentait un peu de gêne, mais il a fini par s'y faire. » Tout en marchant, Rock posait d'innombrables questions au jeune homme. Jack s'était adonné à la drogue et à l'alcool, mais il avait renoncé à l'une comme à l'autre en 1979, et Rock voulait tout savoir de ce sevrage. Mais quand Jack posait à son tour des questions personnelles à l'acteur, il n'obtenait de lui aucune réponse.

« Il y avait un tas d'analogies entre notre relation et celle des personnages que nous allions interpréter », me dit Jack. Rock jouait en effet le rôle de Brian Devlin, et Jack celui de Nick Corsello, son fils qu'il n'avait pas vu grandir. Dans l'histoire, les deux hommes se découvraient mutuellement. « Nick avait bien appris un tas de choses sur son père, m'expliqua Jack, mais il ne le connaissait pas. Et j'étais à peu près dans la même situation : je savais un tas de choses sur Rock, mais je ne savais pas qui il était. En plus, dans le scénario, Nick ressentait beaucoup d'affection pour son père. »

Un après-midi, alors qu'ils passaient devant le musée d'Histoire naturelle, Jack demanda à Rock :

« Quel effet ça te fait d'avoir un fils ?

– Je n'en sais trop rien. Si un jour j'en ai un, je te ferai signe.

– Oh ! arrête de déconner, fit Jack. Je suis Nick Corsello. Ton fils. Cela ne te dit rien ?

– Ah ! tu voulais parler de celui-là ! s'esclaffa Rock.

– Pourquoi ne me dis-tu jamais rien franchement?
– Qui, moi?
– Oui, toi, insista Jack. Pourquoi ne réponds-tu jamais à mes questions?
– Que veux-tu dire par là, Jack?
– Oh! je t'en prie, ne fais pas l'innocent.
– Je ne fais pas l'innocent. J'aimerais savoir ce que tu veux dire, c'est tout.
– Quand je te pose une question claire, tu ne me donnes jamais de réponse claire.
– On peut donner mille réponses à une question, fit Rock.
– D'accord, mais pourquoi ne pas me donner celle que j'attends?
– Peut-être parce que précisément tu l'attends, Jack. »

Jugeant qu'il n'obtiendrait rien de plus, Jack n'insista pas. « Avec lui, on avait continuellement l'impression de faire un assaut d'armes : attaque, esquive, attaque, esquive... C'était sa façon de vous empêcher d'en savoir un peu trop sur sa vie. »

Quand Jack vint en Californie pour tourner la série, Rock lui donna pourtant la preuve qu'il pouvait compter sur lui. Car en dehors de la vedette et de Tom, Jack ne connaissait personne à Hollywood : « Je me suis retrouvé là-bas avec deux papas-gâteaux, raconte-t-il. Ce sont eux qui m'ont piloté partout et m'ont trouvé un endroit pour me loger. » Un jour, Jack eut besoin de soins dentaires, et Rock lui proposa de se faire soigner chez son propre dentiste, le Dr Phillip Tennis. Le jour du rendez-vous, il téléphona au jeune homme pour lui dire qu'il passerait le prendre en voiture et l'accompagnerait : « Comme c'est la première fois, tu te sentiras plus à l'aise. » Il présenta Jack au Dr Tennis, qui fit passer le garçon dans son cabinet et le fit asseoir dans le fauteuil pour examiner sa bouche. Mais, peu de temps après, quelqu'un frappa à la porte. Le dentiste lança un clin d'œil interrogateur à Jack :

« Qui est-ce? demanda-t-il.
– C'est moi. »

La tête de Rock se glissa dans l'entrebâillement de la porte :

« Besoin de moi?
– Non, fit Jack, mais entre tout de même, si tu préfères rester ici. »

Rock prit place sur un siège et raconta à Jack des histoires drôles pour distraire son attention pendant l'heure que dura le traitement. Ce soir-là, Jack rapporta l'anecdote à un ami : « Crois-moi si tu veux, mais aujourd'hui Rock Hudson est venu me chercher pour me conduire chez le dentiste et m'a raconté des blagues pendant une heure tandis qu'on me charcutait. Ensuite, il m'a ramené chez moi. Pince-moi et dis-moi que je n'ai pas inventé cette histoire de toutes pièces! »

Jack découvrit aussi que Rock et lui étaient nés en novembre sous le même signe, celui du Scorpion, et que par divers traits de caractère ils se ressemblaient. L'un comme l'autre étaient des êtres secrets et renfermés.

« Nous avons toi et moi pas mal de choses en commun, lui dit un jour Rock. Mais tu sais ce qui nous différencie l'un de l'autre ? C'est que tu n'es pas aussi têtu que moi.

– Qu'est-ce qui te le fait dire ?

– Tu ne vas pas tarder à t'en rendre compte. »

A partir de ce jour, Rock inventa un jeu dont le vainqueur était celui qui ne cédait pas devant l'autre : chaque fois qu'ils étaient de sortie et devaient entrer quelque part, Rock se plantait devant la porte et insistait pour que Jack soit le premier à la franchir, lequel bien entendu n'en faisait rien. « Mais non, après toi, je t'en prie. » Ce petit jeu s'éternisa un jour pendant quinze bonnes minutes devant le Jimmy's, un restaurant de Beverly Hills.

« La dernière fois, c'est moi qui suis entré le premier, dit Jack. Cette fois, c'est ton tour.

– Certainement pas, dit Rock, en secouant catégoriquement la tête et en croisant les bras.

– Je n'en ferai rien. Pas deux fois de suite, s'obstina Jack.

– Très bien, alors on va déjeuner dans la rue. Je vais leur demander de nous apporter la bouffe ici : " Garçon! "

– C'est bon, je vais entrer.

– Quand je te disais que j'étais têtu comme une mule », conclut Rock.

Le tournage de *The Devlin Connection* débuta en octobre, et dès le départ les choses se gâtèrent. « Nous savions que la série ne serait pas une réussite, me dit Jack. Rock était mécontent parce qu'on ne cherchait pas du tout à exploiter dans la mise en scène la complicité que nous avions établie entre nous en nous comportant vis-à-vis l'un de l'autre comme un père et un fils. » Et selon Tom Clark, l'acteur n'était pas davantage satisfait du producteur, qui jouait à fond sur les séquelles affectives du divorce de Brian Devlin, pas plus qu'il ne l'était des textes, car durant tout l'été les scénaristes s'étaient mis en grève, et ils avaient bâclé le travail au pas de charge en dernière minute pour remettre un travail fort médiocre. Bref, « tout allait de travers sur le plateau ».

Le premier jour des prises de vues, alors que Rock et Jack sortaient chacun de sa caravane, ils virent dans le ciel tournoyer des busards. On leur apprit qu'un homme du voisinage était mort asphyxié dans sa voiture. Ils firent quelques pas ensemble, Rock contempla le véhicule, puis les rapaces, et se tournant vers Jack fit ce commentaire : « Et nous n'en sommes qu'au premier jour du tournage! »

Rock ne mâchait pas à proprement parler le travail à Jack, mais, chaque fois qu'il en était besoin, il se rendait disponible pour répéter avec lui ou lui donner des indications de jeu. Quand Jack semblait éprouver une difficulté quelconque en interprétant une scène, Rock le prenait à part : « Tu te sens à l'aise? Tu préfères revoir ton texte? Prenons quelques minutes pour en discuter », lui proposait-il. « C'était mon premier grand rôle, me dit Jack, et j'aurais voulu pouvoir relire mon texte des centaines de fois en cinq minutes avant de le jouer. Il s'asseyait près de moi et m'aidait patiemment à le revoir. » Un jour, Jack demanda à Rock pourquoi il lui témoignait tant de sollicitude.

Alors Rock lui raconta que du temps où il avait tourné lui-même son premier grand rôle dans *Le Secret magnifique,* Jane Wyman l'avait aidé lui aussi alors que rien ne l'obligeait à le faire, et que quand il avait demandé plus tard à Jane pourquoi elle s'était comportée avec tant de gentillesse vis-à-vis de lui, elle lui avait répondu : « S'il est une chose que nous devons léguer à un autre, c'est bien l'expérience que nous avons acquise. Alors je te fais don de la mienne, parce que je sais qu'un jour tu la transmettras à ton tour. » Et Rock avait ajouté : « Tu vois, mon tour est venu. » Bouleversé, Jack avait regagné sa caravane et fondu en larmes.

Jack appelait volontiers Rock « le grand mec » – expression que les scénaristes adoptèrent dans leur texte – car il se dit certain que son partenaire ne mesurait pas un mètre quatre-vingt-quatorze, comme il l'avait toujours affirmé, mais bien plutôt un mètre quatre-vingt-dix neuf. « Je mesure moi-même un mètre quatre-vingt-cinq, m'a-t-il déclaré, et auprès de lui j'avais l'air d'un nain. Et puis, j'ai suffisamment joué au base-ball pour avoir connu de près des tas d'armoires à glace. Non, Rock était beaucoup plus grand qu'il ne le disait. D'ailleurs, il avait des mains énormes. Avec une seule il me couvrait tout le visage. » Ils devaient jouer une scène au cours de laquelle Brian Devlin giflait son fils qui l'avait injurié.

« Étant donné que j'étais frais émoulu de mon école d'acteurs new-yorkaise, j'ai dit à Rock : " Si tu veux que je réagisse de façon tout à fait naturelle, gifle-moi pour de vrai. "

– Tu es sûr?

– Je crois que pour jouer cette scène, ça s'impose. Donne-moi une vraie claque. »

Selon ses dires, Jack n'eut pas le temps de voir arriver la gifle. En revanche, il la sentit : « Ce qu'on appelle " se faire sonner les cloches "... à peu près ce qu'on doit ressentir quand on prend un coup de gourdin sur la tête. » Mais Jack, tout estourbi, sauta une ligne de sa réplique. Et il fallut retourner la scène. Sur le plateau, il restait immobile en se frottant la joue.

« Comme ça, ça allait ? lui demanda Rock.

– Oui, mais je crois qu'il faut recommencer. »

Rock lui donna une seconde claque tout aussi magistrale que la première, et cette fois Jack débita son texte sans une défaillance. Rock s'approcha de lui :

« Parfait, fit-il. C'était parfait.

– Pardi ! répliqua Jack. Je n'avais pas la moindre envie d'en morfler une troisième.

– Vois-tu, je me demandais combien il t'en faudrait pour te faciliter les choses... »

Ils avaient tourné trois épisodes et en étaient au milieu du quatrième quand Rock fut brutalement réveillé en pleine nuit par de violentes douleurs thoraciques. Il descendit à la cuisine, et quand Tom vint l'y rejoindre vers six heures le matin, il le trouva blanc comme un linge et un bras totalement engourdi. « Je suis content que tu te sois levé, lui dit Rock, je ne peux presque plus respirer. » Sans perdre un instant, Tom le transporta au service des urgences de l'hôpital Cedars-Sinaï, où on soumit l'acteur à un électrocardiogramme qui ne révéla rien qui puisse laisser à penser qu'il avait eu un accident cardiaque. Il continua donc à tourner mais son médecin, Rex Kennamer, jugea indispensables des examens plus approfondis.

A New York, Rock avait déjà éprouvé à diverses reprises de l'essoufflement et des douleurs pectorales en revenant à pied du restaurant, mais chaque fois il en avait conclu qu'il s'agissait là d'un début d'indigestion. Il avait toujours tiré orgueil de sa santé et de sa résistance physique, et le fait est que s'il attrapait une grippe le lundi, il était en pleine forme le mardi alors que toute la maisonnée éternuait et avait de la fièvre jusqu'à la fin de la semaine. « Je vivrai centenaire et je vous enterrerai tous », affirmait-il volontiers.

En possession des résultats des examens, le Dr Kennamer diagnostiqua une obstruction coronarienne et fit d'urgence hospitaliser l'acteur pour qu'on pratique sur lui une anastomose artérielle. La production de *The Devlin Connection* fut alors interrompue, ce qui ne laissait pas d'inquiéter Rock quant à l'avenir de Jack. Il appela lui-même le producteur exécutif de la série : « Peu importe la tournure que vont prendre les événements, lui dit-il au téléphone, je compte sur toi pour t'occuper du môme. »

La veille au soir de l'intervention, il contempla longuement par la fenêtre de sa chambre d'hôpital le mot « Hollywood » gravé au loin en grosses lettres de feu sur le flanc d'une colline.

« C'est peut-être la dernière fois que je le regarde, dit-il à Tom.

– Ne raconte pas de bêtises. Tu es soigné par les meilleurs médecins du monde et tu as une santé de fer.

– Je ne peux pas m'empêcher de penser que si je m'en vais maintenant, j'aurais tout de même eu du bon temps sur la terre... »

Il téléphona ensuite à Mark Miller et à Dean Dittman « pour faire ses adieux à Hollywood et à ses copains de là-haut ». Plus tard, Rock devait avouer à Mark que ce jour-là il avait bien craint de lui parler pour la dernière fois.

Rock supporta parfaitement l'intervention chirurgicale – laquelle consista finalement en une quintuple anastomose – et s'en remit avec une surprenante rapidité. Tom devait émettre plus tard l'hypothèse que c'était peut-être lors de son séjour à l'hôpital Cedars-Sinaï que Rock avait contracté le Sida par le biais des transfusions sanguines qu'on lui avait administrées. Cet établissement clinique est en effet situé dans l'ouest de Hollywood, là où précisément résident nombre d'homosexuels, et en 1981, l'année où Rock fut opéré, nul parmi ses proches n'avait encore entendu parler de cette maladie. Tout au plus commençait-on à se chuchoter de bouche à oreille au sein de la communauté gay qu'une forme rarissime de cancer pouvait faire périr les homosexuels – « On ne sait pas trop ce que c'est. Alors, prudence! » – mais le fléau ne portait pas encore de nom.

Cette même année pourtant, deux médecins – le Pr Michael Gottlieb de l'université de Californie à Los Angeles et son confrère Alvin Friedman-Kien de l'université de New York – rapportaient au Center fort Disease Control d'Atlanta qu'ils avaient diagnostiqué chez des malades homosexuels plusieurs cas de pneumonie à *Pneumocystis carinii* et de sarcome de Kaposi, deux affections pathologiques rares généralement associées à une défaillance du système immunitaire. Un peu plus tard, des observations cliniques provenant d'autres praticiens exerçant dans de grandes villes américaines accréditèrent l'idée qu'on avait bien affaire à une maladie nouvelle et spécifique. Mais les premiers articles sur le Sida ne furent publiés dans diverses revues de vulgarisation qu'en 1982. Il sera alors admis que le virus se transmet par contact sexuel, mais à cette date personne n'établira encore de lien entre l'affection et les transfusions sanguines.

Après qu'on aura diagnostiqué chez Rock le Sida en 1984, le Pr Gottlieb, appelé près de lui, estimera « pratiquement impossible de déterminer avec certitude » le mode de contage, du fait que comme dans tous les cas de maladies sexuellement transmises « seul le malade connaît le nombre exact de ses partenaires érotiques ».

Jack Scalia rendit visite à Rock trois jours après l'intervention. L'opéré souffrait encore, et Jack l'aida à se redresser sur son lit. Rock lui dit alors qu'il ne pourrait certainement pas attendre d'être de retour chez lui pour fumer une cigarette.

« Tu déraisonnes ou quoi ? fit Jack.

– C'est un test. Je vais en fumer une seule, pas plus.

– C'est de la folie pure.

– Je suis tout de même bien libre de faire ce qui me plaît, non ? s'entêta Rock.

– Très certainement. Mais tu sais très bien que si tu en allumes une, tu vas recommencer à fumer comme avant. »

Rock étendit le bras et posa sa main sur celle de Jack. C'était la première fois qu'il prenait avec lui l'initiative d'un contact physique. Ses yeux s'embuèrent et une larme roula sur sa joue.

« Qu'as-tu ? fit Jack, ému de le voir pleurer.

– J'ai peur. Terriblement peur. »

A présent, les larmes inondaient son visage.

« Tout ira bien, tu vas voir, lui dit Jack d'une voix douce. Pleure encore si cela te soulage. »

Rock baissa la tête. Quand il la releva, ses yeux étaient secs :

« Voilà, c'est fini. Maintenant ça va.

– Rock, tu es con de te retenir. C'est la première fois que je te vois pleurer. Pourquoi t'arrêter si tu en as envie ?

– Je n'en ai pas envie. Tout va très bien. »

Ce revirement d'attitude provoqua beaucoup d'étonnement et « un rien de malaise » chez Jack : « Il me donnait l'impression de se sentir très seul. Il s'était depuis si longtemps enfermé dans sa cuirasse que jamais il ne s'ouvrait à personne. »

La semaine suivante, Rock sortit de l'hôpital et Tom le ramena au Château. Quelques jours plus tard, il le trouva en train de fumer dans la cuisine. « Je me suis réveillé au milieu de la nuit et je suis descendu m'allumer une cigarette. Quelle importance, après tout ? » lui dit Rock. « Je savais qu'il était totalement inutile d'essayer de le raisonner, me déclara Tom plus tard. Il a fumé jusqu'à la fin de ses jours, et ce n'est pas le tabac qui a eu raison de lui, non? »

Pourtant, Rock et Tom firent diverses tentatives pour s'arrêter de fumer. Ils avaient entendu parler d'une « magnétiseuse dans le vent », Pat Collins, qui faisait un numéro d'hypnotisme dans un cabaret. Tom l'appela : « Nous souhaiterions cesser de fumer. Accepteriez-vous de venir ici prendre un cocktail? » Pat arriva au Château en robe du soir, fastueusement maquillée, parée d'un tas de bijoux et accompagnée de sa secrétaire. Les deux femmes bavardèrent en buvant quelques verres dans le grand salon jusqu'à ce que Rock leur rappelle l'objet de leur visite : « Bien. La vérité, c'est que nous voudrions tous les deux cesser de fumer. » Pat fit d'abord monter Rock dans la chambre, lui demanda de s'étendre sur le divan et de fermer les yeux. Puis elle prononça quelques formules pour l'autosuggestionner. Vint ensuite le tour de Tom. Quand elle quitta le Château, ni l'un ni l'autre n'étaient très sûrs d'avoir été plongés dans une transe hypnotique. « Quoi qu'il en soit, me dit ce dernier, en un rien de temps nous avons recommencé à fumer. »

Après son opération, Rock ne changea rien à ses habitudes alimentaires. Il engloutissait toujours autant de gésiers, lesquels sont pourtant peu recommandés quand on a du cholestérol, salait toujours autant ses plats et mangeait toujours autant de beurre. Il ne pratiqua non plus aucun des exercices qu'on prescrit d'ordinaire aux opérés du cœur. En revanche, il fit un peu de marche à pied. Souvent Jack Scalia l'appelait pour lui proposer de passer le prendre et de l'emmener faire une promenade autour du plan d'eau de Hollywood.

Rock réussit cependant à considérablement réduire sa consommation d'alcool. Alors qu'il en buvait en moyenne une quinzaine de verres par jour, il n'en absorba plus que deux. Selon Mark Miller, il lui arrivait encore de s'enivrer de temps à autre, mais ensuite il demeurait sobre pendant trois semaines. « Il avait tiré un trait sur son ivrognerie des années soixante-dix, me dit George. Il avait également mis fin à ses propos désobligeants et à ses mesquineries pour redevenir le Rock que nous avions connu en 1952 : un être chaleureux, agréable et enjoué. » Quant à Rock, il se comporta comme un condamné à qui on accorde un sursis : il fit le bilan de son existence et prit la décision de réformer tout ce qui la lui avait rendue malheureuse.

Ses médecins avaient pronostiqué que s'il passait le cap de la première année, sa durée de vie aurait toutes les chances de demeurer normale. On l'avait averti des séquelles toujours possibles de sa maladie : des absences de mémoire, des accès d'irritabilité ou de frayeur – il risquait plus particulièrement d'être saisi d'une crainte paranoïaque à l'idée de faire un voyage – mais aussi, et c'était là le bon côté des choses, un appétit sexuel accru.

En décembre, il partit pour deux semaines en croisière de convalescence avec Tom, Ross Hunter, Jacque Mapes, Claire Trevor et Pat Tolson, une amie new-yorkaise qui exerçait les fonctions de régisseur de théâtre. Ils se donnèrent tous rendez-vous à Houston, y louèrent une limousine pour gagner Galveston, où ils embarquèrent sur un paquebot grec, le *Stella Polaris*, pour un périple dans la mer des Antilles et une traversée du canal de Panama. Pendant la croisière, Rock lut, s'étendit au soleil, mangea de bon appétit et joua au bridge. Ses cinq compagnons de voyage étaient tous des bridgeurs, de sorte qu'une table était continuellement occupée. Quand il revint chez lui au début du mois de janvier, Rock avait repris des kilos et semblait en pleine santé. « Jamais de ma vie je ne me suis senti aussi en forme », affirma-t-il.

La production reprit le tournage de *The Devlin Connection*, mais du fait qu'entre-temps on avait changé d'équipe et de producteur exécutif, tout l'élan initial s'en trouva brisé, et aussi tout ce qui donnait aux épisodes leur homogénéité. La série fut programmée à partir du mois d'octobre 1982, et pour la première fois dans sa carrière à la télévision, Rock ne recueillit qu'un faible taux d'écoute. La programmation fut suspendue au bout de treize épisodes.

Bien que cet échec ne fût pas complètement une surprise, Jack Scalia le ressentit comme un camouflet et ses rencontres avec Rock se firent moins fréquentes. Au réveillon de Noël, Rock fut cependant invité chez Jack, et au fil de la discussion il évoqua devant son hôte et Stepfanie Kramer, une jeune actrice qui avait eu un rôle dans *Hunter*, un souvenir qui datait de son enfance à Winnetka. Il leur raconta que lorsqu'il avait huit ans son beau-père, Wally Fitzgerald, lui avait offert pour Noël une luge – il se souvenait très bien de la marque : Flexible Flyer. Il en avait eu envie toute l'année, et dans sa joie de la posséder il était sorti immédiatement de la maison pour l'essayer avec son copain Billy. Mais, dès le premier essai, il avait dérapé et la luge s'était brisée. De crainte d'être réprimandé, il l'avait cachée chez Billy. Ne voyant plus Roy jouer avec sa luge et l'entendant répéter évasivement qu'elle était remisée chez Billy, Wally Fitzgerald avait voulu en avoir le cœur net. Il s'était rendu dans la maison du copain de son beau-fils et avait trouvé dans le garage la luge cassée en deux. Roy en avait été quitte pour une bonne paire de gifles, et son beau-père lui avait juré que jamais plus il n'en aurait une autre.

Au cours de l'été 1985, quand Rock fut ramené de Paris dans des conditions tragiques pour être hospitalisé au centre médical de l'UCLA, Jack demanda à Stepfanie si elle avait une idée de ce qu'il pourrait bien offrir à Rock quand il irait le voir sur son lit d'hôpital.

« Je sais ce qui lui ferait plaisir », lui affirma Stepfanie. Elle demanda à un accessoiriste de se mettre en chasse et celui-ci mit bientôt la main sur une Flexible Flyer fabriquée en 1929. Jack et Stepfanie l'enveloppèrent dans du papier vert ficelé de rubans rouges, comme un cadeau de Noël, puis Jack la fixa sur le porte-bagages de sa moto et se rendit à l'hôpital. On lui dit que Rock était dans un état tel qu'il ne le reconnaîtrait peut-être pas, mais quand Jack entra dans sa chambre l'acteur lui sourit, et tout de suite s'engagea entre eux l'habituel assaut d'escrime :

« Qu'est-ce que tu trimbales ? interrogea Rock.

– Où cela ?

– Ne fais pas l'imbécile. Là.

– Là ? C'est un cadeau.

– Et pour qui ?

– Devine, fit Jack.

– Je ne sais pas. Tu es venu ici avec.

– Il est pour toi, Rock.

– Tu peux l'ouvrir ? »

Jack déficela le papier et déposa le paquet ouvert sur les genoux de Rock.

« Flexible Flyer! fit l'acteur.

– La même que tu avais pour jouer avec Billy, je me trompe ?

– La même, je m'en souviens ». Il caressa la face polie du bois et ajouta : « Appuie-la contre la cloison, que je puisse la voir en me réveillant. »

Il prit pour la seconde fois la main de Jack.

« Rock, je veux que tu ailles mieux. Il y a tant de choses dont nous n'avons jamais parlé, dit Jack.

– Ah! bon ? Quoi, par exemple ?

– J'aimerais simplement bavarder avec toi.

– Mais de quoi veux-tu qu'on bavarde ? »

Jack sourit. Rien n'avait changé. C'était toujours le même dialogue, et il savait comment il se terminerait. Alors il renonça et demanda à Rock :

« Dis-moi, on t'en a raconté quelques bonnes ces temps derniers ? »

Un jour de l'été 1982, Rock appela Mark et George, qui passaient quelque temps dans leur résidence du désert, pour leur annoncer le décès de la troisième femme de son père, Edith Scherer. Complètement gâteux, Roy Scherer avait à présent quatre-vingt-trois ans, et il ne s'était même pas rendu compte que son épouse avait cessé de vivre. C'était une voisine qui, la voyant étendue sur un divan, avait immédiatement compris qu'elle ne sommeillait pas. Elle avait appelé la police, laquelle avait prévenu Rock, qui à son tour avait téléphoné à Mark pour lui demander quoi faire.

Depuis trente ans, l'acteur envoyait chaque semaine 50 dollars à son père, mais il évitait de le revoir. « Ce serait trop me demander », avait-il déclaré à Mark, qui lui avait alors répondu comme il le faisait d'ordinaire : *Je comprends.*

Ce fut encore le fidèle Mark qui régla tous les détails de l'enterrement d'Edith et qui de son propre chef prit des dispositions pour placer Roy Scherer, incapable de vivre seul si personne ne s'occupait de lui, dans une maison de retraite. Rock et Tom souhaitaient au contraire que le vieillard fût admis dans un établissement réservé aux anciens acteurs de cinéma, la Motion Picture Country House. Mais la liste d'attente était longue. En fait, il existait des centaines d'établissements dans lesquels Rock eût pu faire entrer son père. Par ailleurs, l'acteur avait lui-même des actions dans une maison de repos de Westwood. Mais il ne jurait que par la Motion Picture Country House, si bien que Mark dut interrompre les démarches qu'il avait de son côté entreprises pour conduire Roy Scherer dans l'établissement choisi par son fils. Mais, peu de temps après, le pensionnaire s'en échappa à diverses reprises, et la direction fit savoir qu'elle ne pouvait assurer en permanence sa surveillance. Mark appela alors Alice Marie, la fille que Roy Scherer et sa seconde femme avaient adoptée, et il s'entendit avec elle pour que le vieillard allât finir ses jours près d'elle dans l'Oregon. Quelques mois plus tard, Alice Marie rappela Mark pour lui faire part du décès de Roy Scherer. Quand la nouvelle fut communiquée à Rock, il demanda qu'on le laissât seul pendant dix minutes. Après quoi, jamais plus il ne mentionna le nom de son père devant ses proches.

Pendant l'automne 1982, Stockton Briggle reçut un soir à dix heures un appel téléphonique de Rock :

« Je peux passer te voir ?

– Bien sûr », fit Stockton, qui pourtant s'apprêtait à aller dormir.

Rock ajouta qu'il avait envie de parler, et aussi que Tom était au lit, complètement ivre. Jamais encore il ne s'était comporté de la sorte avec Stockton Briggle, lequel se demandait bien ce que l'acteur lui voulait. Celui-ci arriva peu de temps après, et les deux hommes bavardèrent jusqu'à trois heures du matin, heure à laquelle Stockton jugea qu'il était temps de raccompagner Rock, qui avait bu pas mal de scotch, jusqu'à sa voiture.

Cette nuit-là, Rock ouvrit les vannes. Il épancha tout ce qui lui pesait – ses chagrins, ses hantises, ses tourments –, tout ce qu'il gardait enfoui au tréfonds de lui-même et ne confiait jamais à quiconque. Cette longue confidence nocturne représente l'un des très rares exemples de mise à nu que j'aie pu découvrir au cours de mon enquête sur la vie de l'acteur. « Toujours est-il qu'il s'est déchargé sur moi du trop-plein qui l'étouffait, me dit Stockton Briggle. Et cela tenait sans doute à l'extraordinaire échange que nous avions eu longtemps auparavant, quand pendant toute une nuit nous avions travaillé ensemble, dans une totale complicité, pour remanier *Camelot.* » Rock faisait confiance au metteur en scène et sentait que celui-ci pouvait le comprendre.

Il lui confia que depuis son opération cardiaque, il avait le sentiment de vivre miraculeusement en sursis : « Il est désormais temps que je prenne mes décisions et que je fasse mes choix moi-même. Temps que j'agisse à ma guise, sans plus me laisser imposer ma conduite par ceux qui gouvernent ma vie à ma place. » Il lui dit combien il détestait la télévision, où tout le monde semblait s'accommoder du travail bâclé, et où le respect du plan de tournage prenait toujours le pas sur la recherche de la qualité. « Je suis las de faire des merdes, écœuré d'interpréter des rôles médiocres à partir de scénarios minables. » Qu'on ne reconnaisse ni n'apprécie plus le travail que pendant de longues années il avait accompli au cinéma le rendait amer.

Pour Stockton, le meilleur des films de Rock était *L'Opération diabolique*, et quand il le lui dit, les yeux de l'acteur brillèrent de joie. Il confia au metteur en scène qu'il n'avait jamais compris pourquoi ce film, dans lequel il avait su rendre toute la richesse et toutes les nuances d'un registre que très peu avaient exploité, n'avait pas davantage attiré l'attention sur son talent d'acteur.

Il livra ensuite à Stockton une autre de ses préoccupations secrètes : la maladie et la mort. Il lui parla de son père, Roy Scherer, et lui dit combien il l'avait haï. Il lui dit tout l'amour qu'il avait ressenti pour sa mère, et le sentiment d'anéantissement qui l'avait broyé quand elle avait disparu. Il lui expliqua que jamais il n'avait pu supporter le spectacle de la maladie, et que s'il avait cessé de voir sa mère avant qu'elle meure, c'était parce qu'il avait été trop lâche pour se faire à l'idée qu'elle ne survivrait pas.

Rock semblait si misérable, si désespéré, que Stockton tenta de le réconforter dans sa détresse :

« Tu sais aussi bien que moi quelle estime te portent beaucoup de gens du métier, de gens sensibles, de connaisseurs, et qu'à travers le monde des millions d'autres aiment ce que tu fais.

– Ce que je fais, peut-être. Mais personne ne m'aime, *moi*.

– Tu as Tom.

– Tom! Rock eut un petit rire désabusé.

– Il t'aime, non? »

Rock émit un grognement de mépris :

« Il n'y a plus rien entre nous. C'est juste pour avoir de la compagnie. »

Le départ de l'acteur laissa Stockton bouleversé : « Ce fut une nuit étrange, une nuit de Walpurgis. Rock n'était que souffrance, et toute sa vie n'avait été qu'une suite de vains efforts pour camoufler son mal. Ensuite, il s'est pourtant comporté vis-à-vis de moi comme si rien ne s'était passé. Jamais plus je ne l'ai revu dans un état semblable. »

Peu de temps après sa visite nocturne à Stockton, Rock abandonna à Tom la chambre bleue et prit l'habitude d'aller dormir dans Tijuana. Mark en avait fait son bureau et Rock lui avait demandé de déménager et de s'installer à proximité du théâtre dans ce qui avait été la salle de projection. Mark n'était à vrai dire pas mécontent d'occuper désormais une pièce de travail plus proche de l'entrée, et surtout de ne plus être pris entre deux feux.

Rock expliqua à Tom que s'il avait décidé de faire chambre à part, c'était parce qu'il transpirait durant la nuit et qu'il dormait bien mieux dans Tijuana. (Pourtant, il serait pour le moins étonnant que quinconque ait pu sommeiller paisiblement dans une pièce où tout était rouge, de la moquette à la tapisserie en passant par les tentures, le lit à baldaquin et l'estrade qui le surélevait.) Tom ne fut pas dupe, mais n'insista pas pour retenir Rock, estimant que cette désertion ne faisait que confirmer les prévisions des médecins, qui ne lui avaient pas caché que l'opéré aurait sans doute « des conduites un peu bizarres ». Dans l'esprit de Tom, « cette lubie finirait par lui passer. Comme tout le reste ».

Rock avait également adopté une autre conduite bizarre : depuis quelque temps il s'était mis, affirmait-il, à faire l'après-midi des promenades à pied. Il quittait le Château aux alentours de deux heures, arrêtait quelque part la voiture « pour marcher » et ne rentrait que vers six heures le soir, plein d'allant, sifflotant, frais et rose, les cheveux encore humides comme s'il sortait de prendre une douche. James Wright avait dit un jour à Mark Miller : « Je parierais volontiers que M. Hudson n'est pas sorti pour aller faire de la marche à pied, mais pour rencontrer une autre personne. » Et il devait me déclarer plus tard : « Il y a des signes qui ne trompent pas, comprenez-vous? Quand on vit avec quelqu'un, on finit par bien connaître ses habitudes. Et M. Hudson n'était pas du genre à faire de longues promenades pédestres. Quand il revenait, il était tout fringant, et ses yeux pétillaient. Il se rendait tout droit au congélateur, se servait une coupe de glace à la vanille arrosée de crème chocolat aux noix et montait faire ses frivolités (c'est ainsi que James désignait les travaux de broderie). Et alors M. Tom descendait à la cuisine regarder la télévision. M. Hudson n'aimait pas la télévision et ne voulait pas d'appareils dans les chambres. Pour vous donner mon avis, je crois bien que M. Hudson en avait un peu soupé de M. Tom. »

Le but des fameuses promenades à pied de Rock, c'était en fait Christian, dont il avait fait la connaissance au cours de l'automne 1982. Marc Christian MacGinnis possédait tous les attributs physiques propres à séduire l'acteur : il était tout à la fois grand, blond aux yeux bleus, bisexuel, et au moment de la rencontre portait la moustache et la barbe. Il entretenait sa forme dans un gymnase et débordait de santé. Il n'avait pas de travail fixe, mais il avait raconté à Rock qu'il préparait un livre sur l'histoire de la musique populaire depuis l'invention du phonographe.

Rock avait cinquante-sept ans. Christian en avait vingt-neuf, mais il vivait avec une femme plus âgée que l'acteur, Liberty Martin. Leur liaison durait depuis onze ans.

Lors de leur première rencontre, Christian avait donné à Rock l'impression d'être un garçon timide, sincère, courtois et sans détour. Mais il n'est pas simple de bien cerner ce personnage, dont les yeux n'expriment rien de significatif, et qui à vingt-quatre heures d'intervalle peut fort bien apporter deux réponses totalement différentes à une même question, voire une troisième pour peu qu'on le pousse dans ses retranchements. C'est ainsi par exemple qu'il déclara un jour, à l'occasion d'une émission télévisée, qu'il était musicologue et travaillait à l'Institut de la musique américaine à Los Angeles, alors qu'à un journaliste du *New York Native* il avait affirmé collaborer à l'Institut du disque. Or, aucun institut répondant à l'une ou l'autre des deux appellations n'existe à Los Angeles. Même contradiction quand il rapporta les circonstances de sa rencontre avec Rock : à

Mark Miller, il confia en 1983 qu'elle avait eu lieu au Brooks Baths, un établissement pour clients des deux sexes dans lequel l'acteur allait souvent prendre un sauna et se faire masser; alors que selon la version des faits qu'il donna sur une chaîne de télévision en 1985, à l'époque où il intenta une action en justice pour se faire attribuer une part de la succession Hudson, il aurait connu Rock à l'occasion d'une collecte des fonds organisée pour soutenir la campagne sénatoriale de Gore Vidal. Ce qui était vrai, c'est que Christian et Liberty avaient bien prêté leur concours au comité de soutien de Vidal. Mais la campagne avait pris fin en juin 1982, alors que Christian affirmait à l'interviewer avoir rencontré Rock au mois d'octobre de la même année. Pris en flagrant délit de contradiction par le journaliste qui l'interrogeait, Christian modifia une fois de plus son témoignage et finit par dire qu'il ne savait plus très bien à quelle occasion il avait rencontré Rock, mais « très certainement dans une réunion politique quelque part dans la vallée de Los Angeles, et à une date qui lui était sortie de l'esprit ». Ce qui dérange, dans ce tissu d'incertitudes, c'est que d'ordinaire on oublie rarement les circonstances d'une rencontre avec un être dont on a plus tard partagé l'existence – surtout s'il s'agit d'une célébrité – et que les gens que l'on questionne à ce propos sont volontiers enclins à évoquer très précisément ces circonstances gravées une fois pour toutes dans leur mémoire.

Quelles qu'aient été les modalités de leur rencontre, Rock et Christian ne tardèrent pas à passer fréquemment l'après-midi ensemble. Ils se retrouvaient dans le petit appartement de Liberty. « Il venait me rejoindre, raconte Christian, et il prenait une tasse de café avec Liberty et moi. Rock était constamment obligé d'entourer sa vie de secrets. Il ne parlait pas de moi à Mark Miller. Il n'en parlait à personne. L'appartement de Liberty était son refuge, son univers secret. Nous écoutions de la musique et nous bavardions. Parfois nous allions en voiture au mont Baldy. » Selon Christian, Rock lui demandait de temps en temps de partir passer le week-end avec lui. Mais ils n'allaient jamais très loin. D'ordinaire, ils s'enfermaient dans un motel des quartiers nord de Hollywood. Ce ne fut qu'après un an de rendez-vous clandestins que Rock invita Christian à venir vivre avec lui au Château.

Toute sa vie, Rock s'était dérobé aux confrontations directes, et toute sa vie il fut incapable de congédier un domestique ou de dire en face à un amant qu'il souhaitait ne plus le revoir. Était-ce parce que jadis son propre père l'avait abandonné ? Peut-être, mais en tout état de cause, il ne voulait à aucun prix prendre les devants et répudier qui que ce soit. Plutôt que d'avoir à le faire, il prenait pour en venir à ses fins des mesures détournées. « Il ignorait les gens », comme le disait Phyllis Gates. Il ne leur adressait plus la parole, leur manifestait son animosité et leur rendait la vie si intenable qu'ils finissaient par vider le plancher de leur propre chef. Mais il lui arrivait de tomber sur des récalcitrants. Tom était de ceux-là. Rock avait beau lui manifester depuis un certain temps de la froideur, faire chambre à part, il s'incrustait dans la maison, persuadé que « cette lubie finirait par lui passer, comme tout le reste ».

Le 7 septembre 1983, Mark Miller conduisit Rock et Tom à l'aéroport. Ils partaient pour New York, où ils envisageaient de passer l'automne. Au moment où Tom suivait un porteur pour surveiller leurs valises, Rock s'approcha de la voiture et glissa à l'oreille de Mark :

« Je serai de retour mardi prochain.

– Mais...

– Je ne vais pas rester là-bas trois mois. *Lui*, oui. Je t'appellerai de New York pour te donner l'heure de mon arrivée ici.

– A toi de jouer » fit Mark.

Sitôt qu'ils furent à New York, Claire Trevor lança de multiples invitations pour fêter chez elle la semaine suivante leur arrivée. Le lendemain, ils allèrent voir *La Cage aux folles*, et après le spectacle évoquèrent avec le producteur l'éventualité d'une reprise de la pièce avec Rock pour principale vedette. Mais, deux jours après l'engagement des premiers pourparlers, l'acteur annonça à Tom qu'il repartait le jour suivant pour la Californie.

« Mais on arrive tout juste! protesta Tom. Et Claire qui organise une soirée monstre en notre honneur! Pas question de rentrer. En tout cas, moi je reste ici. »

Rock lui déclara que sa décision était prise. Il repartait. Tom ne se doutait pas que leur liaison avait pris fin. Il pensait que si son compagnon retournait à Los Angeles, c'était parce qu'il souhaitait ne pas trop s'éloigner des médecins de l'hôpital Cedars-Sinaï qui le suivaient depuis son opération. « A plusieurs reprises, il avait déjà annulé des voyages à la dernière minute pour cette même raison, me dit Tom. Et chaque fois, je m'étais dit que c'était par peur de sortir de son cocon. »

En venant chercher Rock à l'aéroport de Los Angeles le 13 septembre, Mark fut catastrophé de le voir vêtu d'un pantalon tirebouchonné, d'une chemise élimée et de mocassins striés d'éraflures : « On aurait juré qu'il sortait du décrochez-moi-ça, et cela me faisait honte, me dit-il. J'étais choqué de le voir débarquer de l'avion habillé comme un dégueulasse. C'est désastreux pour la réputation d'une grande vedette. » Mark demanda des nouvelles de Tom. « Il est resté à New York, fit Rock. Et je souhaite qu'il y reste jusqu'à la fin de ses jours. Je ne veux plus jamais le revoir. »

Le 7 octobre, Tom revint lui aussi à Los Angeles, en compagnie de Claire Trevor qui devait passer quelque temps au Château. Il savait désormais que ses relations avec Rock s'étaient détériorées, mais il ne croyait pas la brouille irrémédiable et pensait qu'une explication franche arrangerait les choses. Il saisit donc la première occasion venue de faire le point. Mais Rock lui déclara d'emblée qu'il était amoureux d'un autre homme du nom de Christian.

« Rien n'est changé, ajouta l'acteur. Va vivre à New York et laisse-moi filer le grand amour pendant quelque temps.

– J'ai trop d'orgueil pour accepter de rester passivement sur la touche », fit Tom.

Deux ou trois soirs plus tard, James Wright entendit Rock et Tom se quereller violemment dans la cuisine. Il était environ neuf heures trente, Claire était sortie pour dîner, et les deux hommes avaient bu. « Ma chambre jouxte la cuisine, me raconta James, et je ne pouvais pas ne pas entendre cette horrible altercation. Ils criaient tous les deux à s'en rompre les cordes vocales. J'ai entendu M. Hudson hurler : “ Tu vas prendre la porte et disparaître, tu entends! Il y a huit ans bien sonnés que j'aurais dû te virer à coups de pied dans le cul! Huit ans que tu me sors par les yeux. C'est fini, tu entends? Fini! ” Et M. Tom lui a répondu : “ Ah! c'est comme ça! Après tout ce que j'ai fait pour toi! Qui les a décrochés, tes contrats, hein? Qui? ” Et c'est alors que j'ai entendu M. Hudson frapper M. Tom, qui est tombé à terre en criant : “ Regarde ce que tu m'as fait! Tu m'as frappé en plein sur l'œil! ” Mais M. Hudson a continué à l'insulter : “ Bien fait pour ta sale gueule! Continue et je te poche l'autre œil! ” J'ai encore entendu M. Tom dire : “ Vas-y, frappe! Ne te dégonfle pas, frappe! ” Mais, ensuite, il y a eu un bruit de porte dans la cuisine et je n'ai plus rien entendu. » James en était abasourdi. Jamais encore il n'avait entendu Rock, sobre ou à jeun, exiger de Tom qu'il s'en aille.

Le 27 octobre, Tom repartit pour New York avec Claire Trevor et là-bas s'installa dans l'appartement du Beresford. Quatre jours plus tard, Rock prit l'avion pour aller tourner en Israël *The Ambassador*. Wally Sheft redoutait que Tom ne déposât devant un tribunal une demande de palimony * – il avait cohabité avec Rock pendant dix

* Alimony désigne une pension alimentaire, et palimony une pension alimentaire attribuée non pas à l'ex-épouse, mais au *pal,* autrement dit à la petite copine... ou au petit copain dans le cas d'une liaison homosexuelle. Depuis que Marvin

ans – mais Tom lui signifia clairement qu'il n'était « pas du genre à faire des histoires ». Il croyait fermement qu'une réconciliation était encore possible : « Il suffirait que Rock vienne me voir et que nous discutions à cœur ouvert pour que tout soit oublié au bout de dix minutes », affirmait-il. De fait, Rock l'appela de Jérusalem pour lui dire qu'à son retour aux États-Unis il s'arrêterait à New York pour arranger les choses, mais Tom l'attendit vainement. L'acteur regagna directement la Californie et Tom ne devait plus le revoir que sur un lit d'hôpital au centre médical de l'UCLA. Entre-temps, Tom avait « refait » sa vie, mais sans jamais considérer que la rupture était irrémédiable : « Pas un instant, je n'ai cessé de penser qu'un jour nous nous retrouverions. »

Mitchelson, un avocat new-yorkais, a été le premier à obtenir voilà quelques années d'un tribunal qu'une pension alimentaire soit attribuée à une maîtresse délaissée, le jugement a fait jurisprudence et les magistrats américains ont de plus en plus tendance à considérer les concubins (d'un sexe ou de l'autre) à l'égal d'un conjoint. (*N.d.T.*)

13.

L'amour? On en a fait la huitième merveille du monde. Il ne faut rien exagérer. Il y a bien sûr diverses formes d'amour... celui qu'on ressent pour un enfant, ou pour ses parents... l'amour des chiens, des plantes... l'amour du poulet rôti. Comme tout le monde, j'ai besoin d'amour. Mais on a entouré de bien trop de romantisme le sentiment amoureux. On en est venu à attendre de lui beaucoup plus qu'il ne peut apporter.

Après s'être séparé de Tom, Rock connut tout d'abord une véritable euphorie. Il confia à Dean Dittman que sa liaison lui avait valu « cinq années merveilleuses et cinq autres de servitude ». Rien d'étonnant à ce qu'un sentiment de soulagement immédiat suive la fin brutale d'une relation qui s'est dégradée en querelles et en reproches : « Personne ne me harcèle plus. Je me sens libre! » C'est seulement plus tard, quand le ressentiment s'atténue, qu'on ressent peu à peu le manque de ce qui cimentait le couple.

Depuis qu'il avait un nouvel amant, Rock était aux nues et faisait d'exaltants projets d'avenir. Avec Christian, révéla-t-il à ses proches, il retrouvait la passion et la volupté de ses jeunes années. « Il était éperdument amoureux de Christian, me dit Stockton Briggle, au point qu'il ressentait l'impérieux besoin de le toucher à tout instant. » Durant son séjour en Israël, Rock écrivait à Christian des lettres passionnées et ne vivait plus que dans l'attente des ses réponses.

Juste avant de partir pour Tel-Aviv, il avait amené Christian au Château pour le présenter à tout son entourage.

« Tu ne vois pas d'objection à ce que Christian s'installe dans la maison quand je serai absent, n'est-ce pas? avait-il demandé à James Wright.

– Pas le moindre, monsieur Hudson, avait répondu le major-dome.

– Merci, James. » Il avait alors donné à Christian les clés de la Cadillac et dit à Mark Miller : « Christian habitera ici durant mon absence. Comme ça, il gardera la maison quand James prendra ses jours de congé et empêchera Tom de revenir s'installer ici. »

John Dobbs, un garçon qui souhaitait devenir acteur et qui venait de temps en temps faire de menus travaux au Château, me fit plus tard cette confidence : « Au début, tout le monde était ravi de voir Tom Clark remplacé par Christian, que pour ma part j'aimais bien. Il était intelligent et me traitait d'égal à égal. Politiquement, il était beaucoup plus à gauche que le reste de la maisonnée, et je sentais que j'avais en lui un allié dans la place. »

Mark Miller comprit dès le premier instant que Christian n'était pas un simple gardien recruté pour veiller sur la maison en l'absence de son propriétaire. D'ailleurs, Rock confirma dans le privé cette première impression de son secrétaire en lui demandant de verser au jeune homme un salaire pour qu'il puisse bénéficier d'une assurance-maladie. Christian perçut ensuite 400 dollars par mois de Mammoth Films, la société de Rock, pour s'occuper de la filmothèque. De plus, une voiture fut mise à sa disposition, on l'abonna à une salle de gymnastique et on lui procura un moniteur privé d'éducation physique. « Prends-lui un rendez-vous chez le Dr Tennis, dit encore Rock à Mark Miller, il faut qu'il se fasse soigner les dents. Ah! j'oubliais, tu feras également réparer son break, c'est celui de son père. » L'acteur expliqua que le père de Christian se mourait d'un cancer du poumon, et que la remise en état du Nomad Chevrolet 1959, auquel il était sentimentalement attaché, lui remonterait le moral : « Tu sortiras l'argent nécessaire aux réparations, mais n'en dis rien à Wally Sheft », ajouta Rock, qui de plus voulait que Christian suive des cours d'art dramatique avec Nina Foch. « Je croyais revivre *Pygmalion*, me raconta Mark. Rock voulait tout changer de l'existence de ce garçon qu'il aimait. Il me dit que Christian avait vécu pendant des années avec une femme qui le tenait encore plus ou moins sous sa dépendance, mais que lui-même était bien décidé à y mettre le holà. » Mark Miller trouvait Christian agréable à vivre et se disait qu'il n'était pas du genre à créer des histoires. « Dans les derniers temps, Tom était si difficile à vivre que tout le monde se sentait soulagé du changement. »

George Nader devait corroborer cette impression favorable qui avait tout d'abord été celle de Mark Miller : « Alors que Tom était arrivé en conquérant et avait rendu la vie pénible à tout le monde, Christian a fait les choses en douceur, sans bousculer personne. Il s'est coulé dans la maison comme un serpent dans un jardin. »

De son côté, Christian m'affirma qu'il n'avait jamais vécu avec un homme auparavant, et que s'installer au Château si peu de temps après le départ de Tom Clark n'était pas allé sans lui créer des scrupules : « J'ai fait comprendre clairement à Rock que je n'avais pas la moindre envie de devenir son satellite ou la cinquième roue de la charrette. Je m'accroche à mes opinions, j'ai mes idées bien à moi et dans une conversation je sais faire valoir mon point de vue. Rock aimait cela. Avec lui, je ne me comportais pas du tout comme un gentil blondinet incapable d'aligner deux phrases. »

James Wright fut le seul de la maisonnée à ne pas se réjouir de l'arrivée de Christian. Peu de temps après l'installation du jeune homme au Château, le majordome fut invité à passer une soirée chez des amis, et diverses personnes qu'il ne connaissait pas vinrent lui confier qu'on ne parlait plus que de la nouvelle liaison de Rock. « Or, me raconta James, ces gens-là m'ont fait une description très précise de Christian et révélé que le personnage était fort connu en ville. » Que la rumeur se fût répandue si vite avait stupéfié James : « M. Hudson était d'une absolue discrétion sur ces choses-là, comprenez-vous ? » Alors, qui avait parlé ? Dès le lendemain, James fit part de ses inquiétudes à Mark Miller : « D'après ce que je viens d'apprendre, il est connu comme le loup blanc, et en ville la liaison de M. Hudson est un secret de polichinelle. » Mark ne révéla rien à Rock, car « quand quelqu'un est amoureux, m'expliqua-t-il, on n'a pas envie de lui compliquer l'existence ».

Quand Christian fut dans la place, la tâche de James ne s'en trouva guère facilitée, car si le nouveau venu ne lui donnait jamais d'ordres cassants comme le faisait Tom Clark, il laissait derrière lui un foutoir invraisemblable : « Il descendait à la cuisine se préparer ses stupides breuvages bio-énergétiques et répandait partout ses cochonneries. Et quand il invitait sa bande d'amis au grand complet à venir le voir, ces gens-là laissaient la maison dans un tel état qu'une truie n'y aurait pas retrouvé ses petits. Quant à la chambre de M. Hudson, n'en parlons pas! Christian jetait en bouchon ses vêtements sur les canapés et les laissait là indéfiniment. M. Hudson, lui, pendait toujours les siens, car il avait des égards pour les autres. Un jour j'ai dit à M. Hudson : " Je ne veux pas passer mon temps à courir derrière lui pour ramasser ses affaires. " Et il m'a répondu : " Ne les ramasse pas, il peut bien le faire lui-même. " Je voyais très bien quel genre de personnage était Christian. Je sais juger mon monde. Dans mon métier, c'est indispensable. A vrai dire, M. Hudson ne l'intéressait pas. Il se servait de lui, voilà tout. C'était un profiteur. Mais j'étais obligé de faire bonne figure. »

George Nader fut invité au Château pour fêter son anniversaire peu de temps avant le départ de Rock pour Israël. George passait désormais toute l'année dans la maison qu'il avait achetée à Palm Desert, et il n'avait pas revu Rock depuis un certain temps. Mark faisait chaque semaine la navette entre Beverly Hills, où il travaillait pendant quatre jours pour l'acteur, et Palm Desert, où il passait les trois autres jours. L'année précédente, Rock avait eu l'idée de se procurer des copies d'une série de programmes de variétés – seize au total, sans compter le programme-pilote – réalisés dans les débuts des années cinquante pour la télévision, et dans lesquels George avait interprété avec Loretta Young quelques-uns de ses meilleurs rôles. Mais jamais George n'avait pu revoir aucun des épisodes tournés, étant donné que Loretta Young s'était opposée à ce que les émissions fussent reprogrammées par NBC. De plus, celles-ci avaient été réalisées sur pellicule avant l'apparition du magnétoscope. George en avait ressenti beaucoup de regret : « Pour moi, c'était un peu comme si un âge d'or s'était envolé pour toujours. »

Rock s'était donc mis en tête de retrouver les bobines de ces émissions et de les faire transférer sur bandes magnétiques. Mais il n'avait pas la moindre idée des difficultés qui le guettaient, et il n'avait pas fallu moins de huit mois avant que Mark Miller et lui, après avoir rempli des tonnes de formulaires, finissent par mettre la main sur cinq épisodes de *Loretta Young Show*. Entre-temps, Rock avait dû faire intervenir la direction de plusieurs studios et s'engager sous serment, et par écrit, à ne pas exploiter les copies à des fins commerciales. Au départ, on lui avait déclaré que nul ne retrouvait plus trace des précieuses bobines, mais après quelques mois de recherches on avait fini par en retrouver une partie dans un entrepôt du New Jersey. Peu de temps après, Rock avait reçu ses cinq copies, accompagnées d'une facture de 2 000 dollars.

Rock les enveloppa lui-même pour en faire un superbe paquet-cadeau qu'il offrit à George, lequel ne se doutait de rien, le soir de son anniversaire. Quand celui-ci déplia le papier d'emballage et prit conscience de ce qu'il contenait, il éclata en sanglots. « Ce cadeau n'avait pas de prix, me dit-il. J'avais cessé de jouer depuis dix ans et j'étais convaincu de ne plus jamais revoir ce que j'avais interprété. » Pour cacher son émotion, Rock prit ce soir-là le parti de rire. Mais plus tard, il devait confier à Mark Miller : « Si tu savais comme je suis heureux que nous en soyons venus à nos fins. »

Rock s'envola pour Israël le 1er novembre 1983, et Christian s'installa au Château le 5. Deux mois plus tard, le 4 janvier, l'acteur revenait en Californie. Christian l'attendait à l'aéroport. Le soir de ce même jour, James les vit tous deux s'étreindre et s'embrasser dans le grand salon, où le garçon avait dressé durant l'absence de Rock un sapin de Noël aux branches duquel il avait invité des amis à pendre des messages de vœux. « M. Hudson s'en est montré ravi et tout heureux, me rapporta James. Les retrouvailles avec Christian le rendaient tout simplement fou de joie. »

Les jours suivants, les deux hommes sortirent beaucoup. Ils prenaient le plus souvent leurs repas au restaurant, et Rock entraînait Christian dans des boutiques de luxe pour lui offrir des vêtements. « Une vraie lune de miel, selon Mark Miller. Rock nageait dans la béatitude. » Christian fit visionner à l'acteur une bande vidéo qu'il avait enregistrée à son attention pendant son absence : un pastiche de Doris Day qu'il avait interprété lui-même sur un disque de la chanteuse en se coiffant d'une perruque blonde et en se maquillant comme elle. Un peu plus tard, Christian annonça à Mark Miller que Rock lui avait promis de l'emmener faire un voyage en Europe. Mark ne s'en étonna guère : Rock avait toujours eu la manie de faire visiter l'Europe à ses nouveaux amants, de leur faire découvrir le Ritz, le Savoy et les bonnes tables qu'il affectionnait. Mais, à la fin du mois de janvier, Rock dit à son secrétaire sans autre explication : « Tout compte fait, on ne partira pas. »

En compagnie de Christian, l'acteur se mit à fréquenter des restaurants et des bars gays où il n'avait jusque-là jamais mis les pieds. A Mark Miller, qui s'inquiétait de cette conduite, il déclara avec un haussement d'épaules :

« J'y vais parce que ça fait plaisir à Christian.

– Mais... tu n'as plus peur que... ?

– De ce qu'on pense de moi ? fit Rock.

– J'allais dire : tu n'as plus peur que ton image en souffre ?

– Christian m'assure que nous n'en sommes plus au temps des années cinquante. Aujourd'hui, tout le monde s'en moque. Et puis, on ne me reconnaît pas à tous les coups. Tiens, pas plus tard que la semaine dernière, nous sommes allés au Hayloft et personne ne m'a seulement regardé.

– Rock, tu es en train de faire une grosse connerie et tu le sais parfaitement.

– Écoute, je vais bientôt avoir soixante ans. Tu ne crois pas qu'il est temps de faire un peu ce qui me plaît ?

– Tu peux te maintenir jusqu'à quatre-vingts ans. Regarde Henry Fonda et Jimmy Stewart. Ils ne jouent plus de rôles de jeunes premiers, mais ils sont toujours là. Mais tu vas te couper l'herbe sous le pied si tu affiches publiquement ta vie privée. Tu as toujours été le premier à le dire. »

Ne voulant pas en entendre davantage, Rock fit de la main le mouvement de houle qui lui était habituel pour inviter un interlocuteur à ne pas insister. Mais, le lendemain, alors que l'acteur était plongé dans ses mots croisés, assis à la table de la cuisine, Christian vint lui proposer d'aller dîner dans un restaurant gay qu'il aimait bien, le café de l'Étoile; Rock refusa.

« Pourquoi ne veux-tu pas y aller? lui demanda Christian.

– Pas envie. Ces derniers temps, nous y sommes allés je ne sais combien de fois.

– Mais, c'est que... j'ai retenu une table... »

Rock détourna les yeux de son journal et fixa Christian : « C'est non », fit-il. Et il attendit la réaction du jeune homme. Mais celui-ci n'ajouta rien. Rock but lentement une gorgée de café et se replongea dans ses mots croisés.

Le 17 janvier, deux semaines après le retour de Rock, Mark Miller trouva l'acteur assis à la cuisine dans tous ses états.

« Christian n'est pas rentré de la nuit.

– Tiens donc! » ironisa Mark.

Rock lui confia que son compagnon n'avait même pas pris la peine de l'appeler pour lui dire qu'il ne rentrerait pas, et qu'il n'était réapparu qu'au petit matin, comme si de rien n'était, mais que lui, par dignité, ne s'était pas abaissé à lui demander des comptes.

Christian imposa bientôt dans la maison un *modus vivendi* relativement immuable : il se levait dans le milieu de la matinée (Rock l'appelait « le Prince au Bois Dormant »), mettait en marche le magnétoscope pour enregistrer l'émission *Days of Our Lives,* quittait le Château pour aller faire sa gymnastique, et dès son retour se calait devant la télévision pour regarder son feuilleton. Une fois par semaine, il entrait dans le bureau de Mark pour se faire rembourser ses notes de restaurant et le montant de ses emplettes.

Souvent James Wright demandait à Rock :

« M. Christian dînera-t-il à la maison?

– Je n'en sais trop rien, répondait Rock. Jamais il ne me dit à l'avance où diable il peut bien aller. »

Souvent l'acteur venait faire un peu de broderie auprès de Mark Miller. « Tu as idée, toi, de ce qu'il peut faire toute la journée? interrogeait-il. Il me raconte qu'il va faire sa gymnastique. D'après toi, ça prend combien de temps, de faire sa gymnastique? Et quand il m'appelle à cinq heures pour me dire qu'il rentre dans trente minutes, je fais le pied de grue pendant trois heures et crois-tu qu'il se manifesterait, ce petit con! »

Pour toute la maisonnée, il était évident qu'un mur séparait l'un de l'autre les deux hommes. « Cela me faisait de la peine pour M. Hudson, me dit James. Christian le traitait comme un moins que rien. Il ne lui témoignait aucune chaleur, aucune attention. M. Hudson descendait le premier à la cuisine, et quand l'autre venait l'y rejoindre, ils n'échangeaient pas un mot. Ils ne se querellaient pas, non. Simplement, ils se faisaient vaguement des mamours par-ci par-là. »

Rock et Christian menaient chacun leur vie. Le soir, l'acteur allait fréquemment dîner avec Dean Dittman, ou avec Ross Hunter et Jacque Mapes. La plupart de ses familiers ne prêtaient aucune attention à Christian. « Par amitié pour Rock, me raconta Stockton Briggle, je me suis efforcé d'être aimable avec ce garçon, mais je le jugeais froid et calculateur. Personne ne connaissait vraiment son passé. » De temps à autre, Liberty invitait Rock et Christian à dîner, et alors ils prenaient chacun une voiture pour se rendre chez elle. Selon John Dobbs, Christian reprochait à Rock de ne jamais vouloir sortir avec lui, de ne jamais l'emmener au cinéma ou ailleurs quand il le lui demandait. Il lui reprochait encore de l'avoir présenté exclusivement à ses relations homosexuelles et pas aux autres. « Jamais, me dit John Dobbs, Rock ne le présenta à Elizabeth Taylor. Et Christian est venu un jour me confier qu'il se sentait seul et qu'il était bien obligé de meubler ses journées comme il le pouvait. »

Le 24 février, Rock et Christian furent invités à Palm Desert par Mark et George. C'était la première fois que George rencontrait le jeune homme, et il fut surpris de constater qu'entre les deux hommes ne s'échangeait « aucune marque d'affection, aucune ironie, aucune gentillesse et aucune complicité. Rien de tout cela. Étrange, non? On aurait juré deux parfaits étrangers obligés de passer le week-end ensemble ». Le samedi soir, ils allèrent dîner tous les quatre au Beach House, et Rock devint de plus en plus maussade durant le repas en constatant qu'aucun client du restaurant ne le reconnaissait. De méchante humeur, il s'en prit rudement à l'infortuné serveur. En assistant à cette scène pitoyable, George fut pris d'un soudain sentiment de malaise : « J'avais devant moi la caricature de la vedette qui prend de l'âge. Trente-cinq ans de gloire et voilà ce qu'il en restait : un homme dont les joues s'affaissaient, un homme décati assis près d'un jeunot dont il aurait pu être le père. D'un jeunot qu'il n'aimait pas et qui se servait de lui. »

En Israël, Rock avait maigri, et George ne jugeait pas cette perte de poids à son avantage. Mais l'acteur s'en montrait fier et ravi. Un jour, il fit irruption dans le bureau de son secrétaire pour lui claironner qu'il venait encore de perdre un kilo, ce dont Mark l'enviait : « Nous mangions la même chose, et en plus il absorbait chaque jour une énorme coupe de glace au chocolat. Nous comparions nos régimes et nous n'arrivions pas à comprendre pourquoi il perdait du poids et moi pas. » Mark Miller pesait alors cent quinze kilos, et Rock était retombé à moins de quatre-vingt-quinze. Mark releva aussi que Rock dégageait une odeur particulière. Une odeur qui lui rappelait quelque chose qu'il était incapable de préciser. Jusqu'au jour où les circonstances dans lesquelles il avait pour la première fois respiré cette odeur lui revinrent en mémoire. Il s'en ouvrit à George : « C'est exactement ce que sentait mon frère Philip pendant son agonie. » Tous deux gardèrent le silence. Rock allait-il mourir ? Impossible, se rassura George. Il est invincible, increvable. Sa bonne fée ne l'a jamais quitté. Quant à Mark, il se dit que Rock s'était remis à boire du gin, et que c'était probablement l'alcool exsudé qui était à l'origine de cette odeur.

Au cours de l'année 1984, Christian cessa de partager la couche de Rock et dormit désormais dans Tijuana. Selon Mark Miller, cette migration aurait eu lieu au printemps. James Wright la situe un peu plus tard. Christian, lui, m'a donné des faits une version quelque peu différente : « Jamais je n'ai officiellement fait chambre à part. Mais la nuit Rock ronflait et transpirait. Je pensais que c'était un effet de l'alcool. Dormir avec lui quand il transpirait m'était insupportable. J'avais l'impression de subir une inondation, alors deux ou trois fois par semaine je me levais pour aller dormir seul dans la chambre rouge. » Dans la déposition qu'il fera plus tard devant le juge au moment où il réclamera sa part de la succession Hudson, Christian déclarera sous serment que Rock et lui avaient consommé l'acte sexuel de façon répétée jusqu'au mois de février 1985. Il ajoutera qu'il était toujours resté fidèle à Rock et qu'à sa connaissance Rock l'avait été lui aussi.

De son côté, James Wright affirme que Christian passait la nuit dehors une ou deux fois par semaine : « Je montais là-haut tôt le matin et je m'étonnais de trouver M. Hudson seul dans son lit. Alors j'allais voir dans la chambre rouge et je constatais qu'elle était vide. Ensuite, je me rendais au garage : la Cadillac n'y était pas non plus. Je savais donc qu'il n'était pas rentré. » Certains soirs, me dit encore James, Christian invitait des amis à venir le voir et ils s'enfermaient dans Tijuana jusqu'au matin « pendant que M. Hudson dormait dans la chambre bleue. Je savais que cette conduite irritait fort M. Hudson, mais il n'en laissait rien paraître. Un jour, j'ai pris la liberté de dire à M. Hudson : “ Pourquoi le laisser se prélasser ici ? Vous n'êtes pas heureux avec lui, il vous irrite et vous ne savez jamais où il est parti traîner. Pourquoi ne pas le congédier ? ” Et M. Hudson m'a dit ce jour-là : “ C'est bien ce que j'ai l'intention de faire, James. ” Alors j'ai ajouté : “ Le plus tôt sera le mieux, monsieur Hudson ” ».

L'attitude de froideur et de désintérêt qu'avait adoptée Rock à l'égard de Christian se commua bientôt en hostilité déclarée. « Trois mois après son retour d'Israël, me dit John Dobbs, il ne déguisait plus son mépris glacé pour Christian. Il l'appelait “ ce petit trou du cul ”, ou “ cette salope ”. Et quand Christian lui disait bonjour, il ne prenait même plus la peine de lui répondre. Pour ma part, je n'aurais pas pu supporter un tel mépris. J'aurais fait mes valises illico. Mais cela ne semblait pas déranger Christian, qui continuait à vaquer comme si de rien n'était à ses occupations. Je crois qu'en son for intérieur il devait se dire : je ne vais pas me laisser faire éternellement. Rira bien... »

Dans la maison, tout le monde continuait cependant à lui faire bonne figure. On lui remettait tout l'argent dont il avait besoin, on alimentait son compte et il disposait à sa guise des voitures du garage. Mais derrière son dos la rumeur allait bon train : « Rock va se débarrasser de lui d'un jour à l'autre. »

Le 29 février, sentant que l'affaire était mûre, Mark Miller prit Rock à part : « Il y a tout de même une chose dont je voudrais te parler, lui dit-il. Qu'est-ce que tu sais au juste du passé de Christian ? Si j'ai bien compris ce qu'on raconte, il s'est fait en ville une solide réputation, non ? » Selon Mark, Rock lui aurait alors servi l'explication suivante : « Quand je suis revenu d'Israël, Christian m'a tout dit. “ Il y a quelque chose que je veux que tu saches, m'a-t-il avoué. Quelque chose que je tiens à te dire moi-même sans attendre que d'autres te le rapportent. Quelque chose que je n'ai fait qu'à deux ou trois reprises quand j'étais totalement fauché et que j'avais désespérément besoin d'argent. On me communiquait une adresse et j'y allais. Et on me payait pour faire l'amour. ” Ensuite, Rock avait éprouvé du dégoût, et aussi le sentiment d'avoir été grugé, car il avait installé Christian au Château en pensant qu'il était sincère et digne de confiance. Rock raconta ensuite à son secrétaire comment Christian lui avait « mis le grappin dessus ». Le jeune homme avait appris que l'acteur se rendait chaque jour aux Brooks Baths dans l'après-midi pour y prendre un sauna, à l'époque où il tournait *The*

Devlin Connection. Il était donc allé lui aussi à l'établissement de bains et avait traîné autour du vestiaire tout le temps qu'il avait fallu pour y rencontrer la vedette. Après cette conversation, Rock dit encore à Mark Miller : « Je lui ai promis de lui faire arranger les dents. Donne-lui l'argent du traitement. Ensuite, je vais me débarrasser de lui. »

Pour sa part, Christian nie formellement avoir jamais reçu de l'argent pour pratiquer l'acte sexuel, et jamais non plus tenu à Rock les propos que celui-ci aurait ensuite rapportés à Mark Miller. Mais il est évident qu'en ce printemps 1984 un événement, ou pour mieux dire une série d'événements d'un autre ordre, amenèrent Rock à prendre en grippe Christian.

Un soir qu'il dînait en compagnie de Dean Dittman, il se lamenta devant lui de ses déboires amoureux et lui dit combien il était peiné d'avoir placé tant d'espoirs dans une aventure sentimentale qui se terminait de façon si désastreuse. « Christian, lui dit-il, a eu pour lui tous les avantages sans rien accorder en contrepartie. Et je ne te parle pas seulement des rapports physiques, mais de la présence qu'on s'accorde l'un l'autre quand on vit à deux. » Il se lança ensuite dans un réquisitoire d'une telle violence contre le jeune homme que Dean finit par lui dire :

« Écoute, il faut absolument que tu le vires. D'abord parce qu'il te pompe l'air. Ensuite, parce que c'est toi qui me pompes l'air en me racontant tes histoires. Alors, vire-le une bonne fois pour toutes.

– Je vais m'en occuper, fit Rock, mais à ma façon. »

« Rock était incapable de prendre le taureau par les cornes, me dit Dean Dittman. Et je savais très bien qu'il ne dirait jamais en face à Christian de prendre la porte. Il se persuadait que l'autre allait comprendre de lui-même et " se sentir trop mal à l'aise " pour s'accrocher. » Ce soir-là, Dean essaya pourtant de faire comprendre à Rock que la passivité n'était pas la bonne méthode. « Réfléchis : tu as passé cinq ans à attendre que Tom " comprenne de lui-même " lui aussi. Cinq ans! Es-tu prêt à recommencer ? Et tu crois qu'il te reste encore cinq ans de vie sexuelle active ? Tu as maintenant cinquante-huit ans, et à mon avis tu ferais beaucoup mieux d'aller draguer ailleurs pendant que tu es encore en état de bander! »

Rock ne put s'empêcher de rire en approuvant d'un signe de tête. Mais quand plus tard Dean Dittman le revit, la situation en était encore au même point. « Est-ce qu'il te tient d'une manière ou d'une autre ? lui demanda Dean. Est-ce pour cela qu'il est toujours chez toi ? » Rock fit un geste évasif du bras et ne répondit rien. Mais Dean eut l'impression ce jour-là que son interlocuteur faisait l'objet d'un chantage quelconque : « Tout indiquait que pour une raison ou pour une autre, il se sentait coincé. Il avait peur de Christian. Depuis un certain temps, il fréquentait des gens qu'il ne voulait pas que Christian connaisse. " Je ne veux pas qu'il retourne cela contre moi ", me dit-il. »

Rock se sentait depuis un certain temps attiré par un autre homme, Ron Channell. Il l'avait engagé pour qu'il vienne lui faire faire de l'exercice à domicile en octobre 1983, à peu près au moment du départ de Tom. Rock l'avait présenté à Mark Miller en lui disant qu'il était « le moniteur de John Foreman », mais Mark avait appris plus tard qu'il n'en était rien. En réalité, Rock avait fait sa connaissance dans une salle de gymnastique. Au début, Ron avait semblé prendre sa tâche très au sérieux : il faisait faire à l'acteur des exercices dans la salle de jeu, sur des disques qu'il apportait à cet effet, et de la maison on pouvait entendre sa voix couvrir la musique : « Allez, mon vieux! Encore un effort! » Un matin, Ross Hunter les surprit en pleine séance et dit en plaisantant à Ron : « Qu'est-ce qui te prend de vouloir le mettre sur les genoux? Tu l'as vu? Il n'a que la peau sur les os. Tu veux en faire un champion olympique? »

En février 1984, alors que Rock était de plus en plus déçu de sa liaison avec Christian, il encouragea Ron à passer davantage de temps au Château. Ron prit l'habitude d'arriver le matin à dix heures trente et de déjeuner avec l'acteur, qui bien souvent l'invitait ensuite à sortir faire quelques emplettes avec lui et le gardait le soir à dîner. Rock lui projetait des films. Il lui offrit des cours dans une école d'art dramatique et lui fit même faire un bout d'essai devant la caméra. « Ce garçon a du talent, affirmait-il, et j'ai envie de l'aider. » Un jour, il lui projeta *The Iron Man,* et par la suite Ron ne l'appela plus que « Speed », le personnage que Rock interprétait dans le film. Rock en fut tout émoustillé. Le matin, il appelait Ron et laissait invariablement sur son répondeur le même message : « Hi! C'est Speed. Pas encore debout? Tu arrives, oui ou non? »

D'après John Dobbs, « quelque chose d'électrique passait entre les deux hommes. Rock savourait chacun des instants qu'il passait avec Ron, et Ron s'occupait de Rock au sens le plus authentique du terme. Ils riaient ensemble comme des enfants, alors que Christian ne partageait jamais l'hilarité de Rock. Un jour, celui-ci fit irruption dans le bureau de Mark Miller en compagnie de Ron, et l'un comme l'autre étaient ployés de rire. " Devine qui nous sommes! dit l'acteur à son secrétaire, après s'être assis sur les genoux de Ron en faisant des mimiques invraisemblables. Tu ne vois pas? Edgar Bergen et Charlie McCarthy! " ».

« James et moi, nous regardions Rock s'enticher de Ron, me dit Mark. Ils avaient leurs secrets et pouvaient crouler de rire sans que personne ne sache pourquoi. J'avais rarement vu Rock si heureux. » Et James : « M. Hudson était un autre homme quand Ron était dans les parages. Il retrouvait sa joie de vivre et de s'ébattre en toute liberté. »

Ron était physiquement différent des hommes auxquels Rock s'était attaché jusque-là : il était brun de peau, avait les yeux marron et les cheveux presque noirs. Il savait que Rock s'était entiché de lui et il espérait que leur relation déboucherait sur quelque chose de plus que l'amitié, mais il se comportait vis-à-vis de lui comme un camarade et leurs rapports étaient ceux de deux bons copains discutant au vestiaire après un match. D'emblée, Ron avait déclaré qu'il n'était pas homosexuel, mais l'attitude des deux hommes relevait pourtant d'une sorte de marivaudage galant. Ils s'étaient épris l'un de l'autre, et comme de nouveaux amis s'émerveillaient d'aller de découverte en découverte.

Christian se rendait parfaitement compte de la situation, et c'est à peine s'il adressait la parole à Ron. Rock avait accordé à celui-ci la permission de puiser à sa guise dans sa collection de vidéocassettes, mais sitôt que Christian s'en rendit compte, il fit un véritable esclandre. Mark Miller était ce jour-là en conversation dans la cuisine avec James Wright, quand Christian, fou de rage, fit irruption dans la pièce en proférant des menaces à peine déguisées : « Je lui interdis d'entrer ici et d'emprunter des cassettes sans mon accord! Si ça continue comme ça, ils ne vont pas tarder à se retrouver tous les deux dans les colonnes de *Enquirer*, avec un bel article sur leur petit couple, c'est moi qui vous le dis. Moi, je n'en ai rien à faire d'aller voir les journalistes de *Enquirer* et de leur dire que je suis l'amant de Rock Hudson. Vous ne me croyez pas tous les deux ? Il ne faudrait pas me pousser beaucoup pour que je crache le morceau! » James Wright déclara que sur le moment il était persuadé que Christian ne lançait pas une menace en l'air : « J'ai dit à Mark Miller : “ Ce jeunot serait bien capable de nuire à M. Hudson. ” »

De son côté, Christian affirma plus tard que jamais il n'avait proféré pareilles menaces : « Ou alors c'eût été du suicide : du même coup je m'enlevais toute chance de devenir acteur. » Il prétend au contraire que ce fut Mark Miller qui le rassura : « N'y attache pas d'importance, mon gars. Pas besoin de te faire de bile. Tu vas voir que tout va s'arranger. »

Rock passait de plus en plus d'heures chaque jour en compagnie de Ron Channell, mais le soir il se réfugiait la plupart du temps auprès de Dean Dittman, tant il redoutait la solitude. « Après le départ de Tom, je suis devenu l'animateur de ses loisirs, me dit Dittman. Tom savait s'y prendre à merveille pour meubler une soirée, mais sitôt que Rock était seul, il s'ennuyait mortellement. » Rock et Dean s'appelaient tous les matins et tous les soirs pour bavarder au téléphone : « Il préférait attendre qu'il soit cinq heures et demie pour m'appeler. Passé cette heure-là, il y avait peu de chance qu'on l'invite où que ce soit. Mais s'il était invité ailleurs, il ne m'appelait pas. Il savait que pour moi tous les soirs, c'est réveillon. Je n'y peux rien. Chez moi, c'est maladif. J'adore la compagnie. Quand arrive l'heure du dîner, je me dis : personne à inviter! Misère! Alors je rameute des gens et je leur fais la cuisine. »

Dean habitait à Hollywood un somptueux appartement entièrement décoré en vert : la moquette, le velours tendu sur les murs, les canapés, les fauteuils... tout était vert. Rock prenait place dans l'un d'entre eux pour s'entourer de sa cour. Dean avait la folie des fleurs, et fréquemment Rock coupait des roses dans son jardin pour les lui apporter. Il arrivait relativement tôt, regardait Dean cuisiner et allumait méthodiquement les bougies sur la table avant l'arrivée des invités. La sonnette de l'entrée pouvait être programmée pour jouer de la musique, et quand un invité fêtait son anniversaire, Dean lui faisait entendre sur le seuil « Happy Birthday ». D'ordinaire, c'était « Home Sweet Home » que diffusait l'appareil. Après la mort de Rock, un incendie d'origine vraisemblablement criminelle devait ravager l'immeuble, et il ne resta rien de l'appartement vert. Mais du vivant de l'acteur, celui-ci était le cadre de continuelles festivités.

« Rock était un peu mon fils », me déclara Dean. En 1984, quand on demanda à l'acteur de figurer parmi les présentateurs lors de la remise des Academy Awards, ce dernier fit un détour, avant de se rendre à la cérémonie, pour sonner chez Dean et lui demander si sa tenue était convenable. Il avait considérablement maigri et n'avait pas songé à faire retoucher son smoking, dans lequel il flottait. Dean le lui ajusta à l'aide d'épingles à nourrice. « Le smoking était toujours un peu lâche, mais au moins il ne ressemblait plus à un sac à patates. » Ce soir-là, Rock apparut donc à la télévision dans une tenue criblée d'épingles. Ce devait être sa dernière apparition publique à l'occasion de la remise des prix. Dix minutes après avoir annoncé que Shirley MacLaine recevait l'Oscar de la meilleure interprétation, Rock était de retour chez Dean, dont les invités avaient commencé à dîner. Tout le monde l'applaudit.

Parmi les convives se trouvait un jeune homme prénommé Pierre, que Rock avait déjà rencontré avec Dean dans un bar gay de Long

Beach. Rock avait été fasciné par ce garçon d'environ vingt-cinq ans qui construisait des bateaux, et qui bien entendu était un blond aux yeux bleus. Mais il avait hésité à lui donner son numéro de téléphone, de sorte que c'était Dean qui avait relevé celui de Pierre et l'avait ensuite invité à venir dîner chez lui en compagnie de Rock. Ce soir-là, Pierre joua du piano et interpréta des chansons de sa composition, dont l'une avait pour refrain « Sauvons l'aigle déplumé ». Assis sur la moquette pour l'écouter chanter, Rock était au septième ciel. En avril, les deux hommes allèrent passer une semaine au Mexique, où le père de Pierre possédait une maison. Mais le séjour fut chaste, car Pierre confia plus tard à Dean : « Une fois là-bas, j'ai regardé Rock, j'ai regardé mon père, et je me suis rendu compte qu'ils avaient le même âge. Alors non, impossible. »

Rock n'avait soufflé mot à personne de l'existence de Pierre, pas même à Mark Miller, qu'il avisa de son séjour au Mexique en lui déclarant qu'il prendrait lui-même son billet d'avion et se débrouillerait sur place.

Entre la date de son retour d'Israël et celle de sa mort en 1985, l'acteur devait séjourner deux fois à Hawaii, deux fois en Europe, et aussi à New York, en Floride, à Louisville et à Washington, mais sans jamais se faire accompagner où que ce soit par Christian. La plupart du temps, ce fut Ron Channell qu'il emmena.

Alors que Rock était en voyage durant le printemps 1984, Clarence Morimoto découvrit Christian alité dans la chambre bleue avec un autre homme. Le jardinier avait en effet l'habitude de monter l'après-midi dans la pièce pour arroser les rosiers du balcon : « Quand M. Hudson était à la maison, je frappais toujours à la porte pour m'annoncer, me dit Clarence. Mais en son absence j'entrais directement. » Cet après-midi-là, le jardinier traversa l'immense pièce qu'il croyait vide et ne prit conscience de la présence des deux hommes qu'après avoir contourné l'espace réservé à la garde-robe et à l'installation sanitaire : « C'est alors que j'ai aperçu Christian et un garçon aux cheveux blonds que je ne connaissais pas. Je n'ai entrevu d'eux que le haut du corps. Ils étaient couchés, nus, et ils se caressaient. J'ai très bien vu le visage de Christian, et je suis donc absolument certain que c'était lui. Mais ni l'un ni l'autre ne se sont même aperçus de ma présence. Ensuite, je n'ai rien dit à personne. J'étais déjà suffisamment gêné de me trouver là. » Clarence se retira sur la pointe des pieds et referma sans bruit la porte de la chambre.

Le 15 mai 1984, Rock fut convié à dîner à la Maison Blanche.

Conformément à ses convictions de républicain conservateur, il avait voté pour Reagan, et il avait rencontré à Hollywood le président et son épouse à l'occasion de diverses réceptions, mais leurs relations s'étaient bornées là. Au cours du dîner, très protocolaire, Rock fut placé à la table de Nancy Reagan, et il confia plus tard à Mark Miller qu'il avait été « abasourdi » par son sens de la repartie : « Elle est drôle, pleine d'esprit et s'y entend mieux que personne pour animer une table. » Durant le repas, Nancy avait fait remarquer à Rock qu'il était trop mince et qu'il devrait se rembourrer un peu. Ce à quoi l'acteur avait rétorqué à l'épouse du président qu'elle aussi était filiforme. A cette date, il pesait à peine quatre-vingt-huit kilos.

Une semaine plus tard, alors que Rock était assis près de Mark dans le fauteuil aux accoudoirs à tête de lion, on lui apporta une photo qui avait été prise le soir de la réception, et sur laquelle il était représenté avec le couple Reagan. Au verso du cliché figuraient quelques lignes de la main du président et de Nancy. Rock, qui n'avait pas demandé qu'on lui fît parvenir cette photo, jugea que ses hôtes faisaient preuve en la lui envoyant d'une « grande délicatesse ».

En examinant le cliché, pris de côté, les deux hommes constatèrent que celui-ci mettait nettement en évidence une inflammation bien visible sur le cou de Rock, immédiatement au-dessous de la ligne des cheveux. L'acteur s'obstinait à déclarer qu'il s'agissait là d'un banal bouton. Mais ce bouton persistait depuis bientôt un an.

« Tu devrais le faire soigner, lui dit Mark en regardant le cliché. Et d'abord, pourquoi n'as-tu pas mis un peu de fond de teint ? Tu aurais bien dû te douter qu'on prendrait des photos.

– Jamais je ne me maquille, sauf quand je tourne. Jamais, jamais.

– C'est vilain et ça grossit. Il y a longtemps que ça devrait être parti. Tu devrais voir un spécialiste de la peau. »

Le 24 mai, Rock alla consulter une dermatologue de Beverly Hills, le Dr Letantia Bussell, que lui avait conseillé son médecin traitant, le Dr Rex Kennamer. La dermatologue lui dit que l'induration était trop volumineuse pour qu'elle la lui retire elle-même et, après lui avoir fait une biopsie, elle le dirigea sur un de ses confrères spécialiste de la chirurgie plastique, le Dr Kamer, qui déjà était intervenu sur les paupières de Rock en 1981. Un rendez-vous fut pris pour le 5 juin.

Mais, quelques jours avant cette date, le Dr Bussell appela Rock pour lui communiquer le résultat de la biopsie.

« Vous êtes assis ? lui demanda-t-elle quand elle l'eut au bout du fil.

– Non, pourquoi ?

– Je pense que vous feriez bien de prendre un siège. C'est un sarcome de Kaposi. Vous avez un syndrome immuno-déficitaire acquis. Autrement dit le Sida. »

Sans rien dire à personne, Rock se rendit immédiatement au cabinet du Dr Kennamer, lequel fit procéder à des tests sanguins. L'acteur demanda à Mark Miller, qui ne soupçonnait pas le moins du monde la gravité du mal, de l'accompagner en voiture le 5 juin chez le Dr Kamer « pour faire retirer son bouton ». Ce jour-là, ils arrivèrent à sept heures du matin à la clinique et on annonça à Mark que l'intervention durerait environ trois heures. Il bavarda quelque temps avec la réceptionniste, puis regagna sa voiture pour écouter à la radio de la musique classique en attendant la fin de l'opération. Le docteur Kamer pratiqua la résection du sarcome et de l'adénome sous-jacent, puis demanda une biopsie de contrôle. « Quand j'ai dû lui confirmer le diagnostic, me raconta-t-il, j'étais bouleversé. J'avais beaucoup de sympathie pour M. Hudson. Pourtant, je savais depuis le premier instant qu'il s'agissait d'un sarcome de Kaposi. Quand je le lui ai dit, il m'a paru sonné, mais il a gardé le moral. Il m'a déclaré qu'il allait s'en tirer, qu'il en avait encaissé bien d'autres, et que s'il ne s'en tirait pas, ma foi... au moins il aurait mené une bonne vie. »

Rock sortit de la clinique avec un énorme pansement autour du cou et Mark le ramena au Château. Ils déjeunèrent de saucisses aux haricots que James leur avait préparées. C'était un des plats dont Rock raffolait le midi. Après le repas, il monta dans sa chambre pour faire une sieste et Mark regagna son bureau. « Rock ne semblait pas bouleversé, me dira-t-il plus tard. C'était un joueur de poker accompli. Exactement comme l'avait été sa mère. »

A deux heures vingt cinq, Rock vint voir Mark et prit place dans son fauteuil habituel :

« Il faut que je te dise quelque chose : j'ai le Sida. Il observa pendant un bon moment son interlocuteur.

– Merde! fit Mark.

– Je ne sais pas pourquoi je ne te l'ai pas dit plus tôt. Le Dr Bussell m'a appelé la semaine dernière pour m'apprendre que c'est ce qu'a révélé la biopsie. Ils ont peur que la maladie s'étende au système lymphatique et ont pris rendez-vous avec un spécialiste de l'université de Californie. Il faut que tu viennes avec moi. Il faut que tu m'accompagnes chaque fois que j'irai voir un médecin. Je ne saisis pas un mot de ce qu'ils me racontent.

– Oh! merde! »

« La première idée qui m'est venue en tête, me dit Mark, a été de prendre mes jambes à mon cou, de fuir et de ne plus remettre les pieds dans la maison, tant j'avais peur d'attraper la maladie et d'en mourir moi aussi. Alors je me suis levé et suis sorti de la pièce, mais en esprit seulement. Mon corps, lui, restait rivé là. Une voix intérieure me disait : " Ne déserte pas, reste assis, essaie de ne pas l'accabler en esquissant le geste de te lever de ton fauteuil. " Et j'ai réussi à me dominer malgré ma panique. »

Mark ne savait rien du Sida, et Rock n'en savait pas davantage, si ce n'est qu'on n'en réchappe pas. *Newsweek* avait bien consacré un article de fond à la maladie l'année précédente, mais pour Mark, Rock était le seul et unique individu de sa connaissance qui l'ait jamais contractée : « Je pensais que c'était réservé aux pédés qui raccolent sur Santa Monica Boulevard, me raconta-t-il. Les idées les plus folles me tourbillonnaient dans le crâne... ça s'attrape comment? En embrassant, en touchant... est-ce que ça se tient dans l'urine? Rock se servait des toilettes de mon bureau, il m'éternuait au visage, il me serrait la main, nous partagions nos repas. Et quand c'était lui qui faisait la cuisine, il goûtait et remettait la cuiller dans la casserole... »

Rock aborda tout de suite une autre question : qui devait être mis au courant et qui ne devait pas l'être?

« En aucun cas Christian ne doit savoir, décida-t-il. Il est incapable de tenir sa langue. Il le raconterait à Liberty, et le jour-même tout le monde serait au courant.

– Je peux le dire à George? interrogea Mark.

– Absolument. Je lui fais une confiance totale. »

Rock regagna sa chambre, et Mark appela immédiatement George à Palm Desert. Pour tout préambule, il lui demanda de noter dans son journal la date et l'heure de son appel téléphonique, puis il lui révéla ce qu'il venait d'apprendre.

« Il aurait pu me dire ce jour-là que Rock allait être exécuté, me raconta George, j'aurais ressenti la même chose. Ce fut exactement comme si un couteau venait se planter devant moi avec un bruit sinistre. » George demanda s'il pouvait dire quelques mots à Rock, et Mark lui conseilla de rappeler le soir.

« Ouais, fit Rock quand George l'eut en ligne.

– Mark m'a mis au courant, fit George. Je suis prêt à faire n'importe quoi pour toi. Dis-moi simplement ce que je peux faire.

– Le silence, dit Rock.

– Compte sur moi. Rien d'autre, tu es sûr ?
– Sûr. Le silence total et rien d'autre.
– Sois tranquille. Et sache aussi que tous les deux nous t'aimons. »

George se faisait un sang d'encre pour Mark, et ce soir-là il acheta au supermarché un ouvrage en édition de poche intitulé *Sida*, qu'il lut d'un trait. Il se sentit rassuré en apprenant que la maladie ne pouvait se contracter à l'occasion d'un contact fortuit et qu'elle ne se transmettait que par échange de sperme ou de sang. Mark ne courait donc probablement aucun risque. Il n'en restait pas moins que Rock était condamné à mort. Ce dernier dira plus tard à Mark qu'après avoir appris la nature de son mal il avait sangloté chaque soir dans son lit pendant toute une semaine sans réussir à trouver le sommeil, et que le plus horrible pour lui était d'affronter la nuit. Comment lui venir en aide ?

Le 7 juin, le Dr Kennamer fit en sorte de ne donner rendez-vous à aucun autre de ses patients afin que son confrère le Pr Gottlieb, professeur à la clinique médicale de l'université de Californie, puisse disposer de son cabinet pour donner à Rock une consultation qui devait durer deux heures. Le Pr Gottlieb compte parmi les premiers chercheurs américains qui aient travaillé sur le Sida. Quant au Dr Kennamer, il est le type même du praticien des beaux quartiers – grand, mince, cheveux poivre et sel, toujours impeccablement vêtu – dont la clientèle se recrute parmi les gens habitués à faire l'objet d'attentions particulières.

Au moment où je recueillais des témoignages sur Rock Hudson, le Dr Kennamer et ses associés, le Dr Gary Sugarman et le Dr Jeffrey Helfenstein, se refusèrent à tout commentaire sur la maladie de l'acteur. Tel fut aussi le cas du Dr Bussell. Seuls acceptèrent de répondre à mes questions de Dr Kamer et son confrère parisien de Dr Dominique Dormont. Quant au Pr Gottlieb, il livra bien quelques informations succinctes en août 1985, mais par la suite observa le silence le plus total. Il en résulte que le plus clair de ce que je rapporte dans les pages suivantes provient du témoignage de Mark Miller, lequel accompagnait Rock chaque fois qu'il consultait un médecin, et du Dr Dormont, qui m'exposa sincèrement les faits sans rien déguiser.

Rock comptait parmi les clients du Dr Kennamer depuis une vingtaine d'années. Quand il arriva chez lui le 7 juin, le médecin l'accueillit en lui serrant la main. « Je suis désolé qu'il ait fallu que cela vous arrive à vous », dit-il tristement à son patient. Ensuite, il laissa Rock et Mark seuls avec le Pr Gottlieb, lequel examina l'acteur et lui confirma qu'il avait bien le Sida. Il lui décrivit d'une voix affable et courtoise les symptômes et l'évolution de la maladie. « Cette évolution est fatale ? » interrogea Rock.

Le Pr Gottlieb fit une pause un peu trop longue pour ne pas être explicite :

« A votre place, dit-il, je mettrais mes affaires en ordre. »

Après la consultation, Rock était hors de lui : « Tu crois qu'il aurait répondu à ma question! dit-il à Mark. Qu'il m'aurait déclaré franchement que j'avais une maladie mortelle! Et tous ces médecins qui me faisaient leurs adieux : " Oh! Rock, quelle chose épouvantable! Pourquoi a-t-il fallu que cela tombe sur vous! " C'était exactement comme si tout le monde se défilait. Il n'y en avait pas un pour me dire : " Allons, du courage. Nous allons contre-attaquer! " En tout cas, moi je vais contre-attaquer. Et d'abord, je crois qu'ils se mettent tous le doigt dans l'œil. Je n'ai pas attrapé ça. Je ne veux pas être malade. Je le refuse. Je ne veux pas avoir cette saloperie! »

Le Pr Gottlieb lui expliqua que d'ordinaire les patients passaient par quatre états d'esprit successifs : la peur, le refus de voir la vérité en face, la fureur et la résignation.

« Qu'en est-il des rapports sexuels ? » lui demanda Rock.

Le médecin les lui déconseilla. Il existait toujours un risque de contaminer quelqu'un d'autre. Si toutefois Rock consommait l'acte, qu'il mette un préservatif.

Le Pr Gottlieb lui demanda ensuite s'il avait actuellement un partenaire sexuel.

« Oui, c'est-à-dire que... j'en avais un, mais c'est fini, fit Rock en appuyant son propos d'un geste de la main.

– Il ne vit plus avec vous ?

– Il vit chez moi, mais plus avec moi. »

Selon le souvenir que Mark a conservé de cette consultation, le Pr Gottlieb aurait déclaré ensuite à l'acteur que, selon sa propre expérience, mieux valait dans certains cas dire la vérité au partenaire, et dans d'autres la lui cacher, car la réaction de celui-ci était éminemment variable : parfois la panique le faisait fuir au plus vite, parfois il manifestait lui aussi tous les symptômes du Sida bien qu'il ne l'ait pas contracté lui-même, parfois aussi il restait près du malade et le réconfortait jusqu'à la fin. Le médecin ajouta que la célébrité de Rock lui commandait de mûrir sa décision de façon encore plus réfléchie.

Il demanda encore à l'acteur si son compagnon n'accusait pas un quelconque symptôme de la maladie : perte de poids, toux sèche ou sueurs nocturnes. Rock hocha la tête en signe de dénégation, et Mark répondit à sa place : « Non, il est en pleine santé. Il ne boit pas, ne fume pas, et à ma connaissance ne prend aucune drogue. »

« Je le surveillerai, ajouta Rock, qui demanda tout aussitôt : J'en ai encore pour combien de temps ? »

Le Pr Gottlieb répondit qu'il était impossible de rien pronostiquer.

En revenant au Château, les deux hommes gardèrent le silence, et Mark conserve de ce trajet en voiture l'impression d'un flottement paisible et immobile dans l'espace. Tout en conduisant, il observait de temps à autre Rock à la dérobée : « C'est un mourant que je regarde, se disait-il. Un homme qui va mourir sans que personne y puisse rien. »

Ce fut Rock qui rompit le silence :

« C'est comme la peste, fit-il. J'ai attrapé cette saloperie de peste. Personne ne voudra plus m'approcher. Si on l'apprend, je suis foutu. Ma carrière est ruinée. Personne ne voudra plus me donner de rôle, et aucun acteur n'acceptera de travailler avec moi. » Il dit encore à Mark qu'il ressentait de la honte, et aussi l'impression d'être souillé à l'idée d'être un pestiféré :

« Jamais plus je ne pourrai faire l'amour. Je n'oserai même plus toucher personne.

– Et Christian ? demanda Mark. Qu'as-tu l'intention de faire ?

– Il va quitter immédiatement la maison. Tout de suite... aujourd'hui même.

– Rock, tu ne peux pas faire ça. Il a été en contact avec...

– Conneries ! C'est peut-être bien lui qui m'a contaminé !

– La question n'est pas là. Que va-t-il se passer s'il est malade lui aussi ? Il n'a même pas d'assurance maladie. Il va retourner vivre avec Liberty. Il n'a pas d'argent, Liberty n'en a pas non plus et ses parents sont sans le sou. Moralement, tu n'as pas le droit de le mettre à la rue.

– Tu as raison, admit Rock. Gardons-le à la maison et faisons-le assurer. Il couche déjà dans l'autre chambre. Mais le malade, c'est moi. Alors, je t'en prie, laisse-moi prendre mes dispositions à ma guise, d'accord ? *En aucun cas*, il ne doit savoir. Compris ? »

Mark voulut discuter, mais il savait que lorsque Rock adoptait ce ton dur et cassant il était parfaitement inutile d'insister.

« Et Ron Channell ? »

Rock secoua la tête :

« De ce côté-là, aucun souci à se faire. Avec lui je me suis heurté à un mur. »

Le Pr Gottlieb avait recommandé qu'un membre du personnel au moins soit mis au courant, afin qu'il puisse faire respecter dans la maison certaines règles d'hygiène en l'absence de Mark Miller. Mais Rock s'opposa à ce que quiconque apprenne quoi que ce soit : « Ni James, ni John Dobbs, ni Clarence. Je veillerai moi-même à ce que toutes les précautions d'hygiène soient prises, et je te garantis que personne n'attrapera le Sida. »

L'acteur dit encore à Mark qu'il voulait envoyer une lettre anonyme à trois personnes avec lesquelles il avait eu des rapports sexuels avant d'apprendre qu'il avait le Sida. Mark revint quelques jours plus tard à Palm Desert avec le brouillon de la lettre, et George le recopia à la main en trois exemplaires qu'il expédia du bureau de poste local pour que leurs destinataires ne puissent établir une relation entre Rock et ces messages ainsi formulés :

Pour d'évidentes raisons l'auteur de ces lignes tient à garder l'anonymat.

Étant donné que nous avons eu des rapports intimes au cours desquels du sperme a été échangé entre nous, la simple honnêteté me commande de t'avertir que depuis peu je me sais atteint du Sida.

Je suis profondément désolé de te faire cet aveu.

Je te conseille de te faire examiner pour t'assurer de ta parfaite santé.

Bien sincèrement.

Le destinataire d'une de ces lettres était un jeune homme de New York âgé de vingt-deux ans, avec lequel Rock avait eu une aventure sans lendemain après son dîner à la Maison Blanche. En recevant le message, ce garçon comprit immédiatement qui le lui avait envoyé. De toute évidence, Rock se souciait de ceux qu'il risquait d'avoir contaminés, encore que Christian soutiendra plus tard que l'acteur ne lui a jamais révélé qu'il avait le Sida et qu'il continua d'avoir avec lui des rapports sexuels jusqu'en février 1985. Alors que de son côté, Rock avait fait savoir à son entourage et à son personnel que ces rapports avaient cessé à partir du printemps 1984, allégation que semble corroborer la froideur qu'il affichait vis-à-vis de Christian, et aussi le fait que les deux hommes faisaient chambre à part. Quoi qu'il en soit, nul ne peut témoigner de les avoir jamais surpris faisant l'amour ensemble, et Rock n'est plus là pour réfuter les déclarations de Christian. Seuls plaident pour lui son comportement et les confidences livrées à ses proches.

Étant donné que Rock a pris la peine d'informer indirectement trois de ses amants qu'il avait le Sida, on est bien sûr en droit de se demander pourquoi il n'en a rien dit à Christian. Ce silence semble d'autant plus difficile à comprendre que le jeune homme avait été tout aussi exposé que les autres à la maladie. On ne peut donc sur ce point qu'avancer des conjectures et imaginer ce que pensa et ressentit l'acteur dans les circonstances exceptionnelles qu'il dut affronter en 1984. Autrement dit, tenter de reconstituer le raisonnement qu'il se tint à cette époque, et cela en nous fondant sur les témoignages de ceux qui lui étaient le plus proches et qu'il avait seuls voulu mettre dans le secret : Mark Miller, George Nader et Dean Dittman.

Tous les trois s'étaient parfaitement rendu compte que peu après son retour d'Israël Rock avait mis fin à ses relations intimes avec Christian. Celui-ci lui avait révélé qu'il avait monnayé ses faveurs et qu'il s'était arrangé pour le « racoler » aux Brooks Baths. Rock pensait que c'était peut-être bien Christian qui lui avait transmis le Sida. De plus, ce dernier menaçait de le faire chanter en clamant qu'il irait faire à *Enquirer* ou à une autre feuille à scandales des révélations sur la nature de leurs relations. Qu'en eût-il été si Christian avait détenu une information autrement plus alléchante et explosive, à savoir que Rock Hudson était en train de mourir du Sida ?

Rock sentait qu'il luttait tout à la fois pour sauver sa vie et sa carrière, qu'au fil des années il avait fini par ne plus dissocier l'une de l'autre. « Tant que je pourrai travailler, tout ira bien », affirmait-il volontiers. « Sur ce point, je suis absolument certain de ce que ressentait Rock, me dit George Nader. Il avait passé le plus clair de son existence à soigner son image et sa carrière, et depuis bien des années celle-ci se confondait avec celle-là. Si quoi que ce soit risquait de porter ombrage à sa carrière, c'était absolument comme si on s'en prenait à sa vie. » Par le passé, Rock avait dû parer à bien des menaces, mais si terrible était à ses yeux celle que faisait peser sur lui Christian qu'il ne pouvait s'en défendre qu'en recourant au seul moyen dont il disposait : le silence.

Rock prit donc la décision de ne rien lui révéler et s'en tint là. Mark Miller tenta cependant d'amener le jeune homme à passer une visite médicale. A cet effet, il alla voir son médecin traitant, le Dr Barry Unger : « Vous me voyez bien ennuyé, lui dit Mark. Mon employeur a le Sida, et il a un ami auquel il a décidé de ne rien dire. Pourriez-vous faire faire à ce garçon une série complète d'examens et voir où en sont ses globules blancs ? » Ensuite, Mark dit incidemment à Christian : « Dis-moi, mais cela fait combien de temps que tu n'as pas passé de visite médicale ? » Christian avoua ne plus s'en souvenir. En tout cas, on ne l'avait pas examiné depuis des années. « Tu sais pourtant qu'il faut en passer une chaque année. Pourquoi n'irais-tu pas voir mon médecin, aux frais de Mammoth Films, bien entendu ? » Le Dr Unger examina Christian le 27 septembre 1984, et peu de temps après fit savoir à Mark Miller que le jeune homme était en excellente santé et qu'on ne relevait pas la moindre altération de son système immunitaire. Le médecin n'avait cependant pas fait procéder à une recherche spécifique du virus du Sida par mise en culture d'un échantillon de sang, car, à cette époque, seuls quelques laboratoires au monde pratiquaient ce mode de dépistage.

L'intention première de Rock avait été de ne dire strictement à personne, hormis Mark et George, qu'il avait le Sida. Mais, peu de temps après la confirmation du diagnostic, il eut un moment d'abattement et se confia à Dean Dittman. Ce jour-là, il arriva chez lui pour dîner avec une heure d'avance sur les autres invités, et dès que Dean lui eut ouvert sa porte, il se rendit au bar et sortit de son portefeuille un paquet de préservatifs :

« Regarde ce qu'on m'a donné, fit-il.

– Si je comprends bien, te voilà de nouveau branché sur les dames! ironisa Dean.

– Non. J'ai le Sida. »

Comme Dean le regardait avec stupéfaction, Rock lui rapporta les précautions qu'on lui avait conseillé de prendre s'il avait désormais des relations sexuelles avec un homme. Il ajouta qu'il voyait mal comment on pouvait bien s'y prendre pour s'équiper discrètement de machins pareils : « Jamais de ma vie je n'ai porté de préservatif. A ton avis, ça ne va pas me casser le coup si au dernier moment j'en mets un ? »

Les premiers invités arrivèrent, et les deux hommes durent interrompre leur conversation. La nuit était chaude, et tout le monde se glissa bientôt sur la terrasse. Dean préparait le dîner à la cuisine quand Rock vint l'y retrouver. Il s'appuya contre l'évier et fondit en sanglots : « Pourquoi moi, Dean ? Pourquoi moi ? »

Dean referma la porte de la cuisine et vint prendre Rock aux épaules : « Je refuse que tu te laisses aller, lui dit-il. Ressaisis-toi ! » Dean devait me déclarer plus tard : « Je présumais sans doute un peu trop de ses forces. Mais jamais je ne l'avais vu pleurer ni même accuser un moment de faiblesse. C'était véritablement un *roc.* » Dean savait que son ami n'était pas croyant et qu'il était inutile d'évoquer devant lui la perspective d'une autre vie dans l'au-delà. Mais il était avant tout acteur, et il percevait d'instinct ce que signifiait se mettre dans la peau d'un personnage. « Tu es brillant acteur, lui déclara Dean. Alors, choisis ton rôle. Si tu joues celui d'un vaincu d'avance, tu te laisseras abattre. Joue celui d'un type qui veut vivre. Et, à partir de maintenant, on ne parlera jamais de la mort. Seulement de la vie. »

Dean me rapporta que ce jour-là Rock était broyé de honte : « Il avait le sentiment d'avoir commis un crime contre son public. Et c'était là sa plus grande inquiétude : que son public apprenne la vérité. Un autre soir, il m'a dit : " Tu vois, j'espère mourir d'une crise cardiaque avant qu'on découvre que j'ai le Sida. Si seulement je pouvais claquer comme ça ! " »

Dean fut sensible à l'honneur que Rock lui avait fait en le prenant pour confident, et il eut à cœur de l'aider de son mieux : « Je me disais qu'il fallait à tout prix meubler son existence. Il avait cessé de lancer des invitations et à Hollywood, quand on ne reçoit pas, on n'est pas reçu non plus. Et puis, il était devenu si renfermé, si replié sur lui-même qu'il ne participait même plus aux conversations. Il se retranchait de la société, et les seuls contacts qu'il conservait avec le monde extérieur, c'était ici qu'il les avait. » Dean consulta cependant son propre médecin pour savoir si la présence de Rock parmi ses autres invités ne présentait aucun risque : « Il fallait absolument que je m'en assure. Car si par mégarde quelqu'un se trompait de verre et buvait dans celui de Rock, ne pouvait-il pas contracter le Sida ? Dans l'affirmative, c'eût été pour moi jouer avec la vie des gens. » Mais le praticien rassura Dean : le virus du Sida ne survivait pas au contact de l'air et ne pouvait donc se transmettre par l'intermédiaire d'un verre ou d'une assiette.

Au fur et à mesure que les mois passaient, ceux que Dean réunissait autour de sa table avec Rock devenaient « moins intéressants, mais plus sûrs. Je ne voulais pas que les gens de la profession le voient dans cet état, car cela n'aurait pas manqué d'alimenter les commentaires ». Jamais Dean n'allait se coucher avant d'avoir appelé Rock : « Il prenait un comprimé, je bavardais un peu avec lui et le sommeil le gagnait, de sorte qu'il ne passait pas la nuit les yeux grands ouverts, dans la solitude et la terreur. » De temps à autre, Dean tentait d'orienter la conversation sur Dieu et la métaphysique :

« La vie reste toujours la vie et ne peut se changer en quelque chose de contraire, en une non-vie, lui dit-il un jour.

– Je n'ai pas la moindre envie que tu me parles de ça », répliqua Rock.

Mais un peu plus tard, l'acteur confia à Mark Miller qu'il s'en voulait d'avoir ainsi rabroué Dean. Il se promit de ne plus recommencer, et de fait il tint sa parole.

Rock traversa ensuite une période au cours de laquelle il refusa d'admettre qu'il était malade. Il se mit à rentrer fort tardivement, à boire et à fumer davantage, alors que pourtant on l'avait mis en garde contre la déperdition de leucocytes causée par l'alcool et le tabac. Et il voulut assister à la première de *Evita,* bien qu'il sût parfaitement que toute concentration humaine augmentait la probabilité d'un contage et que l'effondrement de son système immunitaire le rendait vulnérable à n'importe quelle affection. Quand Mark lui rappela les « conseils » des médecins, Rock éluda la question d'un geste de la main et lui déclara d'un ton sans réplique : « Et d'abord, je ne suis pas malade. Je te l'ai déjà dit! »

Mais il perdait du poids de façon alarmante et diverses personnes demandèrent à Mark ou à Dean s'il n'avait pas un cancer. Les deux hommes répondaient par la négative, mais ajoutaient sur un ton interrogateur qu'il souffrait peut-être bien d'anorexie. Mark donnait encore le change en affirmant qu'il connaissait bien des gens qui, voulant à tout prix retrouver la ligne de leurs vingt ans, avaient poussé un peu trop loin la cure d'amaigrissement. Personne n'était vraiment dupe, mais personne non plus ne voulait accorder de crédit aux rumeurs selon lesquelles Rock Hudson aurait le Sida. Encore des ragots, s'empressait-on de conclure, tant cette horrible éventualité semblait inimaginable. Liz Taylor déclara plus tard qu'elle avait bien soupçonné Rock d'être atteint du cancer, mais qu'elle n'avait jamais osé lui poser de questions sur son état de santé.

Au mois de juillet, Dean Dittman reçut une lettre d'une femme de New York, dans laquelle celle-ci lui disait que son fils, qui avait le Sida, venait d'apprendre l'existence d'une médication toute récente, le HPA 23, à laquelle on prêtait le pouvoir de désactiver le virus pathogène. On testait présentement ce produit à Paris, précisait-elle, et l'état de son fils, qui était allé là-bas se faire traiter, semblait en nette amélioration. Dean fit lire la lettre à Rock, qui à son tour la communiqua à Mark Miller, lequel appela le Pr Gottlieb en lui demandant plus ample information sur le HPA 23. Le Pr Gottlieb lui fit savoir peu après qu'il pouvait prendre des dispositions pour que Rock se fasse administrer le médicament par le Dr Dominique Dormont à l'hôpital Percy, tout près de Paris. Il précisa cependant que le traitement n'en était encore qu'au stade de l'expérimentation, qu'il se pouvait fort bien qu'au bout du compte il se révèle parfaitement inopérant, mais que par ailleurs rien n'interdisait de penser qu'il prolongerait les jours de Rock.

Mark et Dean entreprirent de persuader l'acteur en le travaillant au corps. « Il y avait pour nous une lueur d'espoir, me dit Mark. A Paris, ils tentaient au moins quelque chose, alors qu'ici on ne pouvait strictement rien faire. » Il se fit persuasif : « Crois-moi, mon gars, vas-y. Tu n'as rien à y perdre. »

Rock finit par accepter. Le Pr Gottlieb prit les arrangements nécessaires et annonça à Mark que l'acteur devrait séjourner à Paris pendant sept ou huit semaines. Qui allait l'accompagner ? Mark répugnait à se séparer de George pendant si longtemps, et Rock déclara qu'il ne voulait en aucun cas emmener Christian :

« Pourquoi veux-tu que je lui offre un voyage en France alors que ce serait pour me morfondre tout seul à longueur de journée dans ma chambre d'hôtel ?

– Et pourquoi pas Ron Channell ? lança Mark.

– Très bonne idée », fit Rock, qui avait tout d'abord songé à demander à Dean de l'accompagner, mais s'était ravisé en songeant que Dean savait qu'il avait le Sida et que ce voyage de la dernière chance serait pour lui une rude épreuve. Tandis que s'il emmenait Ron, il pourrait faire comme s'il s'agissait d'un séjour de vacances. D'ailleurs, ne venait-il pas de recevoir une invitation pour assister au festival de Deauville, à l'occasion d'une rétrospective sur George Stevens ? Excellente couverture. Il invita donc Ron à se joindre à lui lors du festival et à profiter de cette occasion pour passer quelque temps en Europe. Ainsi, Rock pourrait continuer à faire de l'exercice avec son moniteur, lequel continuerait du même coup à percevoir son salaire.

Le 20 août, Rock s'envola le premier, non pas pour Paris mais pour New York, où il modifia son testament en présence de Wally Sheft et de son avocat. Mais il ne leur dit ni à l'un ni à l'autre qu'il avait le Sida. Il fit rayer Tom Clark de la liste de ses légataires et inversa l'ordre des deux autres fidéicommissaires : c'était à George Nader que reviendrait les revenus de ses biens, et à Mark Miller si George venait à décéder.

Le 27 août, Ron vint retrouver Rock à New York, et tous les deux gagnèrent Paris en Concorde. Le lendemain de leur arrivée, Rock laissa Ron au Ritz et prit un taxi pour se rendre à l'hôpital Percy. Il avait déclaré à son compagnon qu'il travaillait sur un projet de film et que chaque matin il devrait s'absenter pour se rendre à des « discussions sur le scénario ». Mais, au bout de deux ou trois jours, il retira sans y penser sa chemise devant Ron, lui révélant ainsi au pli du coude les ecchymoses consécutives aux intraveineuses qu'on lui administrait le matin.

« Qu'est-ce qui t'est arrivé ? questionna Ron.

– Oh ! une bricole de rien, fit Rock. Figure-toi que j'ai buté contre une chaise en allant à la salle de bains à moitié endormi. »

L'hôpital Percy était un établissement vieillot construit par les Américains lors de la Première Guerre mondiale pour y soigner pendant la durée du conflit les blessés de l'US Army. Le Dr Dormont, un homme de trente-six ans débordant de vitalité, établit immédiatement le contact avec Rock. Il jugea son état général satisfaisant et constata que « l'évolution de la maladie n'était pas très avancée, mais que le système immunitaire du patient était gravement affecté ». Il conseilla à l'acteur de séjourner à Paris pendant trois mois au moins pour qu'on lui administre quotidiennement une injection de HPA 23, traitement qui jusqu'à cette date s'était révélé le plus efficace. Il lui expliqua encore que l'organisme éliminait très vite la substance médicamenteuse, et qu'en conséquence on était dans l'obligation de traiter les malades chaque jour pour désactiver le virus.

Rock fit valoir qu'il ne pourrait séjourner pendant si longtemps en France, du fait que son travail d'acteur ne lui en laissait pas le loisir. Le Dr Dormont lui proposa alors une formule de traitement écourtée, mais à raison de séances plus prolongées : Rock viendrait pendant une semaine tous les matins à Percy, où on lui administrerait pendant trois heures une perfusion de HPA 23. Le traitement serait interrompu la semaine suivante, puis repris la semaine d'après, et cela quatre fois consécutives. Soit environ deux mois au total. Rock opta pour la seconde formule, et on lui fit immédiatement une première perfusion. Quand je me suis entretenue en décembre 1985 avec le Dr Dormont, il me déclara que « si Rock avait accepté de séjourner à Paris assez longtemps pour qu'on lui administre un traitement de plus longue haleine, il est vraisemblable que la maladie aurait évolué plus lentement. Mais il a jugé qu'il était plus important pour lui de continuer à faire des films. J'avais le sentiment que dans son esprit ce n'était pas un méchant virus qui allait emporter un Rock Hudson ».

Mark Miller appela l'acteur pour s'enquérir des premiers effets du traitement. « Abominable, fit Rock au téléphone. Je me sens sur les genoux. Le médicament me donne envie de vomir. » Mark l'avait appelé de la cuisine du Château, et sitôt qu'il raccrocha il fondit en larmes. En l'entendant, James Wright pensa qu'il riait.

« Qu'y a-t-il de si drôle ? questionna-t-il. Mais, en se retournant, il s'aperçut que Mark pleurait.

– Je donnerais n'importe quoi pour que ça soit drôle, fit Mark.

Mais ce n'est pas le cas. Rock a le Sida. Le patron va mourir, James.

– Voyons, mais tu plaisantes! »

Il n'était pas dans les habitudes de James de manifester ses émotions. Il réconforta Mark de son mieux et s'efforça de voir les choses en face, mais cette nuit-là il ne put fermer l'œil. George Nader lui conseilla de rendre sans plus tarder son tablier s'il ne voulait pas encourir l'opprobre d'avoir été au service d'un malade atteint du Sida et s'exposer à ne plus trouver de travail. Mais James refusa fermement : « Je suis très attaché à M. Hudson, et on ne laisse pas tomber quelqu'un qui passe par une pareille épreuve. »

A Paris, cependant, Rock avait ressenti un mieux dès le premier jour du traitement. Il lui semblait avoir recouvré toute son énergie. Il retrouva là-bas son attaché de presse, Dale Olson, et en compagnie de Ron Channell les deux hommes faisaient de longues promenades à pied dans les rues de la capitale. Rock appela même Dean Dittman en Californie pour lui dire qu'il coulait les jours les plus heureux de sa vie en redécouvrant Paris à travers les yeux de Ron. Dès leur arrivée à Roissy, il avait conduit tout droit le jeune homme à la tour Eiffel, tout comme il y avait conduit Jack Coates en 1968. Il ajouta au bout du fil que Ron se comportait comme un gosse tant il était excité, et que lui-même était aux anges : « Je n'arrive pas à y croire. Je suis à Paris! »

Après la première semaine de traitement, ils se rendirent par la route à Deauville, où la présence de Rock au festival fut répercutée dans le monde entier par les journaux. Dale s'en montra ravi, car il multipliait les efforts pour attirer l'attention sur l'acteur et stimuler l'intérêt du public pour ses films. A la fin de la deuxième semaine passée en France, Dale fit en sorte que Rock et Ron puissent faire un bref séjour dans un château du bordelais producteur d'un grand cru. « Une expérience inoubliable, rapporte Dale. On y est reçu dans une somptueuse demeure historique, le vin coule à flots et on y savoure la cuisine d'un des plus grands chefs français. »

Ensuite, Rock et Ron séjournèrent à Rome, Londres, Barcelone, Nice et Saint-Tropez. Tandis qu'ils voyageaient en Europe, l'agent de Rock appela Mark Miller pour lui dire que Esther Shapiro, la créatrice et productrice de *Dynastie,* souhaitait rencontrer l'acteur pour discuter avec lui d'un rôle dans la série.

Descendante d'une lignée de Juifs séfardis, Esther Shapiro est une femme chaleureuse, astucieuse, qui s'exprime d'une voix très douce. Elle avait pour Rock une admiration inconditionnelle depuis qu'elle l'avait vu jouer dans *Géant,* et de tout temps elle avait nourri le projet de faire un jour quelque chose avec lui. En collaboration avec son mari Richard Shapiro, elle avait créé le personnage d'un riche propriétaire terrien du nom de Daniel Reece, avec l'idée que si ce personnage « accrochait » on pourrait bâtir autour de son histoire une série télévisée. Elle décida donc de se mettre en chasse et d'obtenir l'accord de Rock. « A mon avis, il n'acceptera pas », lui avait dit l'agent qui le représentait alors, Marty Baum. Mais Esther lui avait répliqué qu'elle se faisait fort de convaincre la vedette : « D'ordinaire, je sais persuader les gens. Si tu réussis à me ménager un rendez-vous avec lui, je suis prête à le rencontrer n'importe où. »

Esther ne passa qu'une seule journée à Paris, où Rock lui demanda de venir prendre le thé au Ritz. « J'avais l'impression de me conduire bien plus comme une admiratrice forcenée que comme une productrice, me dit-elle. Je faisais un voyage de vingt-deux mille kilomètres pour aller boire du thé avec Rock Hudson. J'avais vaguement entendu dire qu'il était malade, mais je le trouvais resplendissant. Il portait ce jour-là un pantalon kaki et une veste de brousse. » De ce rendez-vous à Paris, elle rapporta de Rock la même image que celle qui avait tant impressionné Susan St James et Dick Ebersol quand ils l'avaient rencontré à Atlantic City : l'acteur avait une telle présence qu'il subjuguait ses interlocuteurs, au point même qu'ils ne relevaient même pas chez lui les signes de dégradation physique que la photo, elle, décelait impitoyablement.

Au Ritz, Rock commença par énumérer toutes les raisons qui lui rendaient la télévision haïssable. Esther fit valoir qu'avec *Dynastie* les acteurs travailleraient bien davantage comme au théâtre et qu'ils disposeraient de tout le temps voulu pour s'imprégner du scénario. « On aurait dit un conseil de guerre chez les Indiens, me raconta-t-elle. Une faction expose son point de vue, et tout le monde garde le silence. Puis l'autre partie expose le sien. » Leur conversation dura deux heures : « Je me gardais bien de brusquer les choses, car je sentais qu'il n'était pas homme à se laisser forcer la main. Alors, je lui ai demandé de ne pas se sentir mis au pied du mur pour la simple raison que j'étais venue de si loin en avion pour le voir. On m'a déjà opposé des refus, lui ai-je dit, et je comprendrais fort bien que vous refusiez vous aussi. Mais je n'en continuerai pas moins à me battre pour monter cette série. »

Finalement, Rock lui demanda si elle désirait qu'il lise le scénario.

« Bien entendu, fit-elle. Vous m'en verriez ravie.

– Quand repartez-vous ?

– Demain. »

Rock lui demanda s'il lui plairait de dîner avec Ron et lui. « J'étais époustouflée, me dit-elle. Je n'avais pas fait ce long voyage pour rien. » Rock la traita dans un nouveau restaurant italien situé près de la tour Eiffel, le Beato. Il commanda une bouteille de vodka et ils restèrent à table jusqu'à la fermeture de l'établissement. « J'ai lu le scénario », lui dit enfin Rock. Elle se contenta de faire un signe de tête, se gardant bien de lui demander ce qu'il en pensait. Rock se lança de nouveau dans une violente diatribe contre la télévision. « Quel préjudice cela vous porterait-il de faire cette série? lui demanda-t-elle. Je ne vois pas en quoi cela pourrait ternir votre réputation. Il y a trop longtemps que vous l'avez assise. »

Rock lui dit encore qu'il ne se sentait vraiment pas dans son élément quand il tournait un feuilleton. Il admit cependant qu'il n'aimait rien tant que faire son métier. Ce disant, il regarda Esther en souriant et ajouta : « C'est d'ailleurs pour ça que je vais peut-être bien la faire, cette sacrée série! »

Après quatre semaines de traitement au HPA 23, le Dr Dormont procéda à des examens sanguins qui ne mirent en évidence aucune forme active de virus du Sida. Il déclara à Rock que le traitement avait été d'une certaine efficacité, que le virus avait perdu son caractère pernicieux, mais qu'il en était toujours porteur : « La mise en culture peut donner des résultats négatifs bien que le malade ait toujours le Sida, lui dit le médecin. Le virus commence par créer des désordres dans le système immunitaire, après quoi la maladie peut continuer à évoluer indépendamment du virus. » Il ajouta que le virus reprendrait l'offensive, et qu'il était donc de première importance pour Rock de revenir à Paris se faire traiter aussi souvent que possible.

L'acteur lui répondit qu'il ne serait pas en état de le faire avant février 1985, étant donné qu'il devait tourner une série télévisée, *Dynastie.*

« Je suis absolument certain qu'il comprenait parfaitement ce que je lui disais, me raconta plus tard le Dr Dormont, seulement, je prononçais certaines phrases qu'il ne voulait pas entendre. Il ne comprenait que ce qu'il voulait bien comprendre. » Le praticien attendit le retour de Rock en février, puis en mars, puis en avril, mais à son grand regret le malade ne revint jamais. Le Dr Dormont reçut une caisse de champagne et une gerbe de fleurs que lui avait fait envoyer Mark Miller, mais il ne devait plus entendre parler de Rock avant juillet 1985, quand l'acteur, au bord du collapsus, fut transporté à l'Hôpital américain.

Très peu de temps avant le retour de Rock à Los Angeles en octobre 1984, Christian apprit que Ron Channell l'avait accompagné. Il l'apprit tout à fait par hasard un jour où, décrochant le téléphone, il eut au bout du fil le père de Ron qui lui demanda s'il savait « quand les gars allaient rentrer de Paris ». Furieux, Christian appela Mark Miller à Palm Desert :

« Pourquoi ne m'as-tu rien dit, hein ? Qu'est-ce que c'est que ces façons d'agir derrière mon dos ?

– Christian, je te rappelle que ce n'est pas avec moi que tu as une liaison, mais avec Rock. Règle tes comptes avec lui et n'attends pas de moi que je te renseigne sur ses faits et gestes.

– Mais, nous sommes copains, toi et moi, non ? Une chose comme ça, tu aurais dû me prévenir. »

Le 7 octobre, Mark Miller attendait Rock et Ron à l'aéroport pour les ramener au Château. Christian s'était absenté pour le week-end. Dès que Rock fut seul avec Mark à la cuisine, il lui annonça la grande nouvelle : le sérum avait fait son effet. Plus la moindre trace de virus dans son sang. Mark manqua en défaillir de joie et de soulagement. Mais Rock ne lui livra pas la totalité de ce que lui avait dit le Dr Dormont, à savoir qu'il était toujours malade et qu'il devrait rester sous HPA 23 s'il voulait que le virus ne retrouve pas toute sa malignité. Tout ce qu'apprit Mark Miller ce jour-là, c'est que le virus était annihilé et Rock sauvé. Il semblait d'ailleurs en pleine forme. Il n'avait plus perdu un seul kilo en sept semaines et il exultait. « Je vais pouvoir travailler et tourner *Dynastie,* jubilait-il. Je n'ai pas le Sida. Je m'en suis tiré ! Et d'abord, je t'ai toujours dit que je ne l'ai jamais eu. »

14.

La peur est l'une des pires choses qui soient au monde. Il m'est arrivé à plusieurs reprises d'avoir très peur, à l'occasion d'un accident d'automobile par exemple, quand je suis entré de plein fouet en collision avec un obstacle. J'en ai ressenti une telle frayeur qu'ensuite mes mains ne m'obéissaient plus. Mais sentir qu'on ne peut rien contre une maladie qui vous ronge, c'est atroce. Je ne supporte pas ce sentiment d'impuissance.

Peu de semaines après son retour de Paris en octobre 1984, la maladie de Rock reprit son offensive. « J'ai encore perdu cinq kilos, s'alarmait-il. Qu'est-ce qu'il m'arrive encore, bon sang ? » La peau de son visage s'était ridée et affaissée au point de prendre l'aspect de celle d'un éléphant. Il dormait douze heures par nuit et s'assoupissait encore après le déjeuner pendant deux heures. Selon Mark Miller, le Dr Sugarman avait été ulcéré en apprenant que Rock avait accepté de tourner *Dynastie*. Il ne comprenait pas que son client joue ainsi avec sa santé et craignait qu'il ne soit pas en état de finir la série. Et qui sait même s'il irait jusqu'à Noël ?

Le seul que l'acteur écoutait, c'était Ron Channell, lequel l'avait convaincu de prendre tous les matins un copieux petit déjeuner, ce qu'il n'avait jamais fait de sa vie. Rock acceptait désormais de se faire servir des œufs et des toasts, dont il picorait une partie. Il avait pris l'habitude de déambuler en short dans la propriété, et le personnel avait été effrayé de constater qu'il n'avait plus que la peau sur les os. « Il faut que vous mangiez davantage, monsieur Hudson », lui avait conseillé en toute innocence John Dobbs.

Après qu'il eut appris de la bouche de Mark que celui-ci avait mis au courant James Wright de sa maladie, Rock n'adressa plus la parole à son majordome pendant trois jours. « Il se comportait comme si je n'existais pas, me dit James. Il ressentait une telle gêne, une telle honte qu'il n'osait plus me regarder en face. Mais, ensuite, il a changé d'attitude. »

Pendant le plus clair de la journée, Rock était déprimé et gardait le silence. « Son fameux rire qui nous réchauffait tous s'était envolé », me rapporta Mark. Et pour le sortir de sa torpeur, il lui racontait des histoires qui d'ordinaire l'auraient égayé. « Mais c'est tout juste s'il réagissait. Auparavant, quel que soit son degré d'abattement, je pouvais à tout coup le faire crouler de rire et se rouler par terre. Mais, c'était bien fini. Je ne le reconnaissais plus. »

Le tournage de *Dynastie* débuta à la fin du mois d'octobre. Rock avait signé pour six épisodes et s'était réservé de donner plus tard son accord pour quatre épisodes supplémentaires l'année suivante. Les autres acteurs ressentaient comme un honneur de l'avoir pour partenaire, et ils furent conquis par la gentillesse qu'il leur manifestait, par sa simplicité et sa bonne humeur. Il leur posait des devinettes et captivait leur intérêt en leur contant des anecdotes sur des personnages de légende tels que David O. Selznick et George Stevens. John Forsythe lui dit un jour qu'il devrait écrire un livre sur sa vie : « Tu as plein d'histoires fantastiques à raconter. Pourquoi ne trouves-tu pas un écrivain qui t'aide à les mettre en forme ? »

Rock et Mark Miller avaient évoqué ce projet de biographie, et chaque fois ils avaient décidé que le temps n'en était pas venu. Mais John Forsythe revint à la charge et Rock finit par dire un jour à son secrétaire :

« Et si on s'y mettait ?

– D'accord, attaquons tout de suite », fit Mark. Ils poussèrent l'un contre l'autre deux bureaux et s'assirent face à face. Ils s'étaient munis de blocs-notes et avaient armé leurs stylos, tels deux coureurs sur la ligne de départ. Les minutes s'écoulèrent. Chacun fixait désespérément la feuille vierge étalée devant lui. Alors ils se regardèrent et partirent en même temps d'un grand éclat de rire. « Le livre en est resté là », me raconta Mark. Un peu plus tard, Rock dit à John Forsythe : « Après avoir écrit quelques paragraphes, j'ai pris une grande décision : c'est non. »

Pendant les heures de tournage, Rock bavardait et plaisantait avec les autres acteurs, mais sitôt que sa présence n'était plus requise sur le plateau, il retournait dormir dans sa caravane. Il ne prenait pas ses repas avec ses partenaires, car il n'avait plus aucun appétit et depuis peu vomissait ce qu'il absorbait. C'était l'assistante du metteur en scène qui venait le réveiller quand on avait besoin de lui pour tourner. Mais, un jour, elle eut toutes les peines du monde à le tirer de son sommeil. Elle eut beau lui parler, lui toucher le bras, rien n'y fit. Elle dut le secouer vigoureusement pour en venir à ses fins : « Il m'a fallu je ne sais combien de temps, raconta-t-elle aux autres. Il était complètement dans les vapes. »

De plus, sa mémoire le trahissait et il devait s'aider de notes quand il débitait son texte, ce qui pour un acteur est fort humiliant. C'est dire qu'il ne pouvait même plus s'acquitter de ce que son métier exigeait de plus élémentaire : retenir par cœur ses répliques. « Son teint était blême », me rapporta plus tard Jack Freeman, son maquilleur (qui avait déjà travaillé avec lui) : « Je faisais de mon mieux pour lui donner meilleure mine, mais il était évident qu'il n'était pas bien et ne tenait plus debout. Et pourtant son visage s'illuminait de temps à autre, et alors il retrouvait toute sa prestance. »

En janvier 1985, lors du tournage du deuxième épisode, Rock signa pour les quatres épisodes supplémentaires qu'il avait été prévu d'ajouter aux six premiers de la série. En fait, sa participation à *Dynastie* devrait se borner à neuf épisodes, étant donné que le personnage qu'il interprétait disparaissait du récit à la fin du neuvième. « J'aurais souhaité le garder éternellement, me déclara Esther Shapiro. A l'écran, sa présence était véritablement magique. Vers la fin du tournage, il semblait fatigué, c'est vrai, mais on avait travaillé dur. Nul d'entre nous ne le croyait réellement malade. » Interrogée sur l'attitude qu'elle aurait adoptée si elle avait su Rock atteint du Sida, Esther me fit cette réponse : « J'aurais été obligée d'en débattre avec la société de production et avec la chaîne commanditaire. Les malades ont des droits, certes, mais les autres acteurs en ont eux aussi... »

Rock se montra satisfait de son interprétation des premiers épisodes de la série. « Vous avez regardé *Dynastie* hier soir ? demandait-il à ses amis. Je crois y faire bonne figure, non ? Je ressemble à ce que j'étais du temps de mes premiers films. » Il fut cependant atterré en prenant connaissance du scénario d'un futur épisode, au cours duquel il devrait embrasser sur la bouche Linda Evans. Il fit ce jour-là irruption dans la cuisine, où Mark était venu s'asseoir, et jeta le script sur la table. « Catastrophe ! fit-il. Il faut que j'embrasse Linda sur la bouche ! Que faire, nom de dieu, que faire ? » Il avait reçu le texte seulement huit jours avant le tournage, et pendant toute une semaine il fut sur des charbons ardents. Certains journaux avaient rapporté qu'on avait mis en culture le virus du Sida à partir d'échantillons de salive humaine, ce qui ne constituait cependant pas une preuve absolue que la maladie pouvait se transmettre à l'occasion d'un échange de baisers. Mais Rock s'abstint de solliciter l'avis de ses médecins. « S'il m'avait demandé que faire, me dit le Pr Gottlieb, je ne lui aurais certainement pas conseillé d'embrasser passionnément quelqu'un devant une caméra. »

Rock retourna pourtant la question en long et en large avec Mark Miller : « Qu'est-ce que je fais ? Je vais voir Gottlieb et Sugarman et je leur demande conseil ? Je raconte tout à Linda Evans, à Esther Shapiro et à Aaron Spelling ? » Il finit par en venir à la conclusion qu'il avait les mains liées. « Il était complètement piégé, me dit Mark. Il sentait bien qu'il n'y avait que deux attitudes possibles : révéler qu'il avait le Sida ou embrasser sa partenaire. »

Je demandai à Mark pourquoi il n'était pas venu à l'esprit de Rock de déclarer aux producteurs qu'il avait une affection buccale et ne pouvait embrasser personne. « Ce n'étaient pas des choses qu'on pouvait lui suggérer, m'expliqua Mark. Il vous aurait envoyé promener en vous disant : “ Écoute, mon gars, c'est moi qui embrasse, pas toi. Compris ? ” Il sentait qu'il ne pouvait pas demander une modification du script sans provoquer la suspicion. »

Rock prit donc une décision « conforme aux intérêts de sa carrière », car pour lui sa carrière avait toujours primé le reste, et toute autre considération devait lui rester subordonnée. C'était là une règle impitoyable et absolue à laquelle il n'avait jamais dérogé de sa vie, et ce n'était pas sur le tard qu'il allait changer d'attitude. Mais, au fond de lui-même, il pressentait clairement que ce baiser devant la caméra risquait d'avoir des retombées désagréables : « D'une façon ou d'une autre, je vais avoir à le payer », confia-t-il à Mark. Peu de temps après, la bonne opinion qu'il avait eue de *Dynastie* changea du tout au tout, et bientôt il n'usa plus que d'un calembour à demi emprunté à l'allemand pour désigner la série du nom de Die Nasty *.

A cette époque, Mark et George croyaient encore qu'il serait possible de continuer à cacher jusqu'au bout la maladie de Rock. Et celui-ci le croyait aussi. « Nous ne pensions pas un seul instant qu'un jour il faudrait le déclarer publiquement », me dit Mark. George et lui avaient même songé à convaincre Rock d'aller finir ses jours près d'eux à Palm Desert, où ils l'auraient installé dans un appartement et fait surveiller jour et nuit par des infirmiers discrets. « Nous étions persuadés qu'il s'éteindrait à petit feu et que peu à peu tout le monde finirait par l'oublier, jusqu'au jour où un communiqué révélerait qu'il était mort d'une cirrhose du foie. Nous pensions qu'il mourrait sans faire de tapage. C'était bien mal le connaître. »

Quand arriva le jour où il fallut tourner la scène du baiser donné à Linda Evans, Rock fit usage de tout ce qu'il put se procurer en fait

* La Charogne.

de gargarismes, de bains de bouche et de pulvérisateurs antiseptiques. Et quand il rentra le soir, ce fut pour annoncer à Mark : « Ouf! Ce putain de bécot est enfin dans la boîte! » Il ajouta qu'il venait de vivre l'une des plus sales journées de son existence.

L'épisode en question fut programmé le 6 février, et ce jour-là, seul dans sa retraite du désert, George alluma son téléviseur avec une appréhension mortelle. Il enregistra l'émission sur son magnétoscope, puis la fit repasser en gelant l'image sur la scène critique. « A mon grand soulagement, me raconta-t-il, je me suis rendu compte que Rock ne faisait qu'effleurer du bout des lèvres, très vite et très pudiquement, le coin de la joue de Linda. Pas un instant il n'ouvrit la bouche. Il était impossible qu'il y eût échange de salive. »

En évoquant cette scène, Esther Shapiro juge elle aussi que « cela n'avait rien d'un vrai baiser. Mais Linda non plus n'y mettait aucune passion, car elle était amoureuse de son mari et gardait ses distances par rapport à son partenaire ». Esther ne ressentit plus tard aucune colère en apprenant que Rock avait le Sida, et elle ne lui fit pas grief de n'en avoir rien dit au moment du tournage : « J'ai été horrifiée de savoir qu'il allait bientôt en mourir. J'ai compris que s'il ne nous avait rien dit, c'était parce qu'il ne voulait pas renoncer à jouer. Il avait passé toute sa vie à cacher la vérité aux autres. Pour moi, son attitude était compréhensible. »

Les autres interprètes de *Dynastie* ne semblent pas non plus avoir tenu rigueur à Rock de leur avoir déguisé la vérité. Selon une personne proche de Linda Evans, celle-ci « n'a jamais pensé un seul instant qu'elle avait risqué de contracter le Sida. Elle sait parfaitement qu'on ne l'attrape pas en embrassant quelqu'un. D'ailleurs, Linda n'est pas une inquiète de nature. Elle est plutôt fataliste et croit que tout ce qui arrive dans la vie a une finalité ». En septembre 1985, Linda Evans participera à une soirée au bénéfice des malades atteints du Sida et déclarera : « Au nom de tous ceux qui sont ici présents et de tous ses amis des quatre coins du monde, je voudrais exprimer amour et réconfort à Rock Hudson. »

Les acteurs et les techniciens qui apportaient leur collaboration au tournage de *Dynastie* ressentaient tous pour Rock beaucoup d'affection, et l'annonce publique de sa maladie les plongea indistinctement dans le chagrin. « Il est parfaitement scandaleux qu'il ait fallu que cela tombe sur un homme aussi merveilleux que lui », déclara l'un des réalisateurs de la série. Car le plus étonnant, c'est qu'aucun de ceux qui l'avaient côtoyé sur le plateau ne nourrit jamais contre lui des griefs du genre de ceux qu'on formulera plus tard à l'extérieur :

« Comment a-t-il bien pu embrasser Lindra sur la bouche sans même lui dire qu'il avait le Sida ? » Chez les fans de l'actrice, la réprobation tournera même à la fureur. Les propos tenus par le propriétaire d'une petite entreprise de Los Angeles résument assez bien leur sentiment général : « Il a délibérément pris le risque de la contaminer, et jamais je ne le lui pardonnerai. Je n'accorde aucune confiance aux médecins quand ils affirment que la maladie ne se transmet pas en embrassant. Ils ne savent encore certainement pas tout sur le Sida. Dans tous les cas, Linda aurait dû être prévenue. Ensuite, c'était à elle de décider si oui ou non elle voulait courir le risque. »

Après la prise de vues, Mark Miller s'éveilla au milieu de la nuit, se demandant lui aussi avec angoisse si Linda Evans n'allait pas contracter le virus. « Même si je savais que Rock ne pouvait me contaminer par un simple contact, malgré moi j'évitais qu'il me touche. Et quand il me demandait de lui appliquer de la pommade sur le dos, je courais ensuite à la salle de bains me laver les mains avec autant de méticulosité qu'un chirurgien. Alors j'imaginais la scène de *Dynastie* et je me le représentais se roulant à terre avec Linda et l'embrassant... J'avais beau me dire qu'il avait fermé la bouche, rien n'y faisait. » Rock, lui, cessa de se tourmenter sitôt la scène tournée. Pour lui, l'affaire était classée. En cela, il ne changeait guère : jamais personne ne l'avait vu accablé par la culpabilité.

Peu de temps avant le cinquante-neuvième anniversaire de Rock en novembre 1984, Mark Miller avait demandé à Christian s'il accepterait d'organiser pour la circonstance une petite fête. Rock avait déclaré à Mark qu'il regrettait d'avoir perdu de vue ses anciens amis des années cinquante et soixante. Après l'arrivée de Tom au Château, l'acteur avait en effet coupé les ponts avec bon nombre de personnes qu'il fréquentait : Lynn Bowers et Pat Fitzgerald, Bob Garren, Chuck Tilley, le Dr Joe Carberry, Jimmy Dobson et Wolfgang Bruch. Tom avait entraîné Rock dans des cercles plus mondains et plus distingués. « Jamais je n'aurais dû me laisser faire », avait confié l'acteur à son secrétaire.

Aussi Mark avait-il suggéré à Christian de faire renouer Rock avec ses anciens amis : « Tu devrais inviter la vieille garde en même temps que la relève », lui avait-il dit. Ils avaient dressé une liste de noms, et Christian avait lancé les invitations par téléphone, en commençant par Ross Hunter et Jack Mapes, qui avaient répondu que malheureusement ils étaient pris le samedi suivant, jour anniversaire de Rock. Christian avait ensuite appelé Dean Dittman, qui lui non plus ne serait pas libre. Même réponse de la part de Jon Epstein. Christian était revenu voir Mark dans son bureau :

« Personne ne sera disponible samedi, lui dit-il.

– Alors, organisons cela vendredi. »

Ce qu'ignorait Mark Miller, c'est que Dean Dittman avait de son côté lancé des invitations pour fêter le fameux anniversaire chez lui, et qu'à la requête de Rock il avait invité Ron Channell, mais pas Christian. Et Dean ignorait bien sûr que ce n'était pas Christian qui avait eu l'idée d'organiser une soirée au Château pour la circonstance, mais Mark Miller. Christian n'en avait pas moins continué à téléphoner, mais avait constaté que ses interlocuteurs, et pour cause, n'étaient pas davantage libres le vendredi que le samedi. Quant à ceux de la vieille garde, ils avaient pour une bonne part décliné l'invitation, pas mécontents de signifier à Rock qu'ils lui avaient gardé un chien de leur chienne après dix années de mise à l'écart.

Finalement, c'était Ross Hunter qui avait appelé Mark pour lui apprendre que la soirée d'anniversaire aurait lieu chez Dean Dittman. Mark avait immédiatement compris l'énormité de sa bourde : « Je ne pouvais pas parler à Christian de la soirée chez Dean, car je savais que Ron Channell y serait présent. Je n'avais donc pas le choix : il fallait que je le laisse lancer lui aussi ses invitations pour le vendredi. » Il avait cependant demandé à Rock quelle attitude adopter : « Laisse-le faire. Je m'en fous », avait répondu l'acteur.

Mark Miller n'avait assisté ni à une soirée ni à l'autre, étant donné qu'il était allé retrouver George à Palm Desert pour le week-end. Mais à son retour au Château, le lundi 19 novembre, il avait demandé à Rock : « Alors, et ces deux festivités, ça s'est bien passé ? » L'acteur avait fait le geste de tourner les deux pouces vers la terre : « Il n'y en aura pas de soixantième. L'an prochain, je quitte cette ville. »

Rock commençait à accepter son sort et se résignait peu à peu à ne plus lutter. Il déclara en novembre qu'il en avait soupé des médecins, qu'il accusa de ne même pas prendre la peine de lui communiquer par téléphone le résultat de ses analyses de sang. « Pas un seul ne m'appelle pour me dire " Splendide! Il y a du mieux ", ou au contraire " Eh bien, heu... il semble que nous ayons rechuté ". Sugarman me pompe du sang, et après, rien. Le silence. Et pourquoi? Parce qu'il est *impossible* qu'ils me donnent de bonnes nouvelles à présent. Alors, pourquoi continuer à me faire des prises de sang, bordel! J'en ai ma claque! Fini les analyses! Terminé! »

Le sexe ne l'émoustillait plus. Lui qui dans le passé adorait qu'on lui livre des détails croustillants et se délectait quand on lui envoyait un colis de documents pornographiques « à ouvrir avec soin » ne voulait désormais rien voir ni entendre qui touchât de près ou de loin à la sexualité. A partir de l'automne 1984, rapporte Dean Dittman, « si une scène érotique passait à la télévision, il éteignait le poste. Il refusait même qu'on parle de sexe autour de lui. Car c'était de cela qu'il se mourait ».

Mark Miller avait l'impression que Rock renonçait à tout ce qui avait compté jusque-là dans sa vie : « Pour lui, le plus important avait toujours été le sexe et sa carrière. A présent, il avait tiré un trait sur le sexe et sa carrière s'était tellement étiolée qu'il en était réduit à faire de vulgaires feuilletons à la télé. L'avenir le terrorisait, de sorte que dès qu'il a entrevu un exutoire il s'en est saisi. »

Rock s'inquiétait à l'idée que sa maladie pourrait « paraître dans les journaux ». Un jour, Mark feignit de prendre cette menace à la légère :

« Et alors ? lui dit-il. Quelle affaire ! Si ça se produit, tu quitteras la ville et voilà tout. »

L'acteur fit semblant de jouer le jeu :

« Et dire que je n'y avais pas pensé ! Et pour aller où, cher monsieur ?

– Dans le Yucatan... dans le désert australien... je ne sais moi... le monde ne manque pas d'endroits tranquilles pour y finir tes jours.

– Il faudra que vous veniez là-bas avec moi, cher monsieur. » Rock cessa de jouer et perdit son sourire :

« Tu as raison. Je ne vais certainement pas m'incruster ici à regarder les lettres de refus s'empiler. »

Pour la première fois depuis son arrivée à Hollywood en 1948, Rock passa trois soirées consécutives tout seul. « Je ne savais vraiment pas où aller, expliqua-t-il à Mark. Ron Channell n'était pas libre et Dean non plus. » Le grelot du téléphone ne grésillait plus que très rarement, alors que les années précédentes, les quatre lignes sonnaient nuit et jour. « Il adorait téléphoner. Il lui arrivait de bavarder sur une ligne et de laisser un autre interlocuteur en attente sur une autre ligne. Et quand on l'appelait sur une troisième, on l'entendait crier : " Ne bougez pas, je réponds ! " »

Il passait à présent de longs moments dans le bureau de Mark, affaissé dans le fauteuil à têtes de lion, le regard dans le vide. Tandis que son secrétaire tapait du courrier ou vérifiait les comptes, il arrivait à l'acteur de dire « Je vais mourir » avec une petite voix narquoise d'enfant qui fait marcher sa mère. Alors Mark se mettait au diapason :

« Mais non, il ne va pas mourir. Il me raconte des histoires.

– Si je vais mourir, d'abord!

– Oh! le vilain garçon qui me raconte qu'il va mourir!

– Parfaitement, je vais mourir. Na na na, na na na.

– Arrête! » coupait Mark.

Et tous les deux éclataient de rire.

En décembre, Rock et Dean se mirent en tête d'apprendre une chanson qu'ils avaient l'intention de chanter en duo pour les fêtes de fin d'année. Une chanson enregistrée par Plâcido Domingo et John Denver, et intitulée « Perhaps Love ». C'était Rock qui interprétait la partie de John Denver, et Dean celle de Plâcido Domingo. Rock prit plaisir à travailler cette chanson, mais quand leur numéro fut au point, on ne les convia nulle part et le jour de Noël, Rock se retrouva seul chez lui. « A l'exception de très rares fidèles, personne ne songeait plus à l'inviter », me rapporta Dean.

Stockton Briggle se souvient de les avoir reçus chez lui vers cette époque, à l'occasion d'une réunion entre amis autour de l'arbre de Noël, et d'avoir surpris Rock, amaigri et mal dans sa peau, assis seul dans un coin à regarder mélancoliquement le sapin. Stockton vint s'asseoir à son côté et lui entoura les épaules de son bras pendant un bon moment. « Il semblait ce jour-là terriblement vulnérable. Comme une âme en détresse qui se refuse à implorer secours », me raconta Stockton. En sortant, Rock confia à Dean qu'il se sentait mauvaise conscience de ne pas avoir mis Stockton au courant de son état. Quand celui-ci l'apprit après la mort de Rock, il en fut très attristé. Il était lui-même passé par là dix ans plus tôt, quand on lui avait annoncé qu'il avait un cancer dont il risquait de mourir. « Je m'en suis ouvert à *tout le monde*, car j'étais fermement résolu à m'en sortir et je m'en suis sorti. » Si Rock s'était davantage confié, me dit encore Stockton, il aurait passé la dernière année de sa vie entouré de l'affection de tous ceux qui l'aimaient. Mais chez lui c'était tout l'un ou tout l'autre : « Ou bien le monde entier l'apprenait, ou bien nul n'en saurait jamais rien. Il a choisi de se retrancher et d'agoniser seul. »

Le soir du réveillon de Noël, Rock et Dean furent invités chez Martha Raye, qui avait été la covedette de Rock dans *McMillan.* Mais l'acteur se retira de bonne heure, car Tom Clark avait été invité lui aussi et on l'attendait d'un moment à l'autre. Dean avait récemment fait une tournée avec Martha pour donner une série de représentations de *Annie,* et un soir qu'ils avaient un peu bu, il avait confié inconsidérément à l'actrice que Rock avait attrapé « le mal des temps ». Martha lui avait juré qu'elle tiendrait sa langue, mais Dean s'en voulait à mort d'avoir commis pareille indiscrétion.

Quand Tom Clark arriva chez Martha, il fonça tout droit sur Dean :

« Qu'arrive-t-il à notre bon ami ? Il faut que tu me répondes, Dean : c'est le Sida ?

– Tom, s'il a le Sida, alors c'est que je l'ai moi aussi. Voyons, réfléchis. C'est impossible qu'il ait le Sida.

– En tout cas, s'il l'avait, je serais le premier à aller le voir, même s'il m'a fichu à la porte », fit Tom.

Un peu plus tard, Dean vit Tom s'isoler dans un recoin avec Martha, et tout de suite il craignit le pire. Dean rentra chez lui, et cette nuit-là Tom l'appela à une heure avancée : « Martha Raye m'a affirmé que c'est toi qui lui as appris que Rock avait le Sida ! » lui dit-il. Dean nia farouchement, puis il appela Martha et lui demanda de téléphoner à Tom pour démentir les propos qu'elle lui avait tenus. Ils échangèrent des mots désagréables, et par la suite rompirent leurs relations. Tom Clark devait cependant déclarer plus tard qu'il ne prit jamais au sérieux la confidence que lui avait faite Martha, et qu'il n'apprit véritablement que Rock avait le Sida qu'au moment où l'information fut rendue publique en juillet 1985.

Il n'en reste pas moins qu'aux alentours du mois de janvier de la même année, la rumeur avait fait tache d'huile. Wally Sheft appela un jour Mark de New York et le mit sur la sellette :

« A-t-il oui ou non le Sida ?

– Demande-le lui toi-même. »

Wally Sheft posa directement la question à Rock en y mettant les formes. Rock lui répondit par la négative. Mais plus tard, il dit à Mark : « Au fond, j'aurais dû dire la vérité à Wally. Et puis non, car à la réflexion cela n'aurait rien changé. »

Depuis un certain temps, Rock ne pouvait plus discuter sans se gratter désespérément pour essayer d'atténuer ses démangeaisons. Son corps s'était couvert de plaques éruptives particulièrement abondantes sur le visage et dans la région génitale, et on ne pouvait lui administrer de cortisone pour réduire son prurit du fait que le médicament eût fragilisé davantage encore son système immunitaire. En outre, une gingivite le tourmentait et deux de ses incisives s'étaient déchaussées. Pour faire bonne mesure, un impétigo s'était déclaré, disséminant des pustules infectieuses au niveau du thorax, de la région dorsale et des cuisses, ce qui ajoutait encore à ses démangeaisons. La nuit, celles-ci devenaient intolérables et il ne pouvait fermer l'œil. Alors il déambulait dans la maison vêtu d'un simple short, car il ne pouvait supporter le contact de vêtements sur sa peau en feu.

Un matin, après que l'acteur eut fait un peu d'exercice, James entra dans sa chambre et le trouva sur le lit, un thermomètre dans la bouche. Rock pointa le doigt dans la direction du majordome : « Pour tout le monde ici, tu n'as rien vu », lui dit-il.

Mark et James lancèrent une véritable offensive pour convaincre Rock de retourner à Paris se faire traiter par le Dr Dormont. Mark lui fit lire une lettre provenant d'un ami, Bob Darcy, qui sur leurs conseils était allé là-bas se faire soigner. (Bob Darcy est un pseudonyme, l'ami en question m'ayant demandé de ne pas mentionner ici son nom réel.) Bob venait de passer six mois à Paris, et dans sa lettre il écrivait qu'il avait repris du poids et faisait chaque jour trois kilomètres à la nage. Des médecins de San Francisco avaient pourtant pronostiqué qu'il ne serait plus en vie à la date de son prochain annniversaire... qu'il célébrait en France!

« A Paris, il fait froid », leur dit Rock.

Mark se proposa de partir le premier, de louer un appartement et de le meubler pour qu'à son arrivée Rock n'ait plus qu'à s'y installer.

« Je ne veux pas entendre parler de cette saleté de ville! Ce n'est pas à Paris que je trouverai du travail.

– Oublie un peu ta carrière. Tu veux vivre, non? fit valoir Mark.

– Pas question d'aller vivre là-bas tout seul. Et d'abord, comment vais-je expliquer à Ron que nous allons nous installer à Paris, dans le froid? Pour y faire quoi? Ron est inscrit dans une école d'acteurs. Je ne peux pas lui faire interrompre ses cours. »

« J'ai pourtant fait l'impossible pour le décider à retourner à Paris, me raconta Mark après la mort de Rock. Et pourtant, s'il y était allé, il serait toujours en vie, comme Bob Darcy. »

En février, Rock emmena Ron Channell passer une semaine de vacances aux îles Hawaii. Durant ce séjour, il prit des bains de soleil, ce qui sembla calmer quelque peu son prurit. Mais quand il revint au Château, il ne pesait plus que quatre-vingt-deux kilos. Il prenait place à table avec tous les membres de la maisonnée, mais n'avalait pas une seule bouchée. Et quand il essayait de s'alimenter, peu de temps après il se retirait en s'excusant et montait dans sa chambre pour y vomir. « J'ai la nausée sitôt que je mets le pied dans la cuisine », affirmait-il.

Le débit de son discours s'était ralenti, il marchait de plus en plus péniblement et avait de la difficulté à comprendre les questions les plus simples. Les nerfs de Mark commençaient à flancher tant il se sentait éprouvé par le spectacle de la déliquescence de Rock et la nécessité de dissimuler en permanence quand il était en sa présence. Tous les vendredis, il se rendait en voiture à Palm Desert, où dès son arrivée il s'effondrait au bar, comme frappé de prostration. Il ne reprenait guère ses esprits avant le dimanche, mais alors il devait regagner la maison dans laquelle Rock se mourait et qu'il n'appelait plus que « Château-Lapeste ». L'enfer. « Pourtant, je savais que je ne déserterais pas, me dit-il. Pour rien au monde je ne l'aurais fait. Je suppose que je dois ce trait de caractère à mon enfance passée dans une ferme de l'Iowa. »

Au mois de mars, Rock manifesta le désir d'aller passer un week-end à Palm Desert. Mark en fut surpris, car jamais Rock n'avait aimé ce lieu. Ils appelèrent George.

« Vrai, je peux venir? lui demanda Rock au téléphone.

– Mais naturellement. Ce serait chouette! Viens avec qui tu veux.

– Je peux y aller seul?

– Quelle question! Bien sûr. Ramène-toi quand tu le voudras. »

Ils fixèrent la date de la visite au week-end de Pâques, et le vendredi 4 avril Rock partit pour Palm Desert dans la Jeep Wagoneer de Mark. George n'avait pas revu Rock depuis plus d'un an, quand celui-ci était venu passer quelques jours chez lui avec Christian en février 1984. Mark n'avait pas manqué d'avertir son compagnon qu'il trouverait Rock terriblement diminué, mais quand George le vit le choc fut épouvantable. Il avait peine à croire que le visage qu'il avait devant lui était le même qui lui avait été familier pendant trente ans, le même qui avait tant séduit les caméras.

George serra la main que Rock lui tendait, puis il lui entoura les épaules des deux bras et lui donna quelques claques affectueuses dans le dos. Ce fut pour lui un autre choc, car sous le sweat-shirt, les os faisaient saillie. Rock regarda George droit dans les yeux : « Et oui! » fit-il, comme pour lui signifier qu'il était inutile que l'un cherche à leurrer l'autre. « Nos rapports s'établissaient selon divers degrés d'intimité, me dit George. Nous pouvions échanger des propos parfaitement superficiels, rester à la surface des choses en nous gardant de rien approfondir. Ou bien Rock prenait ses grands airs et jouait à la vedette. Ou encore nous laissions tomber d'emblée toute attitude contrefaite et nous parlions d'homme à homme, sans nous encombrer de chichis. A la façon dont il a prononcé ce “ Et oui! ” j'ai su tout de suite que ce jour-là aucun des deux ne tenterait de donner le change à l'autre. »

La maison de Palm Desert était une construction basse, moderne et pourvue tout autour de fenêtres donnant sur les palmiers et les pelouses verdoyantes du Bermuda Dunes Country Club. A l'arrière-plan se découpaient sur le ciel les montagnes de Palm Springs, dont les coloris passent du brun au saumon et au pourpre selon l'heure du jour. George avait libéré la chambre principale pour y installer Rock, jugeant qu'il se sentirait plus à l'aise dans une pièce avec salle de bains.

Ils allèrent dîner ce soir-là au French Quarters, que Mark et George avaient baptisé « le fort » en souvenir du temps où Patton y avait établi son quartier général lorsque ses troupes s'entraînaient dans la région à combattre dans le désert. Quand on apporta les plats, Rock s'en fit servir un peu dans son assiette, mais à la fin du repas il demanda à Mark de lui indiquer « les toilettes pour hommes ».

George regarda Mark d'un air interrogateur. Rock allait-il vomir? Mark confirma d'un signe de tête.

Rock revint dix minutes plus tard, souriant, comme s'il ne s'était absenté qu'un instant. Rien n'aurait pu laisser supposer qu'il s'était senti mal.

Le lendemain matin, l'acteur sortit de sa chambre vêtu d'un vieux short bleu dans lequel il flottait, et qu'il demanda l'autorisation de retirer, expliquant qu'il avait à l'aine des plaques éruptives et que le soleil lui ferait du bien s'il s'étendait nu au bord de la piscine. Mark et George l'invitèrent à prendre ses aises : la propriété était ceinturée d'une clôture. Rock déploya une serviette de bain sur le gazon et s'allongea au soleil, tandis que George prenait place sur une chaise longue, à l'ombre d'un arbre. Il avait un cancer de la peau qui à diverses reprises lui avait donné des alarmes, et il portait toujours un jean, une chemise à manches longues et un chapeau. Tandis que Mark s'affairait à la cuisine, Rock et George bavardèrent quelque temps, comparant les mérites respectifs des chiens qu'ils avaient possédés l'un et l'autre au fil des années. Rock s'était particulièrement attaché au premier de ses setters irlandais, et George à un chien croisé de doberman et d'airdale, Matty, que lui avait donné Rory Calhoun.

Après avoir énuméré les qualités d'intelligence et de fidélité de leurs bêtes, ils gardèrent le silence pendant un bon moment. Rock fut le premier à le briser :

« Tout compte fait, je crois que c'est toi qui as raison, dit-il.

– J'ai toujours raison.

– Mon cul! Pas toujours, mais cette fois-ci, oui, je te l'accorde : les bêtes valent mieux que les hommes. »

Depuis quelque trente ans qu'ils se connaissaient, chacun n'avait eu de cesse de vouloir démontrer à l'autre qu'il raisonnait de travers. En entendant Rock lui accorder l'avantage, George exulta :

« Ah! tu vois bien! Mais... qu'est-ce qui t'en a convaincu?

– Le téléphone a rendu l'âme, dit Rock. Personne ne m'appelle plus.

– Tu es bien sûr d'avoir payé la note? » ironisa George.

Rock releva la tête et le contempla avec tristesse.

« C'est vrai, répéta-t-il, personne ne m'appelle plus... jamais. Personne n'a plus rien à me dire. Même Ross et Jacques. Même mes agents. Même ces enfoirés de médecins...

– Rock, si cela peut te consoler, c'est exactement la même chose qui nous est arrivée dans le temps, à Mark et à moi, quand j'ai cessé de jouer. Et je sais que ce n'est pas drôle. »

Rock lui confia qu'il était las de passer toutes ses soirées avec Dean Dittman et d'écouter ses prêches sur le Bon Dieu et le positivisme.

« Et que devient le Prince au Bois Dormant? » interrogea George en usant de l'expression qu'employait Rock pour désigner Christian.

Rock se retourna sur le ventre et fixa George :

« Toujours pareil, fit-il avec un sourire désabusé. Il m'a bien eu, tu sais. Il m'a bien eu et il se marre.

– Qu'entends-tu par " il m'a bien eu "? »

Rock fixa l'arrière de la maison :

« Mark, s'égosilla-t-il, dans combien de temps le déjeuner?

– Dix minutes », cria Mark.

Rock se tourna de nouveau vers George et lui raconta que peu de temps après son retour d'Israël, Christian lui avait avoué qu'il lui était arrivé de monnayer ses faveurs : « Il a pris son sourire de mange-merde pour me le dire, en me jurant qu'il avait fait ça *uniquement* quand il crevait de faim et qu'il n'avait *pas le choix*, ajouta Rock en contrefaisant la voix de Christian. Alors je lui ai dit d'aller se faire foutre. Ça l'a fait rigoler, mais attends, ce n'est pas tout, parce que ensuite il m'a raconté comment il s'y était pris pour me rencontrer " par hasard " aux Brooks Baths, en frétillant de la queue jusqu'à ce que je le repère. Le reste est de l'anecdote. Et pourtant je n'arrive pas à y croire. Je t'embrouille et je te mets le grappin dessus. Merci, monsieur!

– Mais, alors, nom de Dieu, pourquoi ne l'as-tu pas foutu à la porte? questionna George.

– Il m'a simplement dit qu'il irait débiter sa petite histoire à

Enquirer. Il a un copain journaliste et tout le monde n'attend plus qu'un signe de lui pour lâcher le morceau. »

Et, après une pause lourde de rancœur, il ajouta : « Après ça, la coupe était pleine. Et tant mieux. »

George prenait depuis longtemps sur lui pour ne pas poser une question qui le tourmentait : pourquoi Rock n'avait-il pas révélé à Christian qu'il avait le Sida ? Estimant que le moment s'y prêtait, il se décida :

« Dis-moi, Rock, quand tu as appris que...

– Que j'avais la peste ? Mais je viens de t'expliquer qu'entre nous c'était fini. Que depuis des mois nous n'avions plus de rapports physiques. Si je lui avais dit quoi que ce soit, il se serait empressé d'aller le répéter à Liberty et en un rien de temps elle aurait mis tout Hollywood au courant.

– Oui mais... »

George aurait voulu formuler les craintes qu'il nourrissait à propos du risque de contracter la maladie qu'avait encouru Christian, mais Rock ne le laissa pas terminer sa phrase.

« Écoute-moi bien, le coupa-t-il sèchement. Maintenant, tu sais qui est Christian. Qu'il aille se faire foutre ! Tout ça, c'est de l'histoire ancienne. »

Ils se regardèrent, et à ce même instant Mark leur annonça du seuil de la maison que le déjeuner était prêt.

Le samedi, Mark et George proposèrent à Rock de faire une excursion au Joshua Tree * National Monument. « Superbe ! Allons-y, montrez-moi ca ! » s'enthousiasma Rock. Ils montèrent dans la Jeep, allumèrent la radio de bord et prirent la route du parc national avec l'intention de faire ensuite un détour de deux heures pour aller dîner au restaurant de la Vallée de la Lune. Rock n'avait jamais eu l'occasion de visiter la réserve de Joshua Tree, où abondent les cactus exotiques, les fleurs sauvages et de fantastiques formations géologiques. « Dieu que c'est beau ! Regardez-moi ça », s'émerveillait-il. Ils s'arrêtèrent pour visiter « le jardin des chollas ** », une bande de terrain désertique plantée de milliers de cactus dont le soleil de l'après-midi irrisait les piquants. Ils grimpèrent le long d'un sentier à travers les chollas, puis regagnèrent la voiture.

* Arbre de Josué. Nom donné à un cactus géant dont la disposition des branches immenses évoque le prophète Josué, le successeur de Moïse, indiquant de sa lance au peuple hébreu les murailles de Jéricho. Les plantes arborescentes de cette espèce – des yuccas – sont communes dans le sud-ouest des États-Unis *(N.d.T.)*.

** Nom commun d'une variété de figuiers de Barbarie (Opuntia) dont le tronc est cylindrique *(N.d.T.)*.

Peu de temps après, ils roulaient parmi les arbres de Josué, d'immenses yuccas brunâtres et tortueux fichés dans le sable comme des sentinelles aux longs bras épineux. Un peu plus tard, ils entendirent soudain Patti Page chanter « Mockin' Bird Hill » sur une radio locale. Ils éclatèrent tous les trois d'un tel rire que Mark, qui conduisait, faillit en quitter la route. Écouter « Mockin' Bird Hill » après tant d'années! La rengaine dont Rock leur avait tant et tant seriné les oreilles du temps qu'ils étaient tous les trois jeunes et pleins d'ambition. Le disque que Mark et George avaient menacé d'envoyer voltiger par la fenêtre si Rock le leur infligeait une seule fois de plus! Mark ralentit et stoppa la voiture pour rire aux larmes avec ses deux compagnons.

Ensuite, ils roulèrent dans un silence paisible qu'aucun d'entre eux ne voulait rompre. Le soleil déclinait sur un paysage lunaire à la surface duquel se dressaient, inquiétantes, les silhouettes torturées des arbres de Josué. George sentait qu'entre eux s'était établie « une autre qualité de communication et qu'il fallait se taire pour capter l'indicible ». Il sut à cet instant que Rock était venu lui faire ses adieux.

Quand ils sortirent des limites du parc national, Mark actionna le levier du crabotage et engagea la Jeep sur un chemin caillouteux qui ne semblait mener nulle part. Ils apercevaient dans le lointain de faibles lumières, et plus ils s'en rapprochaient plus se faisaient nombreux les rassemblements de cactus et d'ocotillos *. Enfin, ils s'arrêtèrent devant une vieille bâtisse de pierre à l'enseigne de « La Vallée de la Lune ».

L'état de grâce fut rompu quand ils franchirent le seuil du restaurant. Le patron reconnut Rock et l'accueillit en lui souhaitant la bienvenue. On leur servit un repas fermier : poulet rôti, purée de pommes de terre, petits pains au miel et gelée de fruits. Tout ce dont Rock raffolait le plus au monde. Ce soir-là, il mangea comme jamais Mark ne l'avait vu le faire depuis des mois. Mais, après avoir fini sa gelée, il demanda calmement : « Vous savez où sont les toilettes ? »

« Nous avions le cœur broyé », me raconta George. Sentant Rock épuisé, ils regagnèrent Palm Desert par la route la plus directe.

Le dimanche de Pâques, Rock dormit jusqu'à dix heures. Ensuite, tandis que George lisait le journal, il fit un peu de broderie avec Mark et le réprimanda parce qu'il « salopait le travail » :

« Enfin, ce n'est pourtant pas sorcier! N'importe quel con saurait

1. Pins du Mexique ressemblant à des cactées géantes. *(N.d.T.)*

faire ça », protesta-t-il en lui faisant voir où il s'était trompé en changeant de rang.

« Merde! Montre-moi, alors », dit Mark.

Rock lui fit voir comment passer le point et exécuta quelques rangs lui-même. Puis il reprit son propre ouvrage.

Un peu plus tard, il s'enquit des moyens d'existence de ses deux hôtes : « S'il m'arrive quelque chose, vous avez de quoi vivre à l'aise tous les deux ? » Mark lui dressa l'état de ce dont ils disposaient et lui affirma qu'ils pouvaient fort bien s'en tirer en vivant simplement. Non, ils n'avaient pas besoin de l'argent de Rock. Il devait se sentir parfaitement libre d'en disposer à sa guise.

Mark et George avaient prévu ce jour-là d'emmener Rock à Borrego Springs, mais George estima que leur invité n'était pas assez en forme pour entreprendre l'excursion :

« Et si on se contentait de fainéanter ici toute la journée? proposa-t-il.

– Je pense que c'est une excellente idée », approuva Rock.

George se rendit compte que Rock n'était pas exigeant : « Il n'éprouvait ni l'envie ni le besoin de se distraire. Notre simple présence semblait suffire à son bonheur. » Le fait que l'acteur ait tenu à venir passer quelques jours chez eux touchait profondément George, qui sentait bien que les révélations que lui avait faites Rock à propos de Christian n'étaient en fait qu'une ultime confession : « S'il n'avait pas pressenti que cette rencontre était sans doute la dernière, jamais il ne s'en serait ouvert à moi. Il était bien trop pudique pour ne pas garder ces choses-là secrètes. »

Mais, à aucun moment, nul ne laissa paraître dans la conversation que ce séjour à Palm Desert sonnait comme une visite d'adieu.

« Tu sais, Rock, lui dit George, maintenant que tu as réussi à perdre tout ce poids, tu devrais te faire faire un lifting. Un vrai... le grand jeu.

– Tu rigoles, voyons! »

Quelques années auparavant, sur le conseil pressant d'un directeur de la photo, il avait fini par se faire brider les paupières, mais ensuite il avait considéré cette initiative comme le comble du m'as-tu-vu.

« Tu as des creux et des rides... insista George.

– Moi ? Des rides ? Mais non.

– Si, sous certains éclairages. Quelques rides. Pourquoi ne fais-tu pas arranger ça... un bon lifting pour affermir et resserrer tout ça... A l'écran ce serait chouette. »

Rock rit de bon cœur en secouant la tête :

« Merci du conseil, George. A l'écran, je ressemble à un homme qui vaut un million de dollars! »

Au mois de mai commencèrent à circuler des rumeurs qui revinrent aux oreilles de Mark Miller : Christian avait le Sida et c'était lui qui avait contaminé Rock. Le 28 du même mois, à l'occasion d'une visite de Christian dans son bureau, Mark le questionna :

« Tu es au courant des bruits qui courent sur ton compte ?

– Des bruits ? Quels bruits ?

– On dit que tu as le Sida, et que c'est toi qui l'as refilé à Rock.

– Quoi ? Mais c'est ridicule! Donc, si je compends bien, Rock aurait le Sida ? »

C'était la première fois que Christian posait pareille question à Mark, lequel lui répliqua pour couper court :

« Tu devrais le lui demander toi-même. »

Le soir, alors que Rock était seul dans la cuisine, Christian vint le trouver pour en avoir le cœur net :

« On raconte que tu as le Sida. C'est vrai ? »

Rock le contempla avec mépris :

« Moi non. Mais toi ?

– Non plus, dit Christian. Mais tu as quelque chose qui ne va pas. Pourquoi ne te fais-tu pas soigner ? Tu devrais consulter un bon médecin au lieu d'aller voir tes charlatans.

– Je me sens bien.

– Tu as fais faire des examens pour t'assurer que tu n'avais pas un cancer ?

– Oui.

– Et pour le Sida aussi ?

– Oui, j'ai fait faire tous les examens possibles et imaginables, et on ne m'a rien trouvé. »

Un voile d'impassibilité ôtait toute expression à son visage. Le voile qu'il tirait quand il décidait de ne rien livrer de ses pensées. Et de sa voix qui glaçait l'interlocuteur, il dit à Christian :

« Mais que ferais-tu si tu avais le Sida ?

– Je ne sais pas. Je crois que je me suiciderais. »

Au mois de juin, une crise éclata à propos du véhicule de Christian, un Chevy Nomad 1959, qui depuis plus de dix-huit mois était en rénovation chez Image Makers. Jusque-là, Mark Miller avait toujours réglé chaque semaine les factures. Il avait calculé au mois de mai que la remise à neuf du break avait déjà coûté 20 000 dollars. Et ce n'était pas fini. Il en avait averti Rock, lequel avait décidé d'arrêter là les frais : « Cela suffit. Je ne débourserai pas un sou de plus. » Mark avait fait part de cette décision à Christian, mais celui-ci n'en avait pas moins commandé à Image Makers de nouveaux travaux sur l'antique Chevrolet. Quand Mark reçut en juin la facture – la bagatelle de 10 000 dollars – il dit à Christian de la payer lui-même.

« Écoute, plaida le jeune homme, la voiture n'est pas terminée, vous ne pouvez pas me laisser en plan comme ça! » Il expliqua ensuite qu'il s'était rendu compte que le directeur de Image Makers, Mike Frawley, avait gonflé la note en pensant que le véhicule appartenait à Rock Hudson : « Ce type vous a facturé trois ou quatre fois les mêmes pièces, affirma-t-il. C'est du vol pur et simple. Il roule Rock et j'en ai toutes les preuves. Je suis bien décidé à ne pas en rester là et à défendre les intérêts de Rock. Mais ne me laissez pas tomber.

– On a trop d'ennuis en ce moment, lui dit Mark. On ne veut plus entendre parler de cette affaire.

– Si tu préfères, je peux tout simplement sortir la voiture du garage.

– Cela m'étonnerait que tu puisses la sortir comme ça sans t'exposer à des poursuites. »

Christian consulta l'avocat de George Nader et concocta un stratagème lui permettant de récupérer sa Chevy Nomad sans payer la facture. Il déclara au directeur de Image Makers que Rock désirait faire enregistrer le véhicule en tant que voiture de collection, et il lui demanda de l'accompagner au service des immatriculations. Mike Frawley accepta. Au premier feu rouge, Liberty Martin monta dans la voiture, et Christian me donna plus tard des faits la version suivante : « J'ai exigé de Frawley qu'il descende de ma bagnole. Et c'était légal, je l'avais appris, parce que le véhicule était sorti du hangar avec son plein consentement. »

Frawley tenta bien d'appeler un policier à la rescousse, mais comme il était incapable de produire la preuve de ce qu'il avançait, Christian fut autorisé à repartir : « Pour ne pas allonger la note, j'ai donc récupéré la voiture », me dit-il.

De son côté, Mike Frawley affirme qu'il a été purement et simplement escroqué par Christian, qui chaque fois qu'une réparation était exécutée exigeait qu'on refasse le travail : « A sa demande, plaide-t-il, la carrosserie a été repeinte deux fois, les garnitures intérieures remplacées deux fois. Toujours à sa demande, nous avons dû changer je ne sais combien de fois les chromes. La voiture est tellement vieille qu'on ne peut plus se procurer de pièces de rechange neuves, mais seulement des occasions en bon état. Christian a lui-même épluché toutes les factures des pièces que nous avons changées, mais chaque fois qu'ensuite nous en trouvions une en meilleure condition que celle que nous avions montée, il exigeait qu'on refasse le travail. » De plus, déclare encore Frawley, quand Christian faisait réparer la Ford Torino de Liberty Martin, « il me demandait de libeller la facture au nom de Mammoth Films, la société de Rock Hudson. Et donc certaines des fameuses pièces en double étaient destinées à la voiture de Liberty. »

Du jour où Mammoth Films avait suspendu ses paiements, Frawley en avait demandé la raison à Christian, qui lui avait répondu que Rock était ulcéré de constater que la remise à neuf du véhicule exigeait tant de mois, et qu'il était bien décidé à ne pas honorer la totalité de la facture avant la fin des réparations. Christian avait donc invité le directeur de Image Makers à ne plus envoyer ses factures au Château, mais à les lui remettre en mains propres, lui garantissant qu'il serait payé intégralement quand la Chevy Nomad sortirait du garage. Frawley avait alors demandé à tout son personnel de travailler jour et nuit pour que les réparations soient effectuées dans les trois semaines à venir. Ensuite seulement, il avait envoyé la facture de 10 000 dollars à Mammoth Films. « C'est donc en toute confiance que j'ai accompagné Christian lorsqu'il m'a demandé d'aller avec lui faire immatriculer la voiture, raconte-t-il. Pas un instant je ne me doutais qu'il allait me rouler. »

Christian rapporta en riant à Mark Miller comment il s'y était pris pour jouer un bon tour à Image Makers et « dégager » le break. Mark en fit le récit à Rock. Un peu plus tard, alors que celui-ci était dans la cuisine avec Ron Channell et qu'il s'apprêtait à faire ses exercices, Christian vint le trouver pour lui annoncer que sa voiture était réparée et lui demander s'il pouvait la ramener au Château.

« Certainement pas, répondit Rock.

– Mais... pourquoi ?

– Tu sais très bien comment tu l'as récupérée, et je ne tiens pas à être harcelé par ces gens ni à les voir débarquer ici pour la reprendre.

– J'habite également ici, non ? Et c'est ma voiture, après tout. »

Rock s'emporta :

« Je ne veux pas que cette saloperie de voiture entre chez moi, tu entends. Un point, c'est tout.

– Comment peux-tu me parler ainsi devant un domestique ? » fit Christian en désignant James Wright.

Rock quitta la cuisine et Christian, furieux, se saisit d'une chaise et la lança à travers la pièce.

« A ta place, dit Ron Channell à Rock quand ils furent seuls, je retournerais tout de suite voir ce type pour le virer séance tenante. »

Christian entra en trombe dans le bureau de Mark Miller en jurant qu'il allait amener sa voiture au Château, n'en déplaise à Rock. Mark se rendit à la salle de jeu et demanda à l'acteur de le suivre dans son bureau. « Maintenant, expliquez-vous », dit-il aux deux hommes, qui tournèrent et retournèrent la question et finirent par décider que la Chevy serait parquée au Château, mais bâchée en permanence.

James Wright, lui, était furieux, et il annonça à Mark Miller qu'il désirait rendre son tablier : « Il a osé me traiter de valet! Comme s'il était chez lui! Je suis citoyen britannique et j'exerce une profession honorable, moi. »

Mark prit Christian à part : « Écoute, essaie d'arranger les choses avec Rock. Parle-lui. Cela ne peut plus durer. Ou bien vous vous rabibochez, ou bien vous vous séparez. La maisonnée est en ébullition et James fou de rage. Personne ne desserre plus les dents. Ce n'est certainement pas Rock qui fera le premier pas. »

Ce soir-là, alors que Rock grignotait à la cuisine, Christian vint s'asseoir calmement en face de lui :

« Et si on essayait de revenir deux ans en arrière et de recommencer ? proposa-t-il.

– Non, répliqua Rock. A présent tu vaux pour moi moins que de la merde. Et je me fous de tout ce que tu pourrais bien me raconter. Nous n'avons rien à nous dire. Pendant deux ans, tu m'as passé à l'essoreuse. Maintenant, c'est trop tard. »

Christian le regardait bouche bée. Rock fixa son attention sur son assiette pour marquer sans équivoque possible qu'il ne voulait plus rien entendre. Christian attendit quelque peu, puis se leva et prit la porte.

La semaine suivante, Ron Channell prit l'initiative de provoquer une discussion à trois sur l'état de santé de Rock en persuadant celui-ci de venir en débattre dans le bureau de Mark. Ron exposa dans ses grandes lignes le plan d'action qu'il proposait avec la plus grande conviction : Rock changerait de médecin, irait voir un diététicien et consulterait des psychologues. Il était grand temps, estimait Ron, de mettre à contribution toutes les ressources de la science, de la psychologie, de la religion, bref, de tout ce qui était susceptible de lui rendre la santé. Tandis qu'il parlait, Rock ouvrait son courrier en s'aidant d'un coupe-papier. Avec l'ardeur d'un entraîneur qui s'acharne à stimuler une équipe désespérément amorphe, Ron ne ménagea pas les arguments pour gagner ses deux interlocuteurs à sa cause :

« Alors les gars, d'accord, on y va ? » fit-il pour conclure.

Il y eut un silence de mort.

« Je vais y penser », finit par déclarer Rock.

Ron s'affaissa dans son fauteuil.

A présent, Rock avait des défaillances durant la journée, car il ne s'alimentait pratiquement plus. Son poids était tombé à soixante-seize kilos – soit vingt-trois de moins qu'à la date où la maladie s'était déclarée – et il n'était plus que l'ombre de lui-même. Il ne dominait plus les autres de toute sa stature. On eût juré qu'il était de taille normale. Pour la première fois de sa vie, il avait des cauchemars et il s'éveillait en poussant des cris. Il transpirait si abondamment durant son sommeil que James avait disposé une feuille de plastique sur son matelas. « La nuit je sens affreusement mauvais, dit-il un jour à Mark Miller. D'après toi, d'où ça peut venir ? »

Le 5 juillet, Dean Dittman appela Mark : Rock lui avait confié qu'il avait l'impression que les gens de son entourage le droguaient. Mark le répéta à l'acteur. « C'est vrai, confirma celui-ci. Et je voudrais bien que ça cesse. »

Il avait accepté de se rendre le 15 juillet à Carmel pour enregistrer *Doris Day's Best Friends,* un nouveau show de l'actrice qui devait être diffusé sur le réseau câblé. Une conférence de presse aurait lieu avant l'enregistrement, et on savait d'avance que *Life Magazine* désirait faire sa première de couverture avec une photo des retrouvailles de Rock Hudson et de Doris. Mark tenta de dissuader l'acteur de se rendre à Carmel. Ses médecins aussi. Dale Olson fit à son tour une dernière tentative. Peine perdue. « Je n'ai pas l'impression que Rock se rende très bien compte de sa dégradation physique », leur expliqua Mark.

Rock n'en fit qu'à sa tête et partit pour Carmel un lundi, « ne tenant plus que par un fil ». Dès le lendemain, Mark prit une décision radicale : Rock retournerait à Paris. Il réserva donc deux places – l'une pour Rock, l'autre pour Dean – sur le vol du samedi suivant et demanda au Pr Gottlieb d'alerter le Dr Dormont. Après quoi, Mark appela Wally Sheft à New York pour lui annoncer que Rock allait partir à Genève, faire traiter son anorexie. (Il ne lui révélera la vérité qu'après l'admission de l'acteur à l'Hôpital américain de Neuilly.)

A la conférence de presse de Carmel, Rock arriva en retard,

flottant dans des vêtements dépareillés. A la fin les journalistes, visiblement stupéfaits, se massèrent autour de Dale Olson.

« Que lui arrive-t-il ? Il tient à peine debout.

– Une grosse grippe, affirma Dale. Je me suis même demandé si mieux ne valait pas annuler.

– Dans l'état où il est, vous êtes bien sûr qu'il n'a pas quelque chose de plus grave ? interrogea un journaliste.

– Non, je ne crois pas », fit Dale.

USA Today publia une photo de Rock et de Doris, et immédiatement Dale fut assailli de coups de téléphone en provenance du monde entier. « Rock est-il en train de mourir ? » Tom Clark appela lui aussi Dale pour lui dire combien la photo l'avait effrayé. « En ville, on ne parle plus que de ça », ajouta-t-il. Liz Smith, une journaliste, écrivit même dans un papier que l'acteur avait été hospitalisé, et nombre d'amis téléphonèrent au Château pour demander où ils pouvaient lui faire envoyer des fleurs.

Doris Day et son fils, Terry Melcher, avaient ressenti un tel choc en voyant arriver Rock à Carmel qu'ils avaient eux aussi tenté de le dissuader d'enregistrer l'émission. Mais il s'était montré inébranlable. Les prises de vues débutèrent le mardi 16 juillet, et le soir après le dîner Rock invita Dale à venir prendre un verre dans sa suite. « J'ai commandé à boire, lui dit-il. Viens me voir. On pourra bavarder. » Dale trouva Rock étendu sur son lit. Sur une table, on avait déposé quatre verres de scotch et quatre de vodka.

« Bigre, quand tu commandes à boire, tu ne fais pas les choses à moitié ! fit Dale.

– C'est qu'il faut pas mal de temps pour se faire servir, alors je me suis dit : tant qu'à faire, autant en commander plusieurs. »

Dale se dit que la soirée s'annonçait rude. « Il m'était déjà arrivé de me trouver dans les mêmes circonstances avec Judy Garland, m'expliqua Dale plus tard. Elle avait une telle hantise de la solitude qu'elle ne vous lâchait pas tant qu'elle ne tombait pas ivre morte. J'avais l'impression ce soir-là que c'était exactement ce qui m'attendait avec Rock. » Et de fait, chaque fois que Dale avait annoncé « Je ferais mieux de partir, il est temps que tu dormes », Rock l'avait retenu.

Ce soir-là, il avait fait pour la première fois des confidences à Dale. Il lui avait révélé certaines préoccupations intimes, et aussi le jugement qu'il portait sur ceux qui dans sa vie s'étaient dits ses amis. Ce bilan avait quelque peu étonné Dale, car diverses personnes que jusque-là il avait considérées comme des proches de Rock en fait ne l'étaient pas.

« Tu vois, lui avait confié l'acteur, celui qui a le plus compté dans ma vie, c'est Tom Clark. Avec lui je pouvais rire, et voyager en sa compagnie était un vrai régal. Il était parfaitement loyal et il ensoleillait la maison. Un être exrtraordinaire.

– Vraiment ? » fit Dale.

Rock lui avoua que son existence s'était brisée du jour où Tom était parti. Que tout son ciel s'était assombri. Oui, il avait sincèrement aimé Tom sans même comprendre à l'époque combien il l'aimait.

« Pourquoi n'essaies-tu pas de le revoir ?

– Non... je ne crois pas. J'aimerais bien mais... non. »

Rock n'avait pas fait la moindre allusion à Christian, bien que deux ans plus tôt il eût demandé à Dale s'il pouvait faire quoi que ce soit pour aider le jeune homme à faire aboutir son projet de livre sur la musique. Il lui avait également montré avec orgueil les bandes que Christian avait compilées sur l'histoire de la musique populaire. Quelques mois plus tard, Dale avait dit à Rock qu'il lui était venu quelques idées sur la façon de faire financer par un sponsor le projet de recherche de Christian, mais Rock l'avait tout de suite dissuadé d'aller plus loin : « Ne te casse surtout pas la tête. De toute façon, ça n'aboutira à rien. »

Rock savait que Dale était un ami de longue date de Shirley MacLaine, et ce soir-là il lui demanda de ses nouvelles. Dale lui répondit que l'actrice faisait présentement une série télévisée dans laquelle il était question de réincarnation. Intrigué, Rock voulut en savoir davantage et finit par déclarer qu'il ne croyait pas en Dieu, enfin, pas en Dieu tel qu'on nous le représente généralement, mais que pour ce qui était de la réincarnation, il y avait « quelque chose de vrai là-dedans ».

A trois heures du matin, Dale lui annonça que cette fois, il se retirait :

« Il faut que tu dormes, Rock, ou alors j'annule le tournage. Tu ne peux pas arriver devant la caméra sans avoir fermé l'œil. Va dormir, ne serait-ce que par courtoisie pour Doris. »

Dale se mit au lit, et quand on le réveilla au matin, Rock était déjà debout, frais rasé, prêt à tourner.

Doris Day's Best Friends fut programmé sur la chaîne Christian Broadcast peu de temps après la mort de Rock. Le spectacle en lui-même a quelque chose d'attendrissant. Il débute exactement comme *Confidences sur l'oreiller,* c'est-à-dire par un dédoublement de l'image sur l'écran. D'un côté, on voit Doris chez elle disposer des fleurs dans un vase, puis composer un numéro de téléphone, et de l'autre Rock décrocher pour répondre.

« J'adore mes roses, fait Doris d'une voix chantante.

– Voilà qui s'annonce bien, réplique Rock. De jolies roses pour une jolie blonde! »

Il est très à l'aise, très décontracté, et l'écran irradie littéralement la chaleur que dégage tout son être. Ensuite, Doris lui dit combien elle est ravie de lui annoncer qu'il sera le premier invité de son show.

« Je saute dans le premier avion et j'arrive! exulte-t-il.

– C'est que... comment dire? Le budget de l'émission est un peu serré. Tu ne pourrais pas venir en bus? »

Musique.

On retrouve Doris sur une route de campagne. « Le voilà! » s'exclame-t-elle en voyant arriver un vieil autobus bringuebalant. Les deux partenaires de la scène ont à peu près le même âge, mais sur l'image le contraste vous coupe le souffle. Elle s'élance vers l'autobus avec souplesse et vivacité, alors que le voyageur qui en descend se déplace avec la lenteur et la raideur d'un vieillard.

« Dans mes bras! s'écrie Rock.

– Oh! Et moi qui ne te voyais pas! » fait Doris tandis qu'ils tombent dans les bras l'un de l'autre.

On les retrouve dans une antique décapotable jaune, puis dans la propriété de Doris, dont elle lui fait faire le tour. La caméra les suit tout au long de leur promenade. Doris chante « My Buddy » et de temps à autre ils s'arrêtent pour contempler un arbre ou lancer une badine à l'un des chiens. Et là encore on est frappé par le délabrement physique de Rock, qui marche en traînant les pieds, mains enfoncées dans les poches, alors que Doris virevolte en tous sens avec grâce. Mais il se dégage de cette scène une impression de complicité paisible. A la fin de la promenade, ils s'asseoient côte à côte sur un banc du patio, et l'un des chiens de Doris vient s'affaler aux pieds de Rock.

« On dirait qu'il est épuisé! s'étonne-t-elle.

– Lui non, mais moi oui! réplique Rock.

– Il faut dire que je t'ai fait faire une bonne trotte! Et après un silence elle ajoute : tu sais ce qui me manque? C'est de rire comme nous le faisions dans le temps.

– Moi aussi, ça me manque. Je crois que jamais plus je n'ai ri comme ça depuis cette époque.

– Souviens-toi du plaisir que nous avons pris à faire des films ensemble.

– J'aurais aimé que nous en fassions davantage, dit Rock.

– Et si on recommençait? »

Ensuite, Doris l'invite à dîner, mais il décline l'invitation en expliquant qu'il ne voudrait pas manquer son bus. Pour la scène finale, on les retrouve sur la route de campagne. Ils s'étreignent une dernière fois et Rock embrasse Doris sur les lèvres, prenant bien soin de fermer la bouche. Doris reprend « My Buddy » tandis que le vieux tacot s'éloigne en cahotant.

« Pendant que nous nous promenions, devait plus tard déclarer Doris, il m'est venu brusquement à l'esprit que c'était peut-être la dernière fois. Mais cette idée m'a semblé folle. J'ai fait des vœux pour qu'il n'en soit rien. Je ne savais pas ce qui le minait, mais je savais en revanche qu'il avait voulu à tout prix faire ce show, quitte à rendre son dernier soupir pendant le tournage. C'était son ultime tour de piste, et c'est avec moi qu'il l'a fait. Et cela me va droit au cœur. »

Avant de le quitter, Doris fit promettre à Rock de s'alimenter davantage. Dans l'avion qui le ramenait à Los Angeles, il perdit à demi conscience et sommeilla jusqu'à l'arrivée. Mais, durant le vol, il ouvrit les yeux et regarda Dale :

« Je crois que je vais partir pour Paris, lui dit-il.

– Pour Paris! Mais quoi faire?

– Doris m'a sonné les côtes. J'ai besoin de voir un médecin de Paris. J'ai sûrement quelque chose qui ne va pas. Je n'aime pas que Doris se mette dans tous ses états à cause de moi. »

Il ferma les yeux et s'assoupit.

Après que Mark et George eurent accompagné Rock à l'aéroport le jour de son envol pour Paris, et dans le bref intervalle de temps qui sépara ce départ de l'effondrement final, Mark ne cessa de penser à une conversation qu'il avait eue avec Rock le mois précédent. Car durant les dix minutes qu'avait duré cet échange de propos, Mark en avait appris davantage sur les sentiments de l'acteur qu'en trente-quatre ans de relations. Et ce qu'il avait appris lui obsédait l'esprit.

Ce jour-là, par un après-midi paisible, Rock était venu s'asseoir dans le bureau de Mark et peu après il s'était levé en arrondissant le bras pour signifier qu'« il était temps d'aller faire des courbettes ». Mark avait glissé son bras sous celui de Rock et ils s'étaient dirigés vers le patio, là où ils pourraient bavarder à l'abri des oreilles indiscrètes.

En traversant la maison, ils avaient adopté l'attitude altière de deux grands seigneurs en habits de cour :

« Selon vous, Sa Majesté la Reine est-elle de retour au palais, mon cher ? avait demandé Rock.

– Je n'en jurerai point. Mais la duchesse est là. J'ai vu arriver son carrosse. »

De la même démarche solennelle, ils s'étaient engagés sur le patio, avaient longé la piscine, puis gagné la terrasse. Là, ils s'étaient appuyés à la balustrade pour contempler au-dessous d'eux l'étagement des citronniers et des rosiers, et par-delà le pied des collines la ville embrumée. Tout était calme alentour. Seul était audible le pépiement des oiseaux.

C'est alors que Rock avait reparlé à Mark de sa biographie, en lui disant que le temps lui semblait venu de l'écrire. Mark avait acquiescé.

« Mais qu'est-ce qu'on va bien pouvoir mettre dans ce livre ? avait interrogé l'acteur.

– A mon avis, il faudrait parler des êtres que tu as aimés. Je te parle d'amour véritable. Pas de toquades ou de coups de queue. Ceux qui ont vraiment compté pour toi.

– Il n'y en a que deux : Phyllis Gates et Lee Garlington. »

Mark en était resté ébahi. Il se serait attendu à tout sauf à cette réponse.

« Lee m'a rendu complètement dingue, reprit Rock.

– Sur le moment, c'était visible, mais...

– Tu ne l'aimais pas beaucoup, n'est-ce pas ?

– C'est vrai. Je le trouvais un peu distant, avait avoué Mark.

– Il m'a fait cavaler comme un jeune chien. Mais qu'est-ce que je l'ai aimé, grands dieux ! »

Des mois plus tard, quand on rapportera à Lee Garlington ces propos de Rock, il en tombera des nues : « Jamais je n'avais imaginé que Rock tenait tant à moi », déclarera-t-il. Quant à Phyllis Gates, à qui on révéla aussi ce que son ex-mari avait dit d'elle peu de temps avant de mourir, elle se hâtera de répliquer : « Il mentait. Rock ne m'a jamais aimée. Vis-à-vis de moi, jamais il n'a été un homme attentionné. »

Mark Miller avait hésité à interroger Rock : « Il s'ouvrait si rarement que lorsqu'il lui arrivait de le faire on se contentait de ce qu'il dévoilait sans rien exiger d'autre », me dit-il. Il avait pourtant posé ce jour-là deux questions à Rock :

« Ces deux-là et personne d'autre ? »

Rock avait hoché la tête en signe de dénégation.

« Ce sont les deux seules personnes que j'aie jamais vraiment aimées dans ma vie, fit-il. Pour les autres, j'ai pu croire que je les aimais, mais je m'illusionnais. Et je m'en rendais compte aussitôt. C'était de l'amour physique, oui, une toquade, mais pas de l'amour. Et déjà je me demandais comment j'allais me débarrasser d'eux.

– Comment se fait-il que tu n'aies jamais de ta vie été capable de dire à quelqu'un : c'est fini. Va-t-en ? » avait encore demandé Mark.

Rock avait ri :

« Je l'ignore. Mais le fait est que j'en suis incapable. »

Il s'était alors détourné de la balustrade et avait dégagé son bras : « On y va ? »

Et les deux seigneurs avaient repris leur rituel de cour et retraversé majestueusement le vaste patio tuilé, marquant ça et là un arrêt pour s'incliner bien bas.

15.

Je n'ai pas d'idées bien arrêtées sur le jeu d'acteur ou sur quoi que ce soit. On joue, c'est tout. Je ne vois pas ce que je pourrais en dire d'autre. On joue. Et je le dis avec d'autant plus de conviction que j'ai trente-cinq ans de métier. Cela paraît tout simple, et pourtant, quand on dit à un débutant : « Vas-y, joue », cela ne veut tout de même pas dire n'importe quoi. Je crois que pour pouvoir le dire il faut avoir soi-même bouclé la boucle.

Un jour, on m'a demandé quelle était ma philosophie de l'existence et j'ai répondu je ne sais quelle idiotie. J'aurais mieux fait de répondre : comment diable voulez-vous que je le sache!

Rock fut ramené de Paris le 30 juillet 1985 à bord d'un 747 nolisé, puis transporté par hélicoptère au centre médical de l'université de Californie à Los Angeles. Quand Mark Miller vint l'y voir le lendemain, il demanda au Pr Gottlieb si le malade était en état de recevoir des visites.

« Oui, et le plus possible, répondit le médecin. Il faut qu'il reprenne goût à la vie. »

Mark dressa une liste de noms, que Rock approuva. Il fit cependant rayer ceux de Christian et de Tom Clark. Ensuite, Mark loua les services d'un vigile et d'infirmières privées pour veiller en permanence l'acteur, et à proximité de sa chambre l'hôpital aménagea une pièce en salon pour ses visiteurs. Mark limita le nombre de ces derniers à deux par jour : un le matin et un l'après-midi. Mais avant de les introduire il les chapitrait : Rock n'est plus celui que nous avons connu... tâchez de ne pas montrer vos réactions... il se peut qu'il ne vous reconnaisse pas ou ne vous dise pas un mot... je compte sur vous pour lui tenir la jambe... mais ne restez pas avec lui trop longtemps. Après la visite, me raconta Mark, les gens s'effondraient dans le salon. Quand c'étaient des vedettes qui venaient le voir – Elizabeth Taylor ou Carol Burnett, par exemple –, le Pr Gottlieb se libérait pour répondre à leurs questions.

Le 8 août, ce fut au tour de Juliet Prowse de rendre visite à Rock, et quand elle apprit qu'il n'avait pas revu Tom Clark, elle lui demanda s'il souhaitait qu'il vînt le voir.

« Certainement », répondit Rock.

Juliet rapporta ensuite la chose à Mark Miller, qui tint à s'assurer lui-même de ce revirement d'attitude. Quand il en eut confirmation de la bouche de Rock, il appela Tom :

« Rapplique ici en vitesse. »

Tom vint à l'hôpital avec Jon Epstein, dont c'était le tour de venir voir l'acteur. Le rendez-vous avait été fixé à treize heures trente. « Je tremblais comme une feuille », me rapporta Tom. Jon fut introduit le premier dans la chambre du malade par Mark, qui au bout de quelques minutes revint chercher Tom dans le salon. Quand Rock le vit entrer, son visage s'illumina.

« Comment te sens-tu, mon pote? fit Tom.

– Pas mal. Et après un sourire, il ajouta : Belle vacherie, non? »

Ils ne se dirent pas grand-chose, mais le regard et la voix de Rock étaient éloquents. « Je savais que tout était effacé, me dit Tom. Et je l'ai su dès l'instant où j'ai mis le pied dans sa chambre. C'était comme si je ne m'étais jamais séparé de lui. Et me croiriez-vous? Je l'ai trouvé beau. Je m'attendais à le voir beaucoup plus décrépit, car je gardais le souvenir des photos qui avaient été prises de lui lors de sa rencontre avec Doris Day. Mais il était radieux. »

Jon Epstein se retira de la chambre pour laisser les deux hommes seuls. Et peu après Mark fit la même chose. « Leurs retrouvailles étaient terriblement touchantes, me dit-il. Je n'avais jamais vu Rock accueillir quelqu'un avec tant de joie depuis son effondrement. Il avait dans le regard une lueur qui semblait dire : “ Dieu merci, te voilà de retour, mon garçon. Si tu savais combien tu m'as manqué ! ” »

A partir de ce jour, Tom relaya Mark à l'hôpital, où il établit pratiquement ses quartiers. Il arrivait le matin à huit heures pour ne repartir qu'à neuf heures le soir. Il faisait la lecture à Rock, regardait la télévision avec lui, et pour l'obliger à manger le flattait et le grondait comme un enfant.

« Maintenant, tu vas me faire le plaisir de manger cette purée. Comment veux-tu te sentir bien si tu ne pèses pas plus lourd qu'une plume? Allez, avale-moi ça!

– D'accord, je vais la manger. »

Et Rock s'exécutait. A présent, c'était Tom qui réglait les visites et chapitrait les visiteurs. Aux mises en garde habituelles, il ajoutait une dernière recommandation : « Il ne se doute pas du tintamarre causé par la révélation publique de sa maladie. Alors, motus. » Mais en dépit de cette mise en garde, quelqu'un apprit par inadvertance à Rock qu'il faisait la couverture de *Newsweek*.

« Pourquoi ma photo en première page ? demanda-t-il à Mark.

– Parce que tout le monde t'adore », lui assura Mark.

En deux semaines, Rock reçut vingt-huit mille lettres qui lui étaient adressées à l'hôpital, au Château, ou qui tout simplement portaient la mention : « Rock Hudson, Hollywood ». Des fans lui expédiaient une Bible, un objet fait à la main, des gâteaux, et des ministres du culte de petits rouleaux de papier sur lesquels ils avaient formulé de brefs messages exprimant leur affection pour Rock ou leur admiration pour son courage. Quelqu'un lui envoya une cocarde sur laquelle était écrit en lettres rouges : « I love Rock », avec un cœur à la place de *love*. Tom épingla la cocarde sur sa chemise et jamais ne l'en retira.

Rock appelait de nouveau Tom du surnom qu'il lui donnait quelques années auparavant : Babe. Et il semblait aller de soi pour lui qu'à sa sortie de l'hôpital, Tom reviendrait vivre avec lui au Château. Tom en fit part à Mark. « Écoute, lui répondit celui-ci, je veux que ce soit Rock en personne qui me le dise. Je veux être absolument certain de me conformer à ses vœux et non pas à ceux de quelqu'un d'autre. » En présence de Mark, Tom demanda donc au malade de formuler clairement ses intentions :

« Es-tu bien d'accord pour que je revienne à la maison ?

– Mais, bien sûr », confirma Rock.

Un peu plus tard, quand ils furent tous les deux seuls, Mark apprit à Tom que son nom ne figurait plus sur le testament de Rock, et que Rock était trop malade pour le modifier. « Autrement dit, conclut-il, si tu agis comme tu le fais dans l'idée de redevenir son légataire, ce n'est plus possible. A toi de juger si cela vaut le coup de continuer à soigner un malade atteint du Sida. »

Tom lui affirma qu'il ne se souciait pas davantage du Sida que du testament, et que l'important pour lui était de retrouver la présence de Rock. « S'il était mort à Paris sans que je puisse rester de nouveau près de lui, ajouta-t-il, j'en aurais éprouvé beaucoup de chagrin. »

Christian s'était envolé pour Paris le lendemain du retour de Rock en Californie. A la requête de Mark Miller, Bob Darcy était venu chercher Christian à l'aéroport, l'avait installé dans un hôtel et conduit à l'hôpital Percy, où le Dr Dormont l'avait examiné. En attendant le résultat des examens de laboratoire prescrits par le médecin, les deux hommes avaient fait un voyage dans le Sud de la France. Christian avait été impressionné par l'aspect de Bob Darcy, lequel semblait en pleine forme et ne donnait pas l'impression de souffrir de quoi que ce soit. Ils avaient séjourné à Mougins et passé une journée allongés au soleil de la Méditerranée. Le soir, ils étaient allés dans un bar gay, le Zanzi, où immédiatement on avait fait le vide autour d'eux. « Pour les homosexuels européens, tout ce qui arrivait d'Amérique était suspect, me raconta plus tard Bob Darcy. Et notre accent nous a vite fait repérer. “ Vous avez tous le Sida ”, nous a-t-on dit, et tout le monde a pris ses distances. » Ce qui avait le plus étonné Bob Darcy, c'est que Christian « ne semblait pas le moins du monde se tourmenter. A sa place, j'aurais été pris de panique. Il donnait l'impression de se soucier bien plus de la santé de Rock que de la sienne ». Darcy connaissait Rock depuis des années : « C'était l'homme le plus adorable et le plus généreux que j'aie jamais connu, mais je lui en voulais de ne pas avoir dit à Christian qu'il avait le Sida. Au contraire, Mark ne semblait pas du tout blâmer Rock, et je ne comprenais absolument pas son attitude. »

Le 7 août, le Dr Dormont avait communiqué les résultats des examens à Christian : on n'avait trouvé dans son sang ni traces du virus ni anticorps spécifiques du Sida. Il était donc parfaitement indemne. Quand le jeune homme avait téléphoné au Château pour annoncer la bonne nouvelle, tous les membres du personnel avaient sauté de joie en se donnant de grandes claques dans le dos. Christian avait regagné la Californie quelques jours plus tard.

Le 12 août, Wally Sheft appela Mark Miller de New York pour lui dire que Rock et le Pr Gottlieb avaient décidé au terme d'un entretien que Christian devrait avoir quitté le Château avant le retour du malade chez lui, afin de ne pas importuner celui-ci par sa présence. Mark appela immédiatement Christian et lui demanda de venir le voir à dix-huit heures. Il demanda aussi à James Wright d'assister à l'entretien, car il voulait que la discussion ne se déroule pas en la présence d'un seul témoin, George, qui ce jour-là était venu de Palm Desert. A six heures du soir, les quatre hommes prirent place dans les fauteuils du grand salon.

« Rock souhaite que tu quittes la maison, annonça Mark.

– Tiens donc! Il a peur que j'ébruite ce qu'il s'y passe? fit Christian.

– Non. Il veut simplement que tu partes. Il vit les derniers jours de sa vie. Et ce qu'il demande, c'est que tu t'en ailles.

– Et pourquoi ne me le dit-il pas lui-même ?

– Il n'a pas envie de te parler.

– Je n'en crois pas un mot, répliqua Christian, dont le ton montait. Comment voudrais-tu que je te croie ? Tu m'as menti depuis un an ! Puisque tu n'as même pas eu la franchise de me dire qu'il avait le Sida, pourquoi veux-tu maintenant que je prenne pour argent comptant ce que tu me racontes ? Et d'abord, ici, je suis chez moi. Et pas toi. Ou du moins... *pas encore* ! »

George intervint :

« N'insiste pas, dit-il à Mark. Tu as transmis le message et ça suffit. Maintenant, allons-nous-en. »

Ils se levèrent et quittèrent la pièce, mais selon la version qu'ils rapportent des faits, au moment où ils atteignaient le bar, Christian cria à l'intention de Mark :

« Je sais bien que vous êtes en train d'essayer de supprimer Rock, toi et le Pr Gottlieb. Moi, j'aurais pu le faire retourner à Paris pour qu'il reprenne le traitement, mais toi, tu n'en as même pas été capable. »

Sentant que Christian cherchait à provoquer Mark, George poussa celui-ci devant lui. Mais Mark se retourna :

« J'ai cherché à t'aider, Christian. J'ai fait tout ce que j'ai pu pour t'aider...

– Tu as cherché à m'assassiner, voilà ce que tu as fait ! » hurla Christian.

De son côté, Christian affirme ne jamais avoir accusé quiconque de vouloir supprimer Rock ou de vouloir le supprimer lui-même. Il soutient que s'il s'est emporté ce jour-là, c'est parce qu'on lui avait menti à plusieurs reprises : « Tous les jours, on me racontait un nouveau boniment pour m'expliquer pourquoi on ne m'avait rien dit du Sida de Rock. » Un peu plus tard, il revint trouver Mark Miller, lequel affirme avoir justifié son silence de la façon suivante : « Écoute, je vais te dire quelque chose que jusqu'à présent je t'ai caché. Si je ne t'ai rien dit, c'est que je n'en avais pas le droit. C'est Rock qui a voulu que tu ne saches rien. Et pendant un an et demi, je n'ai fait qu'appliquer ses décisions. » Cette révélation fut pour Christian la goutte qui fait déborder le vase : il décida d'aller consulter un avocat qui s'était acquis la célébrité en faisant attribuer des pensions alimentaires à des concubines ou concubins délaissés, Marvin Mitchelson *.

Mark Miller rapporta à Rock que s'il ne signifiait pas lui-même à

* Voir note p. 258.

Christian de quitter le Château, celui-ci refuserait de vider les lieux. « Qu'il aille se faire foutre! » répliqua Rock en accompagnant son propos d'un geste de répudiation. Mais Mark insista, et finalement l'acteur accepta de voir Christian. Mark amena ce dernier à l'hôpital, le fit entrer dans la chambre de Rock et se retira dans le hall pour bavarder avec Tom Clark et Tammy Neu, une des infirmières privées qu'il avait engagées. Mais en se retirant il avait laissé la porte du malade ouverte, de sorte qu'il pouvait voir Christian se tenant au pied du lit de Rock, mais non pas entendre les propos échangés. La visite fut brève, et au bout de cinq minutes Christian sortit de la chambre.

« Alors, interrogea Mark, t'a-t-il demandé de t'en aller?

– Non, fit Christian. C'est moi qui lui ai demandé s'il voulait que je parte. Et il m'a répondu que oui. Alors je lui ai dit que j'allais le faire dès que j'aurais trouvé un appartement. »

« Je reconnaissais bien là Rock, me raconta Mark plus tard. Incapable de dire les choses en face, même sur son lit de mort. »

Tom Clark et Tammy Neu devaient me confirmer ce qu'avait dit ce jour-là Christian en sortant de la chambre de Rock, à savoir que celui-ci lui avait demandé de quitter le Château. Et John Dobbs, qui était le plus proche allié de Christian dans la place, devait me rapporter lui aussi ce que lui avait confié ce dernier : Rock lui avait demandé de partir.

En revanche, quand plus tard Christian engagera une action judiciaire contre la succession Hudson, il déclarera devant le juge : « Jamais Rock ne m'a demandé de partir. » Il affirmera que l'acteur avait commencé par lui demander des nouvelles de la maison et des chiens, et qu'ensuite la conversation avait pris le tour suivant :

« Pourquoi ne m'as-tu pas dit que tu étais malade, aurait interrogé Christian.

– Parce que quand on est atteint de cette maladie-là, on se sent terriblement seul.

– Je n'aurais pas fui, tu sais. Je n'ai pas fui quand mon père a eu le cancer. Je serais resté là pour m'occuper de toi. »

Alors Christian avait demandé à Rock s'il était vrai qu'il souhaitait le voir partir.

« Mais non, avait démenti Rock. Pourquoi t'en irais-tu? Continue à vivre comme d'habitude. »

Le 24 août, Mark Miller apprit que Christian était allé consulter Marvin Mitchelson. Christian lui assura qu'il n'était pas dans ses intentions d'entreprendre une action judiciaire, mais qu'en revanche il estimait que le fait d'avoir été à son insu exposé au risque de contracter le Sida l'autorisait à exiger quelque compensation. Il expliqua qu'il était allé voir l'homme de loi pour « connaître ses droits ».

« Tu seras dédommagé d'une façon ou d'une autre, crois-moi, lui dit Mark. Mais ne porte pas l'affaire devant un tribunal. Cela porterait préjudice à Rock tout comme à toi.

– Je n'ai absolument pas l'intention de le faire », lui assura Christian.

Mark lui apprit que Rock allait rentrer de l'hôpital le soir-même. Tom et une infirmière l'accompagneraient. On aurait donc besoin de la chambre rouge. Christian lui promit de libérer Tijuana dans la journée, et il lui garantit qu'il serait parti lors du retour de Rock. Peu après, Christian entassa ses affaires dans des cartons qu'il empila dans la salle de jeu.

De toutes les fibres de son corps, Rock souhaitait revoir le Château. « Chez moi, c'est juste en face de la fenêtre, au sommet de la colline », ne cessait-il de répéter sur son lit d'hôpital. Mark et Tom avaient arrêté un plan pour le faire sortir à trois heures du matin. Ainsi, ils ne seraient pas assaillis par les journalistes. Le samedi soir, les deux hommes dînèrent au Matteo, un restaurant de Westwood, et à la fin du repas ils appelèrent James Wright pour savoir si Christian avait quitté les lieux. James leur confirma que le jeune homme était bien parti. A neuf heures, ils retournèrent à l'hôpital et demandèrent au chef du service de sécurité s'il n'y avait pas de journalistes dans les parages. Pas un seul, leur fut-il affirmé. « Alors on y va », décida Tom. Ils installèrent Rock, en pyjama et robe de chambre, dans un fauteuil roulant que Tom, escorté de gardiens, poussa le long des couloirs jusqu'à une porte dérobée. Là, ils prirent place dans la nouvelle Mercedes de l'acteur : Tom au volant, Mark près de lui sur le siège avant, Rock à l'arrière avec Toni Phillips, une autre des infirmières engagées par Mark. Tom engagea le véhicule dans Sunset Boulevard. Il transpirait et ses mains tremblaient.

« Du calme, personne ne nous suit, lui dit Mark.

– Pourquoi conduis-tu si vite, bon dieu! fit Rock.

– Mais je ne roule pas vite! C'est à peine si je fais du quarante à l'heure! Alors, je t'en prie, tu la fermes. »

Mark sourit tout seul : « Nous étions d'un seul coup revenus dix années en arrière », me dit-il.

En arrivant au Château, ils soutinrent Rock pour l'aider à franchir la première porte. Les chiens accoururent en faisant autour de lui des bonds, et il s'assit sur le banc de bois près de l'entrée. « Hello Bozer! B'jour Sister! Salut Casey! » Puis il se releva et traversa seul, d'un pas pesant, le patio aux tuiles rouges. James apparut alors sur le seuil de la cuisine, se dominant pour cacher son émotion.

« Et voilà James! annonça Tom.

– Hi, James! » fit Rock.

Ils franchirent la seconde porte d'entrée. Tom prit Rock par le bras :

« A droite, lui dit-il.

– Je sais, je sais! Est-ce que je peux prendre le temps de regarder ma maison, si tu le permets? »

Rock voulait tout revoir. Il tournait son regard dans toutes les directions, comme pour se graver à nouveau dans l'esprit chacun des recoins de sa demeure. Il monta au premier étage et fit un arrêt sur le palier pour contempler d'en haut le salon rouge, fixant des yeux l'un après l'autre les objets qui l'occupaient : le divan gigantesque de *Confidences sur l'oreiller*, les grands candélabres et leurs abat-jour de parchemin tamisant la lumière, les poutres du plafond... Quand il eut tout inventorié, il se rendit dans sa chambre et s'allongea sur l'immense lit à colonnes ornementé du personnage ailé porteur d'une couronne. « C'était absolument fantastique de le voir à nouveau dans son lit, me raconta Mark. Il avait bouclé la boucle, parcouru la moitié de la terre en un aller et retour qui avait coûté un quart de million de dollars, et à présent il était là. » Mark formula silencieusement une prière d'action de grâces et, songeant que tout était rentré dans l'ordre, reprit la route de Palm Desert.

Le lendemain matin, alors que James se trouvait dans la chambre de Rock avec une infirmière, il releva qu'un voyant rouge était allumé sur l'appareil téléphonique. Il redescendit à la cuisine, où il trouva Tom regardant un match de football à la télévision.

« Qui téléphone? lui demanda le majordome. Ce n'est ni M. Hudson ni l'infirmière.

– Alors, je ne vois vraiment pas qui pourrait bien le faire, répondit Tom.

– C'est la ligne que Christian avait l'habitude d'utiliser. Je vais aller jeter un coup d'œil à la salle de jeu. »

Deux minutes plus tard, James était de retour :

« Il est revenu! annonça-t-il.

– Tu plaisantes! fit Tom.

– Pas du tout. Il s'est installé dans la salle de jeu. Il a dû se glisser dans la maison hier soir à l'insu de tout le monde. Il a même punaisé des posters sur les murs! »

Sommé de s'expliquer, Christian déclara qu'il était revenu pour la bonne raison qu'il n'avait pas trouvé d'appartement. Tom appela

Mark Miller à Palm Desert, qui à son tour appela Wally Sheft à New York, lequel consulta ses avocats et apprit ainsi que conformément aux lois en vigueur dans l'État de Californie il était impossible de contraindre Christian à partir : ou bien celui-ci quittait de son plein gré la maison, ou bien Rock requérait par écrit un huissier de prendre des mesures d'expulsion. Mis au courant de la situation, les avocats de Rock conseillèrent pour leur part de laisser Christian là où il était et de faire comme s'il n'existait pas. Un peu plus tard, Wally Sheft rappela Mark et George et leur demanda de venir s'installer provisoirement à Los Angeles, où ils avaient conservé un pied-à-terre, afin de garder constamment un œil sur le Château durant les dernières semaines d'existence de Rock.

« Quel imbroglio! me rapporta James. Tom et Christian étaient tous les deux dans la place et j'étais pris entre deux feux. » Il me raconta que presque chaque soir Christian invitait plusieurs de ses amis à venir le voir, et que « tout le monde dormait dans le même lit pendant que là-haut M. Hudson était à l'agonie ». Ce à quoi Christian rétorquera plus tard que s'il s'entourait d'amis, c'était parce qu'il craignait qu'on ne l'empoisonne.

Tom ne voulait pas que Rock sache que Christian était toujours dans la maison. Aussi s'arrangeait-il pour que le malade ne quitte pas sa chambre quand le jeune homme traînait alentour. Mais lui-même se montrait poli avec Christian quand il le rencontrait à la cuisine : « J'avais décidé de me préoccuper exclusivement de ce qui se passait au premier étage, me dit-il. De consacrer toute mon énergie à cela et à ne pas la gaspiller ailleurs. »

Le 26 août, Mark Miller réunit tout le monde pour annoncer que Wally Sheft l'avait chargé de prendre en main la situation, et qu'avec George ils passeraient dorénavant quatre jours par semaine dans leur appartement de Hollywood, et les trois autres dans leur résidence de Palm Desert. « Tom, c'est toi qui veilleras sur le malade, précisa-t-il. James s'occupera de tenir la maison. Et moi, je fournirai la trésorerie. » Il ajouta que Tom n'avait pas qualité pour donner des ordres au personnel. En effet, James avait fait clairement comprendre que si Tom s'avisait de jouer au patron, il rendrait illico son tablier. Quant à Christian, on le laisserait tranquille dans son coin. Dernier point, avertit Mark : « Je demanderai chaque jour à Rock qui d'entre vous il désire voir. » Seul Ron Channell pourrait approcher l'acteur quand bon lui semblerait.

Ron faisait une apparition quotidienne au Château, vêtu d'un short et d'un gilet qui lui laissait le torse nu. « C'était désormais lui qui jouissait du privilège qu'avait jadis détenu Jack Coates, me dit Mark. Celui du favori qui à tout instant peut sauter sur le trône. » Lors d'une visite, Ron Channell demanda à Mark si selon lui Rock accepterait de lui donner de l'argent pour qu'il puisse prendre des leçons de danse rythmique, ce qui lui permettrait de se produire à Las Vegas : « Il m'a toujours dit qu'il m'aiderait à réussir », affirma Ron. « Allons le lui demander ensemble », proposa Mark. « Bien entendu, accepta Rock. C'est une bonne idée. Pourquoi pas? »

Tom était de garde au Château vingt-quatre heures sur vingt-quatre, tant il craignait qu'il n'arrive quelque chose à Rock s'il le laissait seul. Il ne s'absentait qu'une fois par semaine pour aller chez lui chercher son courrier. Au cours d'une de ses absences, Mark et George entrèrent dans la chambre de Rock et prirent place dans l'ottomane bleue disposée en face de son lit.

« Il faut que tu saches ce qui se passe sous ton toit, commença Mark. Il faut qu'on te le dise, parce que tout le monde te le cache.

– Alors, dites-le moi. »

Mark lui apprit que Christian vivait toujours au Château et dormait sur le canapé-lit de la salle de jeu. Mais cette révélation ne sembla pas contrarier Rock. Au contraire, me rapporta George, « une étincelle éclaira son regard tandis qu'il réfléchissait à la situation. Il adorait les intrigues, et je pense qu'au fond de lui-même il s'amusait franchement en se représentant Tom installé dans Tijuana et Christian dans la salle de jeu ».

« Christian a-t-il trouvé du boulot? demanda-t-il.

– Je ne le crois pas, répondit Mark. Tu veux le voir?

– Non, qu'il aille se faire foutre. Et Ron, à quelle heure vient-il?

– Il sera ici à cinq heures trente. »

Mark et George voulaient aussi rapporter à Rock le retentissement qu'avait provoqué l'annonce publique de sa maladie. « Nous voulions qu'il sache ce qu'il avait fait pour le monde entier. Nous voulions le lui dire avant qu'il ne soit trop diminué pour le comprendre. »

« Rock, commença George, pour le monde entier tu es un héros et le monde entier t'aime.

– Depuis l'invention des chiottes à péage, surenchérit Mark, on n'a jamais rien fait de mieux que toi! Tu es aujourd'hui dix fois plus célèbre que du temps de ta gloire au cinéma.

– Mais... je n'ai rien fait de particulier.

– L'annonce de ta maladie a stupéfié l'univers, reprit Mark. Grâce à toi le Sida fait la une de tous les journaux, la couverture de tous les magazines. Tu as donné une réalité à la maladie et attiré l'attention du monde entier sur le Sida.

– Voyons, mais vous plaisantez! »

Mark lui apprit que désormais les gouvernements allouaient des crédits et que des millions de gens faisaient des dons en espèces pour aider la recherche sur le Sida. A Los Angeles, où Elizabeth Taylor apportait depuis quelque temps son soutien à une soirée qui serait organisée au profit des victimes du Sida, il avait fallu retenir une salle de bal beaucoup plus vaste depuis qu'on avait annoncé que Rock Hudson comptait parmi les victimes de l'affection.

« Avant le communiqué, ils avaient vendu deux cents entrées. Ils en sont à présent à deux mille cinq cents et ils ont déjà recueilli un million de dollars.

– Et tout ça parce que j'ai déclaré que j'avais le Sida? »

George lui expliqua qu'il était le premier personnage très connu à contracter la maladie. Si cela était arrivé à Rock Hudson, cela pouvait arriver à n'importe qui : « En bas, on a reçu trente mille lettres. On t'envoie aujourd'hui davantage de courrier et on parle davantage de toi que durant toutes les années de célébrité que t'ont values tes soixante-deux films. »

Mark se tourna vers George :

« Te serais-tu imaginé qu'un jour Rock deviendrait immortel? »

George prit un ton faussement grandiloquent :

« " Nous avons fait de toi une Déesse ", déclama-t-il. C'est une réplique de *I, Claudius*... et aussi un sujet de plaisanterie passablement éculé.

– Je t'en prie, dit Rock, aie au moins le bon goût de dire : " Nous avons fait de toi un *Dieu*! " »

Ils se turent. Mark et George sentaient qu'ils feraient mieux de se retirer, car ils étaient au bord des larmes. Alors, Rock se mit à pleurer malgré lui. Les propos qu'il venait d'entendre le dépassaient : ce à quoi il s'était opposé de toutes les forces de son être – la mise à mort de sa légende – avait fini par se produire et s'était en fin de compte révélé pleinement bénéfique. Mark et George lui serrèrent la main et lui tapotèrent le dos. Ils craquèrent seulement quand ils eurent regagné le rez-de-chaussée.

Quand arriva le mois de septembre et que se mit à souffler le vent de Santa Ana porteur de chaleur et de sécheresse, Tom dit un soir à Rock : « Allons nous asseoir à l'extérieur, c'est la pleine lune. Il fait une nuit comme tu les aimes. » Il aida Rock à sortir de la maison et l'installa dans un fauteuil. La brise avait chassé toutes les impuretés de l'air, et de la terrasse la vue était extraordinaire. Ils pouvaient distinguer dans le lointain les montagnes de Palm Springs, au-dessus desquelles les avions de ligne allumaient leurs projecteurs en amorçant leur descente graduelle vers l'aéroport international de Los Angeles.

Les deux hommes évoquèrent divers lieux du monde dans lesquels ils avaient séjourné, mais Tom avait le sentiment que Rock souhaitait lui parler de sa mort. « Je ne voulais pourtant pas le laisser aborder ce sujet, me dit-il. J'avais tout simplement décidé qu'il ne mourrait pas. Je refusais d'entrer dans son jeu et j'étais fermement déterminé à le détourner de ses pensées morbides. Il fallait qu'il se ressaisisse. »

Tandis qu'ils étaient assis sous les étoiles dans la tiédeur de la brise, Tom dit doucement à son compagnon :

« Il ne faut pas que tu te laisses aller, Rock. Toi et moi, nous avons livré de rudes batailles, et chaque fois nous l'avons emporté. Veux-tu que nous nous battions encore ensemble ?

– Non, fit Rock, je ne crois pas.

– Mais... pourquoi ?

– Parce que maintenant je suis prêt.

– Peut-être. Mais moi je ne suis pas prêt à te laisser partir.

– Tu vois cet avion, là-bas ? reprit Rock. On est à bord et on revient de Rio de Janeiro. »

Ils parlèrent de leur séjour à Rio et de cette folle nuit durant laquelle ils avaient dansé la samba dans la rue. Et chaque fois que les feux d'un autre avion trouaient la nuit, ils évoquèrent ensuite un autre voyage... Le Japon, l'Australie, la Sicile, Hawaii... Au bout d'une heure environ, Rock déclara qu'il était fatigué et souhaitait dormir.

« Pendant les dernières semaines de sa vie, me rapporta Tom, parfois il s'animait et retrouvait un peu de sa drôlerie. " Si tu n'étais pas si corniaud, me dit-il un jour, tu irais chercher un jeu de cartes et on ferait une partie. " Alors on a joué et c'est lui qui a gagné. Mais tout au long de la partie nous avons juré comme des charretiers – " Tiens, mon salaud! "... " Je coupe, espèce de fumier! " exactement comme nous l'avions toujours fait. »

Tous les matins, Tom entrait dans la chambre de Rock à six heures et lui demandait comment il avait passé la nuit. Ensuite, ils prenaient une tasse de café ensemble et Tom lisait le journal, dont il détachait une page pour que Rock puisse faire les mots croisés. A neuf heures, il allumait ponctuellement la télévision pour regarder *La Pyramide*, un jeu dont le vainqueur remportait 25 000 dollars. « Dieu merci, plus besoin de se farcir cette putain de pyramide! »

avait proclamé Rock quand il s'était séparé de Tom. Mais dès que celui-ci était revenu, *La Pyramide* avait quotidiennement ressurgi. Après l'émission, ils regardaient des films sur vidéocassette ou sur le réseau câblé, car Tom faisait en sorte de ne pas régler l'appareil sur les chaînes de grande écoute du fait que le périodique *Enquirer* faisait passer à répétition un spot publicitaire dans lequel, pour vendre, il alléchait le lecteur en lui promettant de tout lui révéler dans son prochain numéro sur la fameuse histoire du baiser mortel échangé entre Rock et Linda Evans durant le tournage de *Dynastie*.

Le 6 septembre, jour anniversaire de Tom, celui-ci trouva Rock debout dans sa chambre, soutenu par ses deux infirmières et entonnant « Happy Birthday » pour l'accueillir. Tom fut profondément ému de cette attention de Rock, qui en dépit de son affaiblissement extrême s'était souvenu de sa date de naissance et avait prévu par avance de lui offrir ses vœux.

Les amis de l'acteur se présentaient au Château en un défilé ininterrompu pour lui apporter des gâteaux, des soufflés ou des potages. Ces visites l'épuisaient, mais il souhaitait que ceux qu'il aimait viennent le voir. Un jour qu'il était étendu, les yeux clos, Tom posa la main sur lui pour lui annoncer que Elizabeth Taylor était là. « Oh! tant mieux! » fit le malade avec un sourire.

Joy vint elle aussi lui apporter un pot de gésiers qu'il ne put avaler.

« Ce qui est sûr, lui dit-elle, c'est que ton nom est sur toutes les lèvres. Cette fois, ne viens pas me raconter que tu as été discret! Oh! là là! En fait de discrétion, te voilà servi! Mais en un certain sens, heureusement, puisque ça sert à quelque chose. »

Le franc-parler de Joy le fit rire, et tous deux évoquèrent le temps où ils se battaient pour s'arracher la page des mots croisés et se démontrer l'un l'autre leur supériorité.

« En tout cas, tu aimais les chiens, dit Rock.

– Ça, c'est vrai. Et quand j'y repense je me dis qu'au milieu des sept il y a encore une petite place pour toi. »

Trois semaines après son retour au Château, Rock se mit à manifester épisodiquement de la confusion d'esprit, et le simple fait de se lever pour se rendre à la salle de bains l'épuisait. Il ne pesait plus que soixante-quatre kilos, et quand George lui massait les épaules il ne percevait plus que les os sous la peau de l'échine. L'acteur restait désormais au lit plusieurs jours d'affilée, mais quand il se levait il descendait par ses propres moyens à la cuisine pour y revevoir ses visiteurs.

Le 11 septembre, je me rendis dans sa chambre en compagnie de George pour essayer de l'interviewer. Rock était assis sur le bord de l'immense lit défait, vêtu d'un pyjama bleu et blotti dans une couverture marine. Les épais volets de bois étaient fermés, et dans la chambre flottait une suave et entêtante odeur émanant des gingembres que Clarence Morimoto avait coupés et disposés dans un vase.

Rock venait de regarder un film de Tyrone Power, *Blood and Sand.* « Maintenant, lui dit Tom, tu vas voir quelque chose que tu as toujours considéré comme un grand chef-d'œuvre : *The Postman Always Rings Twice,* avec Lana Turner. » « Lana, Lana, Lana », soupira Rock en regardant l'écran.

George lui demanda de nous parler de Lester Luther, le professeur de diction qui lui avait appris à rendre plus grave le timbre de sa voix. « J'allais me balader dans les collines et je m'égosillais... » commença Rock. Puis il observa un long silence, comme si ses idées se brouillaient. « Je ne me souviens plus,... reprit-il. Non, vraiment, je ne m'en souviens plus. »

George insista. Il tenta de le mettre sur la voie en lui mentionnant le nom d'une répétitrice qu'il avait eue dans le temps.

« Oh! celle-là! fit-il. Une vraie calamité! »

Sans doute parce qu'il avait formulé cette phrase avec l'insouciance d'un gamin qui juge sa maîtresse d'école parfaitement stupide, sans doute aussi parce que je me sentais mal à l'aise, je ne pus m'empêcher de rire. « Elle était complètement débile! » surenchérit l'acteur.

A présent, George riait aussi fort que moi, tandis que Rock se glissait dans son lit, manifestement satisfait de son petit effet. « Complètement débile! » répéta-t-il. Ses joues avaient repris des couleurs et il paraissait heureux de vivre.

Le soir, quand tout le monde était parti et que le calme envahissait de nouveau la maison, Tom se couchait près de Rock et lui tenait la main. « Parfois il me la serrait et parfois il restait inerte, me dit Tom. Je suis certain qu'il me comprenait. Je lui parlais sans cesse pour lui remonter le moral. Pour qu'il sache qu'il n'était pas seul. »

Tout le monde admirait la sollicitude qu'il déployait à l'égard de Rock. « Tom faisait totalement abstraction de lui-même, me dit Stockton Briggle. Il n'avait cependant rien à attendre. Il savait que son nom avait été rayé du testament, mais il acceptait de risquer sa santé par une proximité si étroite avec un malade atteint du Sida. » Tom soutenait Rock quand il se rendait aux toilettes, et il se douchait en même temps que lui pour ne pas que les infirmières aient à le surveiller tandis qu'il se tenait dans la salle de bains. « Je voudrais vous dire combien je suis heureux que vous soyez revenu pour l'assister dans ses derniers jours, lui déclara un matin Clarence. Personne ne pourrait en faire davantage pour lui. »

Le samedi 21 septembre, alors que Tom et l'une des deux infirmières étaient seuls dans la maison pour prendre soin de Rock, qui avait mal toléré une transfusion et qu'on alimentait désormais par voie intraveineuse, la sonnette de l'entrée tinta. Tom descendit ouvrir la porte. Il vit sur le seuil une femme de haute taille, élégamment vêtue, et qui tenait à la main une Bible.

« J'apporte à Monsieur Hudson un message de Dieu, déclara-t-elle.

– Monsieur Hudson n'est pas visible, fit Tom.

– Il faut que je le voie, affirma la visiteuse. Dieu m'a annoncé que je verrais Monsieur Hudson. Voyez-vous un inconvénient à ce que j'attende dans le patio ? Je sais que je vais le voir. »

Tom referma la porte, se rendit à la cuisine pour se préparer un plat, déjeuna et revint dans le patio. La femme à la Bible était toujours là.

« Je suis désolé, lui dit-il, mais vous allez devoir attendre à l'extérieur.

– Très bien. J'attendrai où vous voudrez. De toute façon, je sais que je vais le voir. »

Tom regagna le premier étage. Et là, me raconta-t-il, « j'ai vu Rock dans un tel état que je suis redescendu chercher cette dame. Cela ne me ressemble guère, mais je suis incapable d'expliquer pourquoi j'ai agi ainsi. D'ordinaire, je vidais les emmerdeurs sans même leur laisser le temps de discuter ». La visiteuse resta debout au pied du lit et s'adressa au malade :

« Monsieur Hudson, je suis venue vous apporter un message de Dieu. »

Rock ouvrit les yeux et lui sourit.

« Dieu m'a chargé de vous dire que le temps n'est pas encore venu pour vous de nous quitter. Il a délégué sur terre un de Ses ministres, de qui vous recevrez beaucoup plus que ne vous a apporté votre carrière d'acteur. Le cancer va se retirer de votre corps et vous serez guéri. »

Tom escorta la visiteuse vers la sortie et elle lui apprit qu'elle s'appelait Eleanor, qu'elle priait intensément le Seigneur et que parfois Il lui répondait : « Ce matin, j'étais en prières et le Seigneur m'a dit : " Je veux que tu ailles voir Rock Hudson et que tu lui portes un message de Moi. " Et j'ai répondu : " Seigneur, je ne le puis.

Jamais je n'oserai. " Alors le Seigneur m'a ordonné : " Va, tu le peux, car telle est aussi ta volonté. " Eleanor avait lu quelque part que Rock était hospitalisé au centre médical de l'UCLA. Elle s'y était donc rendue immédiatement. Mais là on lui avait dit que le malade était rentré chez lui. En roulant sur Sunset Boulevard, elle avait aperçu un homme qui vendait des plans sur lesquels figuraient les emplacements des maisons des vedettes. Elle en avait acheté un, mais la maison de Rock n'y figurait pas. « Alors j'ai dit au Seigneur : " J'ai fait de mon mieux, voyez-vous. Mais j'ai échoué. " Et le Seigneur m'a répondu : " Tu le peux. Fais-le. " » Eleanor avait relevé sur le plan l'adresse de Pat Boone. Sachant qu'il était croyant, elle s'était rendue chez lui. C'était Shirley Boone qui lui avait ouvert la porte, et quand Eleanor lui avait exposé les raisons de sa visite, Shirley avait « manqué défaillir, car précisément toute la maisonnée était en train de prier pour Rock Hudson ». Shirley s'était proposée de trouver l'adresse de Rock, et quelques minutes plus tard l'avait communiquée à Eleanor.

Quant à Tom, il ne comprenait toujours pas ce qui l'avait poussé à introduire cette femme auprès de Rock. « Ce doit être le Seigneur qui m'a demandé de vous faire entrer », dit-il à Eleanor. « Puis-je vous serrer dans mes bras ? » lui demanda-t-elle. Alors ils s'étreignirent en pleurant.

Le lendemain, un dimanche, l'actrice Susan Stafford appela pour dire à Tom que les Boone avaient prié vingt-quatre heures d'affilée pour Rock et souhaitaient le voir pour lui faire l'imposition des mains. Susan était une amie de Rock depuis 1970 et appartenait à l'église des Chrétiens Résurrectionnistes, dans laquelle elle exerçait les fonctions de ministre du culte. « J'ai accepté, me dit Tom, en me disant que cela ne ferait aucun mal à Rock. » Dix minutes après, la chambre de l'acteur était envahie par tout un groupe de personnes qui s'agenouillaient autour du lit en posant les mains sur le drap. Rock sommeillait, et c'était Susan qui récitait les prières. Quand la séance d'imposition prit fin, Tom éveilla Rock : « Voilà tout un tas de bons amis qui sont venus te voir, lui dit-il. J'aimerais bien que tu les remercies de leur visite. » Rock entrouvrit les yeux : « Merci », balbutia-t-il. Et il se rendormit.

En apprenant que les Résurrectionnistes étaient venus prier dans la chambre de Rock, plusieurs de ses familiers désapprouvèrent vivement Tom de les avoir laissé faire, alléguant que si Rock avait été lucide, jamais il ne l'aurait accepté. Pourtant, leur rétorqua Tom, « jamais je ne l'ai entendu dire quoi que ce soit en faveur ou à l'encontre de la religion. Et je continuerai à faire n'importe quoi pour tenter de le tirer de là. Je lutterai jusqu'au bout sans jamais renoncer. Si je connaissais un guérisseur, je le ferais venir immédiatement ». L'année précédente, Mark Miller avait demandé à Rock à quelle religion il appartenait : « Congrégationniste », avait répondu l'acteur. Mais Tom soutenait que celui-ci était catholique, qu'il avait été baptisé, et que c'était dans le rite catholique qu'il avait tenu à faire enterrer sa mère. Aussi Tom décida-t-il de faire appel à un prêtre catholique. Il appela Susan Stafford pour lui demander de faire le nécessaire, et elle arriva au Château en compagnie d'un de ses amis, le Père Terry Sweeney, qui s'assit au chevet de Rock et lui demanda s'il désirait être absous de ses péchés. Rock acquiesça et reçut la communion. Ensuite, le prêtre lui administra l'extrême-onction.

Tom accrochait désormais aux colonnes du grand lit les médailles et les images pieuses envoyées par les admirateurs et admiratrices de Rock. « Pourquoi ne le ferais-je pas ? » interrogeait-il. Martha Raye lui donna une breloque en or qui, affirmait-elle, ne l'avait pas quittée quand elle avait fait deux voyages à travers le Vietnam, et Tom la fixa sur le lit du mourant.

Le vendredi 27 septembre, Clarence Morimoto apporta dans la chambre un bouquet de tiges de gingembre fraîchement coupées et les déposa dans un vase.

« Bonne nuit, Rock, fit-il en se retirant. Gardez confiance. A mardi prochain.

– Tu ne me verras probablement plus mardi, Clarence.

– Allons, vous savez bien que si. »

Le mardi suivant, Clarence apporta de la serre quelques orchidées flottant dans l'eau d'un bocal qu'il déposa sur la table de chevet de Rock.

« Celles que vous préférez », dit-il à l'acteur. Celui-ci avait les yeux grands ouverts, mais il regardait fixement le plafond et ne répondit pas. Cette nuit-là, le jardinier ne put trouver le sommeil. Il songea que la vie de Rock ne tenait plus qu'à un fil, mais il s'empressa de chasser de son esprit cette pensée sinistre.

Durant le week-end, Dean Dittman vint voir Rock après l'office. Tom lui avait dit que le malade n'avait plus ses esprits, mais dès que Dean entra dans la chambre Rock le reconnut :

« Tiens, voilà Dean », fit-il.

Dean devait raconter plus tard qu'il surprit ce jour-là sur le visage de Rock un sourire qui le transfigurait. Un sourire qu'il ne lui connaissait que lorsqu'il écoutait de la grande musique ou regardait un de ses films de prédilection : « On aurait dit qu'il voulait me signifier qu'il avait compris quelque chose, qu'au prix de toute la peine et de toute l'angoisse qu'il avait endurées au cours de ces terribles dix-huit mois qui venaient de s'écouler, quelque chose lui avait été révélé. Me faire comprendre que son esprit avait enfin trouvé la paix. » Rupert Allan vint lui aussi un peu plus tard et fit la même observation que Dean Dittman : « Il émanait de Rock une sorte de quiétude ascétique que je ne lui avais jamais connue. En le regardant, je le trouvais beau. Il ressemblait à un visage de Christ. »

Le mardi 30 septembre, je demandai à voir Rock, car je me doutais que ce serait la dernière fois. Il avait les yeux clos et reposait les bras étendus au-dessus de la couverture. Je remarquai qu'il frissonnait. Tom se pencha au-dessus de lui pour lui demander avec tendresse s'il avait froid, puis il lui remonta la couverture jusqu'au menton. Rock avait la peau diaphane et n'était plus qu'un frêle squelette. Pourtant, il ouvrit les yeux et son visage exprima un sourire qui le transfigura. De quelles profondeurs lui venait cette illumination désincarnée ? Son être physique n'était plus qu'une dépouille, et tout ce qu'il lui restait de vie irradiait dans l'éclat de ses yeux.

Le lendemain soir, 1er octobre, Toni Phillips, celle des deux infirmières qui le veillait durant la nuit, apprit à Tom qu'elle avait participé à la veillée de prières qui avait eu lieu chez les Boone, et que ces derniers souhaitaient revenir prier au chevet de Rock.

« Faites-les venir », lui dit Tom.

Rock avait perdu conscience, mais Pat Boone déposa une Bible sur sa poitrine et lui prit la main. Tom se glissa dans le lit avec Rock pour le serrer dans ses bras et Eleanor, qui était venue avec les Boone, se laissa choir sur le plancher et se mit à psalmodier en articulant des sons incohérents. Après les prières, Pat Boone demanda à Tom de disposer près du lit quelques habits de Rock car, expliqua-t-il, un miracle pouvait se produire durant la nuit, auquel cas Rock se sentirait dans une telle forme le lendemain qu'il souhaiterait se lever et s'habiller. Tom se rendit à la garde-robe et disposa sur le canapé un pantalon gris, une chemise à rayures bleues et blanches, une veste de sport, des chaussettes et des chaussures. « Ces vêtements vont lui porter bonheur », affirma Boone, qui donna pour directives à l'infirmière d'en vêtir Rock le lendemain à son réveil.

Le mercredi matin 2 octobre, James fut le premier à entrer dans la chambre. Il vit Rock étendu sur le lit, bras en croix, et vêtu de pied en cap de son « costume porte-bonheur » dans lequel il semblait perdu tant il avait maigri. Il portait également les chaussures que

Tom avait retirées de la penderie. « Il gisait là comme un pantin, sans faire le moindre mouvement », me dit James. Les deux infirmières étaient dans la chambre, car c'était l'heure où elles se relayaient, et elles levèrent Rock pour le faire asseoir dans un fauteuil. James comprit alors que l'acteur était entré en agonie, car un filet d'humeur s'écoulait de sa bouche et faisait tache sur la veste de sport. Tom Clark vint les rejoindre à sept heures.

« Monsieur Clark, lui dit le majordome, il ne semble pas bien du tout.

– Déshabillez-le », ordonna Tom.

Après qu'ont l'eut vêtu de son pyjama et remis dans son lit, Rock sembla revenir à lui. Il formula le désir de voir à la télévision l'émission *Today.* James s'absenta pour aller faire des emplettes : il désirait acheter du désinfectant pour le pulvériser dans la chambre du malade, et aussi quelques puddings au tapioca, que ce dernier aimait. Tom prit une tasse de café avec Rock et ils échangèrent quelques commentaires sur les nouvelles du matin. A huit heures trente, Tom déclara qu'il allait se servir une autre tasse de café et demanda à Rock s'il en désirait lui aussi.

« Non, merci, pas maintenant », lui répondit le malade.

Tom descendit à la cuisine, et quelques minutes plus tard le téléphone intérieur bourdonna. C'était l'infirmière qui le pressait de monter immédiatement. Tom se précipita dans la chambre du malade et vit l'infirmière en larmes. « Nous venons de le perdre », lui annonça-t-elle. Ils s'étreignirent, et Tom lui demanda de le laisser seul avec Rock.

Tom avait reçu des instructions quant à la marche à suivre si Rock décédait. « Pourtant, je ne m'en préoccupais guère, me dit-il, car j'étais persuadé qu'il allait vivre. » Rock lui avait stipulé qu'il voulait qu'on l'incinère et qu'ensuite on disperse ses cendres dans l'océan. Mais Tom ne s'en souvenait plus, et comme un fait exprès Mark venait de partir pour la journée à New York. Tom appela le Dr Kennamer, puis il annonça le décès de Rock à Christian. « Désires-tu le voir ? » lui demanda-t-il. Christian acquiesça et Tom le fit monter au premier étage. Depuis que Rock était revenu de l'hôpital, c'était la première fois qu'on autorisait Christian à pénétrer dans la chambre bleue. Ensuite, Tom tenta veinement de joindre Mark à New York. Il appela Wally Sheft, puis Claire Trevor et enfin, à neuf heures sept, George à Palm Desert. A neuf heures quinze, la radio annonçait la mort de la vedette.

Aujourd'hui encore, Tom ne s'explique absolument pas comment la nouvelle a pu se propager si vite. Au moment du décès, il n'y avait que trois personnes dans la maison : lui-même, l'infirmière et Christian. Or, Tom n'appela que trois personnes, et toutes les trois affirment qu'elles n'ont rien révélé aux journalistes. Sur le moment, Tom en conclut que la ligne du Château était sur écoute. Mais un mois plus tard, quand arriva la facture du téléphone et le relevé des communications, il apparut qu'à neuf heures sept quelqu'un avait appelé ce jour-là du Château un hôtel de New York dans lequel Marvin Mitchelson avait retenu une chambre. Il est donc fort possible que ce soit Christian qui ait appelé l'avocat, lequel aurait à son tour prévenu immédiatement les salles de rédaction.

Peu après neuf heures, James Wright était de retour avec sa commande d'épicerie, et quand Tom lui annonça la mort de Rock, il appliqua les deux mains sur son visage. « Non, c'est impossible ! Il ne peut pas être mort ! » fit-il. Il monta voir le défunt, bientôt suivi du Dr Kennamer. Puis Elizabeth Taylor appela : elle allait tout de suite envoyer au Château ses gardes privés pour assurer le service d'ordre. « Mon Dieu, oui, la maison est ouverte à tous les vents ! » fit Tom, qui s'empressa d'aller fermer les portes à double tour. Ensuite, les quatre lignes téléphoniques commencèrent à sonner sans interruption.

Stockton Briggle s'habillait pour aller à l'office quand il entendit la nouvelle à la radio. Il appela le Château, obtint James et lui demanda de dire à Tom qu'il arrivait. A neuf heures cinquante, il sonnait à la porte d'entrée. Au moment où on la lui ouvrait, une voiture jaune s'arrêta derrière lui. C'étaient Shirley Boone et Eleanor. Elles se précipitèrent hors du véhicule, franchirent le seuil sans même prêter attention ni à Stockton ni à Tom et gagnèrent tout droit la chambre bleue. Quand les deux hommes les rejoignirent là-haut, ils les trouvèrent en prières. Étendue sur le sol, Eleanor égrenait des litanies incompréhensibles. « L'inconvenance de leur attitude me stupéfiait, me dit Stockton. Elles se répandaient interminablement en lamentations. On aurait dit deux pleureuses du Moyen Age psalmodiant à n'en plus finir sur la dépouille mortelle du roi. »

Stockton appela sa secrétaire : « James et Tom sont seuls dans la maison. Je reste avec eux. Annule tous mes rendez-vous de la journée. » Ensuite, il relaya Tom et se chargea de répondre au téléphone. « Résidence de M. Hudson », annonçait-il aux multiples interlocuteurs. « Il n'y avait rien d'autre à faire, me raconta-t-il. Mon métier est de diriger les acteurs, et je trouvais normal de régler la sortie de scène de Rock. Et savez-vous pourquoi ? » En évoquant devant moi ce souvenir, il promenait les mains sur les bras de son fauteuil : « Parce que je ressentais beaucoup d'orgeuil et de joie d'être à même de le faire pour lui. »

A dix heures quarante-cinq arriva un fourgon mortuaire de l'entreprise de pompes funèbres Pierce-Hamrock-Reed, et son conducteur eut les plus grandes peines du monde à entrer dans la propriété, tant était dense la cohue des photographes de presse et des techniciens de la télévision massés autour du portail. Les reporters se bousculaient pour faire passer leurs micros et leurs flashes à travers les grilles, que certains tentaient d'escalader, en dépit des mises en garde de Stockton qui ne cessait de leur crier : « Reculez! C'est une propriété privée. N'entrez pas ou j'appelle la police! »

Stockton remarqua immédiatement que le fourgon mortuaire était pourvu à l'arrière de deux fenêtres, de sorte qu'il était tout simple d'en photographier l'intérieur. Or, Tom s'opposait à ce qu'on photographie le corps. Il avait décidé qu'il resterait près de Rock jusqu'au crématorium.

« Je tiens à lui rendre jusqu'au bout les honneurs qu'il mérite, déclara-t-il.

– Prends des serviettes, lui dit Stockton. Nous allons obstruer les fenêtres. »

Les deux employés de l'entreprise de pompes funèbres demandèrent où se trouvait le corps, puis se placèrent des masques sur le visage et mirent des gants pour le déposer dans une enveloppe de toile.

« Est-ce indispensable qu'ils prennent tant de précautions? interrogea Christian.

– Absolument pas, fit le Dr Kennamer. Mais laissons-les faire. Inutile de créer des problèmes. »

James apporta deux de ses propres serviettes de toilette, lesquelles étaient bariolées de motifs géométriques au couleurs criardes. « Elles étaient hideuses, commentera Stockton après les obsèques. La maison était remplie d'objets magnifiques, et il aura fallu que Rock s'en aille vers sa dernière demeure dans un corbillard dont les fenêtres étaient aveuglées par ces abominables serviettes! » En écoutant Stockton déprécier ainsi ses serviettes, James le prendra fort mal : « En tout cas, répliquera-t-il d'un ton pincé, elles ont au moins accompli leur office. »

Ross Hunter arriva à pied au moment même où Stockton et James fixaient les fameuses serviettes devant les ouvertures du fourgon. Il avait appelé un peu plus tôt pour annoncer qu'il viendrait avec Jacques Mapes et demander qu'on veille à leur ouvrir le portail. Mais leur Rolls-Royce n'avait pu approcher de l'entrée, bloquée par les voitures de presse. « Jacques est coincé à l'extérieur dans la Rolls! criait-il. Il faut aller lui dégager le passage! Il est coincé dans la

Rolls! » L'un des gardiens se rendit à l'extérieur de la propriété pour essayer de venir en aide à Jacques Mapes.

Stockton remonta quatre à quatre l'escalier et arriva dans la chambre bleue juste au moment où les deux employés de l'entreprise de pompes funèbres emportaient le corps de Rock sur un brancard. Tom, Christian, James, le Dr Kennamer et les deux infirmières suivaient. Shirley Boone et Eleanor avaient disparu. Au moment où le cortège atteignait le bas de l'escalier, Ross Hunter, éperdu, fit irruption dans le salon rouge en poussant des clameurs suraiguës :

« Oh! Rock, Rock, Rock!... Oh! non!... Oh! Tom... Oh! mon Dieu!

– Calme-toi, lui dit Tom. Tout se passe bien. »

Les brancardiers traversèrent le garage pour aller déposer le corps dans le fourgon, qu'ils avaient garé à proximité. Puis ils disposèrent un siège à l'intérieur du véhicule pour que Tom puisse accompagner le défunt. « Je vais avec toi! » s'écria Ross Hunter en essayant de se hisser dans le fourgon.

« Non, non, reste ici. Je peux me débrouiller seul », lui dit Tom.

On voulut refermer les portières, mais ce fut impossible, car les pieds de Rock dépassaient à l'extérieur, et pour réussir à les faire rentrer, il fallut manœuvrer d'avant en arrière le brancard à plusieurs reprises. Enfin on put refermer les portières. Mais à cet instant précis Ross Hunter perdit connaissance. « Il s'est affaissé comme une chiffe molle », me raconta James. Christian courut vers la maison pour rapporter un oreiller, qu'une infirmière disposa sous la tête du producteur évanoui. Le Dr Kennamer prit le pouls de Ross et déclara qu'il n'y avait pas lieu de s'alarmer.

Au même moment Jacques Mapes, qui avait enfin réussi à franchir les grilles d'entrée, accourut vers le groupe :

« Où est Ross?

– Il est tombé dans les pommes.

– Oh! non! Oh! non! se lamenta-t-il.

– Allons-y, cria Tom de l'intérieur du fourgon. Il fait au moins quarante degrés là-dedans! »

Tom portait ce matin-là un pantalon kaki et une chemise de sport bleue sur laquelle était épinglée la cocarde « I love Rock ». Stockton lui demanda s'il ne désirait pas revêtir une veste de sport.

« Non, Rock s'en fout », affirma Tom.

Moshe Alon, le chef du service de sécurité de Elizabeth Taylor, estima qu'il serait préférable que ses hommes et lui escortent le convoi funèbre jusqu'au crématorium. Il envoya un garde chercher sa voiture à l'extérieur, mais il fallut attendre vingt bonnes minutes avant que celui-ci ne fût de retour. Entre-temps, Ross Hunter s'était remis de son évanouissement, et à présent il faisait le va-et-vient entre la maison et le portail derrière lequel se bousculaient les journalistes, sanglotant et répétant que jamais il n'avait eu un ami tel que Rock. De l'intérieur du fourgon, Tom protesta de nouveau :

« Partons d'ici. C'est intenable. On crève, là-dedans! Je me fous éperdument des mesures de sécurité! »

Enfin, le garde revint au volant de sa voiture et le fourgon roula vers la sortie. Sitôt qu'il eut franchi le portail, les photographes de presse commencèrent à l'escalader, en dépit des admonestations de Stockton qui hurlait :

« Vous ne respectez donc rien! Vous n'avez donc pas de famille ? »

A l'intérieur du fourgon, le chauffeur se retourna vers Tom :

« Tout ce que j'espère, c'est qu'ils n'ouvriront pas la porte arrière, fit-il.

– Quoi!

– Toi, fils de pute, tire-toi de là, hurlait Stockton à l'adresse d'un reporter.

– Parce qu'elle ne ferme pas à clé », expliqua le chauffeur.

Tom se précipita sur la porte pour la maintenir fermée. Il fit tout le voyage agenouillé à califourchon sur le corps de Rock en se cramponnant fermement aux poignées.

Quand le fourgon eut pénétré dans l'enceinte du crématorium, on verrouilla les grilles de l'entrée pour contenir la meute des journalistes. Tom et le chauffeur transportèrent le corps de Rock à l'intérieur du bâtiment, où les attendait un coffre de carton portant l'inscription ROCK HUDSON. Ils déposèrent le cadavre dans le coffre et placèrent celui-ci sur un chariot qu'ils poussèrent dans l'orifice du four. « J'ai vu le carton du coffre commencer à prendre feu, me dit Tom, et je restais là à le regarder brûler. Ensuite, on a refermé les portes du four et je me suis retiré. J'ai connu ce jour-là la pire épreuve de ma vie. Mais je m'en suis acquitté jusqu'au bout, et aucune photographie n'a été prise de sa dépouille. »

Le lendemain matin, je trouvai Tom assis dans le patio aux tuiles rouges à contempler la piscine. « Je ressens un immense vide, me dit-il. J'ai consacré toutes mes forces à lui procurer un peu de bien-être et j'étais persuadé qu'il s'en sortirait. Mais non. Je suis désespéré de n'avoir rien pu faire. » Il ouvrit une boîte de bière. « Toute cette énergie qui brusquement ne sert plus à rien... » ajouta-t-il.

Il but une gorgée de bière. « Ce qui me console, c'est qu'il ait terminé ses jours dans son lit. Tous les matins, je faisais monter les chiens dans la chambre. Et puis, il n'a pas souffert... A présent, je vais rentrer chez moi avec mes souvenirs, et la vie va continuer. » Quelques semaines après la mort de Rock, Tom entreprendra un traitement de désintoxication alcoolique en douze étapes et accomplira ce qu'il n'avait jamais réussi à faire du vivant de Rock : il cessera complètement de boire. « Il n'est plus du tout le même, me diront ses amis. Tout ce qu'on détestait en lui a disparu, et il a épanoui toutes les qualités pour lesquelles nous l'aimions : la bonne humeur, la courtoisie, la chaleur et la sollicitude. »

Le 20 octobre 1985, trente-cinq personnes se retrouvaient à la Marina del Rey devant le restaurant Wharehouse. Toutes portaient des vareuses et des suroîts, et toutes tenaient entre leurs mains une gerbe de fleurs en gravissant l'échelle de coupée du yacht *Tasia II*. Quand tout le monde fut à bord, le bateau appareilla et mit le cap sur Catalina Channel, là où les cendres de Rock devaient être dispersées dans la mer.

La veille au soir, un service à sa mémoire suivi d'une réception pour trois cents personnes s'était déroulé au Château. Rock n'avait pas souhaité qu'on commémorât sa disparition par un service funèbre. Il avait au contraire voulu qu'on invitât ceux qui avaient été ses amis sur un yacht à entendre de la musique de mariachis et à boire du champagne en souvenir de lui. Mais les personnes à inviter étaient trop nombreuses pour qu'on songe à les réunir à bord d'un bateau de plaisance. Aussi le cercle de ses familiers avait-il décidé d'organiser la cérémonie dans la propriété.

Ce serait la dernière des grandes réceptions données chez Rock Hudson, et il avait été prévu que Tom en serait l'ordonnateur. Puis Elizabeth Taylor était intervenue et avait décidé que le service se déroulerait comme chez les Quakers, à savoir que chacun des participants pourrait évoquer en public tel ou tel souvenir qu'il avait gardé du défunt. Elle avait voulu que les fleurs fussent roses et blanches, là où Tom les eût souhaitées de couleurs vives. Elle avait encore voulu qu'on n'y servît que du café et des pâtisseries, alors que Tom avait prévu un buffet mexicain où chacun se serait servi avec les doigts. Elle avait enfin exigé qu'aucun individu vivant de sa plume ou travaillant dans les relations publiques, eût-il été un familier de Rock, ne fût présent, et il avait fallu pratiquer des coupes sombres dans la liste des invités, laquelle avait été épluchée et remaniée jusqu'au jour de la cérémonie.

Un chapiteau blanc abritant des rangées de fauteuils avait été dressé sur la pelouse, derrière la maison. La cérémonie avait été prévue pour cinq heures. A cinq heures et quart, Elizabeth Taylor fit son apparition, vêtue d'une robe de couleur bleu marine et blanche sur laquelle elle portait un sautoir de diamants. Le service put alors commencer.

Constance Towers et John Schuck chantèrent un pot-pourri d'extraits de *I Do! I Do!* Puis le père Sweeney fit observer une minute de silence, afin que chacun pût se recueillir et prier pour le défunt. Après quoi, Elizabeth Taylor se leva et expliqua comment un soir Rock et elle avaient inventé la recette du Martini-chocolat. Ensuite, ceux et celles qui avaient été les amis de l'acteur se levèrent à tour de rôle pour évoquer eux aussi son souvenir. Carol Burnett raconta de quelle façon elle avait persuadé Rock de jouer *I Do! I Do!* et ajouta que la pièce avait été pour elle « l'expérience la plus follement drôle jamais vécue sur scène ». Faye Nuell, qui avait été coproductrice du spectacle, évoqua le jour où Rock, après mainte et mainte répétition sous la direction d'un maître de danse, s'était enfin écrié : « Ça y est! J'ai attrapé le pas! » Susan St James décrivit une soirée de Noël avec Rock, et Stockton Briggle la fameuse scène de *Camelot* au cours de laquelle « dix fois la morve lui coulait du nez ». Ensuite, Roddy McDowall rappela quel avait été l'extraordinaire talent d'acteur du défunt, et Tab Hunter fit l'éloge de sa générosité. Tout le monde fit mention de sa bonne humeur et de son goût pour les facéties. Don Morgan, l'un des plus anciens attachés de presse de Rock, raconta ce qui s'était passé le jour où celui-ci avait rencontré le président Kennedy : « C'était pendant un dîner organisé pour collecter des fonds, et on les avait placés l'un près de l'autre, mais de toute évidence le président avait été renseigné au préalable sur l'état civil de Rock, car après s'être assis à son côté, il s'est tourné vers lui : " Savez-vous que nous avons quelque chose en commun? Nous sommes tous les deux d'origine irlandaise, et on raconte que tous les Fitzgerald sont cousins ", lui a-t-il dit. " Vraiment? a répliqué Rock. Voilà qui va faire plaisir à Ella quand elle va l'apprendre. " »

Elizabeth Taylor clôtura le service :« Rock aurait aimé nous voir tous heureux. Allons lever un verre à sa mémoire. » Les invités se répandirent alors dans la maison et sur le patio, où un groupe de mariachis interprétait des airs mexicains tandis que des extras servaient des margaritas autour d'un buffet. On avait disposé des fleurs partout et accroché dans les arbres des lanternes de papier. Quand vint la nuit, on alluma lampes et bougies, et une atmosphère de chaleur et de romantisme envahit la maison, dont les gigantesques sofas et le poutrage invitaient au confort et au bien-être. Le Château était un site unique témoignant encore de ce qu'avait été l'ancienne splendeur de la présence espagnole en Californie. Et dans chacun des cercles d'invités qui s'étaient répartis à travers les différentes pièces, il se trouvait quelqu'un pour faire remarquer combien il était dommage que pareille propriété dût être mise en vente.

Le petit groupe réuni le lendemain matin sur l'embarcadère ne comptait personne dont le visage fût familier aux deux photographes qui, en dépit de toutes les précautions prises pour les écarter, n'en étaient pas moins présents sur le port après avoir réussi à apprendre que ce jour-là les cendres de Rock seraient dispersées dans le Pacifique. Pour désigner la cérémonie, on avait pourtant choisi pour nom de code « l'anniversaire de George », car de fait l'anniversaire de George Nader tombait précisément ce dimanche. Parmi les invités figuraient le personnel du Château au grand complet, l'avocat et homme d'affaires de Rock, quatre de ses cousines qui jadis avaient vécu avec lui chez grand-mère Wood, une douzaine d'amis de l'acteur et trois de ses amants : Tom Clark, Christian et Jack Coates. (Par inadvertance, Mark Miller avait oublié d'inviter Ron Channell.) Mark avait proposé que les trois amants portent l'urne funéraire, mais Tom n'avait rien voulu entendre : lui seul répandrait les cendres sur la mer.

« Mais... de quel droit? avait interrogé quelqu'un.

– C'est comme ça, point final », avait tranché Mark.

Une ambiance de fête régnait à bord tandis que le *Tasia II* faisait route dans la brume vers Catalina Channel, le détroit qui sépare l'île du même nom du littoral californien. On rit et on bavarda jusqu'à ce que le bateau fût mis en panne. Alors, tout le monde se tut et se regroupa sur le pont avant. Dans un silence que seul troublait le clapot des vagues sur la coque, Susan Stafford lut le Vingt-Troisième Psaume. Le ciel était grisâtre, et la mer couleur d'ardoise. Tom s'assit à la proue, tenant entre ses mains une boîte de plastique brun sur le couvercle de laquelle était écrit « Rock Hudson ». Il l'appliqua contre son cœur, baissa la tête, puis d'un seul coup en déversa tout le contenu dans l'océan. Les cendres composèrent à la surface un petit nuage poussiéreux qui en quelques secondes se dissipa. Nous jetâmes tous par-dessus bord des roses, des lis, des œillets, et Tom lança à la mer une couronne de fleurs envoyée de Hawaii par un groupe de Bérets Verts. Le skipper remit en route et fit lentement décrire à son bateau un cercle autour des fleurs. Elles avaient été jetées pêle-mêle, mais à notre surprise elles composaient une couronne presque parfaite qui ondulait mollement à la surface de l'eau. Accoudés à la rambarde, nous les regardions flotter tandis que le *Tasia II* s'éloignait d'elles en faisant des spirales.

Personne ne dit plus un mot jusqu'au retour à l'embarcadère. John Dobbs pleurait silencieusement. Dean Dittman tenait une main de Jack Coates, qui de l'autre serrait un petit bouquet de narcisses blancs. Beaucoup plus tard, Mark Miller devait affirmer qu'au moment même où les cendres avaient été dispersées, une mouette avait fienté sur son pull de cachemire bleu : « La dernière bonne blague de Rock ».

Dans la maison de Beverly Crest, la vie continua comme si Rock était toujours là. On essaya par toute une succession d'intrigues et de démarches d'amener Christian à ne pas entreprendre une action judiciaire qui nécessairement aurait provoqué un battage sordide autour du nom de l'acteur. Tour à tour Susan Stafford le rencontra, Rupet Allan l'invita à déjeuner et George Nader eut avec lui une longue conversation en tête à tête. Tous les trois promirent à Christian de lui procurer tout l'argent et de lui apporter toutes les garanties qu'il exigerait, et celui-ci leur assura qu'il n'était nullement dans ses intentions d'entreprendre quoi que ce soit. S'il était allé consulter Mitchelson, leur dit-il, c'est simplement qu'il avait ressenti le besoin de s'entourer de conseils compétents. Mais alors qu'il donnait ces assurances à ses différents interlocuteurs, une procédure était déjà en route. Le drame ne pouvait donc plus que courir de lui-même vers son dénouement.

Marvin Mitchelson fit savoir aux avocats de Rock que Christian entendait obtenir un substantiel dédommagement. Wally Sheft donna pour sa part instruction à James de faire changer les serrures du Château, de reprendre à Christian les clés de la Cadillac et de l'empêcher de venir à la cuisine. Le 25 octobre, Christian déménageait. Mais le soir du même jour, James découvrit que dans la salle de jeu avait disparu la plus grande partie de l'appareillage électronique, des films et des disques. Les héritiers Hudson déposèrent alors une plainte contre Marc Christian MacGinnis, qu'ils accusaient de s'être indûment approprié trois magnétoscopes, environ sept mille disques, cent cinquante films enregistrés sur cassettes, huit appareils de son, un ordinateur, une caméra vidéo et le tapis brodé le plus élaboré qu'ait exécuté Rock. Christian avait ensuite tenté de s'approprier un téléviseur à écran géant, mais on avait pu le récupérer au dernier moment dans son break. « Presque tout ce que j'ai pris, devait déclarer Christian, m'avait été donné par Rock avant même que je vienne m'installer chez lui. Il m'avait affirmé que tous les disques étaient désormais à moi. “ Considère que tout ce dont tu as besoin t’appartient ”, avait-il ajouté. » Tom Clark demanda à Christian de restituer les disques, faisant valoir qu’il s’agissait là d’une collection sans prix qui ferait l’objet d’une donation à une institution publique. « Rock ne t’a jamais rien donné et tu le sais parfaitement », lui dit-il.

Le 2 novembre, Christian et Mitchelson annoncèrent lors d’une conférence de presse qu’ils réclamaient à la succession Hudson – en l’occurrence Mark Miller, Wallace Sheft et deux médecins dont les noms n’étaient pas cités – la somme de 14 millions de dollars pour avoir « conspiré à mettre en danger la vie de Christian ». En regardant à la télévision la retransmission de cette conférence de presse, James s’étrangla de fureur : « Le salaud! Il ose traîner ainsi dans la boue le nom de Monsieur Hudson! »

« L’important pour moi n’est pas que la justice me fasse allouer cet argent, devait déclarer plus tard Christian à un journaliste qui l’interviewait. Et sur ce point j’entends être très clair. Seulement, je n’ai pas accepté qu’on me traite comme un insecte ou comme un non-être. »

Mark et George quittèrent Palm Desert et vinrent s’installer au Château pour y assurer une présence jusqu’à ce qu’il fût vendu. James Wright y conserva ses fonctions et continua chaque matin d’aller prendre son petit déjeuner au café Théodore et de faire le marché comme du temps de Monsieur Hudson. Tout comme John Dobbs continua de venir faire le ménage et Clarence Morimoto de tailler les arbres et d’entretenir le jardin.

Par un après-midi de la fin novembre, je trouvai Clarence dans la cuisine en train de se préparer un sempiternel bol de crème glacée. Il avait déposé sur le comptoir des rameaux de gingembre fraîchement coupés, et la senteur capiteuse des fleurs jaunes envahissait toute la pièce. C’étaient Rock et lui qui les avaient plantées et soignées dans le temps, et chaque année Rock attendait invariablement la venue de l’été pour observer leur floraison.

« Il a toujours été très humain à mon égard, me dit Clarence. Il comprenait ceux qui travaillent et il m’a toujours traité comme si j’étais un membre de sa propre famille.

– D’accord, mais il ne t’a jamais payé bien lourd, lui fit remarquer un membre du personnel.

– C’est sans importance. Ce qui compte, ce n’est pas le salaire, c’est la personnalité du patron. »

Clarence termina son bol de crème et coucha sur son avant-bras la gerbe de gingembre pour monter la disposer dans la chambre où Rock avait dormi pendant vingt-quatre ans.

« C'était une de ses fleurs préférées, me dit-il.

– Combien de temps dure leur floraison? demandai-je.

– Du mois de juillet au 15 septembre.

– Mais... nous sommes en novembre, non?

– C'est une année tout à fait exceptionnelle. Jamais encore cela ne s'est produit. » Les yeux de Clarence pétillaient d'amusement. « Pour moi, c'est sans doute l'esprit de Rock qui s'est réfugié dans ces fleurs. Ainsi le veut la croyance japonaise. » Il calcula mentalement le nombre de jours qui s'étaient écoulés depuis la mort de Rock: « Cinquante jours? Alors il a déjà traversé le premier fleuve... » Clarence sourit, et selon son habitude inclina la tête. « ... Et il se rapproche du Nirvâna. »

FILMOGRAPHIE

1948 *Fighter Squadron* – LES GÉANTS DU CIEL
Réalisateur : Raoul Walsh.
Acteurs principaux : Edmond O'Brien, Robert Stack.

1949 *Undertow* – inédit
Réalisateur : William Castle.
Acteurs principaux : Scott Brady, Peggy Dow.

1950 *I was a Shoplifter* – inédit
Réalisateur : Charles Lamont
Acteurs principaux : Scott Brady, Mona Freeman.
One Way Street – L'IMPASSE MAUDITE
Réalisateur : Hugo Fregonese.
Acteurs principaux : James Mason, Dan Duryea.
Winchester'73 – WINCHESTER'73
Réalisateur : Anthony Mann.
Acteurs principaux : James Stewart, Dan Duryea.
Peggy – inédit
Réalisateur : Frederick De Cordova.
Acteurs principaux : Diana Lynn, Charles Coburn.
The Desert Hawk – L'AIGLE DU DÉSERT
Réalisateur : Frederick De Cordova.
Acteurs principaux : Yvonne De Carlo, Richard Greene.
Shakedown – inédit
Réalisateur : Joseph Pevney.
Acteurs principaux : Howard Duff, Peggy Dow.

1951 *Tomahawk* – inédit
Réalisateur : George Sherman.
Acteurs principaux : Yvonne De Carlo, Van Heflin.
Air Cadet – inédit
Réalisateur : Joseph Pevney.
Acteurs principaux : Stephen McNally, Gail Russell.
Double Crossbones – LE JOYEUX CORSAIRE
Réalisateur : Charles T. Barton.
Acteurs principaux : Donald O'Connor, Will Geer.
The Fat Man – inédit

Réalisateur : William Castle.
Acteurs principaux : J. Scott Smart, Julie London.
The Iron Man – inédit
Réalisateur : Joseph Pevney.
Acteurs principaux : Jeff Chandler, Evelyn Keyes.
Bright Victory – LA NOUVELLE AURORE
Réalisateur : Mark Robson.
Acteurs principaux : Arthur Kennedy, Peggy Dow.
1952 *Here Come The Nelsons* (*Meet The Nelsons*) – inédit
Réalisateur : Frederick De Cordova.
Acteurs principaux : Ozzie, Harriet et Ricky Nelson.
Bend of the River – LES AFFAMEURS
Réalisateur : Anthony Mann.
Acteurs principaux : James Stewart, Arthur Kennedy.
Scarlet Angel – UNE FILLE A BAGARRES
Réalisateur : Sidney Salkow.
Acteurs principaux : Yvonne De Carlo, Amanda Blake.
Has Anybody Seen My Gal? – QUI DONC A VU MA BELLE ?
Réalisateur : Douglas Sirk.
Acteurs principaux : Charles Coburn, Piper Laurie, James Dean.
Horizons West – LE TRAITRE DU TEXAS
Réalisateur : Budd Boetticher.
Acteurs principaux : Robert Ryan, Julie Adams.
The Lawless Breed – VICTIME DU DESTIN
Réalisateur : Raoul Walsh.
Acteurs principaux : Julie Adams.
1953 *Seminole* – L'EXPÉDITION DE FORT KING
Réalisateur : Budd Boetticher.
Acteurs principaux : Barbara Hale, Anthony Quinn.
Sea Devils – LA BELLE ESPIONNE
Réalisateur : Raoul Walsh.
Acteurs principaux : Yvonne De Carlo, Gérard Oury.
The Golden Blade – LA LÉGENDE DE L'ÉPÉE MAGIQUE
Réalisateur : Nathan Juran.
Acteurs principaux : Piper Laurie, Gene Evans.
Back to God's Country – LE JUSTICIER IMPITOYABLE
Réalisateur : Joseph Pevney.
Acteurs principaux : Marcia Henderson, Steve Cochran.
Gun Fury – BATAILLE SANS MERCI
Réalisateur : Raoul Walsh.
Acteurs principaux : Donna Reed, Lee Marvin.
1954 *Taza, Son of Cochise* – TAZA, FILS DE COCHISE
Réalisateur : Douglas Sirk.
Acteurs principaux : Barbara Rush, Gregg Palmer.
Magnificent Obsession – LE SECRET MAGNIFIQUE
Réalisateur : Douglas Sirk.

Acteurs principaux : Jane Wyman, Agnes Moorehead.
Bengal Brigade – LA RÉVOLTE DES CIPAYES
Réalisateur : Laslo Benedek.
Acteurs principaux : Arlene Dahl, Ursula Thiess.
1955 *Captain Lightfoot* – CAPITAINE MYSTÈRE
Réalisateur : Douglas Sirk.
Acteurs principaux : Barbara Rush, Jeff Morrow.
One Desire – inédit
Réalisateur : Jerry Hopper.
Acteurs principaux : Anne Baxter, Natalie Wood.
All that Heaven Allows – TOUT CE QUE LE CIEL PERMET
Réalisateur : Douglas Sirk.
Acteurs principaux : Jane Wyman, Agnes Moorehead.
1956 *Never Say Goodbye* – NE DITES JAMAIS ADIEU
Réalisateur : Jerry Hopper.
Acteurs principaux : Cornell Borchers, George Sanders.
Giant – GÉANT
Réalisateur : George Stevens.
Acteurs principaux : Liz Taylor, James Dean.
Written on the Wind – ÉCRIT SUR DU VENT
Réalisateur : Douglas Sirk.
Acteurs principaux : Robert Stack, Lauren Bacall.
Battle Hymn – LES AILES DE L'ESPÉRANCE
Réalisateur : Douglas Sirk.
Acteurs principaux : Anna Kashfi, Dan Duryea.
1957 *Something Of Value* – LE CARNAVAL DES DIEUX
Réalisateur : Richard Brooks.
Acteurs principaux : Dana Wynter, Sidney Poitier.
The Tarnished Angels – LA RONDE DE L'AUBE
Réalisateur : Douglas Sirk.
Acteurs principaux : Robert Stack, Dorothy Malone.
A Farewell to Arms – L'ADIEU AUX ARMES
Réalisateur : Charles Vidor.
Acteurs principaux : Jennifer Jones, Vittorio De Sica.
1958 *Twilight for the Gods* – CRÉPUSCULE SUR L'OCÉAN
Réalisateur : Joseph Pevney.
Acteurs principaux : Cyd Charisse, Arthur Kennedy.
1959 *This Earth Is Mine* – CETTE TERRE QUI EST MIENNE
Réalisateur : Henry King.
Acteurs principaux : Jean Simmons, Dorothy Mac Guire.
Pillow Talk – CONFIDENCES SUR L'OREILLER
Réalisateur : Michael Gordon.
Acteurs principaux : Doris Day, Tony Randall.
1961 *The Last Sunset* – EL PERDIDO
Réalisateur : Robert Aldrich.
Acteurs principaux : Dorothy Malone, Joseph Cotten.

Come September – LE RENDEZ-VOUS DE SEPTEMBRE
Réalisateur : Robert Mulligan.
Acteurs principaux : Gina Lollobrigida, Sandra Dee.
Lover Come Back – UN PYJAMA POUR DEUX
Réalisateur : Delbert Mann.
Acteurs principaux : Doris Day, Tony Randall.
1962 *The Spiral Road* – L'HOMME DE BORNÉO
Réalisateur : Robert Mulligan.
Acteurs principaux : Burl Ives, Gena Rowlands.
1963 *A Gathering of Eagles* – LE TÉLÉPHONE ROUGE
Réalisateur : Delbert Mann.
Acteurs principaux : Rod Taylor, Mary Peach.
Marilyn (narration) – inédit
Réalisateur : non crédité
Acteurs principaux : extraits de films de Marilyn Monroe.
1964 *Man's Favorite Sport* – LE SPORT FAVORI DE L'HOMME
Réalisateur : Howard Hawks.
Acteurs principaux : Paula Prentiss, Maria Perschy.
Send me no Flowers – NE M'ENVOYEZ PAS DE FLEURS
Réalisateur : Norman Jewison.
Acteurs principaux : Doris Day, Tony Randall.
1965 *Strangle Bedfellows* – ÉTRANGES COMPAGNONS DE LIT
Réalisateur : Melvin Frank.
Acteurs principaux : Gina Lollobrigida, Gig Young.
A Very Special Favor – LE COUP DE L'OREILLER
Réalisateur : Michael Gordon.
Acteurs principaux : Leslie Caron, Charles Boyer.
1966 *Blindfold* – LES YEUX BANDÉS
Réalisateur : Philip Dunne.
Acteurs principaux : Claudia Cardinale, Jack Warden.
Seconds – L'OPÉRATION DIABOLIQUE
Réalisateur : John Frankenheimer.
Acteurs principaux : Salomé Jens, John Randolph.
1967 *Tobruk* – TOBROUK
Réalisateur : Arthur Hiller.
Acteurs principaux : George Peppard, Nigel Green.
1968 *Ice Station Zebra* – ZEBRA, STATION POLAIRE
Réalisateur : John Sturges.
Acteurs principaux : Ernest Borgnine, Patrick McGoohan.
1969 *A Fine Pair* – inédit
Réalisateur : Francesco Maselli.
Acteurs principaux : Claudia Cardinale, Thomas Milian.
The Undefeated – LES GÉANTS DE L'OUEST
Réalisateur : Andrew McLaglen.
Acteurs principaux : John Wayne, Tony Aguilar.
1970 *Darling Lili* – inédit

Réalisateur : Blake Edwards.
Acteurs principaux : Julie Andrews, Jeremy Kemp.
The Hornet's Nest – L'ASSAUT DES JEUNES LOUPS
Réalisateur : Phil Karlson.
Acteurs principaux : Sylva Koscina, Sergio Fantoni.

1971 *Pretty Maids All in a Row* – SI TU CROIS FILLETTE...
Réalisateur : Roger Vadim.
Acteur principal : Angie Dickinson.

1973 *Showdown* – DUEL DANS LA POUSSIÈRE
Réalisateur : George Seaton.
Acteurs principaux : Dean Martin, Susan Clark.

1976 *Embryo* – EMBRYO
Réalisateur : Ralph Nelson.
Acteurs principaux : Barbara Carrera, Roddy McDowall.

1978 *Avalanche* – AVALANCHE
Réalisateur : Corey Allen.
Acteurs principaux : Mia Farrow, Robert Forster.

1980 *The Mirror Cracked* – ET LE MIROIR SE BRISA
Réalisateur : Guy Hamilton.
Acteurs principaux : Elizabeth Taylor, Angela Lansbury.

1984 *The Ambassador* – inédit
Réalisateur : Jack Lee Thompson.
Acteurs principaux : Robert Mitchum, Ellen Burstyn.

Cet ouvrage a été réalisé sur
Système Cameron
par la SOCIÉTÉ NOUVELLE FIRMIN-DIDOT
Mesnil-sur-l'Estrée
pour le compte des Éditions Mazarine
en septembre 1986

Imprimé en France
Dépôt légal : septembre 1986
N° d'édition : 2334 – N° d'impression : 5275
43.03.0266.01
ISBN 2.86374.249.3